배달學 散步

배달學 散步

배달學 散步

우상렬

도서출판 **역락**

피는 못 속인다. 중국에서 나서 자랐건만 어릴 때부터 조선하면 어쩐지 와 닿는 데가 있었다. 그래서 학교도 줄곧 조선학교에 다녔다. 대학교도 중국의 유일한 조선족대학인 연변대학에 다녔다. 전공도 조선언어문학이였다. 나는 이 모든 것을 숙명으로 받아들였다. 묵묵히 이 길을 걸어왔다. 처음에는 조선 언어요, 문학이요 하며 배운다고 야단을 쳐봤다. 좀 알만했다. 그래서 언제부턴가 남을 가르쳐주기 시작했다. 가르치느라니 또 모르겠다. 그래서 또 배웠다. 이렇게 배우며 가르치며 지금까지 왔다.

그러다가 처음에는 「조선학」이라는 것을 접하게 되었는데 거저 막연히 말 그대로 조선에 관한 학문인 줄로 알았다. 국제학술회의에도 몇 번 참가했었다. 그러다가 얼마 있지 않아 「한국학」을 접하게 되었는데 알고 보니 그것은 「조선학」과 별개의 것이 아니었다. 「조선학」과 「한국학」은 워낙 별개의 상반되는 학문이 아니라 그게 이거고 이것이 그것인 모두 「우리」 것에 관한 학문이었다. 「조선학」은 조선 쪽의 얘기고 「한국학」은 한국 쪽의 얘기다. 같은 반도의 얘기다. 워낙은 같은 민족, 같은 나라의 얘기였다. 이름만 다를 뿐이다. 현대 대립적인 냉전체제가 낳은「조선」과 「한국」이라는 정치적 이름에 불과했다. 그런데 이 정치적 이름은 아집이 강한 지라 자기 고집을 하기가 일수다. 「조선」하면 「한국」이 싫어하고 「한국」하면 「조선」이 싫어해 온 우리의 현대 정치사가 아닌가? 이러한 형편이니 「조선학」이니 「한국학」이니 하는 것도 마찬가지다. 덩달아 트러블이 생기며 커뮤니케이션이 잘 안 된다. 진정한 학문은 정치하고는 거리가 좀 멀어야 한다. 그래야 냉정한 객관성을 지키며 일단 이해의 마음 자세를 가질 수 있다.

그래서 우리 중국조선족은 중립적인 객관적인 태도를 지켜 「조선학 –

한국학」이라 부르기로 했다. 그 다음 연구기관도 내오고 학술지도 내왔
다. 「조선학」과 「한국학」은 같은 학문이라는 뜻에서 나란히 병치했다.
그런데 아무리 병치라 하지만 표현상 「조선학」과 「한국학」 가운데 어느
하나가 앞에 놓이기 마련이다. 보다시피 「조선학-한국학」은 「조선학」이
앞에 놓여 「한국학」자들의 반발, 아니 은근한 불만을 가져온 듯하다.
그래서 한쪽에서 새롭게 붙여진 이름이 「한국학」이다. 현재 중국에서
이 이름이 우세를 차지하는 듯하다. 그런데 이것은 은근히 「조선학」자
들의 반발을 사는 듯했다. 그래서 또 한쪽에서 「조선학」과 「한국학」 양
쪽을 다 갈무리하면서 국제적인 맛을 풍기는 「korea학」이라는 이름도
나타났다.

　필자가 보건대 「조선학」이요, 「한국학」이요, 「korea학」이요 뭐요 하
는 이름은 그리 중요하지 않다고 생각한다. 허울에 불과한 이런 것에
연연할 것이 아니라 학문적 내실만 기하면 바람직한 자세라고 생각된
다. 그런데 이런 이름이 이미 문제가 되어 이러쿵저러쿵 「시비」 거리가
되니 나름대로 생각되는 바를 피력해보고 싶다.

　「조선학」, 「한국학」은 위의 편향적인 「시비」 거리가 되니 일단 지양
하는 것이 좋을 듯하다. 「korea학」은 「조선학」과 「한국학」 양쪽을 갈무
리하는 포괄력이 있는 듯하나 국제적인 호칭에 거저 갖다 맞춘 듯한 감
을 준다. 그래서 필자는 나름대로 「반도학」을 떠올려 본다. 그런데 이
이름이 너무 지리적 특성에만 치우쳤고 또한 그 지리적 특성이라는 것
이 독특한 그 어떤 것이 아닐 때 이것은 편협하고 범상적인 것일 수밖에
없다. 그래서 나는 조선, 한국에서 다 잘 사용하는 「우리」라는 말을 떠
올려 「우리학」이라고 해본다. 「우리」라는 말은 조선, 한국에서 민족, 국
가를 대표하는 뜻도 가진다. 그래서 아주 적절한 듯 했다. 그런데 이 「우
리」라는 말의 외연이 너무 넓어 「우리」뿐만 아니라 다른 「우리」도 포함

하고 있는 듯 하여 좀 맹랑해 난다. 그래서 고민, 고민하던 끝에 우리에게만 고유한 「배달」이라는 말을 떠올려 본다. 딱 좋은 듯 했다. 우리민족을 지칭하는 특유한 우리말로서 민족동질성을 추구하는 세계적인 흐름에도 잘 맞는 듯 해서 좋았다. 조선, 한국 모두들 거부감 없이 잘 받아들일 것 같다. 앞으로 통일민족, 통일나라도 이 「배달」이라는 이름으로 했으면 좋겠다. 그래서 필자는 일단 배달에 관한 글들을 묶은 본 묶음집을 「배달學」이라고 하고 이것을 가볍게 읽어 달라는 의미에서 散步라는 말을 달았다.

〈배달學散步〉는 좀 난삽하다. 피뜩 떠오르는 단상같은 것이 있는가하면 수필식으로 붓가는 데로 마구 잡아 쓴 것도 있다. 그러니 논리가 떨어지고 논거가 부족할 밖에 없다. 엄밀한 의미에서의 논문 같은 것은 없는 듯 하다. 그래서 「배달學」이라는 '學'에는 어울리지 않는 줄로 안다. 그러나 나름대로의 진지한 생각들을 솔직히 털어놓았다고 생각하니 일단 그 솔직성에서 그 누구에게나 받아들여질 줄로 안다. 인간은 그 누구나 솔직한 대화를 바라니 말이다. 그리고 '散步'라는 말로 여러 분의 소일거리에 기한다고 생각하니 그런 대로 그럴 듯했다.

〈배달學散步〉는 난삽한 만큼 배달 언어, 문학, 문화예술 등 여러 방면의 글을 싣고 있다. 그러나 나름대로 체계를 잡아보자고 「문학 편」, 「언어 편」, 「문화예술 편」으로 나누어 묶어 보았다. 필자가 주로 문학을 하는 만큼 문학에 관한 글들이 제일 많은 지라 첫 부분에 놓고 「★ ★ ★」 표로 한반도 「고대문학 편」과 「현대문학 편」 그리고 「조선족문학 편」을 갈라놓았다. 그 다음 언어, 문화예술 등 순으로 펴나갔다. 그러면서 될 수 있는 한 글을 쓴 시기나 발표 순서에 따라 배열했다. 그리고 필자는 구경에는 중국조선족인 지라 조선족에 관한 글들도 여기에 실었다. 조선족도 분명 배달민족임에 틀림없다. 민족동질성추구, 통일비전 등으로 놓고 볼 때 이것은 더 한층 분명해진다. 그러니 「조선족學」
도 「배달學」범주에 넣어 마땅하다.

필자가 본 「散步」를 조직함에 있어서 가장 골치 아팠던 것은 언어표
기문제이다. 분단의 비극을 알쭌히 느낀 셈이다. 필자는 중국조선족인
지라 조선 식 조선어를 많이 구사했다. 이것은 나의 언어습관에 따른
것이다. 사실 나는 조선어요 한국어요 하는데 그리 신경을 써지 않는다.
나는 언어의 約定俗成 법칙을 믿어마지 않는다. 그래서 줄곧 조선어와
한국어는 허울만 다를 뿐 다 같은 언어로서 양쪽 말 아무 것이나 선택
혹은 막 섞어 써도 무방하다고 생각해 왔다. 바로 이런 무방함 속에 約
定俗成 법칙에 의해 가장 표현력이 강한 통일배달언어가 탄생할 줄로
믿는다. 그래서 나는 〈배달學散步〉에 조선 식 조선어에 치우친 글들의
표기법을 그대로 둘까 했다. 이로부터 1차적으로 조선어가 정통이요 한
국어가 정통이요 하며 쓸데없는 시비거리를 만드는 자들을 놀리고 싶고
2차적으로는 나의 통일배달언어 실현에 일조하고자 생각했다. 그런데
이 '散步'가 한국에서 조직되고 한국 분들이 많이 참여하게 될 줄로 믿
어 그 가벼운 기분을 잡치지 않게 하기 위하여 일단 한국어식 표기법으
로 많이 고쳤다. 한마디로 '散步'의 현장성을 고려한 셈이다. 그리고 될
수 있는 한 이미 발표한 것, 그것도 한국에서 발표한 것을 적게 실고
발표하지 안았던 것을 많이 실도록 했다. '散步'의 신선함을 고려해서다.

끝으로 이 '散步'를 언녕 조직하고 싶었으나 힘이 부족한 저에게 실질
적인 힘이 되어 준 한국의 역락출판사 이대현 사장님께 이 자리를 빌어
진심으로 되는 고마움을 표하고 싶다.

2002. 4

차례

차례

차례

문학편

무속과 〈금오신화〉

　〈금오신화(金鰲新話)〉의 작가 김시습은 기(氣)일원론적인 무신론자였다. 그는 이 세상의 천지만물을 모두 기의 운동변화로 해석했다. 그는 무속적인 복을 기원하고 재앙을 없이한다는 제의(祭儀)따위를 허황한 음사(淫祀)라 하며 부정했다. 따라서 무당도 극력 배척했다. 이는 조선조 전반기 이단을 배척하고 주자성리학의 신유학으로 국시를 삼는 시대적 사조에 들어맞았다. 그런데 이율배반적으로 김시습은 분명 귀신의 존재를 인정하고 있었다. 억울하게 죽었거나 횡사한 사람들은 그 기가 곧 바로 흩어지는 것이 아니라 응어리지는지라 그 혼은 이 세상에 배회하며 사라지지 않는다는 것이다. 하여 그는 무당을 청해 이 응어리진 기, 막힌 기를 풀어주어야 한다고까지 했다. 그는 여기서 무속적인 귀신관을 내리 풀었다. 보다시피 김시습은 무신론적인 기(氣)와 무속적인 귀신관이라는 이중적 혼선을 보이고 있다. 워낙 그는 의식층에서는 무속적인 귀신관을 배척하였을망정 무의식층에서는 그것을 근절할 수 없었던 것이다.

　무속은 워낙 조선민족의 원시자연종교로서 이미 그 심층심리에 집단무의식적인 강한 에네지(熱量)를 형성하여 수시로 돌파구를 찾아 내뿜는다. 15세기 조선조 통치자들이 새로운 이념정립을 위해 공적으로 무속을 그렇게 단속하고 진압하였지만 사적으로는 자기도 모르는 사이에 무속적인 사고패턴(模式)과 가치관에 사로잡혀 굿판을 벌린 것은 이를 잘 설명해준다. 김시습도 이에서 예외가 아니다. 그의 〈금오신화〉는 이를 잘 시사해준다.

〈금오신화〉는 김시습의 무속적인 위령제(慰靈劑)로서 자기구제(救濟)의 문학이였다.

김시습은 워낙 생원령(生怨靈)이였다. 그는 어릴 때부터 신동(神童)이라고 불리웠으며 커서는 청운의 꿈을 안고 삼각산독서당에서 열심히 유교경전을 공부했다. 그런데 세조의 왕위찬탈사건은 그에게 있어서 더 없는 충격적인 사실이었다. 그의 청운의 꿈이 산산조각이 났던 것이다. 유교적인 정통을 높게 사는 그는 비정통을 모시며 입신양명할 수 없었다. 이에 야심만만하고 호기에 찬 패기의 김시습은 죽는다. 그리고는 유관을 불사르고 유교경전을 찢는 생원령으로서 새롭게 태어나는 것이다. 이로부터 그는 중의 행색으로 〈신세모순(身世矛盾)〉의 이단의 길을 걸었다. 그런데 이 이단의 길은 외롭고 고독했다. 〈유심불적(儒心佛跡)〉을 이해해 줄이 없었다. 하여 그는 방외인(方外人)으로 밖에 될 수 없었다. 시통하나 둘러메고 사처로 돌아다니며 방랑하는 그런 방외인이였다. 그는 자기의 울분, 그리고 그 외로움을 아름다운 산수에 탐닉하는 것으로 해소해보려 했으며 나무잎 하나 따서 시 한 수 짓고는 물에 띄워보내는 시적 발산으로도 달래보려 하였다. 그러나 이 모든 것이 시원찮았다. 하여 그는 금오산에 은거하게 되였으며 〈새로운 이야기(新話)〉를 지어 무속적인 예술세계에 자기의 서럽고 외로운 영혼을 기탁했다.

그럼 아래에 이 새로운 이야기로서 나타난 〈금오신화〉가 김시습을 어떻게 구제하고 있는가를 보도록 하자.

〈금오신화〉의 남주인공들은 모두 유생신분이다. 그런데 그들은 세상에서 공명을 떨치는 유생들이 아니라 영락한 유생으로서 현실생활에서 한결같이 좌절감을 안은 채 살아가고 있었던 것이다. 이제 구체적으로 하나하나 살펴보면, 〈이생규장전〉은 사랑의 단맛을 보다가 아내가 처참한 죽음을 당함으로써 비운을 맞는 이생, <만복사저포기>의 조실부모하고 재산이나 그 어떤 의지할 곳도 없이 낡아빠진 절의 구석방에서 외롭게 사는 노총각 신세인 양생, <취유부벽정기>의 입신양명을 포기하고 결국은 장사군으로 전락하고 마는 선비 홍생, <남염부주지>의 여러 번 과거에 응시했으나 권세에 아부하지 않았으므로 합격하지 못하고 늘 앙앙불락 속에 잠겨있는 박생, <용궁부연록>의 명망이 있는 선비이었것만 벼슬길에 오르지 못하고 한낱 가난한 선비로 살고 있는 한생 모두가 그렇다. 이제 이것을 한마디로 개괄해 보면 이들은 모두다 현실생활 속의 생원령들임을 알 수 있다. 이로부터 생원령 김시습의 형상과 클로즈업되는 것이다. 이들은 실로 생원령로서의 김시습의 자화상적인 대상화임에 틀림없다. <금오신화>의 이야기플롯은 바로 이런 인물들의 원풀이로 되어 있다. 김시습은 이런 원풀이를 통해 자기의 원(怨)도 풀었던 것이다. 바로 이런 의미에서 <금오신화>의 예술세계는 무속적인 제사장(祭祀場)으로 부상된다. 무속의 사령제(死靈祭)를 보건 데 그것이 욕구불만의 죽은 사람의 영(靈)에 연극과도 같은 가상적인 실제행위를 통해 그 어떤 만족을 주는 것이라 할 때, <금오신화>는 가상적인 초현실세계에서 그 주인공들의 원을 풀어주는 것임을 알 수 있다. 이에 우리는 무속의 사령제원형1)과 <금오신화>의 예술세계가 이질동구(異質同構)를 이루고 있음을 알 수 있다. 이를테면,

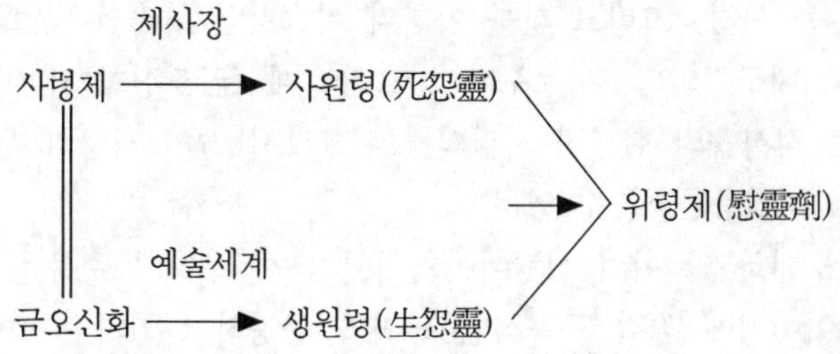

---

1) 본문에서 원형이라는 개념은 일종 사고패턴 및 가치관을 가리킨다.

이제 〈금오신화〉의 제사장적인 예술세계를 좀 더 구체적으로 보도록 하자.

완전히 현실부정적인 김시습에게 있어서 가상적인 초현실세계에서 주인공-생원령들의 안식처를 찾는 것은 너무나도 당연하다. 〈금오신화〉의 현실비판은 일차적으로 여기에서 강렬히 나타난다. 〈금오신화〉의 가상적인 초현실세계는 현실에서의 욕구불만의 남주인공들의 욕구충족의 환상세계였다. 그럼 이 남주인공들은 이 환상세계에서 어떤 욕구충족을 실현하였는가?

우선, 그들은 남여간의 사랑풍류를 만끽한다. 〈이생규장전〉, 〈만복사저포기〉, 〈취유부벽정기〉가 그 전형적인 보기로 되겠다. 〈이생규장전〉에서 이생과 최랑의 사랑은 홍건적의 침입으로 현실적으로는 단절되지만 미진한 사랑을 더 하기 위한 최랑의 환체(幻體)의 출현으로 하여 그 사랑은 계속 이어지며 결국 사랑의 완결을 보고 만다. 〈만복사저포기〉에서 가난하고 의지가지 없는 노총각 한생은 만복사에서 부처님의 근엄성과는 어울리지 않는 무속적인 저포놀이를 해서 좋은 배필을 점지 받는다. 그리고는 현실세계에서는 도저히 맛볼 수 없었던 사랑의 정한을 푸는 사랑의 향연을 만끽한다. 〈취유부벽정기〉에서 홍생은 선녀와 풍류를 주고받으며 희귀한 신선경을 맛본다. 총괄적으로 볼진대 이 부류의 작품들에서는 청춘남녀지간의 사랑, 풍류가 자주적으로 마음대로 이루어지며 그것은 또한 그렇게 정열적인 것이었다. 그것은 현실생활에서의 김시습의 애꿎은 사랑, 그리고 하루 아침의 이슬처럼 사라진 덧없는 사랑과 너무나도 대조적이다. 이로부터 놓고 볼 때 〈금오신화〉의 아름다운 사랑세계는 김시습의 현실적 사랑의 보완으로서 그의 사랑의 욕구불만의 위령제로 되었음을 알 수 있다.

그런데 〈금오신화〉의 이런 사랑이야기에서 특히 우리의 주목을 끄는 것은 이 사랑이야기에 직접 무속적인 원귀가 등장하고 있다는 점이다. 바로 그 여주인공들이 그 원귀다. 〈이생규장전〉은 사랑의 꽃을 피우다가 홍건적에게 피살된 여주인공이 등장한다. 그리고 〈만복사저포기〉와

〈취유부벽정기〉는 사랑의 꿈도 이루어보지 못한 채 왜구나 외족에게 스러진 꽃다운 처녀들이 여주인공으로 등장한다. 이들은 이루어보지 못한 혹은 다 하지 못한 사랑의 욕구가 걷잡을 수 없이 일어나 이 세상에 환체로 나타나 자기의 사랑을 짓궂게 실현하고는 떠나간다. 〈금오신화〉의 사랑이야기는 이 여귀들 각도에서 놓고 볼 때 전형적인 무속적인 원귀이야기다. 원귀들은 원귀인 만큼 이 세상을 떠날 수 없어 혹은 잊을 수 없어 이 세상에 남거나 새로이 찾아들며 욕구충족을 실현하고 홀연히 제 갈 길을 간다. 이는 확연히 무속적인 사령제 판본이다. 김시습의 무의식심층에 있는 무속적 사령제원형의 구술적 대상화로 나타난 것이 바로 이 여귀의 사랑이야기다. 김시습은 〈금오신화〉의 사랑이야기에서 이승(현실세계) 속의 생원령(남주인공)이나 저승 속의 사원령(여주인공)이나를 막론하고 이들 모두가 남녀간의 사랑, 풍류를 만끽하는 로맨틱을 펼쳐보이므로써 일종 이 세상 모든 청춘남녀들이 다 자기 뜻대로 사랑을 이루라는 아름다운 기원을 나타내기도 했다.

다음, 그들은 자기의 정치적 포부를 실현한다. 이제 그 전형적인 보기로 〈용궁부연록〉과 〈남염부주지〉를 볼 수 있다. 〈용궁부연록〉과 〈남염부주지〉의 주인공 한생과 박생은 한낱 불우한 선비였다. 이러한 한생과 박생은 다만 초현실세계에서만 자기의 재간을 긍정받거나 뜻을 펼 수 있었다. 이를테면 〈용궁부연록〉의 한생은 용궁에 초청받아 가서 상량문을 써 용왕을 비롯한 뭇 신들로부터 절찬을 받으며 나중에는 귀중한 선물까지 받는다. 그리고 〈남염부주지〉의 박생은 염왕으로부터 둘도 없는 인걸로 긍정받으며 나중에는 염라대왕의 자리까지 양도받는다. 그리고 〈이생규장전〉도 좋고 〈만복사저포기〉도 좋고 〈취유부벽정기〉도 좋고 모두 마지막 부분에서 이승의 남주인공들이 자기의 뜻이 이루어질 저 세상(저승)을 동경하면서 부지소종(不知所終)했거나 죽었다는 결말도 역시 이런 것을 암시해주고 있다. 이들 모든 형상은 현실생활에서 완전히 정치적 실의에 빠지고 이단자로 폄시된 김시습의 형편과 너무나 좋은 대조를 이룬다. 이로부터 놓고 볼 때 이런 형상들은 김시습의 정

치적 욕구불만이 제사장에서와 같은 가상적인 환상세계에서의 충족으로
되는 것이다. 이는 김시습의 무의식심층의 무속적 사령제원형의 또 하
나의 발산으로 볼 수 있다. 김시습은 의식적이든 무의식적이든 강렬한
사령제원형 에네지의 발산으로 자기의 정치적 포부실현을 만끽하면서
자기의 생원령을 달렜을 것이다.

  이상 놓고 볼 때 〈금오신화〉는 주로 생활의 가장 주요한 두 내용을
이루는 사랑(생활)과 정치(사업)라는 두 갈래에서 의식적이든 무의식적
이든 무속적인 사령제 원형패턴의 구체적 발현을 통해 작가가 자기구제
를 꾀했음을 알 수 있다. 우리가 볼 수 있는 이 〈금오신화〉뒤에 〈甲集〉
이라는 인이 박혀있는걸 보아 김시습은 사랑과 사업이라는 이 주요한
생활내용방면이외의 많은 현실적인 욕구불만을 카타르시스할 예술적 세
계(〈乙集〉, 〈丙集〉…)도 거의 생의 본능에 가까운 무의식적 강렬한 에
네지로 계속 창조해냈을 것이다. 그럴진대 그것은 그가 말한 바와 같이
새로운 이야기로서 인간불견서(人間不見書)2)일 것도 당연하다. 그리고
이런 〈인간불견서〉들이 그 자신의 생의 구제로 되는 만큼 누구한테 보
일 필요가 없이 「석실(石室)」3)에 감춰두고 자기 혼자 보고 보고 또 보
았을 것이다.

  본 논문은 필자가 작가의 집단적인 무속(사령제)원형으로부터 〈금오
신화〉에 대해 기존의 해석과는 좀 다른 무의식적 심층해석을 나름대로
시도해본데 불과하다. 그럴진대 논란의 여지는 많을 줄로 안다.

                                                        1990. 9
  *본 논문은 황미자 선생님과 같이 작성한 것임을 밝혀두는 바이다.

---

2) 김시습은 〈제금오신화(題金鰲新話)〉라는 시에서 〈금오신화〉에 대해 이렇게 말했다.
3) 김시습이 죽고 난 후 비로소 〈금오신화〉가 「석실」 즉 동굴에서 발견된 것을 감안해 사
   람들은 김시습 자신이 생전에 〈금오신화〉를 「석실」에 감춰두고 비밀에 부친 것으로 짐
   작하고 있다.

조선고대애정시가일별

조선고대애정시가론이라 했다가 아이보다 배꼽이 큰 감이 들어 조선고대애정시가일별이라고 했다. 조선고대시가에 있어서 애정시가는 워낙 좀 스산하다. 그것은 우선 너무나도 단편적이여서 그 무슨 작품군도 운운하기 힘들거니와 사적인 맥락도 보기 힘들다. 원시종교의식적 행사를 진행하든 어떻든 간에 술과 노래, 춤을 좋아하며 쩍 하면 남녀가 한데 어울려 돌아갔으니 조선원시고대종족들에게 있어서 사랑의 로맨스, 사랑의 노래도 적지 않으련만 그것들은 이미 볼 수 없는 것으로 되고 말았다. 하여 이제 조선고대시가에서의 최초의 애정시가는 고조선 여옥의 작으로 되여 있는 〈공후인〉으로 보게 되는 것이다. 다음 삼국시기에 들어서서는 백제의 〈정읍사〉, 고구려의 〈황조가〉, 신라의 〈서동요〉에서 그 편린을 볼 수 있는 것이 고작이다. 그 다음 통일신라시기에 들어서서는 편력가인이 지은 듯한 〈처용가〉가 있을 뿐이며 고려시기에 들어서서는 기녀들을 주로 한 여인들의 일부 시와 그 말기에 와서 평민시조시인들의 일부 사설시조에서 엿볼 수 있을 따름이다.

유구한 역사를 자랑하고 다정다감한 정감적인 민족으로 일컬어지는 우리 조선민족이 가물에 콩나듯 이렇게 스산하게 애정시가유산을 남겼다는 것은 너무나도 역리적이며 섭섭한 일이다.

　사실 조선고대민족들은 많은 애정시가를 창작했을 것이다. 그러나 조선고대민족들은 우선, 오래 동안 자기 고유의 문자를 갖고 있지 못했던 만큼 그 애정시가들은 구구 전승하는 가운데서 많이 소실되고 그 일부만이 〈아리랑〉과 같은 고전적 민요로 남게 되었을 것이다. 다음, 조선고대민족들은 일찍 漢文字를 자기의 서사수단으로 삼았고 그것으로 애정시가들을 창작하고 기록했을 것이지만 그 끊임없는 내우외환의 다난한 민족사 때문에 온전히 보존될 수가 없었을 것이다. 그리고 漢文字로 창작하고 기록했다고 할진대 그 주역은 어디까지나 「남녀칠세부동석」의 유교적인 사대부들이 아니면 금욕주의적인 불교승려들인 만큼 진정한 남녀간의 사랑의 로맨스는 많이 거세되거나 순화되고 왜곡된 시아비한 애정시가들만이 모조되고 실렸을 것이다. 조선고대의 고전문헌인 고려시기에 연이어 편찬된 유학자 김부식의 〈삼국사기〉와 승 일연의 〈삼국유사〉를 보는 것만으로도 그간의 사정을 족히 알 수 있다. 그리고 조선조시기에 들어와 「존천리멸인욕 (存天理滅人欲)」하는 유교성리학이 사회지도이념으로 되면서 소위 「구악정리」라 하여 세종, 성종, 중종 대에 남녀의 애정을 제재로 한 시가들을 모두 난도질했는데 고려속요도 여기서 예외로 될 수 없었다. 이를테면 세종대에는 〈후진작 (後眞勺)〉이 음사 (淫詞) 로 말썽이 되었고 성종대에는 〈서경별곡〉이 〈속악 (俗樂)〉으로서 문제가 되어 〈후정화 (後庭花)〉로 취급되어 〈만전춘 (滿殿春)〉이 '비리지사 (鄙俚之詞)'라고 배척되었고 〈쌍화점〉, 〈여상곡〉, 〈북전가〉 등이 '음사지사 (淫祀之詞)'라고 「개찬(改撰)」되었고 중종대에는 여러 악장 (樂章) 가운데서 '어섭음란(語涉淫亂)'한 것을 '개진(改進)'하게 하였다고 기록되어 있는 것으로 보아 많은 고려애정시가가 대부분이 없어지고 아직 남아있는 것도 본연의 그 면모를 볼 수 없을 만큼 많이 '개필(改筆)'되었음을 짐작할 수 있다.

　우리가 지금 볼 수 있는 몇 편밖에 안 되는 고려속요 속에 그 사랑을 읊은 시가가 그 본연의 면모를 볼 수 없을 만큼 그렇게 많이 개필되었음에도 불구하고 조선조사대부들에게 줄곧 '남녀상열지사(男女相悅之

詞)'니 '음사(淫詞)'니 '망탄(妄誕)'이니 뭐니 하며 지탄되어 왔으니 정말 억이 막히는 일이다.

정말 조선의 유학자들은 남녀간의 진정한 사랑을 모르고 살았다해도 과언이 아니다. 유학자 사대부들의 그 근엄한 생활자세는 워낙 남녀간의 본연적인 진정한 사랑을 주고 받을 수 없었다. 그들은 다만 끊일 줄 모르고 송강정칠식의 「연군지사(戀君之詞)」만 불렀던 것이다. 전반 유학자 사대부들을 훑어보건 데 우리는 근근히 최치원, 이규보, 김시습, 임제, 허균 등 극소수의 멋쟁이 사나이들을 찾아 볼 수 있을 따름이다. 이제 그 보기로 유명한 기류여류(妓流女流) 시인 황진이와의 로맨스 속에서 엮어진 임제의 시조 한 수를 보기로 하자. '청초 우거진 곳에 자난다 누웠난다/홍안은 어디 두고 백골만 묻혔난다/잔 잡고 권 할 이 없으니 그를 슬퍼하노라'. 연연한 정을 못 이겨 님의 무덤 앞에까지 찾아와 눈물로 사랑을 술회하는 너무나도 인간적인 진실한 애정시다.

이들 「이단광객」들의 애정시가도 애정시가로서 멋이 있겠지만 그래도 조선의 고대애정시가는 어디까지나 평민들의 작품에서 그 본격적인 개화(開花)를 보게 된다. 그 전형적인 보기로 고려속요 속의 애정시가를 들 수 있다. 고려속요는 위에서 보아온 바와 같이 대개 고려시기 평민들에 의해 창작되어 구구 전승되어 오다가 조선조시기에 들어와 비로소 문자화로 정립된 줄로 안다. 이로부터 볼 때 고려속요는 고대 조선민족의 집단적인 무의식의 결정체임을 알 수 있다. 고려속요가 제아무리 유학자들에 의해 가필되었을지라도 우리는 이것이 그 자체로 될 수 있는 속요적인 특성을 포착할 수 있는데 이것이 고대조선민족의 집단적인 무의식의 결정체임은 더 말할 것도 없다.

그럼 아래에 우리는 고려속요 속의 애정시가를 통해 고대조선민족의 집단적인 무의식 특징을 살펴보도록 하자.

우리가 고려속요 속의 애정시가를 대할 때 제일 인상깊게 느껴지는 것은 그것이 다 사랑의 비가를 엮고 있다는데 있다. 이를테면 대개 다 사랑의 이별가, 사모가들인 것이다. 〈서경별곡〉, 〈가시리〉는 님과의 이

별의 정한(情恨), 〈동동〉은 떠나간 님을 못내 그리워하는 사모의 정한을 읊고 있다. 그리고 〈정석가〉와 같은 데서는 '삭삭기 셰몰애별혜 나눈/…/구은 밤 닷되를 심고이다/그 바미 우미도다 삭나거시야/…/有德ᄒ신 님믈 여ᄒᆞ와지이다'와 같이 절대 불가능한 상황의 실현을 전제로 해놓고 이별 없는 항구적인 사랑을 꿈꾸었을진대 역설적으로 그들의 그 어떤 말할 수 없는 비극적 속에 잠겨있는 사랑을 느끼게 한다. 이밖에 고려속요의 애정시가에는 다른 의미에서의 사랑의 비가 그리고 타락하고 퇴폐적인 사랑을 나타낸 〈쌍화집〉, 〈만전춘별사〉, 〈여상곡〉 등이 있다. 한마디로 말하여 고려속요의 애정시가는 님의 부재, 사랑의 부재의 정한를 엮고 있다. 사실 이 님의 부재, 사랑의 부재의 정한은 고려속요의 애정시가에만 국한된 것이 아니다. 그것은 조선고대애정시가의 기본 콤플렉스로 된다. 조선고대의 최초의 애정시가 〈공후인〉을 보건 데 그것은 님과의 사별을 읊었으며 〈황조가〉와 같은 고구려의 제2대 유리왕이 지었다는 노래에서조차도 '…/나만 홀로 짝 없으니/느과 함께 돌아갈고'하는 홀로된 비애의 감정을 토로하고 있다.

조선고대애정시가의 이런 비극적 콤플렉스는 조선조시기에 들어와 그 비원(悲愿)에 가득한 기녀들의 시를 비롯하여 규원(閨怨)을 노래한 규방부녀자들의 시에 관통된다.

위에서 언급된 그 유명한 송도기생 황진이의 오직 여자들만이 할 수 있는 그 기발한 상상, 섬세한 서정적 흐름 속에 가득 깃든 그 비원을 보기로 하자. '冬至ㅅ달 기나긴 밤을 한 허리를 둘에 내여/春風 이불 아래 서리서리 넣었다가/얼은 님 오신 날 밤이어든 굽이굽이 펴리라' 항상 외롭기만 한, 그래서 님이 오기를 바라는 그리고 님이 와서는 길이길이 떠나지 말기를 바라는 시적 자아가 한눈에 안겨온다. 황진이의 시조는 여섯 편밖에 남아 있지 않는데 '綠水도 靑山 못 잊어 울어 녀어 가는고', '보내고 그리는 情은 나도 몰라 하노라', '秋風에 지는 잎 소리야 낸들 어이하리오' 등으로 그 종장들에서도 알 수 있다시피 대개 다 비련을 읊고 있다. 이외에도 임제와 서로 〈한우(寒雨)가〉로 로맨스를 엮었다던

寒雨 및 李梅窓 등 유명한 기생들의 애정시가가 있는데 이들 시가도 마찬가지로 비련을 읊고 있다.

閨怨의 애정시가를 보아도 역시 마찬가지다. 그럼 閨怨의 화신—허란설헌의 시조 한 수를 보도록 하자. '가을 다한 다란엔 병풍도 비었어라/ 서리찬 갈밭엔 기러기 깃드는데/한 곡조 들못가엔 연꽃만이 져가누나' 보다시피 이 시조에서는 연꽃처럼 쓸쓸히 져가는 님없는 독수공방의 자기의 신세를 한탄하고 있다. 이외에 이옥봉의 〈별한(別恨)〉 등 일련의 규원시가가 있는데 이런 시들도 다 허란설헌의 규원시와 기본 콤플렉스에 있어서 대동소이하다.

이상 보다시피 조선고대애정시가는 사랑의 정한을 그 기본 콤플렉스로 하고 있음을 알 수 있다. 이는 그 애정시가들의 어휘사용 특징에서도 나타나 있는바 그것은 어디까지나 부정적인 어두운 죽음의 그늘이 진한 것들이다. 한국의 정병욱 교수도 〈한국고전시가론〉의 「제3편 전통론」의 「(4)부정을 통한 미의식」(25페지) 에서 「님」(사랑·필자 주)을 노래한 시조의 어휘사용빈도를 보면 '긍정적인 「가다」가 더 많이 쓰였고 「살다」보다는 「죽다」가 더 많이 쓰였고 「웃다」보다는 「울다」가 더 많이 쓰였다'고 했는데 이것은 위에서 말한 조선고대애정시가의 사랑의 정한의 콤플렉스의 제일 좋은 주석(注釋)으로 됨을 알 수 있다. 그것은 조선민족의 비극적 감정체험의 발로인 것이다.

전반 조선고대문학사를 고찰해볼 때 애정시가의 이런 비극적 콤플렉스 정한이 애정소설의 희극적 대단원결말과 묘한 대조적인 양상을 이루고 있음을 알 수 있다. 그럼 어째서 이런 양상이 이루어졌겠는가? 한마디로 말하여 그것은 시는 시대로, 소설은 소설대로의 장르적 특점의 제약도 제약이러니와 보다 중요한 것은 이 두 중요한 문학적 장르가 극단적인 희나 비를 중화(中和)시키는 장치로서 고대조선민족의 심리평형을 이루어온 데 그 주된 원인이 있지 않았는가고 생각된다.

조선고대애정시가의 이런 어두운 비극적 양상은 조선조말기 근대적 평민들의 사설시조의 애정시가로부터 밝은 희극적 양상으로 바뀌게 된다. 사설시조의 애정시가들은 대개 다 육욕(肉慾)적인 사랑의 쾌락을 많이 노래했다. 물론 앞에서 좀 언급되었겠지만 고려속요 속의 〈쌍화집〉, 〈만전춘별사〉, 〈여상곡〉같은 데서도 육욕적인 사랑의 쾌락을 노래한 것이 없는 것은 아니다. 그러나 그것은 사실시조의 사랑가와는 본질적으로 다르다. 고려속요 속의 것이 절실한 현실적 삶 속에서의 사랑의 타락, 퇴폐를 나타내는 일종 단말마적인 발악적인 자기마비에 불과하다면 사실시조의 그것은 생활적 여유 속에서의 인간본능의 긍정, 발산과 아울러 세속적인 도덕관념을 뒤엎는 개방과 도전이다. '중놈도 사람인양 하여/ 자고 가니 그립다고 중의 속낙 내갈 베고 내 족두리 중놈 베고 중의 정삼 나 덮어쓰고 내치마란 중놈 덮고 자다가 깨달으니/ 둘의 사랑이 속낙으로 하나 족두리로 하나/이튼날 하던 일 생각하니 홍글홍글 하여라'. 이것은 너무나도 서방 문예부흥기 인문주의의 선구자 보카치오(1313~1375)의 〈십일담〉의 사랑이야기와 비슷하다.

우리가 고려속요 속의 애정시가를 대할 때 또 하나 인상깊게 느껴지는 것은 그것이 어디까지나 여성들의 애정비가라는데 있다. 〈서경별곡〉, 〈가시리〉, 〈동동〉은 더 말할 것도 없거니와 회회아비, 술집주인, 중, 용으로 상징되는 뭇 남자들의 손에 돌려가며 육욕의 충족물로 전락되는 〈쌍화점〉의 서정적 여주인공은 타락한 사랑 속의 비극적 이미지다. 이런 여성들의 애정비가 특색은 고려속요 속의 애정시가만이 아니라 전반 조선민족의 전반 애정시가로 확산된다. 상술한 여러 애정 시가들에서도 여성만의 비극적 특색을 충분히 감지했겠지만 이제 다시 기녀 이매창의 시조 한편과 무명씨의 규방시조 한편을 각각 보도록 하자. '犁花雨 흩날릴제 울며 잡고 아別한 님/秋風落접에 저도 나를 생각는지/칠千里에 외로운 꿈만 오락가락하더라'-이매창. '남은 다 자는 밤에 내 어이 홀로 깨여/玉帳 깊은 곳에 잠든 님을 생각는고/천리에 외로운 꿈만 오락가락하더라'-무명씨. 우리는 이 두 시조에서도 그것이 일방적인 여자의 비가로 되어 있음을 알 수 있다. '님 계신 이 밤은 길고 길전저/그 대신 님 가신 내일 밤은 짧고 짧을진지/그러나, 어느덧 무심한 닭은 새벽을 알리니/두 뺨에는 즈믄 줄기의 눈물만 흐르니 가련하다'. 이것은 조선조시기 유명한 규원시인 이옥봉의 〈별한(別恨)〉이다. 뜻대로 되지 않는 사랑의 이별 정한 때문에 울었다. 그리하여 〈만전춘별사〉의 첫 구절 '얼음 위에 댓보자리 보아/님과 나와 얼어 죽을망정/情둔 오늘밤 더디 새오시라'처럼 그 사랑도 그렇게 절박했던 것이다. 고대조선여성들은 바로 이렇게 절박한 사랑의 비원(悲願) 속에서 살았던 것이다. 이것은 부권적인 조선봉건사회에서의 여성들의 숙명적인 비극적 운명이기도 한 것이다. 조선 고대애정비가에서 그 작가가 거의 다 여자이고 그 시적 자아가 거의 다 여자인 데서도 알 수 있다시피 남자들은 사랑시와는 인연이 없다. 조선고대 남자들은 워낙 사랑을 몰랐던 것 같다. '西京이 서울히 마르는/닷곤디 쇼셩경 괴요마른/여희므로 질삼뵈 브리시고/괴시란디 우리곰 좇나이다' 〈서경별곡〉같은 데서 이렇게 여자 쪽에서 울며불며 철석간장이라도 녹일듯 애원했건만 덤덤히 떠나가는 냉혈동물 같은 물건짝들이다. 떠나가는 쪽은 언제나 남자고 떠나가지 말라고 애원하는 쪽은 여자이며 떠나간 쪽은 언제나 남자고 떨어져 서럽게 우는 쪽은 여자이다. 그 사랑을 몰랐던 남자들에게 그토록 일편단심 사랑을 기탁한 꽃같은 조선의 여심들이 눈물겹도록 슬프다. '청산리 벽계수야 쉬어 간들 어떠하리/일도창해하면 다시 오기 어려워니…' 황진이의 서정이 눈물겹도록 다시 안겨온다… 님은 떠나가고 조선의 여심들은 항상 외롭고 그립고 고달팠다. 그러나 그들은 항상 일편단심의 충절을 고이 지켜왔던 것이다. 꽃 같은 여인들이다. 아니 꽃은 피고 지는 변덕이 있거늘 그들은 변함없는 송죽이다. 물에 빠져 싀어진 님을 따라 순정 (殉情) 하는 그 〈공후인〉의 여인, '十─月ㅅ봉당자리예/아으 汗 두퍼 누워/슬홀ᄉ라온…' 가운데 고이 님을 기다리는 〈동동〉의 여인, '구스리 바회에 디신돌/긴힛ᄃᆞᆫ 그츠리잇가 나는/…/즈믄 ᄒᆞᆯ를 외오곰 녀신ᄃᆞᆯ/信잇ᄃᆞᆫ 그츠리잇가 난ᄂᆞᆫ'을 반복해서 부르는 〈서경별곡〉의 여인들은 사람을 울린다. 그들은 사랑하는 님이야 어떻든 무조건적인 절대 순종, 충절의 동양여성 특유의 미를 발산하고 있다. 조선고대애정시가에서 보게 되는 이러한 여심은 〈아리랑〉과 같은 순수한 고전적 민요에서 보게 되는 여심과는 좀 다르다. 〈아리랑〉 같은 데서도 동양여성 특유의 절대 순종, 충절의 미덕이 안 나타난 것이 아니지만 그래도 거기에는 '나를 버리고 가시는 님은/십리도 못 가서 발병난다'는 주언(呪言)과 같은 가시 돋친 데가 있어 외유내강의 조선여성의 전통적인 미를 잘 나타내고 있다. 상술한 조선고대애정시가들에서도 조선여성의 전통적인 외유내강의 미가 안 나타난 것이 아니지만 그것은 사랑하는 님을 향한 직접적인 호소나 앙탈이 아니라 어디까지나 〈서경별곡〉에서처럼 님 타고 갈 배를 내놓는 배사공을 핀잔하는, 그리고 〈가시리〉에서처럼 '잡스와 두어리 마ᄂᆞᆫ/선ᄒᆞ만 아니 올세라나ᄂᆞ/…설은님 보내ᄋᆞᆸ노니 나ᄂᆞ/가시ᄂᆞᆫ듯 도셔서 나ᄂᆞᆫ' 식의 보다 간접적인 순화된 완곡적 형식을 취하고 있는 것이다.

조선고대애정시가의 이런 여성 일방적인 비가는 조선조말기 근대적 평민의 사실시조에서 그 국면이 달라지기 시작한다. 사실시조의 애정시가가 육욕적이든 어떻든 우선 그것은 위에서 보다시피 무엇보다도 밝은 희극적 사랑을 내비치고 있다. 다음 그것은 어디까지나 남자와 동동한 위치에 선 여자들의 사랑의 희극을 밝힌 데 있다. '콩밭에 들어 콩잎 뜯어먹는 암소 검은 암소 아무리 이리다 쫓은들 제 어디로 가며/이불아래 든 님을 발로 톡 박차 미적미적하면서 어서 가라한들 날 버리고 제 어디로 가리/아마도 싸우고 못 마를슨 님이신가 하노라' 보다시피 여기서는 여유작작 배포유할 정도로 사랑의 고삐를 쥔 여자의 유머스러운 이미지가 확 안겨온다. 실로 이 사실시조로부터 조선의 고대애정시가에는 비로소 진정한 웃음의 환락의 서광이 비치기 시작했다

조선고대애정시가의 일별이 이제 종지부를 찍게 될 임박에 이르러 그렇게 자꾸 정답게 감미롭게 느껴지는 것은 무엇 때문인가? 그 콤플렉스 때문에? 그 여심 때문에? 아니면 그 서광 때문에?

1990. 12

님, 님, 님…

님 없이는 못사는 사람들-조선민족. '물에 들어 싀오시니 어저 님을 어이하리'며 '님 향한 일편단심이야 가실 줄이 있으랴'며 〈님의 침묵〉에 '설음에 겹도록 부르'는 조선사람들.

님, 님, 님…

조선고대시가사에 관통된 한줄기 원형이미지.

그것은 조선사람의 넋을 사로잡는다.

1. 님-원형이미지

(1)원형이미지[1]: 원초적인 집단무의식의 구성요소

---

[1] 원형비평의 정초자이며 저명한 심리학자인 융(C. G. Jung)은 집단무의식이론의 기초 상에서 「원형이미지」(혹은 「원시이미지」)라는 개념을 제출했다. 융에게 있어서 「원형 이미지」(혹은 「원시이미지」)는 원형과 거의 같은 개념으로 사용되었다. 융은 원형을 집단무의식의 구성내용으로 보았다. 그는 〈집단무의식개념〉에서 다음과 같이 원형개념 을 설명했다. '집단무의식사상과 갈라놓을 수 없는 원형개념은 심리 속에서 명확한 형

▶원형이미지의 세 필요조건2) :

ㄱ. 그것은 반드시 집단공동의 심리경험으로서 비개인적인 것이여야 한다.

ㄴ. 그것은 반드시 기억표상의 형상적인 것으로서 비추상개괄적인 것이
여야 한다.

ㄷ. 역사적 행정에서 부단히 반복하여 나타나는 것이여야 한다.

옛날 옛적에 조선사람들은 추장을 뽑을 때 이금(이발자국)을 기준으
로 하여 뽑았다 한다. 조선사람의 「임금」은 바로 이금에서 왔다는
것이다3). 이를테면,

식을 갖고 있는 존재로서 언제나 도처에서 자기표현을 도모하고 있다. 신화학연구에서
그것을 「모티프」라 한다. 원시인심리학에서의 원형은 레위-뿌류(列維-布留爾)가 말한
「집단표상」개념과 맞아떨어진다.'

2) 융은 〈집단무의식개념〉에서 '원시이미지 혹은 원형은 일종 형상 혹은 요귀 혹은 사람
혹은 어떤 활동으로서 역사적 흐름에서 부단히 반복하여 나타나는 것이다'고 하였으며
'또 그 누가 원시이미지를 말하게 되면 그는 천 사람의 소리를 한 것으로서 사람들로 하
여금 그것에 도취되고 매료되게 한다'고 하였다.

3) ㄱ. 〔〈三國史記〉 권1 儒理尼師今〕에 '儒理尼師今立. ……初南解夢, 儒理當立, 以大輔脫
解素有德望, 推讓其位, 脫解曰: 神器大寶非庸人所堪, 吾聞聖智人多齒, 試以餠
菇之. 儒理齒理多, 乃与左右奉立之, 号尼師今, 世傳如此. 金大問則云: 尼師今,
方言也, 謂齒理.'
〔〈三國遺史〉 권1 제2 南解王條〕에 '按三國史云 新羅稱王曰……(中略)……或云尼師
今 言謂齒理也 初南海王夢 子弩禮襄位于脫解 解云吾聞聖智人多齒 乃試以餠菇之 古
傳如此
〔〈三國遺史〉 권1 제3 弩禮王〕에 '朴弩禮尼叱今(一作儒禮王)初王 与妹夫脫解襄位,
脫解云 凡有德者多齒 宜以齒理試之 乃咬餠驗之, 王齒多故先立 因名尼叱今 尼叱今
之稱 自此王始'
이상 세 기록을 보면 이금을 기준으로 왕을 뽑았던 일은 신라 제3대왕을 뽑을 때
있었던 일인 것 같다. 봉건통치자들의 권력의 아귀다툼의 고질로 보면 이것은 믿을
바가 못된다. 그러나 우리는 여기서 조선 원시종족들의 그 어떤 유습을 보아내기에
충분하다. 신라는 그 지정학적 원인으로 말미암아 삼국 중에서 조선고유의 전통적
인 것들을 가장 잘 보유할 수 있었던 것이다. 이 기록은 조선 원시종족들의 추장선
거유습같은 것들이 관성으로 신라 제3대왕선거 때까지 남아있었다는 것을 보여준다.
ㄴ. 이득춘, 〈고대조선어강독〉(내부자료)17페지에 ' 「尼師今」은 임금의 표기로서 「닛
금」이다'고 했다.
ㄷ. 말본사전 박종국 엮음(한국).

니사금(尼師今)→닛금(임금).

그런데 조선사람의 「님」은 바로 이 '인간사회의 우두머리- 임금'4)과 서로 같거나 혹은 서로 통하며 동일성5)을 띠게 된다. 즉

　　　임이: (주: 국어문법) 「임」은 주(主)와 한뜻, 「이」는 자(者)와 한뜻.
　　　임이금: (주: 국어문법) 「금」은 금 낸다하는 금이니….
4) 필자는 여기서 「임금」을 '봉건군주'라는 일반적인 사전적 의미가 아니라 원시종족시대의 추장 혹은 '선두에 계신 분' 또는 '우두머리', 頭領, 領首, 首長 등의 의미로 썼음. 필자의 「임금」의 이러한 나름대로의 원초적인 의미의 사용의 가능성에 대해서는 각주 3)을 참조하기 바란다.
　　필자의 이러한 나름대로의 「임금」의 원초적인 의미의 이해는 한국 김철준 교수의 〈신라상고세계(新羅上古世系)와 그 기년(紀年)〉(역사학보 제17, 18집, 173면) 논문의 유력한 지지를 받고 있음. 김교수는 이 논문에서 '尼師今'을 '部族聯盟長'으로 해석하였다. 필자의 이러한 이해는 또 한국 정병욱 교수의 〈한국고전시가론〉 「제2편 상고시가론」에서 전개한 관점의 지지도 받고 있음. 이를테면 '바꾸어 말하면 혁거세와 남해는 정치적으로 6부의 세력을 조정하면서 종교적으로도 사제자로서의 사명을 동시에 띠고 있는 이른바 제정일치의 권능을 지니고 있었던 부족연합체의장이었다는 사실을 밝혀낼 수 있다고 본다. 따라서 「居西干」이나 「次次雄」의 왕칭호는 종교적인 사제자의 권능를 겸하고 있는 부족연합체의 장을 의미한다고 보아 좋을 것이다'.
5) 「님」의 의미론적 기원 및 그 역사문헌자료의 표기로부터 볼 수 있음.
　　우선, 그 의미론적기원을 보면,
ㄱ. 양동주같은 학자는 「님」의 기원을 「前」 즉 임금 「御前」에서 찾고 있음.
ㄴ. 한진건같은 학자는 「님」이란 것은 (앞) 「前」이라는 말에서 온 것이다고 했음. 〈훈몽자회·중권〉의 '艫 船頭刺羅處 빗니물', 〈악학궤범·동동〉의 '福으란 림(님)비예 받즙고' 같은데서 볼 수 있다는 것이다. 그리고 또 「前」이라는 뜻을 가진 이 「님」을 「이마 額」의 고형인 「니마」에서 생겼다는 것이다. 위에서의 「빗니물」이란 말로 보아 「님」과 「니마」는 관련되고 있다는 것이다. (〈조서말의 어원을 찾아서〉 한진건 연변인민출판사 1990년 3월)
ㄷ. 한국 丁益燮은 논문 〈松江歌辭의 「님」의 脈流攷〉에서 「前, 頭」語源을 두었다고 생각되는 우리말의 「님」은 「主, 王, 황, 帝, 王」의 뜻으로 轉義된 것을 보여주었는데 이는 「선두에 계신 분」 또는 「우두머리」 「頭領, 領首, 首長」을 뜻하는 말이기도 하다…'고 피력하고 있다.
ㄹ. 강은국도 그 박사논문에서 「御前」과 「니마」는 의미론적으로 동일한 본질적 속성을 갖고 있다고 하면서 「님·금·主」 「님」이 「니마」로부터 기원했다는 것을 피력하고 있다.

　님금(임금)＝님 혹은 님금(임금)⟷님

「님」은 바로 조선사람들의 원초적인 집단공동의 심리경험의 침적물로 서 '인간사회의 우두머리'란 구체적 존재와 이와 같은 내재적인 연계를 가지며 조선문학의 역사적 행정에서 부단히 반복하여 나타나는 것으로 써 원형이미지의 세 필요조건을 충분히 만족시킨다. 이로부터 놓고 볼 때 「임금」님은 조선민족의 원초적인 원형이미지이다.

ㅁ. 「님」이 실체적 명사 「님」으로부터 접미사 「님」을 뻗쳐 '남의 이름이나 어떠한 명사 뒤에 붙여'(《국어대사전》 이희승)존경의 뜻을 첨가하는 특성은 그것의 의미론적 기 원의 간접적인 증명으로 된다.

다음, 그것의 역사문헌자료의 표기를 놓고 볼 때,

ㄱ. 신라향찰표기법에서 「님」을 「主」로 표기했음. 이를테면 〈曙童謠〉의 '善花公主主隱
　　　　　　　　　　　　　　　　　　　　　　　　　　　　　　　　∥
　　　　　　　　　　　　　　　　　　　　　　　　　　　　　　　　님

　〈芝峰類說〉에 '俗呼君字曰尼叱今, 此語本出新羅'라는 말이 있는데 여기서 「님금, 君」자를 「尼叱今」으로 부르게 되는 것은 신라의 향찰표기법에서 「主」를 「님」이라고 읽는데서 온 것이다는 것이다.

ㄴ. 〈훈몽자회〉(중1), 〈류합〉(상16)에 모두 「主」를 「님, 쥬」라고 새김하고 있다. 근세 까지만 해도 「아버님」을 「父主」, 「형님」을 「兄主」라고 했음.

ㄷ. 〈開仙寺〉「石燈記」에 있는 '文嚖皇后主, 大娘主願燈立'의 「主」는 다 「님」을 나타내 고 있음.

이상 ㄱ, ㄴ, ㄷ에서는 「님」이 직접 「님금, 主」로 나타나고 있음.

ㄹ. 〈조선말의 어원을 찾아서〉(한진건)에서(3페지) 단군왕검 이름을 해석할 때 ' 「왕검」 이란 사람이름은 조선글자가 없었던 그때 「왕」이라는 뜻인 「님」과 「검」이라는 음을 따서 한자 「王儉」으로… 여기에서 말하는 「왕」은 「주(主)」 즉 조선말 「님」이라는 것이고 「검」은 「신선」의 뜻을 나타내는 「신(神)」이라는 것이다'고 했음.

이상 그 「님」의 의미론적 기원 및 그것의 역사문헌자료의 기재를 종합해 볼 때 「님」이 직접 「님금, 主」 혹은 간접적으로 「頭」, 「님자」, 「前」, 「御前」, 「니마」와 같은 의미론적 으로 「님금」과 동일한 본질적 속성을 가진 말들로부터 기원했다는 것을 알 수 있다. 이 로부터 「님금」과 「님」은 그 의미론적으로나 어음론적으로나 서로 같거나 혹은 서로 통 하는 동일성이 있는 것임을 알 수 있다.

2. 원형이미지마당으로부터 본 「님」 원형이미지의 시가사적 전개

일단 이루어진 원초적인 원형이미지는 그 유전인자6)가 부동한 원형이미지마당7)에서 부단히 자기를 실현해나가는 만큼 원초적인 원형이미지는 그 외연히 부단히 다양화되고 풍부화된다.

이제 조선고대시가사에서 원초적인 원형이미지 「임금」님의 그 외연의 대체적인 전개양상8)을 보면,

조선 원시종족들의 「무천(舞天)」, 「영고(迎鼓)」의 봄가을에 밤낮을 가리지 않고 연일 술을 마시고 춤을 추고 노래를 부르며9) 기원과 감사를 드렸을 신성한 불멸의 「하늘」님⇔「해」님, 「달」님10)으로부터 고조선의 〈공후인〉의 세속적인 스러지는 「낭군」님…

그리고 송강 정철의 〈사미인곡〉의 「군주」님11).

---

6) 생물학적 개념. 본 논문에서 유전인자란 것은 원형이미지가 원형이미지로 될 수 있는 기본적인 구조 및 콤플렉스를 가리키며 유전이란 것은 유전인자의 전승을 뜻하며 변이라는 것은 그 전승이 부단히 새로운 외연을 실현시켜나가는 것을 말한다.

7) 원형이미지마당이라는 것은 원형이미지가 실현되는 특정한 배경을 가리킨다. 그것은 생리마당, 심리마당, 사회환경마당의 유기적 동일체로 이루어졌음. 원형이미지실현의 부동한 구체적 대상, 부동한 계기에 따라 이 가운데 그 어느 마당이 주도적 지위를 차지하게 된다.

8) 본 논문은 조선고대시가에서 「님」원형이미지를 고찰함에 있어서 「님」이라는 말이 직접 나타난 시가, 그리고 「님」이라는 말이 직접 나오지 않았지만 내용상에서 볼 때 무릇 「짝(광의적 의미)」을 이룬 것들사이의 사랑(광의적 의미)의 감정이 노출된 시가를 모두 포함한다.

9) 원시예술의 춤, 노래, 시가의 삼위일체 속의 시가를 가리킨다. 한국의 박성의를 비롯한 많은 학자들이 한국문학의 기원을 여기서 찾고 있다.

10) 해와 달은 낮과 밤을 대표하는 우주의 두 질서로서 「한(제일 큰 하늘)」님과 서로 통하며 종족, 민족을 초월한 범인류적인 위경의 대상으로 되고 있다.

11) 봉건사회의 인간들은 군주를 나라, 국가, 조국의 상징으로 보고 나라, 국가, 조국의 모든 것을 군주에게 귀결시켰다. 이로부터 볼 때 「군주」님에 「조국」님이 내포되어 있는 것은 당연하다.

그리고 더 나아가서는 한용운의 〈님의 침묵〉의 「조국」님[12].

그리고 또 …

이상 간략한 서술에서 알 수 있다시피 원초적인 원형이미지 「임금」님은 조선고대시가사에서 기본적으로 다음과 같이 그 유전인자가 실현되며 그 외연이 다양화되고 풍부화되었음[13].

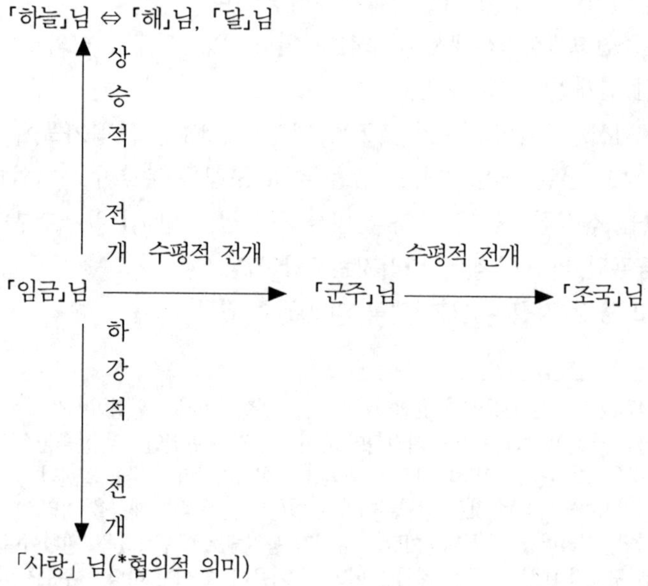

---

12) 사실 한용운의 님은 「님만 님이 아니라 기다리는 것은 다 님」 즉 모든 그리운 것의 총칭으로서 거기에는 「조국」님을 비롯하여 「불」님, 「중생」님, 「애인」님, 지어는 「자연의 삼라만상」님을 포괄하고 있다. 불교도로서의 한용운을 놓고 볼 때 그에게 있어서 「불」이 님의 근본 핵을 이루겠지만 그 당시 시대배경 및 한용운의 행적을 놓고 볼 때 그의 님의 근본 핵은 어디까지나 「조국」님인 것이다.

13) 「임금」님이 상승적, 수평적 전개를 진행한 것은 낮은 데서부터 높은 데로, 구체적인 데서부터 추상적인 데로의 인식의 법칙에 맞음.

　여기서 「임금」님은 원초적인 원형이미지로서 그것이 새로운 이미지로 전개될 때마다 그것은 그 자체의 유전인자의 부동한 원형이미지마당에서의 부단한 실현으로 된다. 이로부터 원초적인 원형이미지-「임금」님은 그 유전인자가 조선시가사에 면면히 내려오게 된다.

　그럼 원초적인 원형이미지 「임금」님은 자체의 어떤 유전인자를 어떤 원형이미지마당을 통해 실현시켜 나가며 자기의 외연을 다양화하고 풍부히 하였는가?

　원초적인 원형이미지 「임금」님은 「우두머리」[14]를 그 자체의 유전인자로 하고 있다. 「임금」님은 바로 이 유전인자의 부동한 원형이미지마당에서의 유전과 변이[15]를 통해 「하늘」님이랑 「사랑」님이랑 「군주」님이랑 「조국」님을 뻗쳐 자기의 외연을 다양화하고 풍부화했음.

　이제 구체적으로 보면,

　「임금」님이 「하늘」님 ⇔ 「해」님, 「달」님으로 상승적 변이를 일으킨 것은 그 유전인자- 「우두머리」가 원형이미지미당에서의 주로는 심리마당 즉 원시선민(先民)들의 우주자연에 대한 위경(威敬)감에서 비롯된 것이며 「임금」님이 「사랑」님으로 하강적 변이를 일으킨 것은 그 유전인자- 「우두머리」가 원형이미지마당에서의 생리마당과 심리마당의 유기적 결합으로 이루어진 보편적인 「생리+심리」마당 즉 인간본연의 남녀간의 천성적인 생리적 심리적 흡인력, 친밀감에서 비롯된 것이며 「임금」님이 「군주」님으로 수평적 변이를 일으킨 것은 그 유전인자- 「우두머리」가 원형이미지마당에서의 특정한 심리마당 즉 봉건사회에서 신하가 군주에 대한 일종 변태적 위경감 내지는 친밀감[16]에서 비롯된 것이며 「임금」

---

14) 유전인자로서의 「우두머리」는 조선원시종족들의 우주자연의 「우두머리」로, 남녀상호 간의 「우두머리」, 봉건신하의 「우두머리」로, 전반 조선민족의 「우두머리」로 유전과 변이되어 갔음.

15) 주6을 참조하라.

16) 정병욱, 이어녕, 장덕순의 〈고저의 바다〉에서 고려가요 정서의 〈鄭瓜亭曲〉을 논할 때 '…權臣이 가냘픈 여성의 목소리로 접동새처럼 울고 있다고 생각하면 서정적이기는 커녕 징그러운 느낌마저 든다…'라고 했는데 필자는 완전히 동감이다. 사실 우리가 가사문학의 거장 송강 정철의 〈思美人曲〉같은 것도 그것을 「戀君之詞」로 읽으면 정말

님이 「조국」님으로 수평적 변이를 일으킨 것은 원형이미지마당에서의 사회환경마당과 심리마당의 유기적 결합으로 이루어진 「사회환경＋심리」마당 즉 특정한 역사배경하에서의 전반 조선민족의 조국에 대한 다함 없는 친밀감, 그리움에서 비롯된 것이다.

여기서 상승적 변이요, 하강적 변이요, 수평적 변이요 한 것은 바로 그 유전인자 「우두머리」가 부동한 원형이미지마다에서 실현되며 나타내는 의미적 외연의 특징을 유전인자 「우두머리」의 원초적인 의미적 외연-「인간사회의 우두머리」와 비겨서 말하게 되는 것이다. 이를테면 유전인자 「우두머리」의 원초적인 의미적 외연-「인간사회의 우두머리」와 비길 때 「한」님은 그 의미적 외연이 「우주자연의 우두머리」로 상승적 확대를 가져온 데서, 「사랑」님은 그 의미적 외연이 「남녀간의 우두머리」로 하강적 축소를 가져온 데서, 「군주」님은 그 의미적 외연이 「봉건사회의 우두머리」로 수평적 전이를 가져온 데서, 「조국」님은 그 의미적 외연이 「인간사회의 보이지 않는 우두머리」로 수평적 추상을 가져온 데서 그렇게 말하게 되는 것이다.

3. 원형이미지마당으로부터 본 「사랑」님

「군주」님이거나 「조국」님은 원초적인 원형이미지 「임금」님의 유전인자 「우두머리」가 원형이미지마당의 특정한 사회환경마당과 심리마당의 유기적 결합으로 이루어진 「사회환경＋심리」마당에서의 일시적이고 국부적인 변태적 혹은 추상적 변이일 따름이다. 그러나 「사랑」님은 「임금」님의 그 유전인자가 원형이미지마당에서 그 특정한 사회환경마당이나 심리마당을 막론한 인간본연의 원초적인 생리마당과 심리마당의 유기적 결합으로 이루어진 「생리＋심리」마당에서 이루어진 영구적이며 보편적

구역질날 정도로 역겹다.

인 정상적 변이이다. 하여 「사랑」님은 원초적인 원형이미지 「임금」님의
유전인자 「우두머리」를 가장 구체적으로 집중적으로 강렬하게 나타내
고 있다. 이로부터 「사랑」님은 시인과 독자들의 집단무의식적인 상호
공감 속에서 조선시가사에서 고조선 여옥의 「님」으로부터 고구려 유리
왕의 「님」, 신라향가의 「님」, 고려가요의 「님」, 황진이의 「님」, 그리고
현대의 많은 사랑가의 「님」에 이르기까지 한줄기 관통된 맥을 이루고
있다. 이로부터 그것은 또한 시인과 독자들의 집단무의식적인 심리심층
에 원초적인 확고하고도 강렬한 심리마당을 이루어놓아 그렇게 익숙하
고도 친절한 것으로서 우세적인 흥분중심을 이룬다. 하여 원초적인 원
형이미지 「임금」님의 수평적 전개 「군주」님이거나 「조국」님은 다가 「사
랑」님의 외피를 쓰고 나온다17). 바꾸어 말하면 원초적인 원형이미지 「임
금」님의 수평적 전개의 기본형식은 바로 「사랑」 님인 것이다.

4. 「님」 원형이미지의 콤플렉스(情結)특징

「님」은 항상 정답고 그리운 모든 것, 하여 님 없이는 못사는 조선사
람들, 조선고대시가에서 제일 많이 부른 것은 님18).

그런데 조선민족에게 있어서 「님」은 항상 '나'와 갈라져 있고 떨어져
있는 부재의 님, 그리움의 님, 내지는 한(恨)스러운 님. 하여 조선민족
은 항상 서러워 운다…

「하늘」님↔「해」님, 「달」님은 지고 무상하여 바라보기조차 아득한 「님」
이며 「사랑」님은 '나'를 떠나가는 혹은 '나'와 떨어져 있는 「님」이며 「군주」
님은 '나'를 배척하거나 멀리하는 「님」이며 「조국」님은 침묵만 지키는
우울한 '님'이다… 아, '님' 부재의, 그리움의 비탄, 비애, 비원… 위로는

---

17) 그 전형적인 예로 송강 정철의 〈사미인곡〉과 한용운의 〈님의 침묵〉을 볼 수 있다.
18) 정병욱의 〈한국고전시가론〉에 보면 '현존하는 고시조에서 쓰인 어휘의 사용빈도를 조
　　사한 결과…' '님'이 304회로서 제일 높은 비중을 차지하고 있다.

왕의 비탄, 아래로는 신하의 비애, 서민의 비원, 기녀의 비원. 「님」을 노래한 시조의 어휘사용빈도를 보면 '긍정적인 「오다」보다는 부정적인 「가다」가 더 많이 쓰였고 「살다」보다는 「죽다」가 더 많이 쓰였고 「웃다」보다는 「울다」가 더 많이 씌었'[19]음. 보다시피 조선고대시가의 기본 콤플렉스의 하나는 소극적인 어두운 죽음의 콤플렉스. 「울고」, 「가고」, 「죽고」하는 것을 더 절실히 노래한 이 「님」 노래는 바로 이 소극적인 어두운 죽음의 색깔로 그 유전인자를 채색하여 소월을 비롯한 대다수 조선의 현대시인의 작품들에까지 그대로 이어져 내려오고 있음. 그것은 일종 조선민족의 비극적 감정체험의 역사이기도 하다.

5. 소론

이상 서술한 내용을 도표로 총화해보면 다음과 같다

尼師今(니사금)→닛금→님금(임금)＝(혹은)⇔님→「임금」님……→
(*아래에 계속 이어짐)

---

19) 정병욱의 〈한국고전시가론·제3편 전통론〉의 「(4) 부정을 통한 미의식」에서 25페지를 참조하라.

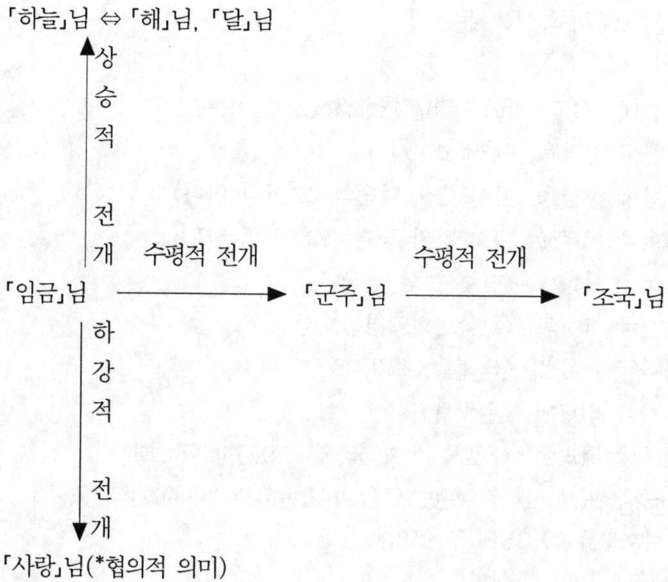

*① 「임금」님은 원초적인 원형이미지.

　② 상승적 전개요, 하강적 전개요, 수평적 전개요 하는 것은 「임금」 님

　　즉 원초적인 원형이미지의 유전인자 「우두머리」 가 부동한 원형이미지

　　마당에서의 전개.

　필자는 필경 처음으로 원형비평방법으로 조선고대시가사에서의 「님」
현상을 고찰한 만큼 거기에는 필연코 무리와 잘못된 점이 적지 않으리
라고 생각된다. 많은 선학들과 선생님들의 사심 없는 비평과 지적이 있
기를 바라마지 않는다.

【참고 서적 및 논문】

① 융(C. G. Jung), 〈集體無意識槪念〉
② 한국 정병욱, 〈한국고전시가론〉
③ 한국 정병욱, 이어녕, 장덕순의 〈고전의 바다〉
④ 한국 權寧徹, 金文基 외 공저 〈韓國詩歌硏究〉
⑤ 한국 이어녕, 〈신화 속의 한국인〉
⑥ 한국 박성의, 〈한국문화배경론〉 상
⑦ 한국 金載弘, 〈韓龍雲文學硏究〉
⑧ 한국 申東旭, 〈金素月〉
⑨ 중국 周永明「原型論」〈文學硏究〉 1987年 第5期.
⑩ 중국 張晶「情感體驗的歷程: 中國古典詩歌中的原型意象」
〈文學評論〉 1990年 第2期.

*1991년 8월 연변대학 제2차조선학국제학술토론회에서 발표

달 : 조선고대시가의 원형이미지

　카나다의 저명한 문학비평가 부래는 〈원형으로서의 상징〉[1]이란 글에서 원형개념에 대하여 다음과 같이 정의를 내렸다. '원형이라는 이 개념은 문학에서 반복적으로 운용되며 또 그러는 가운데서 約定俗成적으로 이루어진 문학적 상징 혹은 象徵群體를 가리킨다'. 이 정의는 이제 우리가 조선고대시가사에서 달원형이미지를 고찰함에 있어서 아주 좋은 한 개 출발점으로 될 수 있다.

　부래의 정의에 따르면 우리 민족시가사에서 반복하여 나타나면서 約定俗成적으로 이루어진 문학적 상징은 바로 원형이미지인 것이다. 필자가 본고에서 논하게 되는 이 '달'은 바로 우리 조선고대시가의 한 개 전형적인 원형이미지이다.

　어떤 학자들은 서방문화를 해문화라 하고 동방문화 달문화[2]라 한다. 대체적으로 보아 일리가 있는 말이다. 이것을 문학사에서 고찰해 보면 서방에서는 「해노래」가 많은데 반해 동방에서는 「달노래」가 많은 것이다.

---

1) 弗萊, 〈作爲原型的象徵〉.
2) 여기서 해노래 혹은 달노래라는 것은 넓은 의미에서 무릇 해 혹은 달에 대해 긍정적인 콤플렉스를 발산한 모든 시가, 나아가서는 민담, 속담, 춤 같은 것도 포함한다.

이제 우리 조선고대시가에서 그 구체적 상황을 보도록 하자.

〈달아달아〉, 〈하얀 쪽배(반달)〉, 〈달타령〉같은 민요는 말할 것도 없고 융천사의 〈혜성가〉, 백제속요 〈정읍사〉로부터 통일신라시기의 광덕처의 〈원왕생가〉, 충담의 〈찬기파랑가〉, 편력가인의 〈처용가〉 그리고 고려의 이규보의 〈못가에서 달을 읊다〉, 〈우물 안에 비친 달을 두고〉 그리고 조선조의 송강 정철의 〈사미인곡〉, 윤선도의 〈오우가〉 그리고 근현대의 한용운의 〈달을 보며〉, 김소월 〈달맞이〉에 이르기까지 달은 조선고대시가사에서 끊임없이 반복되어 읊조려지면서 한줄기 관통된 맥을 이루고 있다.

실로 '우리 옛 선조들은 달이 없었다면 시가 반감했다 할이만큼 가장 많이 읊어진 대상이 달'3)이였다. '현존하는 고시조에서 쓰인 어휘의 사용빈도수를 보면 달이 160회로 가장 많'4)은 비중을 차지한다.

그럼 달은 우리 조선고대시가사에서 어떤 원형이미지적 상징을 띠고 나타났는가?

첫째, 조선고대시가사에서 달은 조선민족의 희망찬 생의 보금자리로 떠오르고 있다. 유구한 고전적 민요 〈달아달아〉를 보면 '저기저기 저 달 속에 계수나무 박혔으니/ 은도끼로 찍어내고 금도끼로 다듬어서/초가삼간 집을 짓고 양친부모 모셔다가/천년만년 살고 지고'라고 달에의 다함 없는 정다운 삶의 콤플렉스를 발산하고 있다. 그러나 기독교문화권에서의 달은 맹랑하게도 형장(刑場) 내지는 유배지로 되고 있다5).

둘째, 달은 불교적인 낙원-서쪽나라로 가는 조선민족의 희망의 매개체로 나타나고 있다. 이를테면 그것은 '돛대도 아니 달고 삿대도 없이' '금빛 빛나고 별들은 등대처럼 밝게 비치'는 '서쪽나라'로 '가기도 잘도

---

3) 李圭泰, 〈韓國人의 生活構造〉 ②.

4) 정병욱, 〈한국고전시가론〉.

5) 한국 李圭泰는 〈韓國人 生活構造〉 ②에서 '서양에서는 달에서 「月男」을 본다. 그 달사나이는 이 세상에서 나쁜 짓을 하여 달로 유배당한 추악한 노인이다'고 하면서 참혹하고 살벌한 그림들, 이를테면 예수 그리스도가 못 박혀 있는 그림, 그리고 〈최후의 만찬〉과 같은 그림들에 달이 그 배경적 경물로 나와있다는 것이다.

가'는 '하얀 쪽배'인 것이다. 〈원왕생가〉에서 보면 달 오직 달만이 서방의 신성한 무량수불과 현세의 비속한 인간의 유대인만큼 인간은 '명월이 창턱에 비쳐들 때 그 빛을 타고 가부좌를 한' 경건한 분위기 속에서 자기의 간절한 소원을 달에게 빌고 있다. 달은 이와 같이 인간을 위한 신성한 불교적 뉴앙스의 매개체로부터 〈정읍사〉의 '하 노피곰 도드샤/어그야 머리곰 비취오시라', 〈혜성가〉의 화랑들의 명산유람을 위해 '달도 바지런히 그 빛 비칠 때'에서처럼 지극히 세속적인 생활 세말사에 이르기까지 인간의 모든 소망을 기원할 수 있고 실현시킬 수 있는 대상물로 나타나고 있다. 실로 조선민족에게 있어 달은 인간의 피리소리를 듣고 멈출 줄 아는 감응체로 등장되고 있는 것이다6).

셋째. 달은 한용운의 〈달을 보며〉의 '달은 밝고 당신이 하도 그리웠습니다/자던 옷을 고쳐 입고 뜰에 나와 퍼지로고 앉아서 달을 한참 보았습니다/달은 차차차 당신의 얼굴이 되더니 넓은 이마 둥근코 아름다운 수염이 역력히 보입니다/간 해에는 당신의 얼굴이 달로 보이더니 오늘 밤에는 달이 당신의 얼굴로 됩니다'에서처럼 사랑하는 님의 얼굴과 서로 하나로 중첩되면서 사랑하는 님으로 부상된다. 서양에서는 님을 포함한 사랑이 항상 해로 비유되고 있지만 조선민족의 시는 항상 이처럼 달로써 비유된다. 조선의 달은 이런 사랑하는 님의 이미지뿐만 아니라 충담의 〈천기파랑가〉과 같은 데서는 영웅의 이미지로도 나타난다. '열치며 나로샨 다리 흰구름… 새파란 나리여히 기랑이 즈△l이슈라' 흐르는 푸른 강에 달이 비치고 거기 다시 화랑7) 기랑의 얼굴이 비쳐진다. 여기서 달과 얼굴, 두 이미지는 겹쳐진다. 화랑 기랑은 물에 비친 달이 승화되어 나타난 것이다.

---

6) 8세기 중엽의 신라의 승려이고 이름난 향가시인이며 피리의 명수·음악가이다. 명월사의 이름래원을 밝힌 전설에 그가 피리를 어찌나 잘 부는지 달밤에 그가 피리를 불면 가던 달도 멈춰서 그 소리를 듣는다는 것이다. 이로부터 그의 이름을 월명항(月明巷)이라 하였다 한다.

7) 화랑은 신라의 영웅건아들로서 삼국통일의 기본 역량이였던 것이다. 이들은 가히 조선의 표준적인 영웅이미지를 대표할 수 있다.

넷째, 달은 조선민족에게 있어서 광명과 따뜻함 그리고 원만함의 이미지를 나타내기도 한다. 〈정읍사〉의 '머리곰 비춰오'실 달, 〈혜성가〉의 화랑의 명산유람을 도와 '바지런히 그 빛 비칠' 그 달의 광명성은 우에서 이미 피끗 보아 자명한 일인만큼 이제 윤선도의 〈오우가〉를 보도록 하자. '내 벗이 몇이나 하니 수석(水石)과 송죽(松竹)이라/ 동산에 달 오르니 그 더욱 반갑고야/… 작은 것이 높이 떠서 만물을 다 비최니/밤중에 광명이 너만한 이 또 있나야…' 보다시피 여기서는 달의 광명을 밝히는 위대성을 직접으로 노래하고 있다. 이런 데서는 주로 달의 광명성만 노래되었다면 송강 정철의 〈사미인곡〉같은 데서는 달의 광명성과 따뜻함이 아울러 노래되고 있다. 작자는 여기서 '차라리 식여져서 달이 되'여 님이 계시는 어둡고 추운 저 하늘가 봉황루에 빛과 따스함을 주겠다고 간절히 되뇌이고 있다.

달은 또 원만함의 상징으로 나타나는데 이 경우의 달은 대개 다 둥근 보름달로써 대변된다. 고려속요 월령가 〈동동〉에는 다음과 같은 두 구절이 있다. '七月보로매/아으 百種하야 두고/니믈 흐데녀가져/願을 비웁노이다', '八月ㅅ보로은/아으 嘉俳나리마른/니믈모셔 녀곤/오늘낤 嘉俳샷다'. 여기서 보다시피 원만한 달이 높이 떴는데 반해 님이 없는 원만하지 못한 내가 님과 달처럼 원만하기를 바라마지 않는 절절한 염원을 노래했다. 달의 원만함의 이미지는 민속행사에서 더욱 잘 드러나고 있다. 대보름날 부녀자들은 아이낳이를 위해 정화수를 떠놓고 경건히 달님한테 빈다. 아이 못 낳는 부녀자들은 달처럼 둥근 아이를 낳게 해달라고 빈다. 그리고는 정중히 정화수를 한 모금에 다 마셔버린다. 정화수 속에 비친 둥근 달을 통째로 삼켜 둥근 아이를 낳기 위해서다. 이외에 부녀자들이 정월대보름날 이른 새벽, 제일 먼저 우물에 비쳐있는 달 그림자를 바가지에 떠서 마시기 위해 싱갱이질하는 것도 이와 마찬가지다.

이상 우의 내용들을 총괄해보면 조선민족에게 있어 달은 인간의 모든 아름다운 욕망의 대상물, 승화물로서 그렇게 정답고 낭만적인 것이다. 하여 고전적 민요 월령가 〈달타령〉같은 데서 그것은 일년사시생활의 총

배치자로 등장하고 〈처용가〉와 같은 데서는 달에 반해 밤늦게까지 달구경을 하다가 아내까지 빼앗긴 '비극'까지 발생했으며 이규보에게 있어서 달은 아름다운 항아님으로 보였고 김소월은 〈달맞이〉를 하였던 것이다.

해와 달이 각각 낮과 밤을 대표하는 우리 인간들이 처음으로 인지한 우주의 두 질서를 상징하는 원형메시지이다. 조선원시고대종족들의 「무천(舞天)」, 「영고(迎鼓)」의 '…晝夜飮酒歌舞…', '…連日飮酒歌舞, …行道晝夜, 通日聲不絶'(밑줄은 필자가 친 것임)은 바로 우리 선조들이 우주의 두 이듬에 따라 춤췄던 그간의 사정을 말해준다.

우리 조상들은 일찍이 '해'를 숭앙하고 예찬했었다. 동방의 해를 찾아와 찬란한 아침을 맞이했던 것이다. 즉 해의 문화를 창조했던 것이다. 옛 문헌들에 전하는 예(濊), 맥(貊), 한(韓)등 조선의 원시고대 제 종족들의 건국시조신화, 북부여의 〈해모수신화〉, 가야의 〈수로왕신화〉, 탐라의 〈삼정혈신화〉, 신라의 〈혁거세신화〉, 고구려의 〈주몽전설〉 등이 대개 다 난생신화 혹은 감생신화8)로 되어 있는데 이것은 바로 그간의 사정을 충분히 말해주고도 남음이 있다. 여기서 신라의 시조 혁거세(赫居世)라는 이름이 붉은 해(弗矩內)라는 의미를 갖고 있다는 데서도 그것을 충분히 감안할 수 있다. 고구려의 남성적인 상무(尙武)정신에 진취적인 국토확장, 성공적인 외래침략격퇴는 조선고대역사에서 해문화의 가장 집중적인 강렬한 표현으로 됨과 동시에 고구려의 신라에의 패배는 조선고대의 남성적인 상무정신 즉 해문화의 종말의 시작이였고 달문화의 본격적인 시작이였다9).

---

8) 난생신화(卵生神話) 혹은 감생신화(感生神話)란 것은 신 혹은 건국시조들이 그 어떤 알에서 자생적으로 태어났거나 혹은 그 알이 해빛을 받아 신 혹은 건국시조를 까낳았다는 것을 핵으로 하는 신화를 가리킨다. 여기서 그 알이나 해빛은 다 원시인들의 태양 숭배의 외적인 표상물로서 해문화의 단적인 표현으로 된다.

9) 필자는 「해문화」와 「달문화」의 각도에서 전반 조선역사를 다음과 같이 보고있다. 원시고대 제 종족시기부터 고구려로 대표되는 삼국시기까지는 해의 문화; 통일신라시기부터 조선조멸망시기까지는 달의 문화; 항일독립투쟁부터 지금까지는 해의 문화. 물론 매시기를 획일적으로 딱 끊어 단일하게 해의 문화니 달의 문화니 할 수 없다. 매 시기는 주도적인 해의 문화 혹은 달의 문화 속에 다른 상응한 문화적 요소를 보완적으로 가

그럼 무엇 때문에 해문화가 달문화로 바뀌었는가?

그것은 우선 달이 우리 인생 외적 표상물로 되기 때문이다. 달은 더 없이 원만한 둥근 달로부터 하루면 기울기 시작하여 반달이 되고 그러다가 그믐달로 사라진다. 달은 이와 같이 탄생하여 성장하다가 노쇠하여 죽어간다. 이로부터 '화무십일홍에 달도 차면 기우나니…우리 인생도…'(시조)란 말같이 달은 이렇게 우리 인생의 호흡과 리듬, 우리 인생의 허무와 무상을 표상하면서 너무나도 절실히 우리 인간의 애수, 인생의 한의 하소연의 대상물로 되였던 것이다. 그러나 다음 순간 달은 영생을 누리고 있는 것이다. 그믐달로 사라졌던 달은 다시 차츰차츰 반달로 되고 다시 보름이 되면 더 없이 원만한 둥근 달이 된다. 달은 점차적 소멸과 점차적인 재생을 절로 되풀이하는 것이다. 우리네 인생도 달처럼 둥글둥글, 달처럼 돌고 돌아 왔을 것이다. '달은 영생을 누리고 있는 것이다. 생각이 여기 미치면서 인간은 문득 달의 삶을 살고파졌을 것이다. 달과 똑같이 살고싶었을 것이다. 꼭 달 같이는 아니라 해도 적어도 달의 원리만은 지니고 그의 삶의 한계를 벗어나고자 마음하였을 것이다'10) 그렇다. 우리 인간은 그렇게 마음먹었을 뿐만 아니라 실제로 그런 인생을 살았던 것이다. 그럼 이제 달의 흉내를 내고 있는 入巫式의 再生祭義는 제쳐두고라도 달을 그리는 춤-강강수월래11)를 보기로 하자. 둥근 달 보름날 밤 자기네 생이 달처럼 영원하기를 빌고 자기네들이 살고 있는 마을과 이웃들이 달처럼 둥글둥글하기를 빌면서 달의 것-달거리=달의 '생리'를 가진 부녀자들이 손에 손잡고 집단적인 달의 춤-달의 원무를 추었던 것이다. 기도를 춤으로 나타내고 信心을 춤춘

___

지고 있다는 것이다.

10) 金烈圭, 〈한국의 신화〉.

11) 한국 李圭泰는 〈韓國人의 生活構造〉 ②에서 강강수월래의 어원에 대해 다음과 같이 해석하고 있다. '…강강수월래의 어원도 둥글게 돈다는 뜻인 것이다. 강강을 「감감이」의 전화된 것으로 「감」은 감다, 감돌다, 감싸다, 감차다에서 보듯이 둥글다는 뜻이요, 수월래는 수레(車)로 역시 둥글게 돈다는 뜻일 것이다.' 보다시피 李圭泰는 강강수월래를 달같이 둥글게 돈다는 것으로 해석하고 있다.

것이다. 신화는 춤추어진다는 유명한 명제가 있듯이 조선사람들의 영생의 신화도 춤추어졌던 것이다.

이제 달은 신앙의 대상으로까지 승화된다. 목숨을 달에 빌듯이 농사의 풍요를, 그리고 청춘남녀들의 사랑을, 그리고 부녀자들의 아기 배기를… 인생의 모든 아름다움을 다 달에게 빈다. 신앙은 늘 이처럼 시를 머금고 있다. 실로 詩心없는 신앙이 얼마나 있으며 신앙 없는 시가 또 얼마나 있을 수 있을가? 달의 그 영생성은 사람들로 하여금 언녕 그 달 속을 신성하고도 신비한 영생의 삶의 세계로 만들어 놓았다. 불사약을 먹었을 항아님, 그리고 깡충깡충 뛰노는 귀여운 하얀 토끼, 그리고 또 신선들의 나무인 계수나무… '달아달아 밝은 달아…' 이태백이 놀던 달이매, 우리네 인생도 거기서 천년만년 久遠의 무한한 생을 살고 폈을 것은 자연스럽고도 아름다운 환상인 것이다.

다음, 원형상징적 의미에서 놓고 볼 때 해는 남성적인 이미지인데 반해 달은 여성적인 이미지이다. 여성들은 그 특유한 생명의 약동-달거리＝달의 '생리'가 달이 주기적으로 차고 기우는 약동을 기준으로 하여 행해지는 데서도 달과 여성은 그 어떤 원초적인 내재적 연계가 잠재해 있다는 것을 알 수 있다. 불교도 여성적이다. 이는 불교의 전통적인 여성사상 내지는 불교의 관음사상에서 충분히 볼 수 있다. 불교는 조선 신라 때부터 활짝 꽃피기 시작하여 의식적이든 무의식적이든 줄곧 사회지도이념의 하나로 등장했다. 하여 불교는 유교와 마찬가지로 오래 종교로서 조선민족의 전통적인 문화심리구조를 이루는데 또 하나의 기본 핵 노릇을 했다. 이로부터 볼 때 조선민족이 남성적인 해를 싫어하거나 배척하고 여성적인 달을 자기의 불교적인 이상세계, 나아가서는 자기의 모든 아름다운 소망과 希求실현의 매개체로 삼은 것은 아주 당연하다. 사실 조선고대시가사에서 달은 불교의 이상세계-서방정토로 가는 매개체일 뿐만 아니라 나아가서는 〈월인천강지곡〉의 달처럼 불교적인 이상세계 또는 大乘적 견지에서의 불, 그리고 좀 더 나아가서는 불교적인 眞覺 그 자체이기도 하다.

그 다음, 달은 그 지나치게 밝지도 어둡지도 않은 은은함, 은근함으로 조선민족의 문화심리구조와 들어맞았던 것이다. 전반 고대조선역사를 쭉 훑어보면 외래종교인 유교는 삼국시기 즉 조선봉건사회의 정립시기부터 의식적이든 무의식적이든 줄곧 사회지도이념의 기본 핵으로 되어 조선민족의 전통적인 문화심리구조를 이루는데 중견적인 노릇을 했다. 유교의 기본 사고패턴의 하나는 中庸之道이다. 이로부터 그 어떤 극단도 싫어하는 中和적인 편집증을 형성했다. 달의 그 은은함, 은근함은 바로 이 편집증의 표상물로 되여 조선민족의 그 어떤 것도 중화시켜준 완충매개체의 하나이기도 하다. 그런데 해는 그 찬란한 해살로써 극단적인 빠포스의 상징으로 된다. 그리하여 그것은 유교의 중화적인 편집증과 전적으로 맞지 않다. 이로부터 조선민족에게 있어서 달은 해보다 더 '밝아'보였던 것이다. 그리고 조선민족은 역설적으로 그 차거운 달빛에서조차 그 어떤 따뜻함, 내지는 정다움을 느꼈던 것이며 더 나아가서는 모가 나지 않은 중화적인 달의 둥글만이 남아 모든 원만한 것의 상징으로까지 승화되었던 것이다.

달문화를 창조하고 달노래를 불러온 배달민족-조선사람들, 그들이야말로 정녕 달에 나를 통일화시키고 또 달을 나에게 동일화시킨 달 민족이다.

'달아달아, 밝은 달아…'

중국 〈문학과 예술〉 1992. 3

얼핏 조선고대문학사를 보건대 우리는 봉건사대부들(신하 포함. 사대부들의 승격화된 신분인 만큼 사대부란 개념을 이렇게 활용함)의 님 노래에 눈이 번쩍 뜨인다. 고려 정서의 〈정과정곡〉으로부터 그 발단을 이루어 조선조 송강 정철의 〈사미인곡〉, 〈속미인곡〉을 그 최고봉으로 하고 정몽주의 〈단심가〉를 비롯한 일련의 사대부시조들로 장식되는 님 노래에 말이다. '이 몸이 죽고 죽어 일백번 고쳐죽어/백골이 진토되어 넋이야 있고 없고/님 향한 일편단심이야 가실 줄이 있으랴' …실로 문학적 감동 없이는 도저히 읊조릴 수 없는 주옥같은 시편들이다. 서포 김만중이 중국 굴원(屈原)의 절창(絶唱) 〈이소(離騷)〉에 비겨 정철의 〈미인곡〉을 높게 산 것도 그럴듯한 평가가 아닐 수 없다. 그런데 이 님 노래라는 것들이 사실은 남녀간의 사랑의 외피를 쓴 연군지사(戀君之辭)라 할 때 우리는 그만 아연실색해지고 만다. 아니, 아연실색하다못해 역겨워난다. '…權臣(권신)이 가냘픈 여성의 목소리로 접동새처럼 울고 있다고 생각하면 서정적이기는커녕 징그러운 느낌마저 든다…'1)워낙 남녀칠세

______

1) 한국의 정병욱, 이어녕, 장덕순의 〈고전의 바다〉에서 정서의 〈정과정곡(鄭瓜亭曲)〉을

부동석의 그 따분한 사대부들임에 어찌 남녀간의 사랑을 읊을 수 있었으랴. 아니, 그들도 오장육부가 있고 정애가 있는 사람인 만큼 읊었을 것이다. 마음 속에서 우러러 나오는 사랑의 노래와 남녀칠세부동석의 현실적 도덕관념 지간의 충돌의 역학(力學)에서 사대부문인들의 심리적 인격적 변태가 일어나며 생겨난 것이 그들의 님 노래다. 자기가 따르는 군주를 님에 비견하고 자기가 일편단심 그 님에게 충성하는 아녀자의 형상으로 부각하는 그런 시아비한 님 노래…

그러면 아래에 이런 님 노래의 산생기제(機制)에 대해 좀 더 구체적으로 분석해 보도록 하자.

봉건사회는 어디까지나 남성문화가 판을 치는 세상이다. 남편에게는 절대적 부권(父權)이 부여되고 아내에게는 종속적 부덕(婦德)이 강요되는 것이 그 가정구조이다. 봉건사회의 기본특징은 바로 이런 가정들로 이루어진 가족본위에 있다. 국가라는 것도 사실은 이 가족의 확대에 불과한 것이다. 이로부터 가국(家國)일치의 봉건왕국이 이루어지는 것이다. '수신, 제가, 치국, 평천하(修身, 齊家, 治國, 平天下)'의 이상적 인생패턴(模式)은 이를 잘 말해준다. 봉건왕국이라는 것은 사실 임금을 남편격에, 신하들(사대부를 포함. 사대부들은 준신하격인 만큼 이하 신하란 개념을 이렇게 활용함.)을 아내격에, 백성들을 그 자녀격으로 한 엄연한 가정구조에 다름 아니다. 이런 유교의 명분(名分)사상에 기초하여 지은 신라의 중 충담의 유명한 향가 '임금은 아버지여, 신하는 자애로운(사랑해줄) 어머니여/백성은 어린 아이라 할지…'의 〈안민가(安民歌)〉는 이를 직설적으로 말해준다. 사대부를 포함한 신하들은 자기 한 개인의 가정에서는 남편적 신분이나 국가적인 차원에서 임금와의 관계에서는 아내격으로 임금을 지아비 모시듯 한다.

논할 때 한 말이다. 필자는 여기에 완전히 동감이다. 사실 우리가 님 노래의 백미라 일컫는 송강정철의 〈미인곡〉일지라도 그것을 「戀君之辭」로 감상하게 되면 얼마나 맹랑하고 멋 적은 일인가?

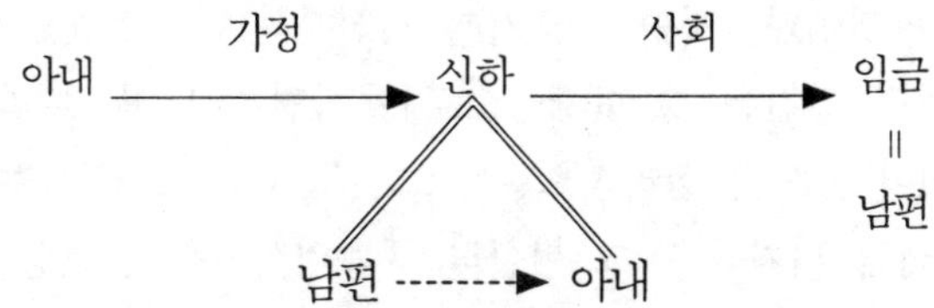

실제 생활 속에서의 정상적인 가정적 신분으로부터 특수한 사회적 신분으로의 이런 신분적 역전 즉, 가정적·사회적 생활 속에서 아내와 임금을 둘러싸고 내심에서 일어나는 남편⇔신하라는 이중적 인격의 부조화가 이들의 심리적, 인격적 변태를 일으킨다.

그런데 이들이 임금을 님이라 부르며 자기 스스로 여성적인, 아내격인 입장(변태)을 감내할 수 있었던 데는 또한 묘한 인간관계학적 요소가 작용하고 있음을 알 수 있다. 봉건임금과 신하는 혈연적 관계가 아니라 어디까지나 남남관계이다. 수시로 맺어지고 풀릴 수 있는 상대적으로 '자유로운' 관계이다. 그런 만큼 그것은 또한 그만큼 불온정한 관계이기도 하다. 그런데 문제는 이 관계의 고삐는 항상 임금이 쥐고 있는 것으로서 신하는 언제 쫓겨날지 모르는 그런 피동적인 불안 속에 잠겨있게 된다. 그리하여 신하는 '일인지하에 만인지우(一人之下, 萬人之上)'의 자기 지위를 보존하기 위하여 그 어떤 주동적인 방책으로 이 관계의 끈을 보강(補强)할 필요가 있다. 그러던 중 자기의 특수한 실제적 사회신분으로부터 우러러 나오는 임금에 대한 여성적인 변태감정이 그 효과적인 윤활제로 되고 있음을 감지했을 것이다. 워낙 남남 지간의 관계에서 이성간의 사랑의 관계가 제일 확고한 것임에 신하들이 임금을 님이라 부르며 그들 지간의 관계를 남녀간의 사랑관계로 설정할 때 그 것은 진득한 사랑의 감정으로 채색되며 확고하게 밀착되는 것이다. 이로부터 놓고 볼 때 봉건신하들에게 있어서 그 사랑하는 님은 일종 처세술로서의 님이기도 한 것이다.

남존여비를 고취하는 사대부(신하)들이 역설적으로 임금 대 여성적인 성도착(性倒錯)변태를 가져온 데는 또한 심층심리학적 및 애정심리학적 요인이 있는 것이다. 저명한 오지리 정신분석학자 융(C. G. Jung)의 학설에 의하면 인간은 그 육체상으로는 확연히 남자, 여자라는 성(性)으로 구분되어 있으나 심리적으로는 그것들이 서로 침투되어 있다는 것이다. 이를테면 남자들은 그 현실적 표층의식에서는 남성심리 혹은 남성인격을 나타내고 있으나 무의식적 심층의식에서는 여성심리 혹은 여성인격(아니마, 융의 말)을 가지고 있다는 것이다. 이에 반해 여자는 그 표층의식에서는 여성심리 혹은 여성인격을 나타내고 있으나 심층의식에서는 남성심리 혹은 남성인격을 (아니무오, 융의 말)을 가지고 있다는 것이다. 그런데 문제는 심층의식에 있는 그 여성심리 혹은 남성심리 같은 것들이 가만있는 것이 아니라 적당한 계기, 적합한 기회만 있으면 분출구를 찾아 위장(僞裝)된 형태로 표층의식으로 나아가 자기표현을 한다는 것이다. 이제 융의 이 무의식적 심층심리학설 각도에서 놓고 볼 때 봉건사대부들의 님 노래는 그들 무의식적 심층심리에 내재해 있던 여성심리가 임금이 항상 현실적 표층의식의 남성심리를 발동하는 사회적 생활 마당에서 임금 대 신하 관계의 외피를 쓰고 현실적인 표층의식에 변태적으로 나타난 것임에 다름 아니다.

봉건사회는 일종 남녀간 사랑의 지옥이다. 대를 이어가기 위한 혼인은 허락되어도 정녕 사랑을 위한 혼인은 허락되지 않았다. 사랑의 노출 그 자체가 비도덕적인 것 내지는 죄악시되었다. 그리하여 님의 노래, 사랑의 노래는 그 봉건적 예교가 닿지 않은 '소인배(小人輩)' 즉 막되먹은 천인역부들에게서나 들을 수 있을지 일거일동을 조심하는 근엄한 사대부들에게서는 도저히 들을 수 없었다. 봉건사대부들은 워낙 님 부제의 노래를 불렀다. 그러나 그들도 분명 정과 욕(欲)을 준 하느님(없는 하느님이지만 설정해본다)만은 속일 수 없었다. 우리가 너무도 잘 알고있는 허균의 「남녀정욕천정설(男女情欲天定說)」은 그 노골적인 한 본보기로 된다. 무시로 떠오르는 사랑의 정념(情念)은 그들을 괴롭힌다. 그리하여 그들은 「존천리멸인욕(存天理滅人欲)」의 도덕적 계율로 이를 쫓는다. 그런데 그것은 내쫓기지 않고 그들 자신도 걷잡을 수 없는 무의식적 심층심리로 잠복하고 만다. 그리고 그것은 보다 강렬한 에너지(熱量)를 형성하여 수시로 기회를 엿보며 자기의 분출구를 찾는다. 그러다가 사대부들이 임금을 님이라 느끼는 순간 그것은 거침없이 내뿜어진다. 물론 님 노래를 부른 봉건신하들은 자기의 님 노래는 선조왕[2]을 못내 그리워 부른 노래요, 또 그 어느 임금을 못내 그리워 부른 노래라 하고 있다. 그러나 사실 그것은 그들의 이런 무의식적 심층심리의 사랑의 현실적 외피로서 그 속에 도사리고있는 은은한 사랑의 멜로디는 그들 자신도 어쩔 수 없었던 것이다. 이로부터 님, 그것은 봉건사대부들의 무의식적인 사랑의 갈구의 대상화로서도 나타났던 것이다. 봉건사대부들은 바로 이 여성신분의 변태적인 님 노래를 부르는 가운데서 미묘한 사랑의 감정을 맛보았을 것이다.

이상 놓고 볼 때 봉건사대부들은 그 사회신분적 요인, 인간관계학적 요인 그리고 심층심리학적 및 애정심리학적 요인의 유기적인 작용하에 의식적이든 무의식적이든 님 노래를 불렀던 것이다. 님 이미지는 조선고대시가사에서 일종 원형이미지[3]로 고착되기도 했던 것이다. 그러다가 이 님 노래는 근대, 현대로 들어오면서 한용운, 김소월의 님 노래로부터 정녕 그 봉건사대부들의 변태적인 색갈을 벗고 건전한 원형이미지로 새롭게 탈바꿈했다.

1992. 12

* 본 논문은 황미자 선생과 공동 작성한 것임을 밝혀 둔다.

---

2) 송강 정철이 창평에서 5년간 은거생활을 할 때 왕위에 있던 임금이다. 송강은 이 은거생활기간에 선조왕이 못내 그리워 〈미인곡〉을 지었다고 했다.

3) 1991년 8월 중국연변대학교 제2차조선학국제학술토론회에서 필자가 발표한 〈님: 조선고대시가의 원형이미지〉를 참조하라. 이 논문에서 필자는 원형이미지를 그 어떤 독특한 상징적 이미지가 문학사에서 끊임없이 탈바꿈하면서 나타나는 구체적 실체로 파악했다.

　　조선고대문학과 고대여성들을 연계시킬 때 어쩐지 그 맥락이 잘 서지 않으며 생소한 감을 준다. 워낙 조선고대문학은 주로 중세기 남권사회의 양반사대부남자들에 의해 많이 창작되었으니 말이다. 그리하여 그 제재선택, 인물형상부각 그리고 그 사상감정, 심미추구 등 많은 면에서 사대부남자들의 정취가 풍기고 있음은 더 말할 나위도 없다. 사실 우리의 고대여성들은 직접적이든 간접적이든 의식적이든 무의식적이든 자기의 문학을 창작하고 자기의 문학을 향유했던 것이다. 워낙 문학 없이는 그녀들의 삶이 너무나 외롭고 고달팠던 것이다. 정녕 문학이 그녀들의 삶의 한 개 지주로서, 삶의 한 개 믿음으로서 되어 왔다고 해도 과언이 아니다. 그럼 아래에 그녀들이 어떻게 문학을 영위하고 향유해왔는가를 보도록 하자.

　　일자무식인 하층노동부녀들은 노동의 고달픔을 풀고 흥을 돋구기 위해 부른 〈물레타령〉, 〈방아타령〉, 〈베틀노래〉와 같은 노동가요 그리고 여성특유의 삶의 고달픔을 무마하는 〈시집살이〉, 〈과부타령〉, 〈며느리의 노래〉와 같은 가요 그리고 여성특유의 세태생활내용을 담은 〈자장가〉, 〈널뛰기〉, 〈강강수월래〉와 같은 세태풍속가요 등 일련의 부요(婦謠)라 일컬을 수 있는 삶의 현장과 너무나도 밀착된 즉흥적인 구전민요들은 우리가 익숙히 알고 있는 만큼 여기서는 약하고 이제 우리가 이때까지 등한시해 온 양반사대부부여자들의 문학활동에 대하여 치중하여 보도록 하자.

중세기 봉건시대 여자무재변시덕(女子無才便是德)이 한낱 사회의 보편적인 풍조로 되어있는 지라 설사 양반사대부가정의 여성일지라도 모름지기 글을 멀리했던 것이다. 그러나 이런 형편하에서도 글을 익히고 시가를 지으며 문학적 재질을 꽃피운 여성들이 있었다. 이를테면 허균의 누이 허란설헌 같은 여성은 남성들의 어깨너머로 곁눈 글을 배웠으며 서포 김만중의 자당(慈堂) 윤씨부인 같은 여성은 그 천부적인 총기로 거의 자학(自學)으로 공부했으며 송도 일색 황진이 같은 여성은 자진하여 기류(妓流)에 투신하여 시, 가, 서(詩, 歌, 書)를 익혔다. 보다시피 그 당시 여성들이 글을 익히고 문학을 한다는 것은 말이 쉽지 실지 그리 쉬운 일이 아니었다. 거기에는 수많은 신고뿐 아니라 자기희생까지도 자진해서 맛보는 그런 비장한 각오까지 있어야 한다. 물론 〈내훈(內訓)〉, 〈내칙(內則)〉, 〈계여서(戒女書)〉와 같은 규범류(閨範類)를 가르치기 위한 목적에서 학식이 있는 할아버지, 할머니 혹은 아버지, 어머니로부터 글을 익혀 받은 복된 여성들도 없는 것은 아니다.

한글이 창제되기 전에 이들 여성들이 익힌 글은 물론 漢文이였다. 워낙 한글이 창제되기 전에는 어디까지나 한문이 우리의 서사문화의 기본을 이루었으니 말이다. 이들 문화여성들은 우선 바로 이 한문으로써 자기의 문학적 재질을 꽃피웠던 것이다. 그러다가 1445년 세종대왕의 〈훈민정음〉 한글반포는 일종 문화적 역사적 대사변으로서 우리 조선 고대여성들의 문학활동에도 획기적인 변혁을 가져왔다.

한글은 창제된 이래 줄곧 고대여성들의 전용물처럼 씌어 왔다. 사대주의에 물 젖은 고루한 양반사대부들은 워낙 한문을 정통적인 것으로 높이 사고 한글은 아녀자들이나 할 것으로 멸시했던 것이다. 워낙 〈훈민정음〉을 창제하신 거룩하신 세종대왕께서도 한글 창제의 그 최초의 동기에 있어서는 한문에 맞선 한글의 정통성을 내세우기 위해서 보다는 어디까지나 '어리석고 가련한 백성들과 아녀자들의 일시적인 편리'를 도모하기 위한 데 있었던 것이다. 그럴진대 한글이 창제된 그 당시부터 「암글」로 시골 「여인의 글」로 멸시되어 불리워온 것은 주지하는 바이다. 그런데 한글은 워낙 여성적인 부드러운 감정, 섬세한 정서들을 쉽고도 자유롭게 표현하는데 적합한 표음문자이기도 했던 것이다. 요컨대 조선고대서사문화에 있어서 양반사대부들의 漢文중심과 문화여성들의 한글중심의 분화맥락은 이로부터 이루어 졌던 것이다. 그럼 아래에 한글중심의 고대문화, 여인들의 문학활동의 일단을 보도록 하자.

조선고대문학사에는 여성들이 주고받은 편지란 뜻에서 「내간(內簡)」이란 것이 있다. 「내간」의 '내'는 '내외(內外)'의 '내'로 여성을 가리킨다. 이는 순 한글로 씌어졌다 해서 「언간(諺簡)」이라고도 한다. 이러한 「내간」 혹은 「언간」은 친정어머니가 시집가는 딸에게 간곡한 부탁의 말을 한다든가 시집간 여자가 친정집 사람들에게 문안을 전하거나 그리움을 술회한다든가 그것이 많이는 여인들의 신변잡사에 치우치면서 섬세하고 부드러운 여성들의 독특한 문학세계를 펼쳐주고 있다. 그런데 이러한 「내간」 혹은 「언간」이 딱 여성들에 한해서 씌어진 것만은 아니다. 왕을 비롯한 양반사대부들도 여기에 손을 대고 있다. 이를테면 왕이 공주나 옹주에게 보내는 편지, 왕이 왕비나 공주의 죽음을 애도하는 제문 그리고 사대부들이 출가하는 딸에게 주는 규범서류 및 아내의 영전에 바치는 祭文같은 것들은 다 순전한 한글로 된 것이다. 이러한 자료들은 지금 모두 그대로 전하고 있다. 이러한 자료들의 일단을 통하여 알 수 있다시피 왕을 비롯한 양반사대부들은 일단 부녀자를 상대로 글을 지을 때는 의례 한글로 썼음을 알 수 있다. 이것은 아마도 왕을 비롯한 양반사대부들이 한글을 「암글」이라고 멸시한 이면에 한글이 여성들과 직결되고 그 호흡과 상통한다고 감안했기 때문일 것이다.

여기서도 볼 수 있다시피 여하튼 한글과 조선고대여성들은 인연이 깊은 것 같다. 양반사대부들이 제아무리 한글을 「암글」이니 뭐니 헐뜯고 멸시해도 조선고대문화여성들은 「내간」 혹은 「언간」과 같은 실제생활의 실용문뿐만 아니라 규방을 무대로 한 수필, 가사 그리고 궁중을 무대로 한 일기체의 이른바 궁중문학 등 순 한글로 된 다양한 문학작품을 펴냈는데 그 독자들 또한 대개 다 여성들이었던 것이다. 이 가운데 규방가사는 실로 조선고대문학사에서 시가문학의 주요한 맥을 이루고 있다. 그런데 여기서 특별히 지적할 것은 이 조선고대여성들이 결코 한문을 몰라서, 한문이 어려워서 국문문학창작을 진행한 것이 아니라 어디까지나 한문보다 나은 한글의 효용가치를 인식했기 때문에 국문문학창작을 진행했다는 것이다. 이 국문문학창작을 진행한 여성들을 볼 때 이들은 대개 다 한문으로써 문학창작을 진행할 수 있었던 것이다. 허란설헌, 황진이의 한문시편을 볼진대 그것은 정말 문학적 감동없이는 읊어내려갈 수 없다. 허란설헌의 일련의 규원시들을 보면 거기에는 소박당한 여인의 심리굴절이 핍진하게 그려지고 있으며 황진이의 일련의 사랑시들을 보면 거기에는 사랑의 감정파문을 섬세하고도 미묘하게 그려내고 있다. 허란설헌과 황진이의 시는 그 독특한 심리의 포착 그리고 그 적절한 언어구사, 기발한 수사법 등으로 실로 중국인들도 감탄케 하는 훌륭한 한문 정형시들을 펴냈던 것이다. 허란설헌의 시가 그 당시 중국에 유입되어 중국문단에 널리 애독된 사실은 바로 그 같은 사정을 입증해주고도 남음이 있다. 허란설헌과 황진이는 漢文시뿐만 아니라 주옥같은 국문시가들도 펴냈다. 황진이의 「내 언제 신(信)이 없어…」, 「청산은 내 뜻이요…」, 「어제 내 일이여…」 등 시조들은 너무도 잘 알려진 바니 이제 더 일언을 가한 필요조차 없다. 허란설헌과 황진이 같은 여성들은 전적으로 국학정신의 고양에 그 기저를 두고 의도적으로 한글창작을 진행했을 것이다. 이외에 의유당(意幽堂) 김씨나 정일헌(貞一軒) 남씨 같은 여성들도 漢文에 유식했으나 주옥같은 국문수필을 펴냈으며 매창(梅窓)같은 기녀들도 漢詩를 남성들 못지 않게 썼으나 역시 주옥같은 국문시조를 펴냈는데 이들도 다 마찬가지 사정이라고 생각된다.

전반 조선고대문학사를 놓고 볼 때 한글은 조선고대문학여성들의 점유물처럼 되다시피 하여 그들의 애환을 주고받는 효과적인 서사수단으로 되었던 것이다. 그렇다 해서 양반사대부들이 한글을 사용한 안한 것은 아니다. 조선고대국문소설을 놓고 볼 때 그것은 대개 다 양반사대부들의 창작임을 간과할 수 없다. 그런데 우리가 여기서 주목해야 될 것은 남성들의 「내간」 혹은 「언간」과 같은 실용문창작을 언급할 때 피끗 지적한바 있겠지만 그들의 이 국문소설창작도 어디까지나 여성을 상대로 해서 진행되었음을 알 수 있다. 양반사대부들은 항상 시가를 정통으로 내세우며 소설을 천시했다. 소설은 소인들이나 할 것으로 알았다. 그런데 그들이 국문소설까지 펴낼 수 있었던 것은 전적으로 조선고대문화여성들의 한글집착에 기인하고 있음을 염두에 둘 때 조선고대문화여성들이 조선문학발전, 나아가서는 국학선양에 직접적이든 간접적이든 의식적이든 무의식적이든 그만큼 기여했음을 보여주고 있다.

전하는 바에 의하면 남산일대에 살고 있는 「남산골샌님」들은 신분은 양반이나 버슬을 얻지 못하고 가난하게 살아가는 공부만 하는 지조 있는 선비들인데 조석의 끼니를 위해 국문소설을 직접 창작했을 뿐만 아니라 중국의 漢文소설들을 입수하여 이를 한글로 번역·번안하여 궁중을 비롯한 양가집(良家)부녀자들에게 팔아서 생계를 유지했다고 한다. 「남산골샌님」 뿐만 아니라 문학, 특히 소설에 관심을 갖고, 또 이 방면에 재능이 있는 남성들이 한글집착의 여성독자를 의식하면서 소설을 창작도 하고 중국작품을 번역·번안하였던 것이다. 현존하는 악선재(樂善齊)의 수많은 국문소설들은 이렇게 생겨난 것이다. 「남산골샌님」을 비롯한 양반문인들은 여성독자를 의식하고 여성들을 위해 소설을 창작하고 번역·번안하면서도 한문정통, 시가정통, 남존여비 등 그 당시 전통적인 고루한 사상관념에서 탈피하지 못했기 때문에 그 창작한 소설이나 번역·번안한 소설들에 자기 이름을 밝히기 꺼려했던 것이다. 그리하여 현재 수백 종을 헤아리는 고대국문소설을 보면 거의 다 작자미상으로 되어 있다.

「남산골샌님」들이 생활난에 쪼들려 국문소설을 펴냈다면 허균, 김만중과 같은 작가들은 자기들의 주체적인 창작의식을 갖고 국문소설을 창작했던 것이다. 허균은 천성적으로 호탕하고 자유분방한 성격을 가져 '천지간의 한 괴물(天地間一怪物)'로서 그 당시 시대의 철저한 이단자, '방탕아'로 지목 받았다. 우리는 그의 「정욕천정설(情欲天定說)」 및 여성관계의 에피소드에서 단적으로 그간의 사정을 알 수 있다. 그리고 그의 진보적인 여성관에서는 비록 희미하게나마 남녀평등의 사상, 나아가서는 인권평등의 민주주의적 사상의 맹아도 찾아볼 수 있다. 이런 허균인 만큼 한문으로 자유자재로 시도 짓고 소설도 창작할 수 있음에도 불구하고 구태여 최초의 국문소설 〈홍길동전〉을 지었다는 것은 한글 여성 독자를 의식하고 그를 위하는 의식적인 주체적 창작이라고 하지 않을 수 없다. 서포 김만중은 우리가 너무도 잘 알고 있는 한글을 써야 한다고 고창(高唱)한 선각자적인 국학자였다. 그럼에도 불구하고 그는 〈서포만필〉과 같은 자기의 문학관이나 사상을 피력하는 글에서는 말할 것도 없고 국학관을 피력하는 글에서까지 한글을 쓰지 않고 한문을 쓰고 있다. 그러다가 그는 일단 소설창작에 들어서서는 한글창작으로 일변하였던 것이다. 워낙 그의 소설창작은 어머니를 위한 데 있었던 것이다. 〈구운몽〉같은 소설은 효자로서의 그가 어머니를 위하여 하루밤사이에 지어낸 것이라 한다. 그는 이 소설들을 써서 어머니의 삶의 외로움, 고달픔을 풀어드리려 했던 것이다. 그럴진대 그가 한문으로 소설창작을 해도 아무런 지장이 없었을 것이다. 그의 어머니는 워낙 아들 둘을 모두 혼자 가르쳐서 과거에 급제시킨 실력여성으로서 한문수양이 대단하다. 그런 만큼 한문으로 소설을 지었다 하더라도 능히 읽을 수도 있고 감상할 수도 있을 것이다. 그런데도 서포가 어머니를 위해서 기어이 한글소설을 지었다는 것은 그가 국문소설과 여성들 사이의 그 어떤 내재적인 미묘한 관계를 터득한 것이 아닌가 한다.

「남산골샌님」이든 허균이든 김만중이든 그리고 또 다른 그 어떤 국문소설가이든지를 막론하고 무릇 국문소설가들은 그 당시 소설창작에 있어서 특정한 시대상황 그리고 특정한 심미요구의 결과로 필연적으로 한글여성독자들을 염두에 두면서 자기의 창작을 진행해왔던 것이다. 바꾸어 말하면 한글여성독자들은 수용미학(接收美學)에서 운운하는 독자의 특정한 기대시야(期待視野)로써 조선고대국문소설의 생성발전에 하나의 원동력이 되었다고 할 수 있다.

조선고대국문소설이 이와 같이 그 당시 여성과 인연을 맺은 이상 그것이 현실사회생활에서 남존여비의 정통적인 사상관념이 지배적 지위를 차지하고 있음에도 불구하고 소설세계에서 여성우위의 그라프를 그려내고 있음은 당연한 결과인 것이다. 조선고대국문소설을 쭉 훑어보면 우선, 〈춘향전〉, 〈심청전〉, 〈장화홍련전〉, 〈박씨전〉, 〈꼭두각시전〉, 〈콩쥐팥쥐전〉 등 여주인공 이름에다 「전(傳)」자를 붙인 긍정적인 측면에서의 여성인물전적인 냄새를 풍기는 작품이 상당히 많은 비중을 차지하고 있음을 알 수 있다. 이것은 그 당시 양반사대부 남성사회에 대한 일종 반동으로 볼 수 있다. 다음, 실제 작품내용에 있어서도 많은 비중의 작품들이 여성 주도적인 경향을 다분히 풍기고 있음을 알 수 있다. 그 당시 남성들을 무색케 하며 위국충절을 떨친 〈박씨부인전〉의 박씨는 더 말할 것도 없고 여주인공이 피해를 받다못해 나중에 제 생명마저 보존치 못하는 약한 존재로 보이는 듯하나 결국은 그 죽은 혼이라도 살아있어 짓궂게 반항하며 자기의 소원을 이루는 적극성을 보이고있는 〈장화홍련전〉 같은 작품도 역시 여성의 찬가로 되어있다. 실로 조선고대국문소설을 감상하다 보면 춘향, 심청, 콩쥐팥쥐 등 일련의 사랑스러운 여성인물형상들과 접하게 된다. 이들은 사랑을 위하여 혹은 그 어떤 윤리도덕적 지조를 위하여 혹은 그 어떤 정의의 신장을 위하여 자기의 주체적 에네지를 다 바치고 있다. 이것에 반해 남성인물형상들은 어쩐지 이 여성인물형상들을 돋보이게 하는 부수적인 인물형상으로 전락되고 있는 듯한 느낌이다. 조선고대국문소설은 바로 작품세계의 이와 같은 여성긍정, 여성고양(高揚)의 찬가로써 현실사회생활에서의 여성들의 피폐한 삶을 보완하며 생의 한 윤활제로서 작용해왔을 것이다.

조선고대문학과 고대여성들을 논하자면 위에서 약간 비친 황진이를 비롯한 기녀들의 문학창작도 보아야 하겠지만 편폭상 관계로 여기서는

거저 기녀들의 국문시가, 특히 즉흥적이며 낭만적인 시조창작에 주목할
바가 있음을 지적해둘 뿐이다.

중국 〈은하수〉 1993. 3

　조선고대 문인들, 아니 조선고대사람들은 정녕 술 없이는 살 수 없었던 것 같다.

　〈청구영언(靑丘永言)〉 가운데 가장 많은 분량을 차지하고 있는 시조는 사랑을 읊었거나 꽃이나 계절을 노래한 것보다도 술에 관한 것이다. 꽃은 21, 달은 25, 산과 물은 각각 18인데 비하여 술이란 말은 무려 35번이나 된다고 한다.

　조선사람들은 일찍 원시종족시대부터 술을 마셨다. 이제 우리 고대사의 기본자료들인 우리의 아득한 옛일들을 기록한 역사문헌 〈魏志·東夷傳)〉을 보기로 하자. 우선 북방종족들에 대한 기록을 보면 〈부여조(扶余條)〉에 ‘10월달에 늘쌍 제천을 진행했는데 주야로 술을 마시고 가무를 하였다(常用十月節祭天, 晝夜飮酒歌舞)’했고, 〈맥조〉에는 ‘은나라 정월에 하늘에 제사 지내는 국중대회를 열었는데 주야로 연일 술을 마시며 어린이 늙은이 할 것 없이 춤과 노래를 그치지 않았다(以殷正月祭天 國中大會, 連日飮酒歌舞… 行道晝夜, 無老幼皆歌, 通日聲不絶)’라고 씌어 있다. 다음 남방종족들에 대한 기록을 보면, 〈마한조(馬韓條)〉에 ‘주야를 쉬지 않고 무리를 지어 술을 마시며 가무를 하였다(郡聚歌舞飮酒, 晝夜無休)’고 했고 〈변신조(弁辰條)〉에는 ‘그 풍속에 술을 마시고 노래와 춤을 즐겨 하였다(俗喜歌舞飲酒)'고 씌어 있다. 보다시피 우리의 선조들은 북과 남, 그리고 더 나아가서는 동과 서에 관계없이 무릇 생의 보금자리를 튼 곳에서는 모두 집단적인 '음주(飲酒)'를 좋아했다. 그들은 '음주'만 좋아한 것이 아니다. 그들은 '음주'하고 '가무(歌舞)'를 했던 것이다. 사실 '음주'는 '가무'를 위해서이다. 그런데 '가무'는 「무천(舞天)」, 「영고(迎鼓)」를 위한 것이거늘 그 자체 내에 천성적으로 혹은 최종적인 결과물로서 꼭 '시'를 내포하게 된다. 그리하여 사실 '시, 가, 무(詩歌舞)'는 삼위일체를 이루고 있다. 이로부터 볼 때 '음주'는 곧 '시'의 탄생의 원초적인 동인 혹은 촉매제로 되는 것이다. '시, 가, 무' 삼위일체 속의 시는 바로 문학의 원초적인 출발점으로 된다. 조선민족의 문학은 바로 이런 삼위일체 속의 시로부터 출발했다.

신화는 원시문학의 풍성한 열매이다. 신화는 집단적인 原始祭儀의 구술적 상관물이다. 이것은 곧 신화라는 것이 「음주가무」하며 하는 「무천」과 「영고」와 같은 조선원시종족들의 祭天儀式-「국중대회(國中大會)」와의 밀접한 연관 속에서 만들어진다는 말이 되겠다. 그러므로 조선고대신화는 '음주'하는 그 어떤 것들이 내포되기 마련이다. 그런데 조선고대신화에는 '음주'하는 것들이 별반 눈에 띄우지 않는 것으로서 고대 그리스신화에서처럼 주신(酒神)같은 것은 더구나 없다. 그저 〈해모수신화〉에 하백의 세 딸이 향기로운 술에 매혹되어 서로 히히닥닥 권커니작커니 하는 장면들이 남아있을 뿐이다. 이것은 조선고대신화가 유학자들의 손에서 건국신화로 정제화되면서 필연적으로 겪게 된 일대 변형이었을 것이다.

문학은 집단적인 신화시대로부터 개인적인 시가시대로 들어선다. 조선문학도 예외가 아니다. 그런데 술은 조선고대문학사에서 제일 첫 편의 개인서정가요로 알려지고 있는 〈공후인〉에서부터 비치고 있다. 신새벽에 '피발제호(被髮提壺)' 즉 머리를 풀어헤치고 술병을 든대 사랑하는 안해의 부르짖음에는 아랑곳하지 않고 죽을둥살둥 모르고 강을 건너가는 그 백발광부(白髮狂夫)는 정녕 강으로 상징되는 현실의 유한, 찰나,

단절을 뛰어넘어 무한, 절대, 영원의 세계로 뛰어드는 주신(酒神)을 방불케 한다. 아니, 그는 분명 무한, 절대, 영원의 주신인 것이다.

술은 이후에도 계속하여 시가작품에 나오고 있다. 고려조종 때 이규보를 중심으로 한 한림제유들 즉 한림원의 문사들이 합작하여 엮은 〈한림별곡〉이라는 별곡체(경기체가) 작품이 있는데 그 제4편은 진짜 「술노래」로 되어있다. '황금주, 측배나무열매술, 잣술, 예배술/죽엽술, 이화술, 오얏술/앵무새잔, 호박잔에 가득부어/웃사람에게 권하거늘 그것을 어떻게 하며/류령, 도잠 두 늙은 신선의 취한 꼴 그 어떠하리이까?'

실로 이 작품은 그 열거된 술이름들이 다양하여 사람들을 현혹케 하며 그 유흥적 기분에 잠기게 한다.

우리는 조선고대시가사로부터 재미나는 한 현상 즉 주호(酒豪)이자 시호(詩豪) 혹은 문호(文豪)인 시인, 작가를 수다히 발견할 수 있다. 이제 위에서 나온 이규보의 경우를 보도록 하자. 이규보는 조선조 때 서기정의 말처럼 사람들이 공인하는 조선의, 나아가서는 동방의 시호이다. 그는 일찍 11살의 어린 나이에 일필휘지로 '종이 위에는 모학사(붓의 별칭)가 지나가고 술잔 속에는 국선생 (술의 별칭)이 항시 들어있네(紙路長行毛學士; 杯心常在麴先生)〉이라는 시를 지어 뭇사람들로부터 시 잘 짓는 신동이라는 이름을 듣게 되었다. 그가 청년시기에 지은 조선최초의 서사시 〈동명왕편〉은 조선문학사를 장식하는 찬란한 한 페지로 되고 있다. 그의 문집을 보면, 그의 인생은 시로 점철된 것으로서 정녕 시적인 삶을 영위했다. 정말 그는 자기가 말한바와 같이 시벽(詩癖)을 가져 자기 스스로도 걷잡을 수 없이 시를 써내려 간 것 같다. 그는 또한 둘도 없는 주호로서 이름을 날리고 있다. 그는 자기는 시와 술과 거문고를 좋아한다 하여 자기 스스로 자기의 호를 삼혹호선생(三酷好先生)이라고 하였다.

확실히 이규보에게 있어서 시와 술은 그림자처럼 그의 일생을 따라다녔다. 그의 몇천수의 시중에는 술을 노래한 것이 상당히 많은 비중을 차지한다. 워낙 그에게 있어서 '석잔 아침 술은 약 천첩에 맞먹'었던 것이다. 그리하여 그는 '술을 즐겨 스스로 억제 못하여 마시면 문득 천잔을 기울'였던 것이다. 이로부터 그는 '혼자 술잔 기울인다/웃지를 말라/손이 주인노릇하고 입이 손님노릇'하는 술 마시는 자족의 낭만도 즐겼고 '하늘이 나더러 술 못 먹게 하려면/꽃과 버들을 내지나 말게지/꽃과 버들이 고운 때 어찌 안 마실손가/술들어 봄을 즐기니 봄이 더욱 좋거니/동풍에 춤추며 술 취해 손을 휘젓네'에서처럼 자연과 한 덩어리로 되는 풍류도 즐겼으며 '잠고을이 바로 술고을과 이웃이어서 한 몸이 두 고을을 오가네'하는 무아의 경지에 이르기도 하였다. 또한 그는 '술을 즐겨 함은 술맛 때문이다/세상의 불평을 잊어 보자 함이'며 '평일에 가슴 속 먹는 마음을/술에 취하면 부지하지 못하여 기탄없이 불평을 토해놓'기 위해서라고 하였다. 실로 그는 술이 없으면 살수 없었다. 그리하여 그는 '늙어 벼슬에서 기꺼이 물러나/거문고와 술을 벗삼아 살아가리라'고 하였다. 그리고 그는 또 이 술이 없으면 시를 지을 수 없었다. '청컨대 그대는 나를 취케 하고/다시 고운 꽃가지 보여주소서/취중에 나온 시라야/그 요염한 자태를 따라 잡을 수'있으며 '술은 시가 되어 훨훨 날' 수 있다는 것이다. 실로 그는 「李白斗酒詩百數」는 못되었어도 술 한잔에 시 한 수쯤은 되었을 것이다. 정녕 이규보는 조선사람들의 술 마시는 모든 묘리, 정취를 가장 충분히 나타내었다고 하지 않을 수 없다.

우리 조선고대문학사에서 이규보와 비길 시호, 주호가 또 한 분 있으니 그는 곧 조선조의 정송강이라 할 수 있다. 정송강은 주옥같은 〈관동별곡〉, 〈사미인곡〉, 〈속미인곡〉 등 일련의 가사로서 그 시명(詩名)이 높지만 그 시조들도 참말로 볼만하다. 특히 그 시호, 주호의 면모를 잘 보여주고 있는 많은 시조들은 더욱 가관이다. '재머너 성괄롱집의 술겪단 말 어제듯고/누운 쇼 발로 박차 얻치 노하 지즐타고/아히야 네 궐롱 겨시냐 영좌수 왓다하여라' 술을 즐겨하는 사람이 술에 갈증을 느껴 친구 집에 술이 되었다는 소문을 듣고 조급한 마음으로 달려가는 정경이 그런 듯이 나타나 있을 뿐 아니라 그 심정이 또한 남김없이 노출되었다. 술잔을 대하기전에 이미 취흥에 젖어 있는 듯한 느낌마저 준다. 정송강은 확실히 술을 좋아했었다. 그는 술로 인해 정적(政敵)의 모함을 많이 받아 정계에서 쫓겨나기도 했다. 그는 또 술로 인해 만년에는 건강도 좋지 못하여 술을 금지하자고 무진 애를 썼다. 그러나 그는 끝내 술을 버리지 못했을 뿐만 아니라 오히려 술에 탐닉하여 술에 취해 살았던 것 같았다. 그의 권주가 〈장진주사(將進酒辭)〉는 이것을 잘 말해준다. '한잔 먹새그려 또 한잔 먹새그려/꽃꺾어 산놓고 무진무진 먹새그려/이 몸 죽은 후면 지게우에 거적덮어/주리여 메여가나 류소보장의/만인이 울며 따르나 어욱속새 덥깔나무 백양숲에 가기만 하면/누른 해 흰 달 가는 비 굵은 눈/소소리바람 불제 누가 한잔 먹자하겠는가?/하물며 무덤 위에 잔나비 휘파람 불때/누우친들 무슨 소용있으랴.' 정말 일반 술타령과는 다른 세속을 초탈하는 시원한 인생시이다. 장례식의 모습을 그려 부귀영화를 허무로 돌렸고, 무덤주변의 분위기를 빌어서는 인생을 다시금 음미하게 하였고 끝에 가서는 고독의 심연을 들여다보게 함으로써 마무리를 지었다. 우리는 이 작품에서 술을 찬양하는 퇴폐적인 태도나 자포자기하는 무기력한 향락주의를 느끼게 되는 것은 아니다. 달관한 철인의 사색과 감각이 구체적인 이미지를 통하여 우리의 가슴을 천근망치로 치는 듯 박진해오는 감을 느낄 뿐이다. 실로 정송강의 이 〈장진주사〉는 이백을 비롯한 뭇 시인들의 권주가계열의 시들을 초월하는 일미가 있다.

우리 조선고대문학사에는 이밖에도 김시습, 윤선도를 비롯한 수많은 시호, 문호와 주호들이 있다.

일생을 다분히 불평의 「기인(奇人)」, 「광객(狂客)」으로 행세하면서 곳곳을 방랑한 김시습이 주호로서 언제나 과음하는 그 술 때문에 원래 질환에 있는 심신이 걷잡을 수 없이 악화된 것을 감안할 때 술이 그의 문학창작에 직접적으로 혹은 간접적으로 지대한 영향을 주었으리라는 것은 생각하고도 남음이 있다. 그리고 그 도학적인 윤선도도 〈산중신곡〉의 '잔 들고 혼자 앉아 먼 뫼를 바라보니/그리던 님이 오다 반가움이 이러하랴/말씀도 웃음도 아녀도 못내 좋아하노라'에서처럼 술을 빌어 사람의 로맨스를 술회하고 있다.

우리 조선고대문학사를 쭉 훑어보면 술은 단지 시가작품에만 미치는 것이 아니라 소설을 포함한 산문영역에까지 비치면서 문호들을 창출해 냈다.

술은 고려 가전체에서부터 자기의 전기(傳記)를 가진 바 그것은 「해 죄칠현」의 주요 성원인 임춘의 〈국순전〉과 시호 이규보의 〈국선생전〉 에서 보게 된다.

이규보의 〈국선생전〉은 술의 생태를 의인화하여 한편의 전기를 꾸민 글로써 읽는 이로 하여금 자못 경복(敬服)하게 한다. 술 그 자체의 됨 됨이는 말할 것도 없고 술이 인간사회에 끼치는 여러 가지 득실을 들어 혹은 칭찬도 하고 혹은 경계도 하였으며 끝에 가서는 만절(晩節)이 중 함을 알고 스스로 물러나 천수를 다했다고 하는데 이르러서는 이른바 절주(節酒)의 묘리를 잘 말해주었다고 하겠다. 위에서 보다시피 이규보 는 대단한 주호인 만큼 술의 생태에 밝았을 것은 물론이며 술의 전기를 엮은 것은 아주 당연하다.

이제 소설에 유명한 술의 찬가가 있으니 그것은 조선조 16세기 후반 기에 활동한 시호이며 소설가인 백호 임제가 지은 〈수성지(愁城志)〉이 다. 그의 소설을 보기 앞서 우선 그의 낭만의 시조 한 수를 보기로 하 자. '청초 우거진 곳이 자난다. 누웠난다/홍안은 어디 두고 백골만 묻혔 난다/잔 잡고 권할 이 없으니 그를 슬퍼하노라' 이는 그가 유명한 여류 기류 시인인 황진이(黃眞伊)의 무덤에 제를 지내면서 지은 너무나도 인 간적인 맛을 풍기는 멋있는 시조다. 임제는 불행아다. 그는 그 당시 소 인배들에게까지 공갈과 배척을 받으며 일생을 불우하게 보냈다. 그리하 여 늘 술이나 마시고 의기가 서로 통하는 기생들과 노래나 부르면서 반 유가적인 생활을 하였던 것이다. '잔 잡고 권할 이 없으니 그를 슬퍼하 노라' 임제는 실로 너무나도 인정적인 호남아다.

이제 그의 그 유명한 소설을 보도록 하자. 이 소설에서는 인간의 마 음—천군 즉 임금이 주인옹의 권고대로 국양—술을 구수대장군(시름을 가

서버리는 대장군)으로 삼아 「수성」을 들이쳐 항복받았다고 하였는데 그
것은 단순히 술을 마시고 시름을 잊게 한다는 것이 아니라 민간에 화기
가 돌게 하는 화평한 정치를 상징하는 것이다. 여기서 보다시피 이 소
설은 한편의 재미나는 의인(擬人)화적인 상징소설이다. 술은 화평한 정
치의 상징으로서 작가의 정치적 이상을 표명하고 있다. 실로 고금중외
를 막론하고 백호 임제처럼 술로써 이렇게 멋진 소설을 쓴 사람은 아직
발견되지 않는다.

이상 우리는 조선고대문학사에 주호로서의 시호 혹은 문호들을 일별
했다. 이제 여기서 한마디 부언하고 넘어갈 것은 주호로서의 시호 혹은
문호들의 음악적 낭만이다. 주호로서의 시호 혹은 문호들은 대개 다 거
문고 같은 악기를 좋아하며 즐겨 다루었다는 것이다. 우에 든 이규보가
그렇고 정송강이 그렇고 윤선도도 그랬다. 이규보의 시를 보면 〈거문고〉,
〈가야금을 타며〉, 〈가야금을 빌려다준 문생에게〉, 〈가야금이 바람결에 스
스로 울렸다(2수)〉 등 악기를 노래한 시도 허다히 많다. 정송강도 〈거문
고를 치니…〉와 같은 시조, 그리고 〈성산별곡〉중의 가사들에서 거문고,
가야금 등 악기들을 노래하고 있다. 윤선도도 〈소리는 혹 있은들…〉과
같은 시조들에서 거문고를 노래하고 있다. 그런데 거문고, 가야금 등
악기를 노래한 이들의 시들에는 의례 술이 들어 있기 마련이다. 이제
그 보기로 정송강의 〈성산별곡〉중의 한 가사를 보기로 하자. '엇그제 빚
은 술이 어지간히 익은나니/잡거니밀거니 실큰 기우리니/마음의 매친
시름 퍼그나 많아/거문고 줄을 늘여 풍입송이으리라/손님인지 주인인지
관계 없으라.' 여기서도 알 수 있다시피 이들 시호 혹은 문호들은 대개
다 술과 음악을 한데 배태하는 그런 낭만을 즐겼던 것이다. 아니, 그들
은 술, 시, 음가의 삼위일체를 이루었던 것이다. 한잔 들어가니 취흥이
나고 취흥이 나니 시상이 무르녹고 음악이 흘러나온다. 술, 시, 음악의
삼위일체적인 풍류는 조선고대문인들의 생활의 지주로 되었던 것이다.
대개 문인들이 제일 불우한 처지에 놓였을 때 그들은 바로 술, 시, 음
악의 삼위일체의 풍류로 자족의 원만함을 이루었던 것이다. 이규보가

낙방되었을 때 그랬고 정송강이 유배를 당했을 때 그랬고 김시습이 은거할 때 그랬고 윤선도가 은거할 때 그랬다.

조선고대문인들의 노래는 단순한 주정군의 그 어떤 넉두리가 아니었다. 조선고대문인들의 술노래는 사실은 그 술 자체를 노래한 것이 아니라 그 술 너머를 노래한 것이다. 사실 조선고대문인들, 고대사람들에게는 술 그 자체를 노래할 여유가 없었다. 생의 긴박함이 그렇게 만들었던 것이다. 조선 고대원시선민(先民)들은 위의 제천의식에서 보았듯이 술을 단지 신과의 교제를 위해 마셨다면 계급사회에 들어 서면서는 〈해모수신화〉나 건국신화에서 보았듯이 그것은 사람의 정신을 혼미케 하는 권모술수의 방편으로도 이용되었던 것이다.

그리고 후세에 내려오면서 술은 우선 인간본인의 존재론적 허무와 무상을 해소시키는 영약(靈藥)으로 되었다. 위에서 본 정송강의 〈장진주가〉는 그 전형적인 한 보기로 된다. 이는 인생의 허무와 무상을 노래한 시조의 종장들이 대개 다 '아니 취코 어이리', '아니 먹고 어이리'로 된 것만 보아도 알 수 있다. 인생의 무상과 허무를 해소시키는 영약으로서의 술은 쩍 하면 놀이와 이어진다. 이는 시조의 종장이 '아니 놀고 어이리', '너를 쪼아 놀리라', '언제 놀려 하나이' 또는 '홀로 취코 놀리라', '매양 취코 놀리라', '장일 취코 놀리라' 등으로 끝난 시조가 도합 23편으로 〈청구영언〉의 10%를 차지하는 걸 보아도 충분히 알 수 있다. 조선고대문인들은 바로 이 술 마시고 노는 「어이리」타령의 무아경 속에서 인생의 무상과 허무를 잊고자 혹은 거기에서 해탈되고자 하였던 것이다. 바로 이렇기 때문에 조선고대문인들은 진정으로 인간본연의 무상과 허무를 극복할 그 어떤 형이상학적인 종교나 철학을 만들어내지 못했던 것 같다. 그리하여 조선고대문인들은 어디까지나 '世事는 琴三尺이요, 生涯는 酒一杯이니 「어이리」라는 타령 속에 탐닉하고 말았던 것이다.

조선고대문인들은 이 술의 무아경 속에서 인간 본연의 허무와 무상뿐만 아니라 현실의 모든 번뇌와 고통도 잊어 버리거나 해소하고자 하였다. 세상이 귀찮으니 〈공후인〉의 백발광부는 술병을 떠날 수 없어 물에 뛰어드는 순간까지도 그것을 들었었다. 그리고 〈청구영언〉의 작가들은 시름을 전송하기 위해 술을 마신다고 했다. 그럼 고려속요 〈청산별곡〉의 주인공은 어떠했던가? 현실생활 속에서 패배를 하고 청산에 가 살려 하며 바다에 가 살려한다. 그러다가 이 모든 것이 다 맞갖잖으니까 결국은 '가노라니 배부른 장독이/살진 독한 술을 빚으라/조롱꽃 누룩이매와/잡거니 내 어떻게 하리잇고'와 같은 오직 조선사람만이 할 수 있는 넉두리 속에서 주망(酒妄)의 세계에 빠지고 만다.

조선고대문인들은 현실의 모든 번뇌와 고통을 잊기 위하여, 혹은 해소시키기 위하여 단지 이 주망의 세계에만 빠져있었던 것은 아니다. 조선고대문인들은 이 주망의 세계에서 번뇌와 고통스러운 현실의 타매자가 되기도 하였던 것이다. 이규보는 주망의 세계에서 「불평객」, 「광객」으로 되었으며 「해좌칠현」의 김극기는 '취하여 부른 노래'를 곧잘 불렀다. 이규보, 김극기 뿐만 아니라 김시습이 그랬고 임제가 그랬다.

조선고대문인들은 「어이리」의 타령 속에서 영원한 자연의 품에 안기기도 하였던 것이다. 이는 조선고대사람들이 그 누구보다도 자연의 풍류를 많이 즐겼다는 말이 되기도 한다. 조선고대문인들은 「어이리」타령 속에서 취흥에 잠겼고 뛰어 놀았다.

이상 놓고 볼 때 술은 조선고대문인들, 아니 조선사람들에게 있어서 실로 술술 잘 넘어가는 생활의 윤활제이고 활력제이다.

중국 〈은하수〉 1993. 10

　〈사씨남정기〉는 「기사환국」의 직접적 계기로 된 숙종을 둘러싼 궁중 갈등을 원형으로 하여 씌어진 조선의 봉건가족제도하에서 필연적으로 산생되는 처첩간의 싸움에서 벌어진 비극을 소재로 한 가정비극소설이며 동시에 숙종의 「기사환국」1) 처사를 풍간한 풍자소설이며 목적소설이다.

　김만중은 바로 숙종이 인형황후민씨를 폐하고 궁녀 장희빈을 후궁으로 삼은 그릇된 처사를 諫止하기 위하여 즉 ‘성심을 회오시키기 위하여’ 이 작품을 썼다고 한다. 이제 〈사씨남정기〉를 인현황후를 모시던 내인의 작품이라고 알려진 〈인현황후전〉과 대비해보면 그 주인공의 배열이나 슈제트가 대략 부합되고 있는데 이것은 그간의 사정을 잘 말해주고 있다. 듣건대 숙종은 김만중이 세상 뜬지 2년 후에 바로 이 소설을 보고 깨달은 바가 있어 장씨를 폐하고 민씨를 복위시켰다고 한다.

　〈사씨남정기〉를 전래의 소설들, 특히 군담유(軍談類)소설들과 예술적 측면에서의 대비분석을 통해 그것의 문학사 내지는 소설사에 있어서의 독특한 가치 및 그 지위를 보기로 하자.

---

1) 숙종의 정실 민씨를 폐출하고 궁녀 장씨를 후궁으로 삼은 그릇된 처사를 반대하는 상소 사건과 관련하여 서인파(西人派) 중역들이 많이 투옥, 유배되고 남인(南人)집정시기가 도래된 것을 말한다. 이때 김만중도 서인파의 중진으로서 선천으로 유배가 2년을 보냈다.

1. 슈제트구성 방면에서

조선고대소설은 일반적으로 기승전결의 슈제트구성 속에서 권선징악을 그 내용의 철칙으로 하여 꼭 대단원으로 그 종결을 이룬다. 물론 〈사씨남정기〉도 여기에서 예외일 수 없다. 그러나 〈사씨남정기〉를 壬丙兩亂을 계기로 속출한 군담유소설과 슈제트구성상 대비해볼 때 엄연히 구별되는 특징이 있다. 즉 환언하면 임병양란을 계기로 하여 나타난 군담소설에 비해 제법 오래된 시기인 숙종조에 제작된 〈사씨남정기〉를 보면 군담소설의 단형 슈제트구성법이 〈사씨남정기〉에 이르러서는 복합 구성법으로 변모되었다는 것이다. 군담소설의 슈제트구성을 요약해 보면 대개 주인공의 가계를 서두로, 출생이 起가 되고 그 다음 오는 주인공의 성장이 承이 되고 또 그 다음에 회운이 되어 대단원으로 종결되는 것이 結이 되어 기, 승, 전, 결의 단일구성으로 되어 있다. 이것을 또 철학적인 물극필반(物極必反)의 원리에서 보면 아래의 도표와 같다

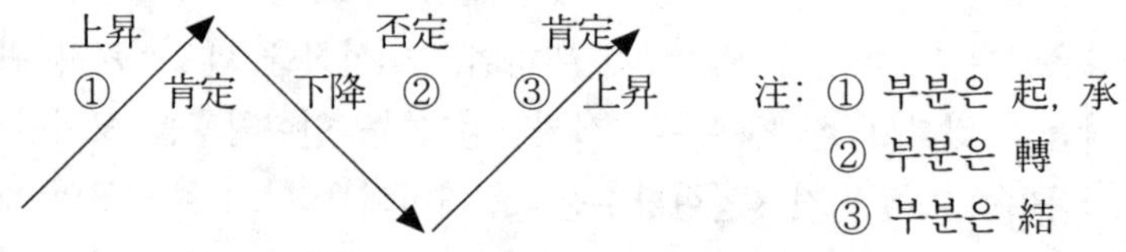

*제①과 제②의 上昇과 下降은 제1차 물극필반
　제②와 제③의 下降과 上昇은 제2차 물극필반

위의 도표를 철학적인 긍정과 부정의 원리로 볼 때 제①은 긍정적인 단계이고 제②는 부정적인 단계이며 제③단계는 부정의 부정의 긍정단계로서 보다 높은 차원의 긍정으로 된다.

보다시피 이 기, 승, 전, 결은 철학적 원리와도 완전히 일치하고 있

는 것으로서 그것은 보편적인 객관적 진리 및 인류사유의 기본법칙들을 나타내고 있다.

군담유소설에 있어서 그 인물의 배열이 꼭 주인공(선), 간신(악), 천자(절대)의 삼각관계가 천편일률적으로 단선적으로 공식화되어 있다.

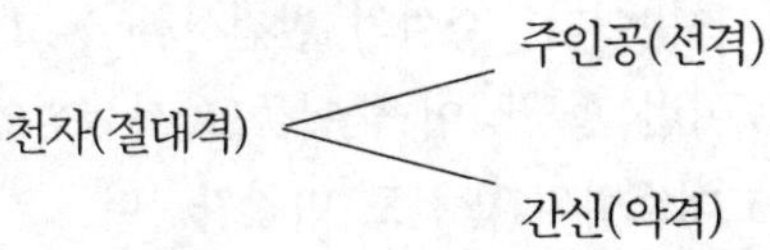

그러나 〈사씨남정기〉의 인물배열을 보면 그것이 비록 근본상에 있어서는 위의 군담유의 인물배열 틀을 못 벗어났다고 하겠지만 거기에는 군담유의 슈제트구성이 이중화되어 나타나있음을 알 수 있다.

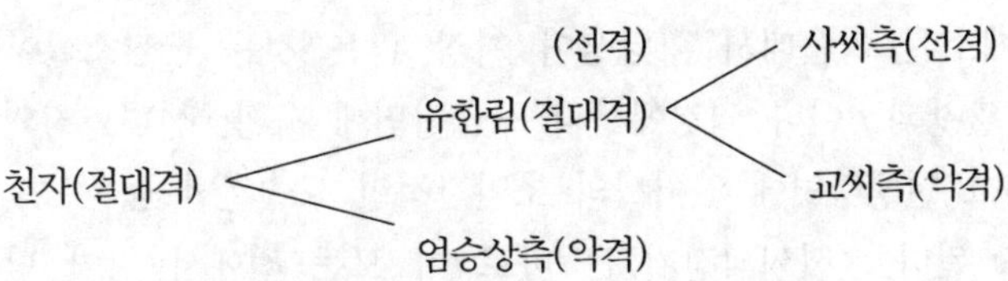

위에서 보다시피 유한림, 사씨, 고씨가 삼각관계를 이루어 일련의 사건들을 이루고 있으며 또 유한림, 천자, 엄승상이 삼각관계를 이루어 사건을 이루어 나간다. 여기에서 보다시피 주로 유한림의 선격이면서도 동시에 절대격인 이중적인 기능성질에 의해 이 두 삼각관계는 복잡착종한 관계를 맺어 일련의 (사건)희비극을 엮어나갔다. 그리하여 〈사씨남정기〉는 슈제트구성에서 비록 그것이 여전히 기승전결의 기본양식을 취했다 하지만 그것은 복합구성으로 변모, 발전된 것이었다.

2. 사실성 방면에서

조선고대소설은 대개 다 황당무계한 요소를 갖고 있으며 나아가서 어떤 소설은 그 전편이 다 황당무계한 것으로 꾸며졌다. 물론 이것은 현대적인 안광에서 본 고대소설의 통병이다. 소설의 발전사를 놓고 볼 때 그것은 현대에 접근하면 할수록 이런 황당성이 줄어들고 사실성이 증대되는 특성을 보이고 있다. 조선고대소설의 발전도 마찬가지다.

〈사씨남정기〉도 전형적인 고대소설인 만큼 역시 많은 황당무계함을 갖고 있다. 그러나 〈사씨남정기〉는 17세기 말의 창작인 만큼 어디까지나 자기 나름대로의 독특한 면모를 가지고 있다. 그러면 이제 〈사씨남정기〉를 앞선 시기의 군담유소설과의 대비분석을 통해 이 점을 보기로 하자.

조선고대소설 가운데서 황당성이 가장 많은 것은 군담소설이다. 즉 주인공의 출생과정이나 역경에서의 구출장면에 옥황, 선녀, 청의동자의 출현 그리고 전쟁장면에 있어서의 초인간적인 도술전법 등은 그 전형적인 보기로 된다. 〈사씨남정기〉는 바로 이 모든 점에서 많이 탈피하여 비교적 사실성을 띤 인간적인 생활모습으로 변모, 발전되었다.

구체적으로 보면,

① 주인공의 출생장면을 놓고 볼 때,
군담소설의 주인공의 출생은 모두가 옥황의 점지와 선녀의 산파역으로 이루어져 있다. 그러나 〈사씨남정기〉를 보면,
'공이 최씨로 금실이 조흐나 사속이 없어 근심하더니 늦게야 일자를 생하고…'라고 되어 옥황선녀의 출현이 없이 현실적인 인간으로 출생한다. 또한 출생전에 군담소설에서 항상 볼 수 있는 명산대천에 대한 기도도 전연 제거되어 있다.
② 주인공이 비상상황에 처했을 때, 군담유소설에서 옥황과 선녀는 하나의 현실적 존재로 주인공들의 수호신격에 놓이며 수시로 군림한다. 그러나 우리가 〈사씨남정기〉를 볼 때 거기에는 군담유의 이러한 허

황성보다는 좀 더 현실성을 띠었다고 볼 수 있는 꿈조짐을 사용하였음을 알 수 있다. 그 전형적인 예를 사씨의 시부모들의 산소에서의 시아버지 유공의 현몽에서 볼 수 있다. '사몽비몽간에 문득 일인이 니르러 닐오디… 유모와 차환이 깨오거늘 사씨 놀라 깨다르니 한꿈이라' 이것은 꿈을 꾸기 시작한 부분과 꿈을 깨는 부분에 대한 것인데 완전히 실제 상황에 부합되고 있다.

군담유소설에 나오는 꿈조짐의 경우라 하더라도 〈사씨남정기〉에 비하면 훨씬 황당성을 띠고 있다. 그리고 〈사씨남정기〉의 꿈조짐이나 군담유소설의 허황한 사건이 우연성을 띤 것은 공동하지만 소설이라는 것이 허무맹랑한 것이 아니라 있을 수 있는 허구라는 오늘날의 관점에서 볼 때 〈사씨남정기〉의 꿈조짐이 군담유소설보다는 사실성 쪽으로 전진하였다는 것을 알 수 있다.

3. 인물형상창조 면에서

〈사씨남정기〉에서 교씨의 시녀 설매라는 인물, 추영과 그의 계모 변씨와의 관계는 군담유소설을 비롯한 다른 소설에서 볼 수 없는 특징을 가지고 있다. 조선고대소설의 공식은 특히 인물부각에서 악인이면 어디까지나 완전히 惡形, 선인이면 어디까지나 완전히 善形으로 설정하고 그것을 또한 확연한 틀 속에서 전개시켜 나간다. 그 인물들은 작가의 메카폰으로 전락되고 만다. 그 극단적인 예로 〈장화홍련전〉과 같은 일련의 판소리계 소설에서 볼 수 있다. 그러나 〈사씨남정기〉를 놓고 볼 때 교씨 시녀 설매는 아주 독특한 개성적 특징이 있는 인물로 부각되고 있다. 그녀는 사씨 부인을 폐출하는 교씨의 간교에 가담하고 직접 나서서 손을 쓰는 천인이 공노할 교씨 다음가는 惡形이다. 그러나 작자는 그녀를 단순히 그렇게만 부각하지 않았다. 양심의 발견, 인간성의 발견과 같은 섬광이 번쩍이기도 하는 복잡다단한 모순성을 띤 실생활의 인간들처럼 진실하게 부각했다. 설매의 린아처치 장면에서 이점을 여실히 볼 수 있다.

　'…설매 응명하여 즉시 린아를 안고 물가에 오니 아히 오히려 잠이 임의 드럿거날 참아 히치 못ᄒ고 스스로 눈물을 흘리고 왈 사부인 셩덕이 져 물갓거날 내 무정하여 죽게 하고 이제 그 자식을 까자 해하면 어찌 천앙이 업스리오 하고 아해를 수풀속에 감추고 돌아와 교녀더러 왈 아해를 물속에 너흐니 물속에 들낙날낙하더니 보지 못할너이다'

　설매는 또 마지막에 가서는 전일의 과오를 뉘우친 끝에 스스로 목을 매여 죽는다. 보다시피 고대소설에서 보게 드문 인물성격의 변화발전도 보여주고 있다. 이와 같은 '회개'와 '자살'은 실로 다른 고대소설에서 보기 드문 것이다.

　종래 군담유소설의 모든 인물이 선악을 재판하기 위하여 절대자로 군림하는 천자를 제외하고 주인공이건 부차적인 인물이건 선악 양형 가운데 어느 한 쪽에 규정되는 것이 공식이요, 철칙인 것을 염두에 두고 볼 때 〈사씨남정기〉에서 작가가 설매에게 회개와 자살을 부여해 놓은 것은 선도 아닌, 악도 아닌 중간형, 圓形인물설정의 시도로서 적으나마 고대소설의 주인공들의 직선적이고 평면적이며 단일한 틀에 박힌 성격 및 그 전개의 타파라고 보아야 한다. 실로 〈사씨남정기〉에서 그 성격의 풍부성, 개성성 및 변화발전성, 진실성으로 하여 설매는 다른 그 어느 인물보다도 성공적으로 부가되었다.

　설매와 기타 인물과의 관계를 도표로 보면,

군담소설	〈사씨남정기〉
천자	류한림
／　＼	／　＼
주인공측　간신측	사씨측←…설매→교씨

　　그리고 〈사씨남정기〉에서 추영과 그의 계모 변씨와의 관계에 있어서도 고대소설의 「계모악인」이란 공식성에서 탈피하였다. 말하자면 고대소설에 있어서 正室 제일주의로 계모 내지 副室, 첩 따위는 필연코 악인이어야 했다. 그러나 〈사씨남정기〉에서 추영과 계모 변씨의 관계를 놓고 볼 때 계모 변씨는 추영의 아버지가 세상 떠나고 없는 조건하에서도 추영을 극진히 돌봐주며 '어머니'로서의 모성애를 다 한다. 추영도 마치 친어머니를 모시듯이 자기의 효성을 다한다. 이러한 인물형상 및 그 관계 설정은 실로 다른 고전소설들에서 보기 드문 새로운 것이다.

*** 　　　　　　　　　***

　　이상 〈사씨남정기〉에서 슈제트구성의 복합성, 사실성의 증대, 인물형상창조 면에서의 공식성의 탈피 등 여러 방면에 걸쳐 전래의 소설들, 특히 군담유소설에 비해 변화, 발전된 면모를 고찰해보았다. 이런 것들이 비록 오늘날의 관점에서 보면 거기에는 아직도 우연성이 많고 권선징악과 같은 공식성을 벗어나지 못했다 치더라도 종래 소설들, 특히 군담유소설보다는 훨씬 사실주의적 문학으로 전진한 것으로서 조선고대소설사에서 높이 평가되어야 한다. 이로부터 〈사씨남정기〉는 종래의 전기적, 환상적 소설들로부터 〈춘향전〉이후 근대적 경향의 사실주의소설들의 출현에 교량적 작용을 놀았음을 알 수 있다.

　　〈사씨남정기〉는 이밖에도 인물성격부각에서 취한 여러 가지 예술적 표현수법 방면에서, 인물형상창조에서의 전형적 성격창조에서 특히 교채란 같은 반면인물창조에서, 그리고 언어문체 등등의 예술형식 방면의 제반 성과들을 들 수 있다.

1989년 연변대학대학원 「조선문학」 실습강의고

〈구운몽〉 주제론

　〈구운몽〉은 그 풍부하고도 심도 있는 주제사상, 다양하고도 생동한 인물형상 및 복잡하고도 미묘한 사건체계와 입체적인 구성 등 제반 요소들의 유기적인 결합으로 하여 조선고전문학사에 있어서 소설문학의 한 고봉을 이루고 있다. 하기에 실로 〈구운몽〉을 빼놓고 조선문학사, 특히 조선고전소설사를 운운한다는 것은 수박 겉 핥기에 지나지 않는다. 하지만 지금 사람들은 대체로 자기 나름대로 〈구운몽〉을 이해하고 있는 바 사실 풍부하고도 심도있는 사상내용을 담고 있는 이 조선고전소설명작의 정수를 옳게 이해한다는 것은 그리 쉬운 일이 아니라고 본다.

　주제는 문학작품의 정수이다. 그러면 〈구운몽〉의 주제는 무엇인가? 필자는 아래에 〈구운몽〉의 주제를 정면으로 천명함과 아울러 재래의 주제사상설의 타당성 여부를 논하려 한다.

　필자는 현재 〈구운몽〉의 여러 주제설 가운데서 주류를 이루고 있는 불교의 「공(空)」 사상설에 기본적으로 동감을 표시하면서 이 주제설을 주장하는 사람들의 표현상의 애매함, 모호성을 극복하면서 〈구운몽〉은 불교의「공」사상을 통하여 인간 본연의 존재론적 진리인 철학적 불교의 인생관을 나타내었다는 주제설을 내놓는 바이다.

　그럼 아래에 구체적으로 필자의 주제설을 논증해 보도록 하자.

1. 〈구운몽〉은 그 작품의 제목 그리고 주인공의 이름 자체부터가 다분히 불교적이어서 작품의 취지를 잘 나타내주는 불교적인 상징적 의미를 갖고있음을 알 수 있다. 〈구운몽〉이란 제목을 풀이하게 되면 「구(九)」는 아홉명의 주인공을 나타내고 「운(云)」은 운우지정을 나타내며 〈몽(夢)〉은 허황한 것, 뜬 구름, 덧없는 것 등을 나타낸 것으로서 〈구운몽〉이란 바로 아홉 주인공들의 운우지정과 같은 세속적 삶의 극치도 결국은 허황한 일장춘몽에 지나지 않는다는 것을 상징하고 있다. 또 작품의 주인공의 이름인 성진-양소유를 볼 때 성진(性眞)이란 이름은 인간 본연의 존재에 내재하여 있는, 깨끗하고도 진실한 인간의 본성이라는 불교의 인간관을 나타내고 있는 불교적 이름이다. 성진이가 적강되어 얻은 이름 소유(少游)를 보면 거기에는 깨끗하고도 진실한 성진이란 인간이 일순간 세속적 삶에 미혹되어 잠간 세속적 삶에서 논다는 의미가 깃들어 있는 것으로서 역시 다분히 불교의 인간관을 나타내고 있는 불교적 이름이다. 즉 이 인간세계의 중생(衆生)들은 심성의 깊이에 내재한 깨끗하고도 진실한 본성을 깨닫지 못하고 애욕에 미혹되고 거기에 집착하여 허무하고도 무상한 삶을 영위한다는 것이다. 그러나 그것은 어디까지나 미혹되었을 그 당시뿐인 잠시적인 것이고 일단 자기 본연의 깨끗하고도 진실한 심성을 깨달았을 때는 〈구운몽〉의 주인공 성진이처럼 모두들 자기 자체의 성진(性眞)으로 돌아가 고상하고도 영원한 삶을 영위한다는 것이다.

2. 〈구운몽〉 창작의 직접적 동기 및 착상 당시 작가가 처한 구체적 상황 등을 놓고 볼진대 이구경의 〈오주연문장전산고〉에는 다음과 같음 말이 있다. '항간에 유행되는 소설로는 〈구운몽〉이 있는데… 세상에 전해오기를 이는 서포가 귀양살이를 할 때에 대부인의 근심을 덜기 위해 하루밤사이에 지었다고 한다…' 여기에서 서포가 대부인의 근심을 덜기 위해 지었다는 말은 충분히 동감이 간다. 서포는 워낙 충실한 효자인 만큼 그 어머니가 소설을 보기 좋아하였으므로 자기의 심혈, 재능을 다 기울였던 것이다. 김만중의 어머니는 청상과부로 인생의 파란곡적을 겪

었으며 만년에는 다병한 몸이었다. 그녀는 큰아들마저 잃고 사랑하는 서포와 귀여운 손자들까지도 귀양보내지 않으면 안되었던 것이다. 남해 절도의 천리 밖에서 귀양살이를 하는 효자 서포로서는 만년에 외롭고도 고달픈 생을 보내고 있는 어머니가 단지 두고두고 보며 고달픈 마음의 위안, 평온을 가져올 소설을 지어드림이 고작이었을 것이다. 才情이 아울러 흘러 넘치는 서포인 만큼 그는 <구운몽>을 '하루밤사이에 지어냈을' 것이다. 그런데 그가 만년에 외롭고 고달픈 영혼에게 안식처를 마련해주자고 할진대 그는 부지불식간에 세속 부정적이며 보다 높은 차원의 생에 대한 추구로서의 종교적 즉 불교적 삶을 자기 소설의 취지로 삼았을 것이다. 종교는 워낙 약한 자의 인생철학이다. 불교에 조예가 깊은 서포는 의식적으로 이런 불교적 삶을 자기 소설의 취지로 삼았던 것이다. 그러지 않아도 인생의 괴리, 풍파 많은 정계생활 및 남해절도에서의 외롭고도 고달픈 만년의 정배생활을 겪었는지라 이 모든 것은 서포로 하여금 자기가 평소에 퍽 관심을 가져왔던 불교를 자기의 모든 세포 속에 속속들이 파고들어 피와 살이 되게 하여 <구운몽> 창작 당시의 서포에게 있어서는 이미 절실한 인생관으로 변하였을 것이다. 그리하여 서포는 <구운몽>을 이와 같은 절실한 자기 인생관의 피력으로, 자기 구제의 문학으로 삼아 창작하였을 것이다. 그러나 그는 <조신몽> 설화유의 세속적인 불교사상에 머문 것이 아니라 불교에 대한 깊은 조예 및 인생철리에 대한 깊은 깨달음 그리고 절실한 세속적 체험에 좇아 높은 차원의 철학적 불교사상의 <구운몽>을 창작하였던 것이다. 일찍 심자의 <송천필담>에 '소설에서 <구운몽>이란 것이 있는데… 그 취지인즉 부귀공명이란 결국 일장춘몽에 불과한 것…'이라고 지적하였는데 이는 가히 <구운몽>의 정수를 집어낸 말이라고 하겠다.

  3. 우리는 또 <구운몽>에서 성진의 적강 및 그것의 현실적 전개의 특점을 통해서도 필자의 주제설의 타당성을 알 수 있다.

  <구운몽>에서 성진은 분명 죄를 지었다. 신성세계-낙원의 연화도장에 있으면서도 그것의 복됨을 느끼지 못하고 오히려 외람되게 그 질서-불

교의 계율을 어기며 세속적 삶을 그린다. 그리하여 그에게는 '네 그릇된 생각을 품었으니 어찌 인간윤회의 고를 면하리오꼬'라는 육관대사의 추방-적강의 길밖에 차례지지 않는다. 추방, 그것은 무서운 것이다. 신화적 영웅이 천상의 전권대표격인 영광된 하강과는 전혀 인연이 없다. 추방-적강, 그것은 실낙원이어서 고해에 빠져 가지가지의 시련을 겪지 않으면 안된다. 때문에 지상 인간세상으로 적강-환생하는 성진이도 바로 그 환생의 순간에 무의식적으로 '구아(救我)! 구아'하는 공포의 웨침 소리를 지르게 된다. 그러나 〈구운몽〉에서 적강한 성진에게 실지 차례진 적강생활은 바로 그가 바라마지 않던 모든 것들이 아니었던가? 그에게는 유교적 생활의 「극락세계」가 펼쳐지는 것이다. 바로 여기에 문제점이 있는 것이다. 그것은 분명 '적강'이란 모티브와 어울리지 않기 때문이다. 적강한 사람에게는 징벌과 속죄의 고초가 차례져야 하건만. 사실 성진이에게는 이런 고초가 차례졌다. 그것은 전지전능의 달관자인 육관대사에게 있어서 적강한 성진이에게 그가 바라마지 않던 일체의 세속적 삶을 그대로 안겨 주는 것이 바로 최대의 징벌과 속죄의 고초였기 때문이다. 왜냐하면 성진-양소유가 유교적 생활의 극락의 정점에 도달하면 할수록 그에 따르는 인간 본연의 존재론적 허무와 무상의 의지도 정비례하며 커지며 일단 그 정점에 도달하는 순간에는 전적으로 이 인간본연의 존재론적 허무와 무상의 의지에 사로잡혀 어쩔 수 없는 비애와 고독 속에 모대기게 될 것이기 때문이다. 왜냐하면 그의 앞에는 이젠 죽음의 낭떠러지가 놓여 있기 때문이다. 인간은 누구나 다 죽음을 겪게되지만 매 사람이 죽음에 봉착했을 때 생기는 심리상태는 각기 다르다. 〈삼국유사〉의 〈조신몽〉 설화의 조신처럼 현실생활에서 그처럼 헐뜯기고 갖은 풍파를 겪으며 잘 못살았을 경우에는 현실생활에 대해 미련을 가진다고 보기보다는 일종 초탈감을 느끼며 죽음을 대했을 것이다. 그러나 〈구운몽〉의 양소유처럼 현실생활에서 극락의 정점에 도달한 사람이 죽음을 대했을 때는 어쩔 수 없는 인간 본연의 존재론적 허무와 무상의 비애와 고독에 잠길 것이다… 그는 깨닫는다. 모든 것이 자기를 속인

허황한 꿈이었음을. 그리고 그는 후회도 할 것이다. 애초에 이 모든 향락적 삶을 거절했어야 될 것을. 이 모든 것이 죽음과 맞선 오늘날의 무상과 허무의 비애와 고독의 근원이 아니었던가? 그는 저주할 것이다. 자기가 이때가지 겪어온 모든 향락적인 생활을. 그는 이모든 것을 저주하다 못해 자기에게 이 모든 것을 준 사람까지도 저주하게 될 것이다. <구운몽>에서 마지막 부분 양소유의 생일날에서의 어쩔 수 없이 스스로 흘러나오는 구슬픈 퉁소소리가 이 모든 것을 말해주지 않는가? 그런데 죽음은 바득바득 다가오고 죽음의 음영은 수시로 갈마들거늘 비애 속에 잠겨 한숨만 쉴 때가 아니다. 인간 본연의 존재론적 무상과 허무를 초극하고 죽음을 초극할 그 무엇이 있어야 한다. 현세의 세속적인 극락의 한계를 미봉할 내세의 신성한 극락에 대한 추구가 시급이 필요했던 것이다. 그리하여 <구운몽>에서 양소유는 다시 '일심전력 극락세계'만을 추구하는 성진으로 돌아왔고 팔선녀도 연지곤지를 씻어버리고 삭발을 한 팔여승이 되지 않았던가? 또 이로하여 그들은 끝내 청정하고 영원하며 무한하고 유상한 불교의 극락세계로 왕생하지 않았던가? 성진이의 정과(正果) 취득, 이것은 우선 무엇보다도 세속적 생활의 극락의 한계를 스스로 느끼고 그것에 대한 성진-양소유 스스로의 회오와 반성에 의한 것이다. 이 회오와 반성, 이것이 바로 육관대사가 성진이를 적강시킨 근본적인 목적이었던 것이다. 자기가 바라던 모든 세속적 삶의 만족을 느꼈는데도 거기에 어떤 무상과 허무같은 미흡한 점을 느낄 때 자기 스스로 그 어떤 인간존재의 본체론적 진리를 깨닫게 되며 자연히 높은 층차의 철학적인 종교적 심성이 발하게 되는 것이다. 오직 이 모든 것이 자기 내심의 깊이에서 스스로 깨닫고 스스로 우러나올 때만이 그것은 그렇게도 절실한 것이고 확고한 것이고 드팀없는 것으로 된다. 그리하여 전지전능의 달관자 육관대사는 바로 인간 본연의 존재론적 진리를 성진이 스스로 깨닫고 느끼게 하기 위해 바라던 모든 세속적 삶을 다 만족시키는 그런 역향(逆向)적인 징벌과 속죄의 대가를 치르게 했던 것이다. 이는 순연한 높은 층차의 철학적인 종교적 발상법이며 전지전능의 달관자들의 발상법이다. 이것은 또 모종 의미에서는 조선민족의 발상법으로서 그 전형적인 예를 우리는 〈처용가〉에서 볼 수 있다.

우리는 이제 〈삼국유사〉의 〈조신몽〉 설화를 〈구운몽〉에 대비시켜 분석해보면 아주 깊은 시사를 받게 될 것이다. 〈조신몽〉 설화가 〈구운몽〉처럼 분명히 불교사상에 있어서는 내세의 극락세계를 추구하고 있지만 그 현세생활에 대한 부정의 근본적 출발에 있어서 그 양상은 매우 다르다. 〈구운몽〉이 상기한 바와 같이 현실생활에서 자기가 바라던 모든 것의 획득을 전제로 한 인간이 절대적인 죽음과 부딪칠 때 필연적으로 심각히 느끼게 되는 인간 본연의 존재론적 허무와 무상 때문에 세속적인 현실생활을 부정했다면 〈조신몽〉 설화에서는 인간의 제일 층차의 수요조차도 만족시키지 못하는 절박한 현실적 삶의 욕구와 불만 때문에 세속적 현실생활을 부정했던 것이다. 여기에서 보디시피 〈구운몽〉은 인간 본연의 존재론적인 어려움에까지 들어갔고 〈조신몽〉 설화는 인간현세의 생존론적인 어려움밖에 접하지 못한 피상적이고 낮은 단계의 것이다. 그러므로 그들이 추구한 불교사상의 경계도 확연히 판별되는 바 〈구운몽〉이 순연한 인간 본연의 존재론적 구체로서의 높은 층차의 인간 본체론적 인생철학이었다면 〈조신몽〉 설화는 아직도 세속적 욕망을 벗어나지 못한 세속적 욕망의 변형성적인 연장으로서 세속적인 저급단계에 처한 인간의 현세생존론적 방편인 것이었다. 〈조신몽〉 설화의 주인공에게 있어서 세속적 욕망은 수시로 맴돌아치는 것으로서 일단 현실생활이 그것을 만족시켜줄 때는 언제든지 현실로 다시 돌아오는 것이었다. 사실 외래종교인 불교는 조선에 들어온 후 높은 차원의 인간존재론적 인생철학으로서의 신성성이 세속화되었던 것이다. 그리하여 〈조신몽〉 설화에서와 같이 현실에 집착한 낮은 단계의 세속적이며 인간생존론적인 방편으로 되고 말았다. 이런 상황하에서 〈구운몽〉이 불교의 본래의 면모를 파악하고 그것의 진실한 재현에 성공하였다 할 때 그것의 조선문학사, 특히 소설사에서 유일무이한 독특한 존재로서의 가치를 충분히 긍정받으야 한다.

그럼 유독 서포가 어찌하여 <구운몽>에서 인간 본연의 존재론적 인생진리로서의 불교의 진면모를 표현할 수 있었겠는가? 이는 우선 그의 불교에 대한 깊은 조예에서 기인된다고 생각된다. 다음으로 그의 영예와 치욕이 엇갈린 풍부한 현실적 삶의 경험과 더불어 만년의 죽음에 직면하여 강렬하고도 진실하게 인간본연의 존재론적 비애를 맛보았기 때문이다. 김만중은 그러지 않아도 인간 본연의 존재론적 구제의 방편을 모색하던 중에 불교에서 공명감을 발견하였던 것이다. 그 다음 오직 세속적 삶을 본체론적인 각도에서 근본적으로 부정함으로써 현실에 대한 집착을 완전히 털어 버리고 내세에 대한 인간본연의 존재론적 추구에 마음을 붙이게 함으로써 진정으로 어머니의 노경의 외롭고 고달픈 마음을 풀어드리려 했기 때문이다. 그것은 바로 불교의 진면모인 이 높은 차원의 인생 본연의 존재론적 인생철학으로서의 진리만이 쉽게 노경의 어머니의 공감을 불러일으킬 수 있다고 보았기 때문이다.

4. 위에서 논술한 <구운몽>의 불교사상설은 여러 각도에서 고찰한 작품의 역동적 구조에 대한 분석에서도 충분히 나타나고 있다.

총체적으로 볼 때 <구운몽>은 세 부분으로 짜어져 있다. 아래에 구체적으로 보기로 하자.

1) 소설의 첫 부분에서 보면 주인공 성진이와 팔선녀는 남악형산에서 각기 불교와 도교를 신봉하고 있다. 성진이는 육관대사의 수제자로서 경건히 불도를 닦는 수도승이고 팔선녀는 도교거두의 한사람인 위부인을 모신 시녀이다. 이때 불교와 도교는 상호 우호적인 관계를 맺고 있었는바 서로 방문하며 문안을 전하는 관계였다. 그런데 팔선녀와 성진은 세속의 삶에 유혹된 나머지 종교적 계율을 위반한 죄로 인간세계에 적강하게 된다. 이로부터 작품의 둘째 부분에서는 인간으로 환생한 양소유와 팔선녀가 바라마지 않던 유교적 세속생활의 극치를 맛보게 된다. <구운몽>의 주인공은 어디까지나 성진이인 것만큼 이 부분에서 팔선녀들은 바로 양소유의 여덟 부인으로서 그의 생활을 점철해 줄뿐이다. 이 둘째 부분에서 양소유와 여덟 여인이 자기네들의 세속적이며 유

교적인 극락생활에 일단 무상과 허무를 느끼게 된다. 그리하여 절로 '구슬픈 퉁소소리'가 흘러나오고 거기에 공감을 가질 때 그들은 자연적으로 자기 구제의 불교적 세계로 들어가게 된다. '세상에는 세 가지 도가 있다. 유교, 선교, 불교 이 세 가지 교 중에 불교가 제일 높다' 그리하여 그들은 소설의 세 번째 부분에서 완전히 유교적인 세속적 삶을 부정하고 불교에 귀의하였다. 양소유는 원래 성진이보다 높은 차원의 성진으로 되돌아왔고 팔선녀는 팔여승이 되어 성진이를 따라 불도를 닦았으며 나중에는 다같이 극락왕생하였다. 이제 〈구운몽〉의 역동적 구조를 유교, 불교, 도교와 주인공들의 각도에서 보면 다음과 같이 표시할 수 있다.

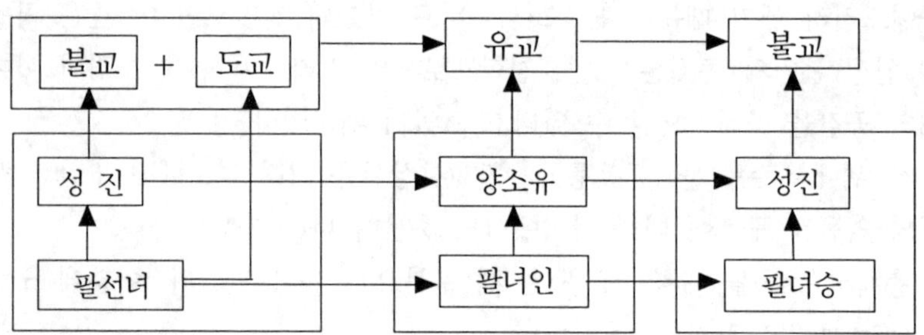

2) 〈구운몽〉의 주인공이 어디까지나 성진이라 할 때 우리는 이 작품을 성진의 사상 편력적 각도에서도 이해할 수 있다. 이를테면 연화도장에서의 수도승으로서의 성진은 자기의 이상-불교의 정과(正果)를 취득하기 위해 자기의 초자아를 향해 나아간다. 한 사람이 자기의 초자아에 완전히 지배되어 자기의 삶을 영위해나갈 때 그 삶은 탈속적이며 숭고하다. 초자아의 삶, 그것은 높은 차원의 삶에 대한 지향임이 틀림없다. 그러나 그 초자아가 불교적일 때 그 삶은 적막함과 고독감을 면할 수 없으리라. 그리하여 성진은 '슬프도다… 그 도가 비록 높고 깊다 할지라도 적막함이 태심하고…'라고 푸념질하며 자기의 불교적 초자아에 대해 회의와 동요를 나타낸다. 여기서 우리는 이상적인 불교적 초자아가 현실적인 유교적 자아에 의해 동요되고 있음을 본다. 성진은 바로 '석교상

의 팔선녀'를 만난 후 '세상생각'을 하며 선좌(禪坐)를 하는 방에 돌어와
서도 '세상에 남아로 태어나 어려서 공명의 글을 읽고 자라서 성주를 섬
겨나가면 삼군의 장수되고…'라고 전형적인 유교적 「극락생활」을 그린
다. 성진은 선좌한채 염불을 외우는 가운데 자기도 모르게 꿈을 꾸게
된다. 꿈은 억압되었던 본아의 위장적 실현이거늘 성진은 꿈속에서 이
때까지 억압당했던 본아(유교적 현실생활을 기준으로 하여 볼 때 이것
은 자아)-유교적 「극락세계」를 마음껏 누린다. 그러나 성진은 바로 이
유교적 「극락세계」의 정점에서 꿈을 깬다. 그는 워낙 바로 거기에서
죽음과 마주선 인간 본연의 존재론적 무상과 허무를 뼈저리게 맛보았던
것이다. 그리하여 그는 다시 진공묘유(眞空妙有)와 유상(有常)의 진정
한 꿈-극락세계에로의 왕생을 실현하기 위해 다시 연화도장으로 돌아오
게 된다. 이때의 성진은 물론 원래의 성진이에 비해 180°로 변한 드
팀없는 확고한 신념하에 다시 원래의 이상-불교의 정과를 얻기 위해 자
기의 초자아적 경계로 치달아 올라가며 끝내는 성공하고야마는 완강한
의지의 소유자인 것이다. 〈구운몽〉은 바로 성진의 이상실현-'성진은 팔
여승과 더불어 극락세계로 왕생했다'로 끝을 맺고 있다. 이제 〈구운몽〉
을 성진의 이상추구의 각도에서 그 역동적 구조를 다음과 같이 표시할
수 있다.

①

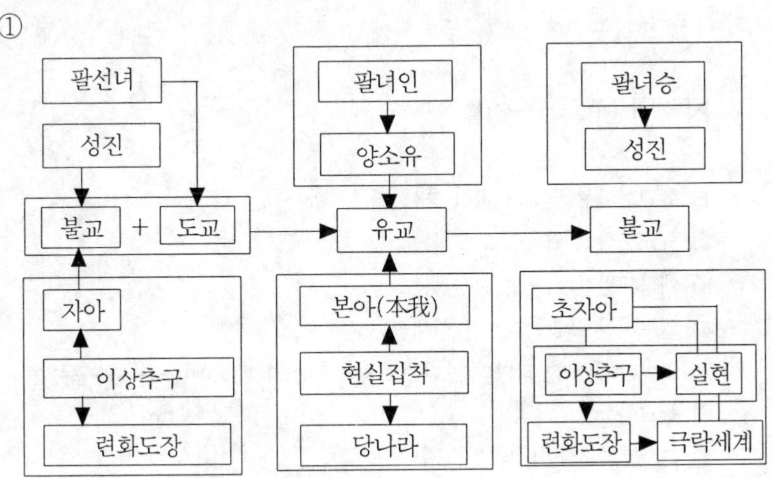

우리는 위의 도표에서도 알 수 있는 바와 같이 〈구운몽〉은 부정의 부정으로 특징지어지는 역동적 순환구조를 갖고 있음을 알 수 있다. 불교로부터 시작되는 순환구조가 부정의 부정을 거쳐 보다 높은 충차의 불교로 귀결됨을 우리는 알 수 있다. 그리하여 〈구운몽〉의 총체적 구조를 도표로 보이면 다음과 같다.

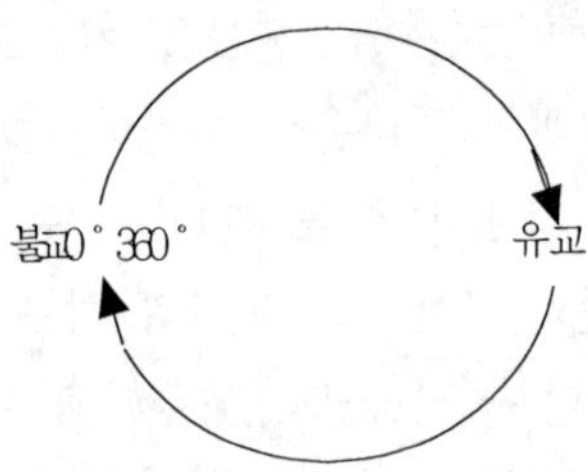

이상에서 〈구운몽〉의 주제를 그 제목, 주인공 이름의 상징적 의미, 그리고 〈구운몽〉 창작의 직접적 동기, 창작당시 작가가 처한 상황, 작품에서의 '적강' 모티브의 전개특점, 역동적 순환구조의 구체적 표현형태 등등에 대한 구체적인 분석을 통하여 필자의 주제설을 정면으로 직접 내세웠다.

이에 필자는 이제 종래의 〈구운몽〉 주제 여러 설들의 부당함을 검토해 봄으로써 위에서 논술한 나름대로의 주제설의 정당성을 간접적으로 증명해 보이려 한다.

▶종래의 〈구운몽〉 주제설

1) 삼교화합설(박성의 박사 등)
2) 유교사상설(위욱성 교수 등)
3) 개성해방설(허문섭 교수 등)
4) 일부다처제의 합리화설(선대산인 등)
5) 어머니에 대한 작가의 오디푸스 콤플렉스의 발로(이능우 교수 등)
6) 불교사상설
   ㄱ) 불교윤회설(김기동 교수 등)

ㄴ) 불교적 숙명론(이가원 교수 등)

ㄷ) 불교 공사상설(조윤제, 이명구, 조동일 교수 등)

* 〈금강경〉을 중심으로 한 공사상설(정규복 교수 등)

7) 필자의 관점: '불교의 공사상설을 통하여 인간본연의 존재론적 진리인 철학적 불교인생관을 나타내었다.'

위에서 열거한 1)~6)까지의 제 주제설이 문제의 정수를 포착하지 못한 편면성, 표면성, 고립성, 중복성, 모호성의 결함을 갖고 있다고 필자는 인정한다. 물론 이런 주제설이 하등의 이치도 없는 것은 아니다.

1) 삼교화합설

이 관점의 주장자들은 유교의 현실주의, 불교의 내세주의, 도교의 향락주의가 봉건사회에 있어 사대부들의 실지생활에 있어서는 서로 보완적이고 융합적인 상황에 비추어 〈구운몽〉에 나타나는 삼교의 역동적 순환구조에 있어서 부정의 부정을 무시하고 그들의 관계를 사대부들의 생활실제에 나타나는 데로 깎아 맞추는 억지가 보인다. 그들은 〈구운몽〉이 전형적인 귀족소설이라는 전제 아래 구체적이며 실제적인 분석을 가하지 않고 현실생활에 있어서의 귀족들의 사상적 특점과 생활적 특점에 깎아 맞춘 듯하다.

2) 유교사상설

피상적인 표면적 편폭에만 매여 달려 작품의 내재적 본질을 보지 못한 것으로서 수단과 목적을 전도하여 이해하였다.

3) 개성해방설

우선 「개성해방설」이라는 개념의 염가적인 남용이 문제가 됨. 다음으로 이 설의 주장자는 그 유력한 주요한 근거로 '양소유와 팔선녀후신들의 형상, 그리고 그들 사이의 반예교적인 애정생활이 구체적으로 보여주고 있다'(〈조선고전문학사〉 허문섭)고 들고 있다. 사실 이들의 형상은 어디까지나 전형적인 유학, 유부녀들이며 그들간의 상호 관계는 어디까지나 전형적인 불교인연설에 의한 것이었다. 또한 작품에서 그들의 애정관계는 어디까지나 양소유의 유교적 생활의 극치를 점철하는 도구에 지나지 않기 때문에 거기에서 그 무슨 작품의 주제를 찾는다는 것은 한 그루의 나무만 보고 전체 수림은 보지 못한 격으로 된다.

4) 일부다처제의 합리화설

〈구운몽〉에서 일부다처제는 확실히 이상적으로 그려졌다. 그러나 그것은 어디까지나 양소유의 부귀영화를 장식하는 도구에 지나지 않는다. 그러므로 그것은 〈구운몽〉에서 아주 지엽적인 문제로서 주제사상을 운운할 여지도 못된다.

5) 어머니에 대한 작가의 오디푸스콤플렉스의 발로.

이 관점은 〈구운몽〉창작의 직접적 동기 및 〈구운몽〉 창작시기 작자의 만년의 유배생활 등 〈구운몽〉을 〈구운몽〉으로 되게 한 근본적 요소들과 절대적으로 배치되고 있다. 설사 서포가 정말 어머니에 대한 오디푸스콤플렉스가 있었다 할망정 그것은 단지 무의식적인 강력한 원동력이 되어 어머니의 시름을 덜어주고 자신의 시름을 덜기 위한 등의 직접적이거나 간접적인 창작동기의 실현을 추진시켰을 뿐이다. '하루밤에 지었다(一夜制之)〉란 말의 유행이 이 점을 시사해 줄 것이다.

6) 불교사상설

ㄱ) 불교의 윤회설
이 주장은 불교소설로서의 〈구운몽〉의 인간윤회의 구조적 특징만 보았지 이것을 통하여 표현하고자 하는 사상적 특징은 보지 못한 주장이다. 즉 수단의 특징은 보았어도 그것을 통해 도달하고자 하는 목적에 대해서는 파악하지 못한 셈이다.

ㄴ) 불교적인 숙명론

이 관점의 주장자 이가원은 '그러나 결론적으로 보아서 인간만종의 고락은 모두가 일장춘몽에 지나지 않는다는 것, 그리하여 서포는 자기일가의 고락성쇠도 모두가 숙명적이어서 하등 슬퍼할 것도 없으려니와 또한 하등 기뻐할 것도 없음을 말하여 자기가 스스로 자기 마음을 위안하며 모부인의 인간역경을 위안한 일종의 숙명론을 주제로 한 소설이 곧 〈구운몽〉이다'고 하였다. 이것은 작품의 중간 부분에만 치우치고 또 그 내용상 특점을 잘 파악하지 못한 것이다. 이것은 즉 중간 부분의 내용과 작품의 마지막 부분의 내용의 대립적인 내재적 관계를 잘 파악하지 못한데서 온 고립적으로 문제를 포착한 오유를 범하고 있다.

ㄷ) 불교의 공사상설(주류)

이 설은 심자의 〈송천필담〉에서 유래한 것이다. 심자는 '소설에서 〈구운몽〉이란 것이 있는데…그 취지인즉 부귀공명이란 결국 일장춘몽에 불과한 것이다'하고 말하였던 것이다. 이 견해에 대해서 현재의 많은 학자들에 이르기까지 공감을 표시하고 있기에 여러 가지 설 가운데서 주류를 이루고 있다. 필자도 이 주제설에 대하여 일단 동감을 표하지만 표현의 추상성과 모호성에 대해서는 미진한 감을 느낀다. 이를테면 심자의 견해 뿐만 아니라 '〈구운몽〉은 무상한 인생의 일면을 묘사한 불교소설이다'하고 표현한 조윤제의 견해 등도 바로 그러하다.

여기서 주목을 요하는 것은 〈구운몽〉의 불교사상을 좀더 구체적으로 파고들자는 취지에서 내놓은 정규복의 견해이다. 정규복은 '〈구운몽〉은 공사상의 중심경인 〈금강경〉을 그 사상적 대본으로 한 불교소설'이라고 하면서 〈구운몽〉을 완전히 〈금강경〉의 풀이로 보고 있는 것이다. 이 관점은 일반 사상서적들의 사상견해들이 어떻게 작가의 두뇌라는 용광로를 거쳐 결국 문학작품으로 재현되는가 하는 기본적인 문제를 홀시하고 있다. 따라서 문학작품과 일반 사상서적들간의 근본적인 구별점들을 혼돈하고 있다.

이상에서 〈구운몽〉의 주제에 대하여 여러 모로 분석하였다. 접수미학의 각도에서 보면 문학의 진정한 완성은 독자들의 참여에 의해서만 이루어질 수 있는 것이다. 그것은 작가가 창작을 진해할 때 의시적이든 무의식적이든 독자들의 심미적 취미를 고려하게 될 뿐만 아니라 독자들도 문학감상에 있어서 자기가 처한 주객관적 조건의 영향 밑에 각기 제 나름대로 문학형상을 접수하는 바 엄밀한 의미에서 이것은 문학작품에 대한 재창조인 것이다. 이에 따라 한 작품의 주제나 그 전부의 내용이 동시대에 있어서 부동한 독자, 독자층, 독자군에 의해 다르게 이해될 뿐만 아니라 부동한 시대의 부동한 독자들에게는 더구나 다르게 이해될 수 있다. 그러므로 한 작품은 바로 이런 연속적인 독자들의 부단한 재창조를 통해서만이 생명력을 가질 수 있는 것이다. 이런 각도에 근거하면 〈구운몽〉의 여러 가지 주제설은 다 제나름대로의 일리가 있는 것만큼 존재의 가치를 가지는 것이다.

〈구운몽〉은 바로 이처럼 그 풍부한 형상과 심오한 사상으로써 부동한 시대, 부동한 독자들에게 다양한 심미적 인식을 갖다주고 있다. 하기에 외국의 어느 유명한 평론가는 '〈춘향전〉은 연회장의 담소거리에 지나지 않지만 〈구운몽〉은 보고 음미할 만 하다. 〈춘향전〉은 민속의 분야에 속하고 〈구운몽〉은 종교철학적 분야에 속한다'고 말하였다.

중국 〈아리랑〉 제51기 1994.11

 조선고대문인들과 호(號), 재호(齋號)

호「별호(別號)포함」, 재호는 고대 東洋漢文化圈에서 통용된 독특한 호칭들이다. 이런 호, 재호는 문인들 사이에 많이 통용되었다.

호는 대개 본인이 스스로 취한 호칭이다. 이것은 제3자가 취해준 이름(名), 자(字) 및「존호(尊號)」,「증호(贈號)」(즉 죽은 후의 시호 같은 것), 별명과 구별된다.

재호는 개인의 거처에 대해 단 이름이 그 개인 스스로의 대칭(代稱)-호로 되기도 한 경우를 가리킨다.

이런 호, 재호는 문인들의 주체적 의식을 가장 잘 드러내고 있다. 그런 만큼 그 당사자가 많이 사용했을 뿐만 아니라 제3자도 그 당사자의 뜻을 존중하여 이런 호, 재호를 많이 불러주었다. 후세에 전하는 문인들의 문집이 대개 이런 호, 재호를 사용하여 무슨「록(錄」,「기(記)」,「지(志)」요 한 것은 이를 단적으로 보여주고 있다.

그럼 아래에 호, 재호를 통해 조선고대문인들의 사상경향의 일단을 고찰하는 것도 조선고대문학연구의 가치 있는 독특한 한 시각이 되겠다.

A

1. 조선고대문인들의 호, 재호의 기본유형

I. I. 호의 유형:

① 「호(湖)」, 「명(溟)」, 「주(洲)」, 「포(浦)」, 「강(江)」, 「하(河)」, 「계(溪)」, 「천(川)」, 「산(山)」, 「봉(峰)」, 「암(巖)」, 「석(石)」, 「곡(谷)」 등 산수자연 관계 글자 돌림[1]형.

정두경의 동명(東溟), 권필의 석주(石州), 이명한의 백주(白洲), 김만중의 서포(西浦), 김구의 지포(止浦), 정철의 송강(松江), 김택영의 창강(滄江), 이제신의 청강(淸江), 남효은의 추강(秋江) 혹은 행우(杏雨), 진화의 매호(梅湖), 이익의 성호(星湖), 임형수의 금호(錦湖), 양경우의 제호(霽湖), 정지상의 남호(南湖), 임제의 백호(白湖) 혹은 풍강(楓江); 임춘의 서하(西河), 김창협의 삼연(三淵), 이정구의 월사(月沙), 이항복의 백사(白沙), 윤근수의 월정(月汀), 윤계선의 파담(坡潭), 김효일의 국담(菊潭), 서경덕의 화담(花潭), 황현의 매천(梅泉), 홍석주의 연천(淵泉), 이승소의 삼탄(三灘), 이광려의 칠탄(七灘), 조위의 매계(梅溪), 하위지의 단계(丹溪), 이해산의 아계(鵝溪), 유호인의 임계(林溪) 혹은 뇌계(雷溪), 이황의 퇴계(退溪), 권응인의 송계(松溪), 김부식의 뇌천(雷川), 임억령의 석천(石川), 황정욱의 지천(芝川), 유성룡의 서애(西厓), 이안눌의 동악(東岳), 차천로의 오산(五山), 정약용의 다산(茶山), 이서구의 강산(薑山), 허균의 교산(蛟山), 혹은 학산(鶴山), 김매순의 대산(臺山), 박지원의 연암(燕巖), 김창협의 농암(農巖), 류성룡의 운암(雲巖), 이광려의 월암(月巖), 정이오의 우곡(愚谷), 남용익의 호곡(壺谷), 장유의 계곡(溪谷), 이이의 율곡(栗谷), 소세양의 양

---

[1] 필자가 여기서 말하는 돌림은 이름 항렬자와 같은 엄밀한 혈연적 의미에서의 이름자 첫 글자 혹은 두 번째 글자 돌림와는 좀 다른 의미로서 논의의 편리를 위하여 사용된 것임을 밝혀두는 바이다.

곡(陽谷), 최기남의 구곡(龜谷), 이달의 손곡(蓀谷), 장유의 계곡(溪谷), 조위한의 현곡(玄谷), 정포의 설곡(雪谷), 신광한의 낙봉(駱峰), 정도전의 삼봉(三峰), 이호민의 오봉(五峰), 기대승의 고봉(高峰), 고경명의 제봉(霽峰), 이수광의 지봉(芝峰), 백광훈의 옥봉(玉峰), 김시습의 동봉(東峰), 김극기의 노봉(老峰), 홍간의 홍애(洪崖), 김우옹의 동강(東岡)의 경우가 그렇다.

② 「퇴(退)」, 「음(陰)」, 「은(隱)」, 「운(雲)」, 「도인(道人)」, 「산인(山人)」, 「동주(洞主)」, 「거사(居士)」, 「촌(村)」, 「초(樵)」 등 도교 색채를 띤 글자 돌림형.

이황의 퇴도(退陶), 김수흥의 퇴우(退憂), 소세양의 퇴휴(退休), 김상헌의 청음(淸陰), 이덕형의 한음(漢陰), 정사룡의 호음(湖陰), 정이오의 교은(郊隱), 이숭인의 도은(陶隱), 이색의 목은(牧隱), 이인복의 초은(樵隱), 정몽주의 포은(圃隱), 권필의 나은(懶隱), 신광한의 청성동주(靑城洞主), 이언진의 송목관주인(松穆館主人), 조식의 남명(南冥), 어무적의 낭선(浪仙), 홍세태의 창랑(滄浪), 박제가의 위항도인(葦杭道人), 천수경의 송석원도인(松石園道人) 혹은 송석도인(松石道人), 최치원의 해운(海雲)2), 서유영의 운고(雲皐), 이서구의 석모산인(席帽山人), 산대산인(散代山人), 이규보의 백운거사(白雲居士), 유극장의 후촌거사(後村居士), 이용휴의 혜환재거사(惠寰齋居士), 신흠의 상촌(象村), 권근의 양촌(陽村), 이집의 둔촌(遁村), 윤선도의 어초(漁樵), 남영로의 담초(譚樵)의 경우가 그렇다.

③ 「고(孤)」 자 돌림형.

최치원의 고운(孤雲), 윤선도의 고산(孤山), 최경창의 고죽(孤竹)의 경우가 그렇다.

---

2) 허문섭의 〈조선고전문학사〉(요녕민족출판사, 1984년), 이해산의 〈조선한문학사〉(연변대학출판사, 1995년) 등 저서에서는 이것을 최치원의 자로 보고 있는데 최치원의 고달픈 당나라 류학 경력 등 인생력정을 감안할 때 호로 보는 것이 타당한줄로 판단되기에 필자는 위욱승의 〈조선문학사〉(북경대학출판사, 1986년)와 그 관점을 같이함을 밝혀두는 바이다.

④「옹(翁)」,「수(叟)」자 돌림형.

박인로의 무하옹(無何翁), 이제현의 역옹(櫟翁), 정홍명의 기옹(畸翁), 이언적의 자계옹(紫溪翁), 최해의 졸옹(拙翁), 허균의 성수(惺叟), 이황의 도수(陶叟)의 경우가 그렇다.

⑤「자(子)」,「생(生)」자 돌림형.

권필의 무언자(無言子), 차좌일의 사명자(四名子), 장혼의 공공자(空空子), 성현의 부휴자(浮休子), 강위의 고관자(古歡子), 홍유손의 광진자(狂眞子), 이옥의 문무자(文無子) 혹은 매계자(梅溪子) 혹은 화석자(花石子), 이매창의 계생(桂生)의 경우가 그렇다.

⑥ 기타.

위의 유형에 포함되지 않는 경우.

I. 2. 재호의 유형:

①「재(齋)」자 돌림. 원래 고대사람들이 재례를 올리기전에 심신을 깨끗이 하여 정중하고 청정함을 나타내던 것이 후에 주로 거실, 서옥(書屋), 학사(學舍) 등 건축물의 이름에 많이 붙여지면서 호에 사용된 경우를 가리킨다. 임제의 겸재(謙齋), 이인로의 쌍명재(雙明齋), 김린후의 담재(澹齋), 강희언의 인재(仁齋), 김종직의 점필재(占畢齋), 서경덕의 복재(復齋), 조수삼의 추재(秋齋), 이제현의 익재(益齋), 정추의 원재(園齋), 강희맹의 사숙재(私淑齋), 성임의 일재(逸齋) 혹은 안재(安齋), 성간의 진일재(眞逸齋), 성현의 용재(慵齋), 박동량의 기재(寄齋), 박상의 눌재(訥齋), 류득공의 냉재(冷齋), 신숙주의 보한재(保閑齋), 서경덕의 복재(復齋), 신광한의 기재(企齋) 혹은 석선재(石仙齋), 이언적의 회재(晦齋), 이행의 용재(容齋), 이건창의 녕재(寧齋), 조신의 송재(松齋), 이용휴의 혜환재(惠寰齋), 이서구의 척재(場齋), 이이 어머니의 임사재(姙師齋), 안축의 근재(謹齋), 최충의 성재(惺齋) 혹은 방회재(放晦齋)가 그렇다.

② 「헌(軒)」자 돌림. 원채 앞 처마 밑의 평평한 대 혹은 창문 아래의 긴 랑하 혹은 작은 집을 가리키던 것이 호에 사용된 경우를 말한다. 정극인의 불우헌(不憂軒), 성삼문의 매죽헌(梅竹軒), 박팽년의 취금헌(醉琴軒), 이개의 백옥헌(白玉軒), 허초희의 난설헌(蘭雪軒), 이주의 망헌(忘軒), 박은의 읍취헌(挹翠軒), 이석형의 저헌(樗軒), 김정승의 죽헌(竹軒), 정수강의 월헌(月軒)의 경우가 그렇다.

③ 「당(堂)」자 돌림. 고대의 주거를 가리키던 것이 호에 사용된 경우를 말한다. 김시습의 매월당(梅月堂), 신숙주의 희현당(希賢堂), 남효은의 최락당(最樂堂), 김정희의 원당(阮堂), 신위의 경수당(警修堂), 김택영의 소호당(韶濩堂), 이건창의 명미당(明美堂), 심수경의 청천당(聽天堂), 정약용의 여유당 혹은 여당(與猶堂), 성현의 허백당(虛白堂), 이식의 택당(澤堂), 이첨의 쌍매당(雙梅堂), 이이 어머니의 사임당(師任堂) 혹은 사임당(思任堂), 사임당(思姙堂)의 경우가 그렇다.

④ 「암(庵)」자 돌림. 작은 초가집을 가리키던 것이 호에 사용된 경우를 말한다. 박순의 사암(思庵), 조신의 적암(適庵), 조광조의 정암(靜庵), 김정의 충암(冲庵), 이옥의 매암(梅庵), 이덕무의 형암(炯庵), 이자현의 식암(息庵), 임숙영의 소암(疎庵)의 경우가 그렇다.

⑤ 「정(亭)」, 「각(閣)」자 돌림. 정자, 누대같은 것들을 가리키던 것이 호에 사용된 경우를 말한다. 이덕무의 아정(雅亭), 박제가의 초정(楚亭), 이달충의 제정(霽亭), 변계량의 춘정(春亭), 강희백의 통정(通亭), 이곡의 가정(稼亭), 김윤석의 동각(東閣), 이정향의 동각(東閣)같은 경우가 그렇다.

⑥ 「원(園)」, 「포(圃)」자 돌림. 원림을 가리키던 것이 호에 사용된 경우를 말한다. 정지윤의 하원(夏園), 유월의 곡원(曲園), 최충의 월포(月圃) 등이 그렇다.

⑦ 「관(館)」자 돌림. 집의 통칭으로서 서관(書館), 교관(敎館), 객관(客館) 등을 가리키던 것이 호에 사용된 경우를 말한다. 이덕무의 청장관(靑莊館) 등이 그렇다.

⑧ 기타
위의 유형에 포함되지 않는 경우.

B

2. 호, 재호를 통해 본 문인들의 사상경향

2. 1. 자연친화

산수자연관계 글자돌림 호가 그 대표적인 것으로 가장 많은 비중을 차지하고 있다. 이 부류의 호는 아직 산수자연과 분리되지 않고 그 내심 깊이에서 거의 본능에 가깝게 자연에 조화되어 있는 문인들의 친자연심성 혹은 사회생활과 비겨 보다 청정하고 드팀없는 자연에로의 경향을 나타내며 이런 자연에 묻혀 살려는 뜻을 비치고 있다. 이이의 경우를 보면 자기는 밤나무 골에서 태어났으며 밤나무 골이 좋다는 뜻에서 자연적으로 우러러 나오는 자연친화 경향에서 율곡이라는 호를 취했던 것이다. 그러나 박지원의 경우를 보면 그는 정계에서 권신 홍국영에게 벽파(僻派)로 몰리자 미련 없이 연암협에 은거하고 연암이라는 곳 이름을 따서 자기의 호로 삼으며 자연에로의 귀의의 뜻을 표명했던 것이다.

2. 2. 현실비판의식

이 부류의 호는 재(才)와 덕(德)이 있으면서 벼슬에 나가지 않고 은거했거나 혹은 나갔다가 후에 은거한 사람들이 많이 사용했다. 재야에 있는 만큼 아무런 구속도 받지 않는다는 의미로 이런 호를 달았다. 두번째 부류 도교적 색채를 띠고 있는 글자돌림형이 전형적인 그 한 보기로 된다. 「거사」를 돌림자로 호에 사용한 경우를 보면 대개 벼슬길에

염오를 느껴 산수전원을 동경하고 시와 음주를 벗삼아 노니는 생활을 그리던 문인들이 많이 취했다. 고려중기의 유명한 문인 이규보의 호 백운거사는 그 한 보기로 되겠다. 이규보는 일찍 「기동(奇童)」이라고 불리울 정도의 문재(文才)가 있었지만 워낙 성격이 활달하고 강직하여 따분한 벼슬길에는 흥취가 없었다. 그러나 호부랑중 출신인 아버지의 독촉에 못 이겨 벼슬길에 나갔다가 24살 때 아버지가 세상을 떠나자 잠시나마 벼슬을 거만 두고 천마산에 은거하며 스스로 「백운거사」라는 멋진 호를 취했던 것이다. 흰 구름 위에 여유작작하게 노니는 선비라는 뜻이다.

2. 3. 신세한탄을 기탁한 것.

「孤」자 돌림형 부류가 그 전형적인 보기로 되겠다. 최치원의 고운, 그것은 이국땅에서 외로운 구름과도 같이 그 어디에 기탁할 곳도 없고 머물 곳도 없는 외로운 신세의 자연적인 발로로 볼 수 있다. 윤선도의 고산, 그것은 정계를 멀리하고, 가복들을 거느리고 여유작작하게 노니는 화려한 행각 속에 어쩔 수 없이 자꾸만 갈마드는 내심의 외로운 심사의 가장 적중한 표현이 되겠다.

2. 4. 달관의 경지를 나타냄.

「翁」, 「叟」자 돌림형 부류가 그 전형적인 보기로 되겠다. 「翁」, 「叟」는 모두 백발성성의 노인을 가리키고 있다. 이것은 일반적으로 사인(士人)들이 만년에 많이 취한 호로서 세상풍파를 다 겪고 세상을 다 꿰뚫어 보았다거나 세상과 더는 다툴 것이 없는 무욕 내지 무심의 경지를 나타내는 의미로 이런 호를 달았다.

2. 5. 대인관계에서의 인격미에 대한 추구

「子」, 「生」자 돌림형 부류가 그 전형적인 보기로 된다.「子」자는 서생의 자아존중의 뜻을 나타내고「生」자는 겸손함을 나타낸다. 이런「子」자를 사용함으로써 선비로서의 당당함 내지는 도고함을 나타내고「生」자를 사용함으로써 배우는 자로서의 낮은 자세를 고스란히 내비친다.

2. 6. 심미적 취미를 나타낸 것.

이것은 주로 재호의 유형에 속하는 여러 글자돌림의 호에서 볼 수 있다. 이런 호들에서 순전한 개인적인 성격 및 아취(雅趣)를 잘 드러내고 있다.

     ***   ***   ***

호는 그 호를 사용하고 있는 개개인의 수만큼 다종다양하다. 그럴진대 이것에 대한 분류 및 분석은 어디까지나 대체적인 경향을 따져 이루어 질 수밖에 없을 줄로 안다. 물론 그 대체적인 경향을 따지는 시각도 얼마든지 다양해 질 수 있다. 필자는 본 논문에서 호에 주로 사용되는 글자돌림을 틀어쥐고 이 방면의 초보적인 연구를 시도해 보았다. 이것이 초보적인 연구인만큼 여러 연구가들의 보다 심도 있는 연구를 기대하면서 이만 줄이도록 하겠다.

중국 〈문학과 예술〉 2001. 2

★ ★ ★

(1)

조선에서는 역사제재작품을 일반적으로 역사물이라고 한다. 조선에서 역사소설은 시기적으로 볼 때 1950년대 장편 〈두만강〉(이기영, 제1부 1954년, 제2부 1958년), 〈홍경래〉(남궁만, 1955년), 〈서산대사〉(최명익, 1956년)로 선을 보이기 시작했다. 1960년대에 들어서 장편 〈두만강〉(이기영, 제3부 1961년), 중편 〈임오년의 서울〉(최명익 1961년), 장편 〈계명산천은 밝아오느냐〉(박태원, 상하권 1965-66년)가 창작되었다. 1970년대에 들어서 장편 〈갑오농민전쟁〉[1](박태원, 제1부 1977년)이 창작되었다. 1980년대에 들어서 장편 〈설죽화〉(임왕성, 1981년), 〈평양성사람들〉(이영규, 1981년), 〈이순신장군〉(박태원), 〈이순신장군〉(김현구), 〈성벽에 비낀 불길〉(박태민, 1983년), 〈갑오농민전쟁〉(박태원, 제2부 1980년, 박태원·권영희, 제3부 1986년), 〈높새바람〉(홍석중, 상권 1983년), 〈청석골대장 임꺽정〉(홍석중), 중편 〈부루나의 밤〉(임종상, 1983년), 장편 〈김정호〉(강학태, 1987년), 〈임오

---

1) 〈갑오농민전쟁〉의 작가는 고령의 나이에 실명된 상태에서 안해 권영희한테 불러주는 형식으로 소설을 완성했다.

풍운〉(박춘명), 〈관북의병장〉(1987년 이유근), 〈울릉도〉(이성덕), 〈불우한 열사〉(1988년 임종상), 〈개화의 여명을 불러〉(박태민, 1989년), 〈임진의 풍운아〉(박병식, 상권 1989년), 〈높새바람〉(홍석중, 하권 1990년), 〈망이〉(김정민, 제1부 1990년) 등이 창작되었다.

이상 놓고 볼 때 조선[2])에서 역사소설은 1950년대에서 1970년대까지는 가물이 콩나듯이 간헐적으로 창작되다가 1980년대에 들어서 동시다발적으로 많이 창작되었음을 알 수 있다. 1980년대에 들어서 역사소설이 많이 창작될 수 있은 것은 1차적으로는 이 시기 당적 문예정책 차원의 요구가 있었기 때문이다. 이를테면 김정일총비서의 〈주체문학론〉(1982년)에서는 역사물 창작의 원리, 원칙, 요구가 밝혀져 있다. 2차적으로는 작가들의 역사물창작이 다른 제재창작에 비해 상대적으로 자유롭기 때문이다.

조선 역사소설은, 내용 면에서 크게 두 계열로 나누어 볼 수 있다. 첫 번째 계렬은 계급모순과 민족모순을 둘러싸고 전개된 것이고 두 번째 계열은 과학문화를 발전시켜 조선을 빛낸 이른 바 문화영웅들을 주인공으로 하여 전개된 것이다. 첫 번째 계열의 역사소설들이 절대 다수를 차지하고 있다. 첫 번째 계열의 작품들로는 〈두만강〉, 〈홍경래〉, 〈서산대사〉, 〈계명산천은 밝아오느냐〉, 〈갑오농민전쟁〉, 〈설죽화〉, 〈평양성 사람들〉, 〈이순신장군〉, 〈성벽에 비낀 불길〉, 〈높새바람〉, 〈관북의병장〉, 〈불우한 열사〉, 〈개화의 여명을 불러〉, 〈임진의 풍운아〉 등이 있다. 두 번째 계열의 작품들로는〈김정호〉 등이 있다.

그리고 형식면에서 보면 실제 인물, 사실을 소재로 한 부류와 시대만 역사시기로 설정하고 인물, 사실은 허구에 기초한 부류로 나누어 볼 수 있다. 이 두 부류 가운데 실제 인물, 사실 부류가 절대 다수를 차지한다. 실제 인물, 사실 부류 작품들로는 〈홍경래〉, 〈서산대사〉, 〈계명산천

---

2) 1970년대부터 창작되기 시작한 총서 「불멸의 역사」 장편소설들, 특히 광복 전 김일성 주석의 항일역사를 다룬 해방전 편에 속하는 「불멸의 역사」장편소설들도 이 범주에 귀속시켜야 하겠지만 그것이 조선현대문학에서 독특한 지위를 차지하는 일군의 장편소설인 만큼 별도로 논하도록 한다.

은 밝아오느냐〉, 〈갑오농민전쟁〉, 〈평양성사람들〉, 〈이순신장군〉, 〈성벽에 비긴 불길〉, 〈높새바람〉, 〈부루나의 밤〉, 〈김정호〉, 〈관북의병장〉, 〈불우한 열사〉, 〈개화의 여명을 불러〉 등이 있다. 허구적 부류의 작품들로는 〈두만강〉, 〈설죽화〉 등이 있다.

그럼 아래에 주요 역사소설들이 발표된 시간적 순서에 따라 그 내용들을 일별해 보도록 하자.

*〈두만강〉[3]

이 작품은 19세기말부터 1930년대까지를 시대배경으로 하고 있다. 제1부는 1910년을 전후한 시기를 시대배경으로 하여 주인공 박곰손을 비롯한 송월동 농민들의 생활과 투쟁에 대한 묘사를 통하여 일제의 조선강점책동과 통치자들의 매국매족 행위 및 봉건통치제도의 붕괴과정, 특히 이 시기 봉건통치배들의 가혹한 억압과 수탈로 인한 농촌의 피페몰락상과 반일반봉건투쟁을 사실주의적으로 보여주고 있다. 제2부에서는 1910년으로부터 1919년 3.1봉기가 일어나기까지의 역사적 시기를 배경으로 하고 송월동을 떠난 박곰손이 거처를 정하고 있는 무산 칠소 일대와 두만강을 건너간 씨동이가 활동하고 있는 화룡현 명동촌을 중심으로 서울, 송월동, 포태리 등지를 무대로 하어 전개된다. 제3부에서는 씨동이가 계급적으로 완전히 각성하고 조직적인 투쟁을 진행하며 마지막에 김일성 빨지산을 찾아간다.

*〈홍경래〉

이 작품은 홍경래의 어린 시절 및 성장과정으로부터 시작하여 관군에게 포위된 홍경래가 백두산으로 들어가 후일을 도모하는 것으로 끝난다.

---

3) 이 작품은 1960년에 인민상을 수상했다.

*〈서산대사〉

이 작품은 임진왜란을 배경을 하여 서산대사의 활약상을 펼쳐보이고 있다. 역사상 실제로 있었던 동대원전투, 보통벌전투, 평양성해방전투 등을 여러모로 생동하게 반영하였다.

*〈계명산천은 밝아오느냐〉[4]

이 작품은 1861년을 시간적 출발점으로 하여 1862년의 익산지방에서 일어난 민란을 중심으로 이야기를 펼쳐갔다.

*〈갑오농민전쟁〉[5]

이 작품은 갑오농민전쟁의 역사적 사건을 기본줄거리로 하고 있다. 제1부는 1892년 말부터 1893년말 즉 고부농민폭동이 일어나기 직전까지를 시대적 배경으로 하어 농민봉기의 지도자인 전봉준의 영향하에 있는 소작농출신의 청년 오상민을 중심으로 한 가난한 농민들과 봉건착취자들간의 사회계급적 모순 및 투쟁을 통하여 갑오농민전쟁이 일어나게 된 사회역사적 현실을 깔아주고 있다. 오상민의 할아버지가 참가한

---

4) 〈계명산천은 밝아오느냐〉는 갑오농민전쟁을 소설화한다는 구상아래 씌여졌다. 소설의 상하권에는 「갑오농민전쟁 제1부」라는 부제가 붙어있다. 작가는 이 소설을 〈갑오농민전쟁〉의 제1부로 계획하고 쓴 것이다. 이로부터 1977년에 출간된 〈갑오농민전쟁〉 제1부에는 〈계명산천은 밝아오느냐〉의 중심인물이 계속 등장하고 그 줄거리도 이어진다. 이를테면 〈계명산천은 밝아오느냐〉의 주인공 오수동과 정한수는 〈갑오농민전쟁〉 제1부에서 중심인물로 계속 등장한다. 〈갑오농민전쟁〉에서 오수동은 30년이 지난 시점에서 비밀조직을 결성하여 갑신정변가담 및 폭동주도 등 풍운의 혁명아로 활약한다. 〈갑오농민전쟁〉에서 그는 전봉준을 이야기 무대로 끌어들이기도 한다. 정한순은 〈갑오농민전쟁〉에서 활빈당의 행수로 등장한다. 그리고 〈계명산천은 밝아오느냐〉에는 〈갑오농민전쟁〉의 실제 역사적 주인공인 전봉준도 익산민란 주모자 처형장에 아버지와 함께 관객으로 등장하고 있다. 〈갑오농민전쟁〉에서 오수동, 정한순은 전봉준과 더불어 갑오농민전쟁을 준비하고 이끌어가는 인물로 중심적 역할을 한다.
5) 「갑오농민전쟁」을 한국에서는 현재 「동학혁명」으로 지칭하고 있는 줄로 안다.

「익산민란」, 오상민의 아버지가 참가한 「갑신정변」 그리고 「활빈당」과
「일심계」의 활약상 등도 아울러 보여주고 있다. 제2부에서는 1894년
정월 고부변란을 일으킨 농민봉기군이 전주에 입성하기까지 3개월 동안
에 있은 사실을 그려내면서 전봉준, 오상민 등 인물들의 투쟁과 생활을
부각하고 있다. 제3부에서는 전국에로 급속히 파급되는 농민전쟁을 막
기 위하여 봉건통치배들이 외국의 군대를 끌어들일 모의를 하는 장면에
대한 묘사로부터 시작하여 일본침략군의 조선에로의 출병과 전주화의의
실현, 집강소의 설치와 「폐정개혁」을 위한 준비사업, 위기에 처한 국권
을 바로 잡기 위한 농민군의 재기, 공주대격전과 이 전투에서의 농민군
의 패배와 농민군 지도자 전봉준의 체포 등 역사적 사실과 사건들이 취
급되고 있다.

*〈설죽화〉

고려 때 거란 침략시를 배경으로 하어 설죽화를 비롯한 서민들의 애
국적 항쟁을 보여주고 있다.

*〈평양성 사람들〉

이 작품은 임진왜란 때 왜놈들이 부산포에 기어오른 1592년 4월부
터 평양성이 해방된 1593년 1월까지를 배경으로 하여 평양성 사람들
즉 통치배들이 아닌 평양성 인민들이 어떻게 민족과 나라를 지켜 용감
하게 싸웠는가를 보여주고 있다.

*〈성벽에 비낀 불길〉

이 작품은 1866년 대동강에 침입한 미국 「샤만」호를 평양의 애국적
인민들이 어떻게 격침시켰는가를 보여주고 있다.

*〈높새바람〉

이 작품의 상권은 1506년부터 1510년 사이 왜구들의 침입과 그와 결탁한 양반통치배들의 매국매족행위를 반대하여 싸운 주인공 놉쇠를 비롯한 서민들의 애국적 투쟁을 보여주고 있다.

*〈부루나의 밤〉

이 작품은 고조선 노예사회에서의 노예들의 폭동을 반영하고 있다.

*〈김정호〉

이 작품은 27년간이라는 기나긴 세월 나라 안팎의 방방곡곡을 8번이나 편답하면서 〈대동여지도〉를 완성한 19세기 조선의 이름난 지학자인 김정호의 열렬한 애국심과 뛰어난 탐구심, 불굴의 의지를 보여주고 있다.

*〈관북의병장〉

이 작품은 임진왜란을 배경으로 하여 의병장 정문부를 비롯한 함경도 지방의 의병투쟁을 보여주고 있다.

*〈개화의 여명을 불러〉

이 작품은 1870년부터 1884년까지를 시대배경으로 하여 김옥균을 비롯한 개화파들이 일으킨 「갑신정변」을 반영하고 있다.

*〈임진의 풍운아〉

이 작품은 史話 형식으로 임진왜란의 전 과정을 연대기적 순서에 따라 생동하게 재현하고 있다.

(2)

조선 역사소설창작은 역사주의 원칙을 내세운다. 역사에 있었던 인물, 사실을 그 대로 존중하면서 시대의 본질을 반영할 수 있도록 소설을 엮는다는 것이다. 이로부터 창작방법에 있어서 일률적으로 사실주의를 이용하고 있다. 조선 역사소설들이 소재를 대개 중세 내지는 고대에서 취했음에도 불구하고 중세 내지는 고대의 환상적이거나 신비한 요소들이 가미되지 않고 있다. 예컨대 임진왜란 관련 소설을 볼 경우 임진왜란이 구전되어 내려오는 과정에 많은 신비한 일화, 야화 내지는 전설이 있었겠지만 인물형상의 요소나 사건전개의 계기로 삼지 않았다. 그래서 우리가 보게 되는 이순신이나 서산대사는 실제 역사인물 그 자체로서의 위대함으로 나타난다. 그러므로 일반 값싼 허황한 통속역사소설하고는 차원이 다르다. 그리고 사실주의창작방법을 선택한 만큼 인물형상부각에 있어서 철저하게 전형화의 원칙에 따라 각계 각층의 대표적 인물을 개괄해내기에 힘썼다. 이를테면 〈두만강〉의 경우를 볼 때 19세기말 20세기초반까지의 비교적 오랜 시기를 반영하고 있는 만큼 농민, 의병, 상인, 인테리, 왜놈, 헌병, 지주, 주구 등 그 시대의 다양한 계급과 계층을 대표하는 많은 인물들을 등장시키고 있다. 주인공 박곰손이 19세기말-20세기 초 외래침략자들과 봉건통치배들을 반대하는 애국적 농민의 전형 그리고 한길주의 형상을 통해 19세기-20세기 초 조선조봉건통치의 급격한 붕괴과정, 자기시대를 다 산 봉건양반들의 마지막운명을 진실하게 보여주고 있는 것이 그 보기로 되겠다. 그리고 그 갈등 양상도 보면 당시 시대의 본질을 반영하기 위해 가장 기본적인 모순갈등을 포착하고 있다. 이를테면 〈두만강〉에서는 그 격변기에 있어서의 농민과 봉건지주의 모순으로 표현되는 계급모순 및 조선사람과 일제의 모순으로 표현되는 민족모순을 교차시켜 시대적 상황을 떠올리고 있다. 이로부터 조선의 역사소설에 등장하는 인물들은 직접 시대적 모순충돌의 소용돌이 속에서 시대와 그 맥박을 같이 하게 된다. 소설에서는 당대 사회의 기본 모순과 갈등을 반영하고 있는 두 계열의 인물형상 즉 곰손이와 씨동이, 이춘실, 김관일를 비롯한 긍정적 인물들 그리고 일제와 한길주를 비롯한 부정적 인물들의 적대적 관계가 명백히 주어지고 있다. 한마디로 말하여 조선의 역사소설은 눈에 잘 안 띠이는 생활세말 사적인 것이 아니라 대개 시대적인 주제를 표출하는 거창한 것이다. 이렇게 놓고 볼 때 위에서 언급한 역사주의 원칙은 결국 조선 역사소설창작의 다른 한 원칙인 현실성에 종속됨을 알 수 있다. 이른 바 현실성이란 것은 역사적인 것을 오늘날 현실에 봉사하게 하는 「古爲今用」[6]을 말한다. 역사적인 것을 이용하여 인민대중을 교육한다든가 하는 것이 바로 그것이다. 이 현실성 원칙은 조선 역사소설창작의 가장 근본적인 원칙으로 그 특색을 규정하는 핵으로 된다.

이런 현실성원칙은 해당 시대의 주요 모순들인 계급모순이나 민족모순같은 것들을 포착하고 인물들도 이런 모순의 체현자로 설정했다. 그리고 긍정적 주인공들은 이런 모순의 체현자 즉 끊임없는 자아와 세계의 대립충돌 속에서 계급적으로 민족적으로 각성해 나가도록 부각했다. 이른 바 김일성주석이 〈교육과 문학예술은 사람들의 혁명적 세계관을 세우는데 이바지하여야 한다〉는 글과 김정일총비서가 〈주체문학론〉에서 밝힌 가장 효과적인 인민대중의 교육 방편으로 세계관 형성과정을 보여줄데 관한 사상을 그대로 체현하고 있다. 〈두만강〉에서 보면 주인공 박곰손은 원래 소박하고 근면하며 정직한 당시 조선농민의 전형이다. 그는 혼자 힘으로 논을 개간할 정도로 땅에 대한 집착이 강하고 무슨 일이든 '제 삭신을 놀려서'해야 한다는 신조를 갖고 있다. 그는 같은 처지의 농민들을 동정하고 부당한 강제나 착취에 항거하기도 한다. 공사장에 부역을 나간 그는 십장의 매질에 분연히 떨쳐나서 항의하는 시위를 주도하는가 하면 자신과 마을사람들이 개간한 땅을 빼앗으려는 한길주에게 정면으로 맞선다. 그는 폭탄으로 제사공장을 불사른 뒤 「자신의

---

6) 이 말은 역사유산을 대하는 태도를 언급할 때 중국의 毛澤東이 체출한 것인데 조선의 역사소설의 경우에도 해당하는 것같아 필자가 여기에 인입했다.

「힘」을 깨닫기도 한다. 그러나 그의 이 모든 것은 자연발생적인 것으로 「고상한 조선사람이 갖는 품성」의 발현에 불과하였다. 그런데 박곰손은 여기에 머무는 것이 아니라 이진경으로부터 의병투쟁 소식을 전해 듣는 등 계몽을 받으며 성장한다. 그는 의병에 참가하여 「북방」이 민족해방투쟁의 「성지」임을 깨닫게 되고 이 「성지」를 「순례」한다. 그리고 이 민족해방투쟁은 이제 젊은 청년 수령인 김일성에 의해 영도될 것을 확신한다. 이로서 완전히 세계관적 전변을 가져오게 된다. 〈두만강〉에서는 젊은 세대의 대표인물인 씨동이는 감옥에서 한 공산주의자의 교육을 통해 계급적인 각성을 하게 된다. 결국 청년 수령 김일성의 소식에 밝은 앞날이 다가올 것을 확신하며 승리를 보장하는 「새길」에 들어선다. 즉 주저 없이 유격대행을 한다. 이로서 그의 세계관은 공산주의자의 높이에 오른다.

조선역사소설에서 긍정적 주인공들의 사상전변 즉 세계관적 전변은 일반적으로 자연발생적인 투쟁으로부터 자각적인 투쟁, 개인적인 투쟁으로부터 집단적인 투쟁으로 나아가는 양상을 띠고 있다. 이는 바로 프로레타리아 투쟁논리가 되겠다. 이로부터 김정일 총비서가 '해방후에 창작된 〈두만강〉이나 〈서산대사〉, 〈임오년의 서울〉과 같은 작품도 다 우리 인민의 반침략반봉건투쟁을 내용으로 한 역사소설인데 당의 정책적 요구를 옳게 구현하고 있습니다'라고 한 것에 충분히 수긍이 간다.

조선역사소설에서 긍정적 주인공들은 비록 세계관적 전변을 가져와야 할 부족점이 있다 하더라도 그들의 몸에는 낭만적 영웅주의색채가 진하다. 〈두만강〉을 보면 애초에 불합리한 사회제도, 일제침략자들 및 이들과 결탁하여 나라와 민족을 팔아먹는 부패무능한 봉건통치배들에 대한 날카로운 비판자로 나서며 옳다고 생각하는 일에 대해서는 추호도 양보하지 않으며 불의에 대해서는 조금도 굽히지 않고 맞서 싸우는 결단성을 과시하는 곰손의 성격, 그리고 중학생인 씨동이가 간도의 일본영사를 저격해 말에서 떨어져 죽게 한다든가 명동의 동네 아낙들이 씨동이을 잡아가려던 일본순사를 방망이로 때려죽이는 장면이라든가 씨동의 지휘아래 명동중학학생들이 친일단체인 민회의 우두머리를 납치해 응징하는 장면이라든가 씨동이가 군중들과 함께 일본영사관을 습격, 파괴하고 그 일로 일경에 잡히지만 이송되는 과정에서 동지들이 나타나 간수들을 덮쳐 누르고 씨동이를 구하는 장면 등은 다분히 전기 색채가 진하다. 조선역사소설의 긍정적 주인공들은 그 투쟁에 있어서도 강한 집념을 보여준다. 대를 이어가며 짓궂은 투쟁을 벌린다. 〈두만강〉에서 노일대 곰손이대로 부터 젊은 세대 씨동이대에까지 이어지며 줄기차게 진행된 투쟁, 〈갑오농민전쟁〉에서는 임치수, 오수동, 오상민 3대에 걸친 투쟁 등은 그 보기로 되겠다. 그리고 조선역사소설에서 긍정적 주인공이 희생되거나 실패하는 비극으로 끝나는 경우에 있어서도 그것은 사람들에게 비관실망보다는 항상 희망의 메시지를 안겨주는 비장미를 창출하고 있다. 〈계명산천은 밝아오느냐〉에서 1862년에 발생한 익산민란의 주모자 임치수가 처형을 당하기 앞서 자신이 죽거든 눈알을 뽑아 전주 성 위에 걸어 농민군이 압제자들을 물리치러 달려 들어오는 장면을 보게 해 달라는 외침은 비장 그 자체다. 〈갑오농민전쟁〉의 결말을 보면 주인공 전봉준은 비록 체포되고 농민폭동은 실패로 끝나지만 다른 한 주인공 젊은 오상민이 말을 타고 사라지는 마지막 장면은 항거의 정신은 사라지지 않았다는 것을 암시하는 것으로 그 비극색채를 많이 중화시키고 있다. 그리고 〈홍경래〉도 보면 주인공 홍경래가 마지막에 관군에게 포위된 위기천만한 순간에 신비하게 백두산으로 잠적함으로써 역시 훗날을 기약하는 희망의 메시지를 던져주고 있다.

조선역사소설에서 긍정적 주인공들이 비록 다분히 낭만적 영웅주의색채가 진하다 하더라도 이런 소설들에서 개인 영웅주의를 고취하고 있는 것은 아니다. 어디까지나 대중 영웅주의를 고취하고 있다. '역사물에서는 영웅호걸이나 뛰어난 인물에 의해서가 아니라 인민대중에 의하여 역사가 창조되고 사회가 발전한다는 사상을 두드러지게 그려야 한다'(김정일 〈주체문학론〉 p103) 이른 바 인민대중이 역사를 창조한다는 관점을 관통시키고 있다. 이를테면 〈성벽에 비긴 불길〉은 1866년에 대동강에 침입한 미국의 「샤만」호를 격침한 평양성인민들의 집단적인 애국적 투쟁을 보여주고 있다. 이런 역사소설들에서는 항상 똑똑한 서민 대 무능한 통치배들을 대립시켜 놓고 있다. 민족의 위기, 나라의 위기는 서민들이 궐기해 나서므로써 해결되는 것으로 표현하고 있다. 〈서산대사〉만 놓고 보더라도 그 제목에서 알 수 있다시피 어디까지나 주인공은 서산대사임에도 불구하고 임진왜란 때 일본침략자를 물리치기 위한 이른 바 전반 조선인민의 애국적 투쟁을 평양성해방전투를 중심으로 반영하고 있다. 서산대사가 승병을 일으켰던 것도 결국은 민중의 꿋꿋한 생명력에 감화된 것으로 처리하고 있다. 그리고 작품은 의병의 활동과 서산대사를 중심으로 하는 승병들의 활동을 교차시켜 엮고 있다. 때로는 작가가 직접 개입을 하여 민중의 중요성을 설명함으로써 서산대사의 영웅적 면모가 중화되기도 한다. 또한 서산대사가 신비롭게 등장하거나 '신선같은 서산'으로 비현실적인 감을 주는데 반해 임욱경, 고충경, 차돌, 법근, 계월향 등 각계 각층 현실적 인간들의 활약을 리얼리티하게 보여줌으로써 일종 집단적인 즉 조선민족의 슬기롭고 용감한 영웅적 기개와 고상한 정신적 풍모를 보여주는데 초점이 맞추어져 있다. 이에 반해 선조왕을 비롯한 봉건통치배들은 부패무능하고 부귀영화만 꾀하다가 국난을 당하자 피난 가기에 급급한 비겁하기 짝이 없는 형상으로 그러므로써 이를 한층 돋보이게 하고 있다.

<h2 style="text-align:center">참 고 문 헌</h2>

1. 〈봉건적 억압을 반대하고 나라의 자주권을 지켜 싸운 농민들의 투쟁을 폭넓게 그린 작품-장편역사소설 〈갑오농민전쟁〉(1, 2, 3)에 대하여〉 이창유 〈조선문학〉 1994년 3월.
2. 〈조선문학사〉(1945~1958), (1959~1975) 과학, 백과사전출판사 1977~78년.
3. 〈조선문학사〉12, 13, 14, 15 조선·평양 1996~99년.

2000. 4

광복 후 조선현대문학에서의 토지개혁, 농업협동화의 문학적 대응양상

I. 머리말

토지개혁, 농업협동화는 지난 사회주의권에서 농촌을 대상으로 사회주의 개조 및 혁명을 진행한 서로 연계되면서 심도가 다른 두 기본 절차였다. 토지개혁, 농업협동화는 워낙 역사상 유례가 없던 세인의 주목을 끈 대사변이었다. 이로부터 토지개혁, 농업협동화를 제재로 한 사회주의권에서의 독특한 문학작품군[1]이 나타났다. 조선에서는 광복 후 좀 있다가 곧 바로 토지개혁을 진행했고 조선전쟁(6·25동란)을 거치고 곧 바로 농업협동화를 진행했다. 이 두 역사사변을 반영한 문학작품도 그 만큼 풍성하다. 모든 문학장르들에서 동시다발적인 대응자세를 취했다. 그럴진대 모든 장르들에 걸쳐 그것의 대응양상을 고찰해야 되겠지

---

1) 물론 한국에서도 토지개혁 시도 및 실시가 얼마간 있었고 이것에 대한 문학적 형상화도 얼마간 진행된 줄로 안다. 그러나 이것은 어디까지나 개별적인 작가들에 의한 간헐적인 창작현상에 불과한 것으로 사회주의권에서처럼 많은 작가들의 참여하에 꾸준히 창작되여 일종 문학의 시대적 흐름은 이루지 못했다.

만 여기서는 일단 소설에 국한시켜 그것도 내용 면에 치우쳐 대체적인 윤곽을 잡아보도록 하겠다.

Ⅱ. 토지개혁 관련 소설내용

토지개혁 관련 소설내용을 유형별로 보면,

1. 땅의 주인된 농민들의 한량없는 기쁨과 격동의 세계를 반영한 것이 돋보인다. 장편소설 〈땅〉(제1부, 이기영, 1948~1949년)을 비롯하여 단편소설 〈선화리〉(윤세중, 1947년), 〈개벽〉(이기영, 1946년), 〈안골동네〉(윤세중, 1948년) 등 토지개혁 관련 모든 소설에 관통되어 나온다. 이런 소설의 주인공들은 한결같이 토지개혁의 혜택으로 땅을 갖게 된 살아생전의 세기적 숙원을 이룬 농민의 기쁨과 격동을 나타내고 있다. 〈안골동네〉의 주인공 박노인이 분여받은 논머리에 나와 갈퀴 같은 손으로 흙을 움켜쥐고 달빛에 비쳐보면서 끝없는 감격과 기쁨에 휩싸이는 것은 그 한 보기로 되겠다.

2. 땅의 주인된 기쁨과 격동은 김일성에 대한 감사 및 충성으로 연결된다. 소설 주인공들은 한결같이 땅을 주고 희망찬 새 생활 창조의 광활한 길을 열어준 김일성에 대한 다함없는 감사의 정과 충성심으로 들끓고 있다. 장편소설 〈땅〉(제1부), 단편소설 〈선화리〉, 〈안골동네〉, 〈어머니〉 등이 그 보기로 된다. 〈선화리〉의 주인공 장덕삼은 땅을 분여받는 순간 「장군님, 장군님 정말 이 땅을 저에게 주시옵니까?」라고 온밤 잠 못이루고 밭머리, 논머리에 나와 땅덩어리를 가슴에 그러안고 목놓아 운다. 〈안골동네〉의 주인공 박노인은 땅을 분여받은 순간 「김일성장군님! 참말로 이 땅을 제가 가지오니까?」라고 뇌이며 감격의 정을 억제 못해한다. 김일성에 대한 이런 감사의 정은 자연히 충성으로 이어진다. 〈선화리〉에 보면 주인공 장덕삼은 분여받은 땅에서 토실토실하게 여문 낟알을 고르고 골라 맨 선참으로 설흔두섬이나 되는 알곡을 나라에 바

친다. 그리고 나라에서 가마니가 필요하다고 하자 이번에는 겨우내 가마니를 짜서 나라에 바친다. 그는 이 모든 것을 김일성에 위한 충성의 구체적 표현으로 여기고 있다. 작품에서 그는 항상 김일성을 위해 무엇을 더 해야 하겠는가 하고 속궁리를 하고 있다. 〈안골동네〉에서도 주인공 박노인은 「나라에 바치는 현물세는 김일성장군님께 바치는 거나 마찬가지이다. 알톨같은 놈으로만 골라서 바쳐야지…」라고 땅을 준 김일성의 은덕이 하도 고마워 극성스럽게 농사를 지으며 제일 잘 된 것으로 골라 선참으로 나라에 현물세로 바친다. 〈어머니〉에서는 가마니를 더 많이 짜서 김일성의 고마운 은덕에 충성으로 보답하려는 한 여성농민의 형상을 보여주고 있다. 토지개혁과 연결된 김일성에 대한 감사와 충성심은 조선전쟁 때 농민들의 전시생산보장과 전선원호 및 용약 참군 그리고 굴할 줄 모르는 투쟁의지와 무비의 용감성의 발휘의 정신적 원천으로 되어 있다. 중편소설 〈싸우는 마을사람들〉, 〈흰 구름 피는 땅〉, 단편소설 〈조옥희〉, 〈조선의 딸〉, 〈어머니〉 등 작품은 그 보기로 되겠다.

3. 땅의 주인된 농민들의 새 생활 창조를 위한 창발성, 창조성, 헌신성을 보여주고 있다. 이것은 주로 새 조국 건설의 사명감을 안고 농업증산을 위한 자연개조사업과 선진영농방법의 도입 등을 통해 나타난다. 장편소설 〈땅〉(제1부)을 비롯하여 단편소설 〈산곡〉(황건, 1947년), 〈오월〉(천세봉, 1947년), 〈땅의 서곡〉(천세봉, 1948년), 〈길〉(황건, 1948년), 〈이앙〉(윤시철, 1949년), 〈십리벌〉(황건, 1949년), 〈냉상모〉(전경순, 1949년), 〈공둥풀〉(최명익, 1949년), 〈호랑영감〉(천세봉, 1949년), 〈힘〉(이경로, 1949년), 〈어머니〉(윤세중, 1949년) 등을 그 대표적 작품으로 꼽을 수 있다. 〈땅의 서곡〉에서는 막동이를 비롯한 농민들이 토지개혁의 기쁨을 안고 이 땅을 물걱정 모르는 농사고장으로 만들기 위하여 떨쳐나서는 모습을 보여주고 있고 〈이앙〉에서는 삼봉영감을 비롯한 마을농민들이 창조적 지혜와 힘을 모아 냉상모를 도입하는 모습을 보여주고 있다. 〈십리벌〉에서는 개간된지 사십 년이 지났지만 밭에 냉기가 많은 관계로 논으로 풀지 못하던 십리 벌을 주인공 치수를 비롯한

농민들이 헌신적 노력으로 용수로에 지선을 뽑고 배수로를 내면서 끝내 논으로 풀고야마는 모습을 보여주고 있다. 그리고 〈안골동네〉의 주인공 박노인은 거름을 많이 내어 지력을 높이기 위해 부지런히 거름을 모으는 모습을 보여주고 있다.

4. 토지개혁의 성공과 더불어 땅의 주인으로 된 농민들이 새로운 인간으로 탄생하는 모습을 보여주고 있다. 단편소설 〈호랑영감〉, 〈개벽〉, 〈선화리〉, 〈안골동네〉, 장편소설 〈땅〉(제1부) 등은 그 보기로 된다. 〈호랑영감〉에서는 토지개혁이후 농민들의 생산의욕과 정신적 풍모의 변모과정을 호랑영감의 형상을 통해 보여주고 있다. 〈개벽〉에서는 억눌리고 천대받고 굶주리던 농민들이 토지개혁에 의하여 새로운 인간으로 어떻게 탄생하며 새시대의 주인으로 어떻게 첫발자국을 내디디고 있는가를 보여주고 있다. 소설은 토지개혁에 의해 암흑과 천대, 무권리와 빈궁에서 벗어나 희망과 행복으로 가득 찬 새시대의 주인으로 나서게 되었다는 것을 보여주고 있다. 이를테면 소작농신세의 주인공 원첨지가 어떻게 농촌위원회위원으로 선거되어 토지개혁의 성과적 수행을 위하여 모든 것을 다 바쳐 가는 농촌의 핵심으로 성장했는가를 보여주고 있다.

위의 내용들을 토지개혁 관련 대표작으로 꼽히는 장편소설 〈땅〉이 집대성하고 있다. 이 소설에서는 땅을 분여받은 주인공 곽바위의 기쁨과 감격을 그의 지난날의 처지와의 대비 속에서 보여주고 있다. 지난날 곽바위는 땅 때문에 부모가 고생 끝에 죽었고 누이동생이 제사공장에 끌려갔으며 그 자신은 6년 간의 감옥살이, 10여 년 간의 머슴살이를 했던 것이다. 이로부터 그는 「분여받은 밭의 흙 한웅큼을 집어들고 두 손으로 비벼보았다. 모래가 섞이지 않은 진흙은 마치 떡가루처럼 곱게 망가진다. 사실 이 땅을 올해에 잘 다루게 되면 곡식이 깨쏟아지 듯 할 것이다. 그런 생각을 하니 곽바위는 가슴이 흐뭇하게 만족을 느끼였다. 그는 한 동안 밭 가운데 들어서서 사방을 둘러보았다. … 밭에서는 금방 모든 곡식이 무럭무럭 자라는 것 같았다. 거기에는 강냉이가 우거지고 감자꽃이 만발하고 콩은 꼬투리가 다래다래 여물었다. 수수는 붉깃

불깃한 이삭이 탐스럽게 패였다. 바람이 불 때마다 곡식들은 와삭와삭 소리를 내며 너울거린다.

　이윽고 곽바위는 제정신이 돌아왔다. 구수한 흙 냄새가 코끝에 맡아진다. 그는 다시 흙가루를 쥐여다 혀끝으로 핥아 보았다.」

　이런 기쁨과 격동은 곧 바로 김일성에 대한 감사와 충성으로 이어진다. 곽바위는 김일성의 크나큰 은덕에 보답하는 길은 벌말의 넓은 진펄을 개간하여 논을 푸는 것이며 그렇게 하여 풍년수확을 거둠으로써 농민들을 잘 살게 하는 것이라고 생각한다. 그리하여 그는 면당위원장 강균에게 벌말의 진펄을 개간할 것을 제기하며 자신이 개간공사의 앞장에 선다. 개간공사가 끝난 다음에는 풍년을 안아오기 위해 두레를 조직한다. 그리고 풍년을 안아오자 제일 선참으로 농업현물세를 바칠 뿐만 아니라 3년 간 현물세가 면제된 솔버덩신풀이논에서까지 제일 잘 된 곡식을 알알이 골라 애국미 서른가마니를 바친다. 마지막에 그는 강원도대표로 도, 시, 군인민위원회대회에 참석하여 김일성을 만나 뵙게 되는 영광까지 지내게 된다.

III. 농업협동화 관련 소설내용

　토지개혁 관련 소설에서 특이한 내용은 노동계급이 농민을 물심양면으로 적극 도와주고 이끌어주고 이 과정에 노농동맹이 더욱 강화되고 농민은 가장 선진적인 노동계급을 닮아가고 사회주의, 공산주의에로 지향해 나가는 혁명적인 농민으로 성장해 간다는 형상적 구도를 이루고 있는 것이다. 장편소설 〈새봄〉을 보면 박진이를 비롯한 광산노동자들이 지주와 악질반동분자들을 처단하는 농민들의 계급투쟁을 직접 도와주는가 하면 〈대하는 흐른다〉에서 장길봉, 이득범 등으로 대표되는 노동계급은 치열한 계급투쟁 속에서 농민들의 토지개혁을 적극 도와준다. 장편소설 〈대지의 아침〉에서는 겸이포 노동자들이 용광로를 일떠세우노라

밤을 패는 짬시간에도 농민들에게 보습을 만들어 주는가 하면 중편소설 〈흰 구름 피는 땅〉에서는 광산노동자들이 양수장을 복구하는 농민들을 지원하여 양수기와 전동기를 보내주고 있다.

농업협동화 관련 소설내용을 유형별로 보면,

1. 농업협동조합가입문제를 둘러싸고 개인주의와 완고성들이 어떻게 극복되어 나가는가 하는 것을 보여주고 있다. 장편소설 〈석개울의 새봄〉(제1부, 천세봉, 1958년), 중편소설 〈첫 수확〉(이근영, 1957년)을 비롯하여 단편소설 〈출발〉(강형구, 1954년) 〈애착〉(권정룡, 1955년), 〈봄〉(윤시철, 1954년), 〈새 출발〉(김원세, 1955년), 〈조합사람들〉(박형진, 1956년), 〈소〉(박효준, 1955년), 〈매〉(전세진, 1958년), 〈태봉영감〉(김만선, 1956년)은 그 보기로 되겠다. 〈매〉의 주인공 호철이와 〈태봉영감〉등은 그 보기로 된다. 이 소설의 주인공들인 홍영감(〈애착〉), 희수(〈새출발〉), 마영감(〈석개울의 새봄〉), 최덕준(〈봄〉), 김노인〈저수지〉), 유기호(〈조합사람들〉), 윤보영감(〈소〉), 안경하(〈첫수확〉)은 토지개혁의 혜택으로 자기의 것이 된 땅에 대한 애착 혹은 이러저러한 개인이해득실로부터 출발한 우려로 조합가입을 거부해 나선다. 최덕준의 경우는 「글세 그 땅이 어더런 땅이요, 그 금 같은 땅을!… 그 땅에 내 땀이 다섯자는 배여있단 말이요. 적어도 다섯 자는 …」에서 보다시피 땅에 대한 애착 때문이고 홍영감의 경우는 「벌 농사를 잘 할 것같지 않는 이 친구들이 못마땅했고 게다가 품앗이반의 경험에 비추어 보더라도 제것만 먼저 하려 들고 남의 일을 할 때는 어떻든 힘을 적게 들이기 쉬웠는데 땅을 합쳐서 하는 날이면 자기처럼 제일 좋은 땅을 가진 사람이 손해를 불 것이고 더욱이 땡땡이군들 등살에 못배겨날게라고 생각」한 개인이해득실 때문이다. 위의 작품들에서 농업협동조합가입 반대를 고집하던 인물들은 협동경영의 우월성을 실제로 목격하고 체험하며 깨닫는 과정에 보수주의와 완고성을 버리고 결국 조합에 가입하게 된다. 홍영감의 경우를 보면 실지 농사를 짓자고 보니 일손이 모자랐고 노력을 사가지고 하자니 모든 사람들이 조합에 들어 어쩔 수 없는 난감한 처지에

빠진다. 그런데 모내기를 비롯하여 일손을 적극 도와줌으로써 과시한 조합원들의 단결의 힘을 깨달음으로써 조합에 가입한다. 최덕준은 역시 조합원들의 단결된 힘의 모습에 감탄하여 조합에 가입한다. 이를테면 어느날 비가 억수로 퍼부어 자칫하면 방축이 터질 위험성이 조성되었다. 방축만 터지면 최덕준의 논 2천평은 물론 그 외 수천평의 논들이 녹아난다. 그리하여 조합원들은 한결같이 동원되어 방축을 보호한다. 이에 「덕준은 거기서 처음으로 조합을 보았다. 그는 어느 틈엔지 조합원들 속으로 뛰어들어가 가마니에다 흙을 퍼담고 있었다. 눈시울이 뜨거웠다. … 그렇다! 내가 찾아보려던 것이 그것이다. 잘못 생각한 것이 바로 그것이다! 나는 여지껏 저 사람들을 오해했다! 내가 얼마나 뒤떨어졌었던가를 이제야 알았다!」는 깨달음 속에 조합에 가입한다. 보다시피 홍영감도 좋고 최덕준도 좋고 이들은 모두 조합원들이 자기일처럼 성심성의로 도와주며 문제를 해결해 주는데서 개인의 무능력과 집단의 단결된 힘을 깨닫게 되면서 자기의 아집을 버리고 조합에 들어오게 된다. 그리고 이들이 사상의식이 개변되어 협동조합에 들어오는데는 조합관리일군들과 열성농민들의 꾸준한 설복과 교양에 의해서이다. 홍영감의 경우를 보면 조합관리일군들과 며느리인 옥순이의 꾸준한 설복과 교양으로, 최덕준은 달훈의 설복과 교양으로 점차 자기의 잘못을 깨우치게 된다. 유기호는 세포위원장 치규의 꾸준한 설복과 교양 및 인격적 감화, 윤보영감은 관리위원장의 교양에 의해 사상전변이 이루어진다.

2. 협동조합에 들어와서도 주인답게 일하지 않고 건달을 부리는 현상, 소소유자적 근성과 개인이기주의가 어떻게 집요하게 나타나며 그것이 점차 어떻게 극복되고 개조되어 집단노동, 조합일에 성실히 참가하게 되었는가를 보여주고 있다. 단편소설 〈이 사람들 속에서〉(한창영, 1958년), 〈소〉, 〈태봉영감〉, 〈치복영감의 그 후〉(강립석, 1957년), 〈조합사람들〉, 〈서경락〉(최국명, 1956년), 〈마음의 영창〉(박성지, 1956년), 〈매〉 등은 그 보기로 된다. 〈조합사람들〉, 〈소〉에서는 조합조직 첫 시기 조합원들 속에서 소를 둘러싸고 나타나고 있던 소소유자적 근성과

개인이기주의가 어떻게 청산되었는가를 보여주고 있다. 〈조합사람들〉의 주인공 유기호는 조합조직시기 조합에 들기는 하였으나 애지중지 키워온 소를 조합에 바치지 않는다. 그러나 세포위원장 치규의 꾸준한 설복과 교양, 그의 사람됨에 탄복하고 장사에서 이득보다 아끼던 소마저 혹사당하게 되자 결국 조합에 소를 바치고 새로운 출발을 한다. 〈소〉의 주인공 윤보영감은 조합에 가입하고 소까지 들여놓기는 하였으나 소가 받는 분배 몫이 작은데 대해 불만을 부리며 건달군인 경일이의 속임수에 넘어가 아들 몰래 소를 시장에 끌고 나가기도 한다. 그러나 그도 결국 아들 덕수와 관리위원자의 교양에 의하여 개변되었다. 〈매〉의 주인공 호철이와 〈태봉영감〉의 주인공 태봉영감은 조합에 들어와서도 일하기 싫어 장사를 하여 일획천금을 꿈꾼다. 호철이는 농한기에 매사냥을 하여 돈을 벌 생각을 하며 태봉영감은 쌀을 팔아 사과장사를 한다. 그러나 이들의 허황한 꿈은 실패되고 만다. 호철은 초급당위원장과 작업반장 치호영감의 꾸준한 교양을 받아 자기의 잘못을 뉘우치고 집단노동에 참가한다. 태봉영감은 관리위원장의 강한 비판을 받고 갱신의 길을 걷는다. 〈이 사람들 속에서〉의 주인공 차인채 노인은 조합돼지먹이 번데기를 훔쳐 제집 돼지를 먹이고 노력공수만 보고 일하며 〈서경락〉의 주인공 서경락은 공수를 받고 조합에 바친 거름을 훔쳐 제집 소채전과 조밭에 내고 김을 매도 노력 점수만 생각하면서 주인답게 일하지 않는다. 그리고 조합에 들어서도 늙고 아프다는 구실로 창고지기를 하면서 늘 창고문을 닫고 때없이 창고 한 구석에서 잠을 자고 개인 일로 몇 시간씩 나돌아 다니며 안일해이하고 건달을 부리는 〈마음의 영창〉의 주인공 송영감, 도급제 보리가을 때 자기 맡은 이랑사이에 선 보리에 낫을 댔다가도 흠칫하고 도로 손을 떼는 완고한 이기주의자로서의 〈치복영감의 그 후〉의 주인공 치복영감 등과 같이 개인이기주의와 건달을 부리던 인물들이 협동조합의 거세찬 흐름 속에서 자기의 잘못을 뼈저리게 뉘우치고 사회주의사상의식을 소유하게 된다.

　3. 농업협동화의 길에서 단결과 협조의 정신이 어떻게 낡은 사상과의

투쟁 속에서 발전하는가를 보여주고 있다. 〈한 선동원의 이야기〉, 〈봄날〉(채규철, 1956년) 등이 그 보기로 되겠다. 여기서 이채를 띠는 것은 단편소설 〈봄날〉이다. 소설은 개인농 때에는 서로 아니꼬운 감정으로 네 것 내 것하며 옥신각신하던 장손이네 할머니와 쇠돌이네 어머니가 협동조합에서 같이 일하면서 옭 맺힌 감정을 풀고 화해하는 것을 통하여 협동조합내에서 동지적인 협조와 단결의 정신이 싹트고 자라나는 과정을 보여주고 있다.

4. 새로운 영농방법과 기술이 낡은 사상과의 투쟁 속에서 어떻게 도입되고 발전하는가 하는 과정을 보여주고 있다. 〈저수지〉(이호섭, 1955년), 〈제2작업반장〉(박승극, 1956년), 〈새 관리위원장〉, 〈아저씨〉(김영근, 1958년), 〈옥로봉기슭에서〉(이호경, 1958년) 〈아저씨〉의 주인공 아저씨(오동수)는 낡은 농사방법을 고집하면서 새 영농법 도입을 반대한다. 즉 냉상모도입과 냉상모 1대씩 심는 것을 반대하면서 한줌씩 심어야 한다고 고집하며 제초도 축력으로 하는 것을 반대한다. 소설은 그러한 아저씨가 농사과정에 새 영농법이 옳다는 것을 절실히 깨닫고 앞장서 투쟁하게 되는 모습을 형상하였다. 〈옥로봉기슭에서〉에서는 초중을 졸업한 두 청년남녀들이 당의 부름을 받들어 원대한 포부를 안고 조합에 들어가서 축산을 발전시키는 길을 개척하고 있다. 〈저수지〉에서는 수리화(水利化)문제를 취급하고 있다.

농업협동화 관련 소설에서 특이한 내용은 전선에서 돌아 온 농민들 즉 제대군인2)들의 역할에 대해 강조하고 있는 것이다. 〈석개울의 새봄〉에서의 창혁과 상진, 〈첫 수확〉에서의 김상진, 〈새 관리위원장〉에서의 최경덕, 〈봄〉에서의 학윤, 〈소〉에서의 덕수, 〈조합원과 작업반장〉에서의 오영근, 〈제2작업반장〉에서의 〈염오택〉, 〈봄〉에서의 달훈 등은 제대군인으로서의 농민이며 협동조합의 관리일군들로 등장한다. 이 소설들에서는 바로 이들의 적극적인 역할에 의하여 농민들의 사상의식이 빨리 개변되며 농촌경영의 사

---

2) 조선소설에서 제대군인 형상은 항상 긍정적인 형상으로 등장하는 듯 하다. 현재 先軍정치를 하는 조선에서 문학의 이런 경향은 한결 더 한 것으로 나타난다.

회주의적 개조가 실현되는 것으로 형상화하였다. 〈봄〉의 달훈은 마을의 작업반장, 세포위원장을 겸하여 사업하면서 낡은 사상이 완고한 덕준이를 꾸준히 교양한다. 〈소〉의 덕수는 아버지를 설복교육하여 조합에 들도록 하며 그 소소유자적 근성과 개인이기주의에 대해 계속 따끔하게 꼬집는다.

위의 내용들을 농업협동화 관련 대표작으로 꼽히는 〈석개울의 새봄〉이 집대성하고 있다. 농업협동조합의 조직과 공고발전을 통하여 사람들의 낡은 사상 잔재가 밀려나고 사회주의 새 사상이 뿌리내린다는 사상주제를 해명하면서 집대성되고 있다.

Ⅳ. 결 말

위의 토지개혁, 농업협동화 관련 소설들의 내용을 전반적으로 볼 때 그것은 당시 시대적 상황의 반영에 다름 아니다. 그러나 토지개혁, 농업협동화가 조선노동당의 분명한 계급정책에 의해 지도되었다 할 때 그것에 대한 문학적 대응은 결코 그 계급정책에서 자유로울 수 없었다. 그래서 토지개혁, 농업협동화 관련 소설들의 인물구도를 보면 정확히 그 계급정책과 맞아떨어진다. 이를테면 그 계급정책은 대체로 빈농에 의거하고 중농과 단합하고 부농, 지주를 고립, 타도한다는 것이다. 이로부터 이들 소설들의 인물구도를 보면 그 갈등은 주로 빈농 대 지주, 부농이고 그 중간에서 동요하는 중농이 등장하는 양상을 나타낸다. 그런데 빈농은 자사자리하고 몽매한 면이 있는지라 그 자체로 혁명의 지도계급으로 될 수 없다. 그래서 이들 소설들에서는 꼭 당일군이나 노동계급 혹은 당의 교육을 받은 제대군인들이 등장하여 빈농들을 교육하고 이끌어 계급의 적들인 지주부농들을 타도하고 승리를 가져오도록 한다.

참 고 문 헌

1.〈이기영의 창작연구〉 조선작가동맹출판사 1959.
2.이기영 등 〈현대조선문학선집〉 (8) 조선작가동맹출판사 1959.
3.〈사회주의문학예술의 본성과 시원〉 문예출판사 1981.

*광복 후 조선현대문학농촌제재소설목록(1945~83년)은 「부록1」을
 참조 하라.

2000. 11

들어가는 말

수령이라 할 때 정치수령, 종교수령, 문화수령 등 여러 가지로 상정해 볼 수 있을 것이다. 필자가 본 논문에서 거론하는 수령은 막강한 파워로 전반 사회를 리드해 가는 정치수령을 가리킴을 일단 여기서 밝혀 두는 바이다. 그리고 필자가 본 논문에서 거론하는 수령은 조선의 김일성주석과 김정일총비서를 가리키는 특정적인 개념으로 사용되었음을 또한 여기서 밝혀 두는 바이다. 그리고 광복 후라는 한정어를 넣은 것은 다름이 아니라 조선[1]현대문학에서의 수령형상창조가 주로 광복 후부터 진행되었기 때문이다.

수령과 문학의 관계는 여러 가지로 상정해 볼 수 있을 것이다. 그러나 그 기본 관계 양상은 수령의 문학에 대한 관여, 참여와 문학의 수령

---

1) 본 논문의 「조선」에 대해서는 개념적 외연의 혼선을 피하기 위해 구체적 문맥에서 이해해 주기 바란다.

에 대한 형상화문제로 정립해 볼 수 있다. 필자는 본 논문에서 후자 즉 문학의 수령에 대한 형상화문제를 다루어 보도록 한다.

넓은 의미에서의 수령에 대한 문학적 형상화는 동서고금을 막론하고 문학사의 보편적인 한 현상으로 볼 수 있다. 민족의 원형질과 얽히고 섥힌 많은 신화전설 속의 신성한 존재로 눈부시게 군림하는 始祖, 國祖들 및 그 후예들의 문학적 형상화 그리고 조대가 바뀔 때마다 쏟아져 나오는 歌功頌德의 송가는 그 한 보기로 되겠다. 그런데 그 후예들의 문학적 형상화는 때로는 초라한 부정적인 모습으로 안겨오기도 한다. 중국고대문학사에 백거이의 장시 〈長恨歌〉를 비롯하여 면면히 이어져 내려온 여색에 빠져 나라를 망쳐먹은 교훈을 남긴 당명황-李隆基2), 조선고대문학사의 원형이미지로 줄기차게 노래되어 온 애짭짤한 「님」의 노래 그리고 〈임진록〉의 피난가기 바빳던 선조임금은 그 한 보기로 되겠다. 이런 것은 좀 고리타분한 옛임금들3)에 노래나 문학형상화애기니 우리와 좀 가까운 근현대 수령들에 대한 노래나 문학형상화애기로 논의를 확대해 보도록 하자. 그렇게 우상을 반대하고 唯我獨尊적인 개성을 추구한다는 근현대의 서양사람들이건만 수령의 문학형상화도 눈에 안 띠이는 것은 아니다. 〈나뽈레옹전〉, 〈워싱톤전〉, 〈우리의 선장〉 등은 그 보기로 되겠다. 〈나뽈레옹전〉은 자산계급법전을 내세워 프랑스 내지는 유럽의 자본주의 기틀을 마련했다는 나뽈레옹, 〈워싱톤전〉은 미합중국을 세웠다는 건국의 아버지로서 워싱톤을 傳記형상으로 내세워 뭇사람

---

2) 당명황의 애짭짤한 사랑애기는 안사의난이 있은 후부터 우선 민간에 널리 유전되기 시작했다. 그러다가 문인들의 작품에도 자주 올랐다. 그 대표적 작품들을 꼽아 보면 당조 때 백거이의 장시 〈장한가〉외에 전기소설 〈장한가전〉, 송조 때 〈양태전외전〉, 원조 때 백박의 극작품 〈오동우〉, 명조 때 오세미의 극작품 〈경홍기〉, 청조 때 홍승의 극작품 〈장생전〉을 들 수 있다.

3) 필자는 이런 옛임금들의 문학형상도 본 논문의 넓은 의미의 수령형상창조문학 범주에 드는 것으로 보고 있다. 물론 이런 옛임금들이 근현대적 수령의 의미와 본질적으로 동질의 것은 아니다. 그러나 그것이 異質同構적인 상사형을 나타내고 있다 할 때 동일범주로 취급해도 무방할 줄로 안다. 이런 각도에서 놓고 볼 때 수령의 문학형상화는 시대적, 민족적, 계급적 차이에 관계없이 문학의 범연구대상으로 될 수 있겠다.

들을 매료하고 있다. 〈우리의 선장〉은 미국이라는 거대한 함선을 풍랑을 헤가르며 운행해 가다가 불의에 꺼꾸러진 린컨 대통령에 대한 다함없는 추모의 정을 토로하고 있다. 이렇게 놓고 볼 때 수령의 문학형상화를 마치 사회주의 나라에서 개인숭배를 위해 벌인 부정적인 특유한 문학현상으로 매도하려는 학계의 일부 논조는 어불성설이다. 물론 사회주의 나라들에서 독특한 정치체제 및 인문환경 등으로 말미암아 수령의 문학형상화가 돋보이고 있음은 더 말할 것도 없다. 사회주의 시조인 구소련의 경우를 보면 건국시조 레닌에 대한 문학형상화가 단연 돋보인다. 마야꼽쓰끼의 〈레닌〉을 비롯한 레닌을 노래한 일련의 호방한 시작들이 수령송가의 전편을 이룬다면 제2차세계대전 후 파쏘독일을 물리친 스딸린의 공적을 노래한 일련의 쓰딸린송가들은 그 후편을 이루고 있다. 중국의 경우를 놓고 보면 일찍 1940년대 延安해방구에서 모택동을 동방에 솟는 태양으로 비유한 섬북민요조의 〈東方紅〉 노래가 불리서부터 지금도 모택동에 대한 다함없는 그리움의 노래로 사람들 속에서 울려 퍼지고 있다. 그리고 모택동을 망망대해에서 항행할 때의 타수로 비긴 〈大海航行靠舵手〉도 일대 추억을 불러일으키며 사람들 속에서 불리고 있다. 그리고 근간에 모택동으로부터 등소평에 이르는 혁명1세대 수령들의 혁명 활동 및 업적에 대한 문학형상화가 심심찮게 눈에 띠인다. 모택동의 신출귀몰하는 전략전술을 보여준 영화문학 〈大決戰〉, 등소평의 인간성을 비롯한 이모저모를 보여주고 있는 〈紅相冊〉는 그 보기로 되겠다.

조선에서 수령형상창조문학은 일찍 1928년에 김일성주석을 조선의 희망의 별로 노래한 〈조선의 별〉로부터 수령형상창조문학의 시발점을 이루고 광복 후 이찬의 〈김일성장군의 노래〉를 비롯한 대량의 송가작품이 창작되고 그 다음 1950-60년대 계속 이어져 내려오다가 1970년대에 들어서서 조직적인 본격화로 나가면서 김일성주석형상을 부각한 총서 「불멸의 역사」가 창작됨은 물론 1990년대부터는 김정일총비서형상을 부각한 총서 「불멸의 향도」도 창작되고 있다. 그리고 수령형상창조에 관한 일련의 이론이 창조되기도 했다.

이상 문학사적 현상을 약간 정리해 보면 우리는 수령의 문학형상화는 그 어떤 필연율이 내재해 있음을 알 수 있다. 수령은 그 자체의 희소가치 그리고 사회정치 및 문화심리 등 복합적인 요소들의 유기적인 작용 하에 문학작품의 한 단골 제재로 됨을 알 수 있다. 그리고 그것은 단지 긍정적 형상만이 아닌 부정적인 형상으로도 창조됨을 알 수 있다.

필자가 본 논문에서 광복 후 조선현대문학에서의 수령형상창조문학에 대한 접근을 시도한 것은 다음과 같은 나름대로의 이유 때문이다.

첫째, 종적인 차원에서 볼 때 이 시기 조선문학에서 수령형상창조문학은 점차 주되는 흐름을 이루고 상승선을 그으며 시종일관 관통되어 왔기 때문이다.

둘째, 횡적인 차원에서 볼 때 이 시기 조선문학에서 수령형상창조문학은 거의 문학의 모든 장르에 걸쳐 창작되었으며 총서라는 독특한 형식을 개발해 내기도 했기 때문이다.

한마디로 말하여 광복 후 조선현대문학에서의 수령형상창조문학은 그 양과 질, 폭과 심도 등 여러 면에 있어서 세계상 그 유례를 찾아 볼 수 없는 가히 이 시기 조선문학을 대표할 수 있는 특이성이 있기 때문이다.

이렇게 놓고 볼 때 광복 후 조선현대문학에서의 수령형상창조문학을 떠나 이 시기 조선문학을 이해한다는 것은 本末을 전도하는 愚를 범할 수 있다.

광복 후 조선현대문학에서의 수령형상창조문학에 관한 연구는 조선 자체 내에서는 나름대로 연구가 되고 있으나 그 외의 곳에서는 아직 거의 全無한 상태이다. 남북통일의 문학의 장을 열어가기 위해서도 이 수령형상창조문학에 대한 다각적인 연구는 시급히 필요하다. 그래서 필자는 이런 다각적인 연구를 촉구하는 하나의 試論으로서 가치론적인 판단을 앞 세우기 보다는 1차적으로 광복 후 조선현대문학에서의 수령형상창조문학에 대한 소개 차원에서 현상학적 접근을 하는 것으로 이 분야의 관계 연구자들의 연구에 자료제공의 구실을 하도록 하며 2차적으로는 그 수령형상창조문학현상의 원인을 밝힌다는 의미에서 본질론적 접근을 시도하여 이 분야 관계 연구자들의 연구에 나름대로 一助해 보자고 한다. 그리고 그 소개와 논의는 광복 후 조선현대문학에서의 수령형상창조문학을 집대성하고 대표할 수 있는 총서 작품을 중점으로 했음을 밝혀 두는 바이다.

I. 현상학적 접근

1) 〈주체문학론〉을 통해 본 수령형상창작이론

김정일총비서는 일찍 대학시절인 1960년 12월에 연극 〈조국산천에 안개 개인다〉를 지도하면서 수령형상창조이론을 제출했다. 그리고 그 후 일련의 논문에서 이 이론을 발전풍부화시켰다. 그러다가 1992년 1월 20일에 그간의 수령형상창조 이론과 실천을 총화하고 집대성한 〈주체문학론〉4)이라는 장편논문을 발표했다. 말 그대로 주체사상을 문학에 도입하여 문학 전반에 걸쳐 주체적인 문학 사상, 관점, 방법을 천명하고 있다. 이는 두말할 것도 없이 조선에서 전시기의 문학 사상, 관점, 방법을 집대성하고 앞으로의 창작비전을 밝힌 가장 권위적인 문학지침으로 되고 있다. 〈주체문학론〉에서 수령형상창작관련 이론을 전개한 「4.사회정치생명체와 문학」부분을 보면

우선 「2)수령의 형상을 창조하는 것은 우리 문학의 지상의 과업이다」에서 수령형상창조의 중요성과 창작 원칙, 방도에 대해 설명하고 있다.

그 내용을 다음과 같이 개괄해 볼 수 있다.

'수령의 형상을 창조하는 것은 주체문학건설의 기본의 기본', '핵으로 되고 있'다. 그리고 수령형상창작에서 '무엇보다 중요한 것은 수령의 위대성을 잘 그리는 것이다'고 하며 그 원칙, 방도 차원에서 논의를 전개하고 있다.

---

4) 〈김정일선집〉(1991.8~1992.1) 12에 실린 〈주체문학론〉 428~452면.

① '걸출한 사상이론가로서의 수령의 위대성을 깊이 있게 형상하여야 한다.' 김일성주석의 경우에는 '불멸의 주체사상과 독창적인 혁명이론, 영도방법을 창시하고 발전풍부화시키신 과정을 전면적으로 깊이 있게 형상하여야 한다.'

② '정치가, 전략가, 영도의 예술가로서의 위대성을 깊이 있게 형상하여야 한다.' 김일성주석의 경우에는 그 '위대한 정치, 위대한 전략, 위대한 영도예술을 깊이 있게 그려 내여 주체혁명위업을 승리에로 이끌어 나가시는 수령님의 풍모를 격이 있게 보여 주어야 한다.'

③ '인간적 풍모의 위대성을 깊이 있게 형상하여야 한다.' 이렇게 하기 위해서는 '수령과 전사, 수령과 인민 사이의 혈연적인 관계를 풍만한 생활로 펼쳐야 한다.' '특히 중요한 것은 혁명전사와 인민의 자애로운 어버이로서의 수령의 위대성을 깊이 있게 그리는 것이다.' 김일성주석의 경우에는 '혁명전사와 인민에게 베푸시는 믿음과 사랑의 정치를 잘 그리는 것이 중요하다.'

④ '수령의 형상은 반드시 수령, 당, 대중의 3위1체의 원칙에서 당과 대중과의 연관 속에서 그려야 한다.' 여기서는 정치적 차원에서의 조선식 수령, 당, 대중의 관계를 도입하고 있다. 이렇게 하기 위해서 '중요한 것은 언제나 인민들 속에서 활동하는 수령의 풍모를 그리는 것이다.' 김일성주석의 경우에는 '한평생을 쉬임없이 이어가시는 현지지도의 노정에 깃든 잊을 수 없는 사연을 감명 깊게 형상하는 것'이 중요하다고 강조하고 있다.

⑤ '수령의 혁명역사와 업적을 체계적으로, 전면적으로 깊이 있게 그려야 한다.' 그것은 '수령의 혁명역사와 업적에는 수령의 탁월한 사상이론과 현명한 영도, 고매한 인간적 풍모가 집대성되어 있'기 때문이다.

⑥ '수령의 위대성을 체계적으로, 전면적으로 깊이 있게 형상하기 위하여서는 총서 형식의 장편소설을 창작하는데 힘을 넣어야 한다.' 이를테면 총서 「불멸의 역사」가 그 보기라는 것이다.

그리고 같은 논리로 '사회주의 문학은 마땅히 수령의 위대성과 함께

그 후계자의 위대성을 형상하는 문제를 주선으로 틀어쥐고 나가야 한다'
는 것이다. 그것은 '후계자는 수령의 위대한 풍모와 자질을 그 대로 이
어 받은 뛰어 난 사상가, 정치가, 전력가이'기 때문이다. '그러므로 문학
에서 후계자의 형상을 창조할 때에는 수령형상창조의 기본 원칙을 그
대로 구현하여야 한다'.

다음 「3)수령형상작품에는 고유한 생리가 있다」에서 수령형상창조의
구체적 요구, 방법에 대해 설명하고 있다. 그 내용을 다음과 같이 개괄
해 볼 수 있다.

① '수령을 형상하는 작품에서 중요한 것은 혁명과 건설에서 차지하
는 수령의 지위와 역할을 감명깊게 그려내는 것이다.' 그리고 '수령의
특출한 지위와 역할에 맞는 문제가 제시되어야 한다.' '장편소설 〈혁명
의 여명〉은 바로 위대한 수령만이 해결할 수 있는 형상과제(주체사상창
립문제. 필자주)를 제기하고 예술적으로 깊이 있게 풀어 나감으로써' 성
공했다는 것이다.

② '수령을 형상하는 작품에는 심오한 철학이 있어야 한다.' 그것은
수령은 다 위대한 철학가로서 그 철학사상에 바탕을 두고 혁명과 건설
을 영도하기 때문이다는 것이다. 김일성주석의 경우는 영생불멸의 주체
철학을 창조한 만큼 그 '비범한 철학세계를 깊이 있게 그려내야 한다'고
했다.

③ '수령의 형상을 높은 수준에서 창조하기 위하여서는 다른 인물의
형상에도 응당한 관심을 돌려야 한다.' '부정인물을 그릴 때에도 그들의
힘을 강하게 보여 주어 그것을 타승하는 수령의 위대성이 감명 깊게 안
겨 오게 하여야 한다.'

④ '수령을 형상하는 문학작품에서는 역사에 실지 있은 위인을 형상
하는 것만큼 수령의 형상을 화폭의 중심에 내세우고 모든 형상 요소를
수령의 위대성을 보여 주는데 집중시켜야 한다.'

⑤ '수령을 형상하는 문학은 역사에 실지 있은 수령을 직접 형상하기
때문에 작품의 내용을 철저히 역사적 사실에 맞게 하여야 한다.' 역사문

헌적 가치를 추구해야 된다는 것이다. 그러나 '이러저러한 사정으로 사료가 인멸되었거나 불충분한 것이 있'을 경우에는 '작가의 예술적 환상과 허구가 필요하다.'

⑥ '수령을 형상하는 작품에서는 수령에 대한 최대의 정중성과 충성심을 반영할 것을 중요한 요구로 제기한다.' 이것은 수령에 대한 일종 예우적 요구로 제출하고 있다.

⑦ '수령을 형상하는 문학작품의 양상은 밝고 숭엄한 것으로 되어야 한다.' 이것은 '수령의 영상과 수령을 대하는 인민의 감정에 맞는 형상원칙이다.' 이것은 작품 스찔에 관한 요구로 된다.

⑧ '수령을 보좌하는 인물의 성격을 잘 형상하는 것이 중요하다.' 측근인물들을 충신의 전형이 되게 그려야 한다는 것이다.

2) 총서 작품의 집중적 조명

총서 작품은 광복 후 조선에서 '수령님의 영광찬란한 혁명역사를 체계적으로, 전면적으로 깊이 있게' 형상하는 '당과 혁명 앞에, 시대와 역사 앞에 책임지는 중대하고도 성스러운 사업이며 만대에 길이 빛날 기념비적 작품을 창작하는 보람차고 영광스러운 사업'5)으로서 '주선으로 확고히 틀어쥐고' 추진한 '새로운 혁명문학'인 것이다. 총서 작품은 광복 후 조선의 기둥문학이며 주류문학인 만큼 이것에 대한 집중적 조명은 그 만큼 절실하고 값어치가 있는 줄로 안다.

(1) 창작의 본격적인 준비단계

① 창작실천적 준비
'수령을 형상한 혁명적 대작을 창작하자면 일정한 준비단계가 있어야 합니다. 모든 작가들에게 처음부터 대작을 다 쓰라고 할 수는 없습니다.

---

5) 〈주체문학론〉126면. 「혁명적 문학예술작품창작에서 새로운 앙양을 일으키자」 23면.

이제부터 한 2~3년 동안은 시, 단편소설 같은 것을 창작하면서 수령형
상창조를 위한 경험과 지식을 축적하는 것이 좋을 것 같습니다.'6) 당시
김정일총비서의 이 교시에 좇아 많은 작가들이 이른 바 수령을 형상한
혁명적 대작을 창작하기 위한 준비 사업을 하면서 일차적으로 수령을
형상한 단편소설창작에 달라붙었다. 이로부터 1967년7)부터 이 방면의
단편소설이 쏟아져 나오기 시작했다. 그리고 김정일총비서가 직접 발기
하고 조직한 두 차례에 걸친 100편 중장편소설창작운동도 사상예술 면
에서 총서 작품에 직접적인 밑거름이 되었다.

  ② 이론 및 전문조직결성
  김일성주석은 일찍 1960년대 초에 〈혁명적 대작을 더 많이 창작하자〉,
〈혁명적 문학예술을 창작할데 대하여〉(1964. 11. 7)와 같은 일련의
글들에서 총서 창작과 직결되는 혁명적 대작창작의 이론실천적 문제에
대해 천명했다.
  김정일총비서는 문학예술사업을 조직영도하는 첫 시기부터 김일성주
석형상을 부각할데 대해 강조했다. 1960년 12월 9일에는 연극 〈조국
산천에 안개 개인다〉를 지도하면서 혁명문학예술은 김일성주석을 형상
하는데 선차적 주의를 돌리고 큰 힘을 넣어야 한다고 강조했다. 그러다
가 1962년 4월 21일에 한 담화에서는 김일성주석의 영광찬란한 혁명
활동을 체계적으로, 전면적으로 보여주는 큰 형식의 문학예술작품을 창
작하어야 한다고 지적했다. 여기서 총서 형식의 싹이 튼 셈이다. 1964
년 12월 10일에는 〈혁명적인 문학예술작품 창작에 모든 힘을 집중하자〉
라는 글을 발표하여 김일성주석이 언급한 혁명전통주제의 대작창작에서
가장 중요한 것은 항일투쟁을 승리에로 조직영도한 김일성주석의 혁명
역사 및 업적을 깊이 있게 형상하는 것이라고 밝혔다.
  1966년 2월 7일에는 〈새로운 혁명문학을 건설할 데 대하여〉라는 글

____

6) 〈조선문학사〉13 조선·평양 1999년 94면.
7) 〈조선문학사〉13 조선·평양 1999년 94면.

에서 '우리가 말하는 새로운 혁명문학은 명실공히 수령을 형상한 문학을 의미합니다'라고 김일성주석이 밝힌 혁명문학건설 및 혁명적 대작창작의 핵은 어디까지나 김일성주석형상부각에 있다고 모 박아 지적하고 있다. 그리고 작가들은 지금까지의 김일성주석형상창조사업을 잘 총화하고 근본적인 전환을 일으켜야 한다고 했다. 이를테면 지난 시기처럼 짤막한 시나 단편소설같은 것을 몇 편 쓰는 식으로 창작할 것이 아니라 대담하고 통이 큰 작전으로 김일성주석의 혁명역사전모를 볼 수 있게 걸출한 사상이론가, 백전백승의 강철의 영장, 위대한 인간으로서의 수령을 전면적으로 깊이 있게 형상한 혁명적 대작을 많이 써내야 한다고 강조하며 재차 총서 형식에 가까운 구상을 내비치고 있다. 그리고 수령형상을 창조하는 새로운 혁명문학건설을 작가동맹의 중심과업으로 내세우고 작가대오를 튼튼히 꾸려야 하며 전문 창작집단을 내오는 것이 필요하다고 지적했다. 그리고 얼마 있지 않아 〈4.15문학창작단을 내올 데 대하여〉라는 문건을 작성하여 본격적으로 창작단조직에 착수했던 것이다. 총서창작의 기본 내용 및 형식적 특징 등도 확정되어 갔다. 창작, 이론 면의 이런 苦心이 전면적이고 체계적으로 수령형상 창조원칙 및 그 실현방도들을 집대성한 〈주체문학론〉으로 까지 나가게 되었던 것이다.

1967년 6월 20일 4.15문학창작단을 조직한다. 4.15문학창작단의 취지에 대해 김정일총비서는 다음과 같이 명백히 지적하고 있다. '4.15문학창작단은 수령님의 혁명역사와 혁명적 가정을 소설로 형상하며 수령님께서 몸소 창작하신 불후의 고전적 명작들을 소설로 옮기는 중요한 창작집단입니다.'8) 이런 수령형상 전문 창작단의 조직은 수령형상창조사업에서 통일성을 보장하고 보다 높은 수준으로 심화시키기 위한 데 있다. 이런 전문 창작단을 통해 수령형상의 방향과 방도를 제시할 뿐만 아니라 구체적인 작품의 주제선택으로부터 시작하여 창작의 전공정과 그 결과에 대하여 정책적 지도와 형상적 지도를 준다. 이로부터 이 창작단은 명실공히 수령형상 전문창작기지로 된다. 그리고 그 구체적 인

---

8) 〈주체문학의 향도성〉3, 「2.새시대의 혁명문학건설에로」, 조선노동당출판사, 1984년. 16면.

적 안받침으로 사상예술적으로 충분히 준비된 창작역량을 집결시킨다. 이를테면 수령의 사상으로 튼튼히 무장하고 예술적 기량이 높은 우수한 작가들을 동원하어 서로 지혜와 힘을 합쳐 공동의 목표를 향해 분투하도록 한다. 이 창작단에 망라된 구체적 작가들인 천세봉, 석윤기, 김병훈 등을 보면 사상정신적으로는 더 말할 것도 없고 창작재능 면에서도 가히 조선에서 일류로 꼽을 수 있는 작가들이다. 여기에 망라된 작가들에게는 필요한 모든 물질기술적 여건 및 물질적 대우를 충분히 보장해 줌은 더 말할 것도 없고 창작을 위한 기초작업, 이를테면 사료와 자료의 수집정리 및 연구 등 면에서도 관련 기관들에서 충분한 배려를 해 주도록 한다. 그래서 이 작가들은 더 없는 자호감을 느끼게 된다. 조선에서 4.15문학창작단에 들어가는 것은 작가들의 최고 소원이다. 4.15문학창작단성원들은 수령과 당에 대한 일종 感遇之恩, 나아가 절대적인 혁명적 사명감으로 최선을 다 해 총서 작품을 최상의 수준에서 창작해 내기 위해 노력했다. 4.15문학창작단에서는 이미 창작된 수령형상관계 문학창작경험교훈을 감안하면서 충분한 토론, 연구를 거쳐 매 작가들이 1970년대부터 김일성주석 주요 혁명 활동 및 업적 그리고 1990년대부터는 김정일총비서 주요 혁명활동 및 업적까지 형상화하는 임무를 각기 뜯어 맡았다. 이제 총서 집필진 및 그 구체적 분담을 도표로 요약해 보이면 다음과 같다.

총서 「불멸의 역사」 해방전편 장편소설		
작 품 명	작 가	출판연대순
1.1932년	권정웅	1972
2.혁명의 여명	천세봉	1973
3.고난의 행군	석윤기	1976
4.백두산기슭	최학수	1978
5.두만강지구	석윤기	1980
6.대지는 푸르다	석윤기	1981

7.근거지의 봄	이종렬	"
8.준엄한 전구	김병훈	1982
9.닻은 올랐다	김 정	"
10.은하수	천세봉	"
11.압록강	최학수	1983
12.봄우뢰	석윤기	1984
13.잊지 못할 겨울	진재환	"
14.위대한 사랑	최창학	1987
15.혈로	박유학	1988
16.붉은 산줄기	이종렬	2000
총서「불멸의 역사」해방후편 장편소설		
1.빛나는 아침	권정웅	1988
2.50년여름	안동춘	1990
3.조선의 봄	천세봉	1991
4.조선의 힘	정기종	1992
5.승리	김수경	1994
6.대지의 전설	김삼복	1998
7.영생	백보흠,송상원	"
8.삼천리강산	김수경	2000
총서「불멸의 향도」장편소설		
1.예지	이종렬	1990
2.동해천리	백남룡	1995
3.푸른 하늘	권정웅	"
4.평양은 선언한다	이종렬	1997
5.역사의 대하	정기종	"
6.전환의 년대	이신현	1998
7.평양의 봉화	안동춘	1999
8.전환	권정웅	2000
9.서해전설	박태수	"

위 도표에서 알 수 있다 싶이 총서 작가들은 동시다발적으로 착수하여 김일성주석·김정일총비서의 전반 혁명 활동 및 업적을 형상화하기에 노력했다. 매 총서 작품내용이 나타내고 있는 시대배경적 시간 및 그 작품 출판 년도는 그간의 사정을 잘 말해 주고 있다. 누가 먼저 초고가 완성되면 발표 모임 등 활동을 통해 구체적인 세부에 이르기까지 집단의 의견을 충분히 수렴하여 수개를 진행하군 했다. 그래서 완고되어 진작 책으로 출판되는 작품은 집단창작적 특색이 진했다. 그래서 첫 시기 나온 총서 작품들은 말 그대로 4.15문학창작단이라는 집단 이름으로 선보였다. 총서 작품은 일률적으로 말 그대로 문학예술작품전문출판사인 「문학예술종합출판사(그 전신은 「문예출판사」)」에서 출판하도록 되었다.

조선에서 4.15문학창작단의 총서 작품창작착수는 수령형상문학창작의 본격적인 개시를 의미한다. '우리 나라에서 수령을 형상하는 문학사업은 총서 「불멸의 역사」가 창작되면서 본격적으로 벌어지기 시작하였다고 말할 수 있다.'[9]

이와같은 일련의 창작실천적 그리고 이론 및 조직적인 준비를 갖춘 전제 조건하에서 총서 작품들이 산생될 수 있었다.

(2) 총서 개관

① 총서 「불멸의 역사」 해방전편

총서 「불멸의 역사」 해방전편 장편소설들을 항일투쟁편이라고 하기도 하는데 그것은 주로 김일성주석의 항일투쟁시기 역사를 주요 역사 사건이나 사실을 중심으로 해서 단계별로 형상했기 때문이다.

아래에 총서 「불멸의 역사」 해방전 장편소설들을 시대배경순으로 도표를 작성해 보면 다음과 같다.

---

9) 〈주체문학론〉(단행본) 136~137면.

작품명	시대배경
1.닻은 올랐다	1925년 2월~1926년10월17일
2.혁명의 여명	1927년 초~1928년 말
3.은하수	1929년 가을~1930년 6월말
4.대지는 푸르다	1930년 여름~1931년 2월중순
5.봄우뢰	1931년 9월~1932년 4월 25일
6.1932년	1932년 4월~1933년 1월
7.근거지의 봄	1933년 초~1934년 봄
8.혈로	1934년 10월 초~1936년 봄
9.백두산기슭	1936년 3월~5월5일
10.압록강	1936년 8월~1937년 6월
11.위대한 사랑	1937년 여름
12.잊지 못할 겨울	1937년 가을~1938년 봄
13.고난의 행군	1938년 11월~1939년 4월
14.두만강지구	1939년 여름
15.준엄한 전구	1939년 10월~1940년 3월25일
16.붉은 산줄기	1940년대초~1945년 3월 10일

위에서 볼 수 있다 싶이 총서 「불멸한 역사」 해방전 장편소설들은 김일성주석이 혁명의 길에 오른 시기부터 시작하여 매 단계별 내용들을 정확하게 구획짓고 서로 맞물리게 하며 작품들을 편성했다. 매 장편들이 시대배경으로 잡고 있는 기간은 〈붉은 산줄기〉10)를 제외하고 대개 1~2년 사이이다. 이렇게 짧은 기간을 평균 4~500페지 장편으로 엮어 냈으니 그 반영의 집약도와 밀도는 비상히 높다.11) 이로부터 그 단

______

10) 조선에서 총서 「불멸의 역사」 해방전편이 총 15권으로 완결을 고한 상황항에서 〈붉은 산줄기〉가 창작된 것을 감안하면 해방전편도 계속 창작될 듯 하다.
11) 이 점에 대해서는 엄용찬의 〔총서 「불멸의 역사」 중 장편소설들에서 형상의 집약화, 집중화〕라는 논문에서 잘 지적하고 있다.

계별 내용들을 연결시켜 놓으면 김일성주석의 항일투쟁시기 역사반영이 체계적이고 전면적임은 더 말할 것도 없고 실로 하나도 빠짐없이 속속들이 반영한다는 소기의 목적에 도달하게 되는 것이다. 그래서 전반적으로 볼 때 일종 쇠사슬 모양의 전개 양상을 띠고 있다. 여기에 〈배움의 천리길〉, 〈만경대〉, 〈동트는 압록강〉이 첨부될 때 실로 전반 김일성주석생애 반영은 그의 어린시절까지 소급되어 올라간다.

② 총서 「불멸의 역사」 해방후편

총서 「불멸의 역사」의 해방후편 장편소설창작은 1980년대 말부터 추진되어 왔다. '총서 「불멸의 역사」의 항일혁명투쟁시기편이 끝난 조건에서 이제는 총서의 해방후편을 빨리 완성하여야 한다.'[12]는 사명감에 의해 추진되었다.

이제 해방후편을 그것이 반영하고 있는 내용의 시간적 순서에 따라 제재별로 도표를 작성해 보이면 다음과 같다.

작품명	제 재
빛나는 아침	인재
조선의 봄	토지개혁
삼천리강산	건국
50년 여름	조선전쟁
조선의 힘	"
승 리	"
대지의 전설	농업협동화
영 생	영생

위의 도표를 통해 알 수 있다시피 전반적으로 놓고 볼 때 해방후편은 조선전쟁 발발과 종식의 전 과정을 서로 맞물리게 반영한 〈50년 여름〉,

---

12) 〈주체문학론〉 138면.

〈조선의 힘〉, 〈승리〉를 제외하고는 해방전편처럼 엄밀하게 시기별로, 단계별로 획분지어 서로 맞물리게 엮어 나간 것이 아니라 동일한 시기 혹은 동떨어져 있는 시기의 부동한 역사 사실, 사변들에 초점을 맞추어 각기 집중적으로 취급하고 있는 특성을 보이고 있다. 이것은 1차적으로 광복 후 인재, 토지개혁, 정강, 건당, 건국, 건군 등 일련의 복잡한 문제를 풀고 조선전쟁, 전후복구건설을 거쳐 본격적으로 사회주의 혁명과 건설을 진행해 나가는 도중에 김일성주석이 정치, 경제, 군사, 외교 등 모든 분야에서 빛나는 공적을 쌓은 상황하에서 그 형상을 돋보이게 부각하자니 자연히 분야별로 제재를 틀어쥐고 집중적으로 취급하는 방편을 택하게 되었을 것이다. 그런데 1945년 광복 후부터 장장 50년간이나 조선을 영도한 김일성주석의 업적에 비길 때 현재 해방후편은 아직 빈고리가 있는 감을 준다. 특히 해방전편과 비길 때 이런 감이 더 든다. 광복후 및 조선전쟁기간의 김일성주석의 공적에 대한 반영은 상기 작품 〈빛나는 아침〉, 〈조선의 봄〉, 〈삼천리강산〉, 〈50년 여름〉, 〈조선의 힘〉, 〈승리〉로 그래도 얼마간 된 것 같은데 이른 바 본격적인 사회주의 혁명과 건설 시기에 있어서의 김일성주석형상부각은 〈대지의 전설〉, 〈영생〉만으로는 김일성의 '혁명업적을 체계적으로, 전면적으로' 반영하도록 한다는 수령형상창조문학의 요구에는 도저히 도달한 것같지 않다. 그래서 그런지 조선에서는 해방후편이 완결되었다는 말은 없고 오히려 총서 「불멸의 향도」창작과 더불어 김일성주석형상을 더 창조할 데 대해 톤을 높이고 있다.13) 조선에서는 현재 김일성주석서거후 창작된 〈영생〉과 〈대지의 전설〉을 비롯한 김일성주석형상부각문학을 수령영생위업에 바쳐진 영생문학으로 명명하고 있다. 〈영생〉은 김일성주석 서거 후 작가들이 그 슬픔과 비통을 힘으로 바꾸어 인민생활, 조국통일, 대외사업 등 그야말로 모든 분야에 걸쳐 鞠躬盡瘁, 死而後已했다는 김일성주석의 하루

---

13) 조선작가동맹 기관지 〈조선문학〉 잡지 2000년 7월호 머리글에 「조국과 인민 위해 바치신 어버이수령님의 위대한 생애를 문학작품에 더 빛나게 형상하자」 라는 제목은 그 한 보기로 되겠다.

하루를 추적하는 형식으로 1년도 안 되는 사이에 그려낸 충성의 작품으로 손꼽히고 있다. 조선에서 앞으로 이런 영생문학에 포함될 해방후편 작품들이 계속 창작될 걸로 짐작된다.

한마디로 말하여 총서 「불멸의 역사」 해방전편이나 해방후편은 '한결같이 위대한 사상이론가이시며 혁명의 영재이시며 전설적 영웅이신 경애하는 수령 김일성동지의 위대성과 함께 가장 숭고한 덕성을 지니신 공산주의적 인간으로서의 수령님의 위대성을 다양한 인간관계 속에서 감명 깊게 그리고 있다'14)

③ 총서 「불멸의 향도」

총서 「불멸의 향도」장편소설은 1990년대에 들어서면서 창작되기 시작했다. 현재 도합 9편이 나왔다. 이제 총서 「불멸의 향도」의 사상내용을 도표로 작성해 보이면 다음과 같다.

작 품	사상내용
예 지	문학예술가
동해천리	경제가
푸른 하늘	통일의 구성
평양은 선언한다	국제공산주의운동과 노동운동의 수령
역사의 대하	외교가, 군사가
전환의 년대	건축가
평양의 봉화	세계청년운동의 수령
전 환	사상이론가
서해전역	선군정치

---

14) 〈조선문학사〉14, 45면, 조선·평양 1996년.

위에서 보다 싶이 총서 「불멸의 향도」는 말 그대로 향도로서의 김정일총비서의 위인상을 부각하기에 심혈을 기울인 듯하다. 총서 「불멸의 역사」가 역사적 흐름에 따라 주로 종적인 차원에서 김일성주석의 「불멸의 역사」를 '체계적으로, 전면적으로' 보여주고 있다면 총서 「불멸의 향도」는 문학예술, 정치, 경제, 군사, 외교, 건축, 세계혁명운동 등 다 방면에 걸쳐 김정일총비서의 위인상을 주로 횡적인 차원에서 '체계적으로, 전면적으로' 보여 주고 있다. 총서 「불멸의 역사」가 말 그대로 김일성주석의 역사에 편중해 있다면 총서 「불멸의 향도」는 보다 많이 불멸의 향도로서의 김정일총비서의 현재에 편중해 있다.

3. 본질론적 접근

본질론적 접근에 있어서는 광복후 조선현대문학에서의 수령형상창조문학에 대해 주로 사회구조적, 국제정치관계학적, 문화심리학적, 문학도구론적 차원에서 그 생성원인을 규명해 보도록 한다.

1) 사회구조적 접근

조선은 기원 전후 3국시대로 부터 20세기 말까지 장장 2천년의 봉건사회 역사를 가지고 있다. 봉건사회는 한마디로 말하여 가부장제 사회다. 家를 보면 정상에 嚴父가 좌정해 있고 그 중간에 慈母가 아래위를 돌보며 있으며 최하층에 孝子孝女가 포복하고 있는 피라미트 구조를 이루고 있다. 國을 보면 정상에 仁君이 좌정해 있고 그 중간에 淸白吏가 아래위를 돌보고 있으며 최하층에 백성들이 포복하고 있는 피라미트 구조를 이루고 있다. 보다 싶이 家國은 상사형을 이루고 있다. 國을 家의 확대판으로 보면 된다. 그래서 君은 父이요, 臣은 母요, 百姓은 子요하는 신라 향가 〈安民歌〉가 자연스럽게 흘러 나올 수 있었던 것이다. 그러나 가부장제 사회는 어디까지나 가부장의 一言堂이 통판치는 사회다.

지엄한 아버지, 임금은 최고 권위를 가지는 우상적인 존재다. 그러니 집에서는 아버지에게, 나가서는 임금에게 무조건적인 복종과 모심이 강요된다. 이른 바 권위주의의 지고무상 대 노예주의의 전전긍긍의 양극단의 사회구도를 이룬다. 여기에 父나 君, 母나 臣의 의식적·무의식적인 화기애애한 혈연적 가족분위기 조성은 이런 사회구도를 封建이라는 봉페된 울타리 속에 강력하게 접착시킨다. 신라 향가 〈安民歌〉에서 君은 父로서 백성들을 어엿삐 여기면 백성들은 다른 데로 가지 않고 고스란히 모여든다는 애기는 그간의 사정을 잘 말해주고 있다. 이로부터 백성들은 일종 무의식적인 내심의 감동과 공감 속에 國父·國母를 인지하며 만세 만만세를 고창하게 된다.

맑스는 이를 가리켜 아세아적 全體主義와 專制主義라고 개괄하고 있다. 이런 全體主義와 專制主義는 근현대에 들어서면서 다분히 자산계급적 색채를 띤 자유, 민주, 평등, 박애, 개성 등의 요구에 의해 큰 충격을 받으며 무너지기 시작했다. 이것은 역사의 필연이었다. 조선에서도 미약하게 나마 이런 태동은 있었다. 조선조말기에 이르러 조선 자체내의 자본주의경제 요소의 맹아, 발전 및 北學을 통한 서양문물의 접촉 그리고 제국주의열강들의 강제적인 문호개방압력 등등 주객관적 요인들은 피동적이 나마 조선조도 역사의 필연에 눈띄게 했으며 순응하기 위해 노력했다. 官邊측으로부터의 1884년 '삼일천하'의 갑신정변, 1894년 갑오갱장, 1909년의 광무개혁, 이 세 차례에 걸친 근대적 지향의 개혁 그리고 애국지사들의 자발적인 문화계몽운동 및 교육구국운동은 그간의 사정을 잘 말해준다. 그런데 극악한 일제의 식민지병탄 때문에 조선의 근대화 지향은 꺾이고 말았다. 그래서 조선은 아세아적 全體主義와 專制主義를 청산하기는 커녕 오히려 일제의 식민지적 노예교육 및 병참기지에로의 전환 때문에 이런 全體主義와 專制主義는 더 조장되었다. 神祠참배, 경례日천황 강요는 그 전형적인 한 보기로 되겠다.

그러다가 1945년 광복 후 북에서의 사회주의제도건립은 이런 봉건적인 아세아적 全體主義와 專制主義를 부정하고 새로운 의미의 사회주의적 全體主義와 專制主義를 형성했다. 이를테면 사회주의사회에서의 중앙집권제적 專制主義, 공유제를 기초로 한 집단적 全體主義가 이루어졌던 것이다. 물론 봉건적 全體主義와 專制主義를 사회주의적 全體主義와 專制主義에 비길 때 외형상 상사형을 이루고 있다하더라도 본질상에 있어서는 상당히 다른 면모를 보이고 있다. 봉건적 全體主義가 내실을 기하지 못한 일종 허위적 색채를 띠고 있는 것이라면 사회주의적 全體主義는 근본이익이 일치한 전제 조건하에서 위력을 발휘할 수 있는 내실을 기하고 있다. 사회주의 혁명과 건설의 초기 단계에 있어서 백성들의 충천하는 열정은 이를 잘 말해주고 있다. 그리고 봉건적 專制主義는 맹목적인 세습 및 절대적 지위에 있는 君 자체의 혼암으로 쉽사리 폭정으로 흐르기 쉽다. 그러나 사회주의적 專制主義는 수령 자체의 通才적인 리드쉽 및 여러 감독기관이 가동되기에 현대 민주정치와 직결되어 있다. 사회주의 혁명과 건설의 초기 단계에 있어서 토지개혁을 비롯한 제반 민주개혁 및 절대 다수 백성들의 대폭적인 지지는 이를 잘 말해주고 있다. 그러나 봉건적이든 사회주의적이든을 떠나서 이런 全體主義는 개인이익, 개성을 홀시하고 무시하는 맹점이 있어 몰개성적인 도구를 量産하기 쉽고 專制主義는 장기집권이라는 산파를 통해 권위주의에 맹종하는 시녀를 낳을 우려가 있다. 이런 全體主義와 專制主義 사회형태에 있어서 사람들의 보편적인 의타심 그리고 사회주의사회에서 수령은 일개인이 아니고 어디까지나 집단이라는 수령집단 내지는 당을 강조했음에도 불구하고 쉽게 개인미신, 개인숭배가 조장되는 것은 바로 그간의 사정을 잘 말해주고 있다. 조선에서 全體主義는 수령, 당, 대중의 일심단결의 사회정치적 생명체로 표현된다. 專制主義는 수령이 이런 사회정치적 생명체의 뇌수로 군림하는데서 나타난다. 이로부터 전반 사회적 분위기가 하나의 대가정과도 같다. 조선에서 1960년대부터 잘 불러진 '하늘은 푸르고 내 마음 즐겁다/손풍금 소리 울려라/사람들 화목하게 사는/내 조국 한없이 좋네/우리의 아버지 김일성원수님/우리의 집은 당의 품/우리는 모두다 친형제/세상에 부럼없어라'라는 〈세상에 부럼 없으라〉(집체작)는 이 대가정의 좋은 주석으로 된다. 조선에서 강조되는 충효의 논리도 이런 맥락에서 충분히 이해된다.

이런 全體主義와 專制主義에 입각한 대가정적인 분위기 속에서 자연스럽게 울어러 나오는 수령에 대한 숭배는 수령형상창조문학 형성의 1차적인 바탕이 된다.

2) 국제정치관계학적 접근

조선반도는 역대로 대국의 틈바구니 속에 모대겨 왔다. 그래서 유럽의 많은 나라들보다 큰 그리 작지 않은 조선이 약하고 초라하게 작게 보였다. 북으로 아세아대륙과 접하고 동으로 일본열도와 임해 있으며 남으로 태평양으로 뚫린 지정학적 위치가 그렇게 만들었다. 어쩌면 숙명적인지도 모른다.

지굿은 외세의 간섭, 침입은 가뭄이나 홍수같은 자연재해보다 더 잦았다. 2천년 봉건사회에 800 내지 천여차례나 되는 외침이 있었다니 2년에 한번 꼴인 셈이다. 세계 최다 기록으로 볼 수 있다. 대충 큰 것만 꼽아 보아도 아득한 고조선시기 漢의 침략, 삼국시기 수, 당의 침입, 고려 때 거란, 몽고의 침입, 조선조 때의 임진왜란, 병자호란, 근세 열강들의 조선반도에서의 아귀다툼, 일제의 식민지병탄… 너무나 잦은 외세의 집적거림은 조선민족들로 하여금 시시각각 강대국의 눈치를 보게 만들었으며 그기에 상응한 삶의 지혜를 개발해내게 하였다. 그것은 밖으로는 강대국의 역학관계를 이용하는 것이며 안으로는 단일민족의 피줄을 강조하며 똘똘 뭉치는 것이다. 안으로의 내부적인 결집, 이것은 위기극복의 관건이다. 근대사에 있어서 일제에 의한 식민지병탄은 이를 교훈적으로 잘 입증해주고 있다. 김일성주석이 일찍 1920년대 길림에서의 초기 혁명단계에 종파나 당파를 무어 말싸움이나 하거나 하게모니를 쥐기 위해 올리 뛰고 내리 뛰며 암투를 벌리는 민족주의자들과 초기 공산주의운동자을 풍자한 연극 〈3인1당〉을 조직공연한 것도 같은 맥락에서 이해할 수 있다. 이런 내부결집을 이루는데는 그 결집의 중심이 필요하다. 그 결집의 중심은 그 어떤 이념 혹은 종교적인 신앙 등등 여러 가지가 될 수 있겠는데 현대 조선에 있어서 그것은 수령으로 부상되었다. 1928년에 나온 김혁이 지은 최초의 김일성주석송가로 꼽히는 〈조선의 별〉에서의 후렴구 '2천만 우리 동포 새별을 보네' 그리고 광복후 대표적인 김일성주석송가로 꼽히는 1946년 이찬의 〈김일성장군의 노래〉에서의 후렴구 '아 그 이름도 그리운 우리의 장군/아 그 이름도 빛나는 김일성장군'은 애초부터 강한 김일성주석의 이미지를 심어주며 전 민족의 희망의 결집중심을 제시하고 있다. 조선은 현재 수령을 중심으로 똘똘 뭉쳐 있다. 조선에서 수령은 그 어떤 개인적인 차원을 떠나서 이미 민족적인 상징매체로 승화되어 있다. 조선에서 많이 외우는 김일성주의, 김일성민족같은 것도 실질은 이것과 맥락이 맺어져 있다. 그래서 관건적인 시각에 수령결사옹위정신을 총폭탄, 육탄이 되어 행동에 옮기는 사람들이 바로 조선인민들이다. 그러나 안온한 평상시에는 현재 조선에서 가장 많이 불리워지고 있는 노래의 하나인 〈하늘처럼 믿고 삽니다〉에서처럼 장군님만 하늘처럼 믿고 사는 것이다. 조선에서 자주 듣게 되는 '당신이 없으면 조국도 없다'15), '우리 운명의 수호자…', '운명을 맡기고 삽니다…' 등등의 운운도 같은 맥락에서 이해할 수 있다.

수령을 민족의 결집중심 및 상징매체로 내세우는 현대 조선의 국제정치의 역학관계에서의 대처방식이 결국 문학에서 수령형상창조의 외부적 촉매제의 하나로 작용했다고 볼 수 있다.

3) 군사문화적 접근

위에서 언급한 조선반도의 숙명적인 지정학적 특징은 조선이 항상 정치군사적 충돌의 초점으로 되게 했다. 근현대에 있어서 강대국들의 각축장, 전쟁터로의 전락 그리고 2차대전후 세계적인 냉전구도 속에 조선

---

15) 현재 조선에서 많이 불리워지고 있는 노래의 제목이다. 여기서 「당신」은 노래가사에서도 밝히고 있듯이 김정일총비서를 가리키고 있다.

민족이 본의 아니게 겪은 민족상잔의 비극 및 세계적인 냉전시기는 끝났어도 조선반도만에 여전히 감도는 냉전의 찬바람은 이것을 가장 극명하게 나타내주고 있다.

이러한 정치군사적 충돌의 초점으로서의 돌출은 역대 조선 애국지사들의 강한 정치군사적 의식을 틔워주었다. 근현대에 있어서 제국주의열강들의 침략에 맞서 조선민족은 인도 깐디식의 무저항주의가 아니라 어디까지나 맹렬한 무장투쟁을 해왔다. 의병들의 독립투쟁, 의렬단, 한국광복군, 조선의용군, 항일빨찌산… 조선의 독립, 광복, 해방은 이런 선열들의 피 어린 싸움과 갈라놓을 수 없다.

김일성주석의 경우를 놓고 볼 때 14의 어린 나이에 독립의 뜻을 품고 중국동북에 건너 와 장장 15년이란 항일투쟁을 진행한 끝에 개선했다. 김일성주석 자신이 직접 총을 잡고 빨찌산을 이끌고 장백산밀림을 누비며 간고한 싸움을 벌렸던 것이다. 바로 이런 싸움에서 김일성주석은 위대한 전략전술가, 백전백승의 장군으로 부상했던 것이다. 이로부터 김일성주석은 주석이기에 앞서 우선 어디까지나 군인이었고 군사가었다. 한마디로 말하여 그에게는 군사문화가 몸에 배었다. 군사문화, 그것은 지고무상한 권위, 리드쉽을 선양하기 마련이다. 그리고 그것은 명령·복종적이고 획일적이며 정신성, 집단성, 단순성을 요구한다. 모종의미에서 김일성주석은 항일빨찌산시기 몸에 배인 이런 군사문화의 관성으로 사회주의 혁명과 건설을 영도해 왔다고 할 수 있다. 주체사상, 천리마운동, 전국요새화, 전민군대화, 전군간부화, 일당백, 육탄 등등은 군사문화의 전형적인 보기들로 되겠다. 세계적인 냉전체계는 사회주의 혁명과 건설시기 군사문화정착의 객관적 요소로 되겠다. 현재 조선에서 김정일총비서가 先軍정치를 펴며 김일성주석의 뜻을 받들어 나가는 것도 같은 맥락에서 이해할 수 있다. 국내적으로 연이은 자연재해, 국외적으로 미국을 위시한 서방나라들의 봉쇄라는 악열한 주객관적 환경하에서 사회주의를 견지하고 「우리식」을 견지하려는 조선으로서는 어쩌면 이런 군사문화의 강화가 무엇보다 중요한 지도 모른다. 현재 조선에서 많이 외우고 있는'당이 결심하면 우리는 한다'는 구호는 바로 이런 군사문화의 자연스러운 한 표출이다. 이로부터 문학에서는 '수령의 형상을 화폭의 중심에 내세우고 모든 형상 요소를 수령의 위대성을 보여 주는 데 집중시켜야 한다', '수령을 형상하는 작품에서는 수령에 대한 최대의 정중성과 충성심을 반영할 것을 중요한 요구로 제기한다'와 같은 수령형상창조원칙이 나올 수 있었던 것이다.

보다 싶이 조선에서 수령형상창조는 군사문화의 한 표출로 볼 수 있다.

4) 전통문화심리적 접근

중국은 여러 원시종족의 부대낌 속에 신화의식이 빨리 종식되고 사회의식, 역사의식이 일찍 싹텄다. 진정한 의미에서의 인문이 일찍 개발되었다고 볼 수 있다. 문자사용만 보아도 갑골문을 시발점으로 할 때 적게 쳐서 장장 5천년의 역사를 기록하고 있다. 春秋戰國시기 다양한 찬란한 문화의 꽃으로 피어난 諸子百家는 이미 중국문화의 기본 기틀을 마련했다. 그래서 그들의 선진적인 漢文化는 물이 높은데서 낮은 데로 흐르듯이 자연히 주변국으로 흘러들었다. 이로부터 중국사람들은 자연스럽게 中華사상이 싹터기 시작했다. 그래서 결과적으로 형성된 것이 또한 자타가 공인하는 세계 가장 중요한 문화권의 하나인 漢文化圈이다.

지정학적 원인 때문에 조선반도는 역사적으로 정치, 경제, 군사, 외교, 문화 등 거의 모든 면에서 중국의 절대적인 영향을 받았다. 후기에 오면 올수록 더 소중화로 자처하고 事大主義외교를 펴왔다. 스스로 「臣服」을 했던 것이다. 실록을 보면 조선 역대 임금을 통털어 가장 현명하다고 할 수 있는 세종대왕도 '致誠事大'를 주장했다. 사대의 虛는 어디까지나 명분뿐이고 실은 실리를 챙기는 외교라고 하지만 그것이 굴욕적임은 더 말할 것도 없다. 임금의 등극이라는 가장 중요한 국가대사도 일일이 중국황제에게 고하고 허락을 받아야 했으니 당당한 주권국가라고 하기에는 어쩐지 꺼림직한데가 있다. 그리고 조선 임금은 황제라 부를 수 없고 다만 왕으로 밖에 부를 수 없으며 만세로 축수할 수 없고 다만 천세로 밖에 축수할 수 없다는 국가 대 예의규범은 말그대로 일개 대국의 제후국으로 취급하고 있는 셈이다. 그리하여 중세 漢文化圈에서 임금을 상징하는 도안사용을 놓고 보아도 남성적인 용이 중국 천자를 상징하는 무늬가 되었다면 여성적인 봉황은 조선 왕을 상징하는 무늬로 되었다. 역대 조선왕이 집무하는 正殿의 천장에는 반드시 봉황을 그려야 하게끔 돼 있은 것은 그간의 사정을 잘 말해준다. 이로부터 조선민족들에게는 서러운 恨의 응어리가 맺힌다. 우리는 왜 대국이 못되는 거야, 우리 임금은 왜 황제라 못 부르는 거여… 조선조중엽의 멋쟁이 사나이 임제, 그렇게 조선을 사랑하고 조선적이면서도 임종 때 작은 조선을 서러워하며 자식들의 눈물을 그치게 했다는 일화는 그 恨을 죽어서도 못 잊는 지꿎은 情念임을 알 수 있다. 이루러한 민족의 서러운 恨은 조선민족의 일종 집단무의식적인 情念이 되어 수시로 발산의 출구를 찾는다. 1898년 조선조 왕 고종의 대한제국의 선포 및 황제 등극 그리고 故書를 勅書로 바꾸는 등 일련의 王制에서 皇帝制로의 전환 그리고 그 후속 조치로 당시 고종이 집무하던 경복궁 勤政殿 천장에 그려졌던 봉황이 지워지고 용의 도안으로 바뀐 것, 이것은 그 내실을 떠나서 조선민족의 이 집단무의식적인 情念의 최초의 시원한 발산으로 된다. 그리고 고종의 붕어는 이 발산의 일종 좌절로 안겨 왔을 것이다. 고종의 장례에 자발적으로 이룬 인산인해의 눈물바다는 그간의 사정을 말해준다. 광복후 현대 조선에 있어서 김일성은 몇천년래 처음으로 맞이한 조선민족의 위대한 수령으로 부상한다. 이에 조선민족들은 「만세! 만만세!」 소리 드높이 그 민족의 집단무의식적인 情恨을 마음껏 발산한다. 조선인민들은 항상 말한다. 우리는 세상에서 가장 행복한 사람들이라고. 그것은 「수령복」이 있기 때문. 이것은 일종 과시다. 우리에게도 이젠 「만세! 만만세!」를 마음껏 부를 수 있는 「황제」가 있다는 과시다. 물론 조선민족에게 있어서 「위대한 수령 김일성동지」에서 알 수 있다시피 김일성주석은 의식적인 차원에서는 어디까지나 「동지」적인 수령이다. 그러나 민족의 情恨을 푸는 집단무의식의 발산 차원에서 볼 때 김일성주석은 분명 이 세상 최고의 「황제」이미지다. 여기에 김일성주석의 세상에 부러움 없는 나라 건설 비전제시는 이 「황제」이미지에 相乘작용을 가져온다. 이로부터 충효동들이 막 솟아난다. 그래서 조선의 수령들은 스스로 「인민복」이 있다고 말하군 한다. 그런데 1994년 김일성주석의 서거는 이 민족의 집단무의식발산 매체의 상실을 안겨 주었다. 허전하고 답답하고 안타까움 그 자체였다. 조선 전 국토의 눈물바다는 이런 허전하고 답답하고 안타까움의 발산이다. 이에 김일성주석을 영생의 모습으로 모셨다는 금수산기념궁전건설 및 많은 영생탑의 건립은 조선인민의 그 허전하고 답답하고 안타까움을 잘 카타르시스해 주었다. 그리고 조선의 새로운 수령으로 「위대한 영도자 김정일동지」의 부상 및 그가 제시한 남의 눈치를 보지 않는 「우리 식」의 「정치대국」, 「강성대국」 건설의 비전제시 그리고 초강대국 미국과도 당당히 맞서는 패기 등은 새로운 민족의 집단무의식 情恨을 발산할 수 있는 통로를 마련한 셈이다.

조선에 있어서 수령과 인민의 유별난 관계, 그것은 세계의 이목을 경이롭게 하기에 족하다. 수령형상창조문학도 수령과 인민의 이 유별난 관계에서 이루어지는 심층적인 집단무의식적인 恨풀이의 일종 형태로서 볼 수 있다.

5) 문학도구론적 접근

조선을 포함한 동양의 전통적인 문학관은 「文以載道」의 「經世致用」적인 도구론 일변도다. 문학 자체의 본연의 모습을 잃기 쉬운 실용주의적인 문학관이다. 그래서 특히 문학의 사회적 작용을 강조한다. 사회주의 사회에서 집단주의, 공동한 이상 등의 강조는 동양의 이런 전통적인 문학관이 뿌리내릴 온상을 제공한다. 그러다가 사회주의종주국 레닌의 그 유명한 '치륜과 나사못'으로서의 문학의 부속품적 성격의 고전적 정의는 그것이 싹틀 수 있는 일종 촉매제가 되었다. 그래서 옛사회주의권 문학은 도구론적인 색채가 진하다. 조선도 여기서 예외가 아니다.

김일성주석과 김정일총비서는 특히 문학작품을 중시했다. 김일성주석은 회고록 〈세기와 더불어〉에서 자기는 막심·고리끼의 〈어머니〉 등 혁명적 작품의 영향을 받아 혁명의 길에 나서게 되었다고 의미심장하게 회억하고 있다. 그는 직접 많은 문학작품을 창작하기도 했으며 혁명문학건설, 혁명적 대작창작에 관한 이론을 천명하기도 했다. 그리고 많은 문학예술작품들을 직접 보며 평가를 하기도 했다. 이를테면 총서 작품은 금보다 더 값있다고 하며 창작되는 족족 보아주기도 했던 것이다. 김정일총비서도 문학예술에 남다른 흥취와 자질을 가지고 일찍 어린 시절에 문학작품을 직접 창작하기도 했다. 그리고 1960년대에는 수령형상창조이론을 내놓고 1970년대에는 4.15문학창작단을 이끌고 문학창작실천에 옮겼다. 김정일총비서는 문학작품의 사회적 작용 및 가치에 대해 한편의 시가 칼보다 낫다고 높이 평가하고 있다. 이로부터 그는 '수령은 시대와 인민대중을 대표하는 주체형의 공산주의혁명가의 최고전형인' 만큼 수령형상을 창조해야 사람들이 그 '숭고한 정신세계를 알게 되고 그 위대한 풍모를 크나큰 감동 속에 따라 배우게 된다'(〈주체문학론〉)고 강조했다.

조선에서 수령들의 문학의 도구론적 가치에 대한 강조 및 이론적 정립 그리고 전문창작조직체의 결성은 풍성한 수령형상창조문학을 꽃피운 직접적인 현실적 원인으로 된다.

광복후 조선현대문학에서의 수령형상창조문학은 이런 사회구조적, 국제정치관계학적, 군사문화적, 전통문화심리적, 문학도구론적 등 여러 방면의 요인이 복합적으로 작용하여 이루어졌음은 더 말할 것도 없다.

맺는 말

광복 후 조선현대문학에서의 수령형상창조문학에 대한 연구는 아직도 그 공백이 많다. 계통론의 차원에서 비교연구를 통해 세계수령형상창조문학계통에서 조선수령형상창조문학의 위치정립문제 그리고 조선의 총서 작품과 다른 계열 총서 작품, 이를테면 프랑스 발자크의 〈인간희극〉의 비교연구는 얼마든지 가능하며 구체적 총서 작품들에 대한 다각적인 접근도 필요하다고 생각된다.

참 고 문 헌

1. 〔총서「불멸의 역사」에 모셔진 위대한 수령 김일성원수님의 형상에 대한 연구〕 박연경 교육도서출판사 1981년
2. 〈조선문학개관〉 2 조선·평양 사회과학출판사 1986년
3. 〈혁명송가문학〉 이수림 문예출판사 1989년
4. 〈수령형상창조이론〉 윤기덕 문예출판사 1984년
5. 〈수령형상문학〉 윤기덕 문예출판사 1991년
6. 〔주체사상의 창시과정을 형상한 불멸의 화폭-총서「불멸의 역사」 중장편소설 〈혁명의 여명〉에 대하여〕 김성우 〈문학신문〉 1990년 4월 6일
7. 〔위대한 조국해방전쟁의 전선에 빛발치는 태양의 눈부신 영상-총서 「불멸의 역사」(해방후편) 장편소설 〈50년 여름〉을 출판〕 윤상현 〈문학신문〉 1990년 4월 15일
8. 논설 〔수령형상문학예술의 찬란한 개화기를 펼친 자랑찬 10년〕 윤상현 〈문학신문〉 1990년 6월 8일
9. 〔총서형식으로 하는 것이 좋겠다고 하시며〕 본사기자 〈문학신문〉 1990년 6월 29일
10. 〔금보다 값있는 혁명소설들을 창작하게 하시여〕 본사기자 〈문학신문〉 1990년 7월 20일
11. 〔위대한 사랑에 매혹되어-총서「불멸의 역사」중 장편소설 〈위대한 사

랑〉을 쓰면서-] 최창학 〈문학신문〉 1990년 9월 14일
12. 〔주체예술의 새 역사를 펼친 위대한 향도에 대한 예술적 화폭-장편소
    설 〈예지〉에 대하여-] 김정웅 〈문학신문〉 1991년 2월 8일
13. 〔평양의 새 모습을 마련하신 위인에 대한 품위있는 예술적 형상-총서
    「불멸의 역사」중 장편소설 〈전환의 연대〉에 대하여〕 차수 〈문학신문〉
    2000년 3월 18일
14. 〔총서「불멸의 향도」 중의 장편소설들은 우리 당 위대성교양의 힘
    있는 사상적 무기〕 박용학 잡지 〈근로자〉 2000년 6월

                                        한국 〈정신문화연구〉 2002. 3~4

나는 「나」로 되고파

임원춘의 중편소설 〈그날 해는 짧았다〉(〈장백산〉 1990년 1월)는 분명히 비극이다. 〈그날 해는 짧았다〉의 남녀주인공 승만이와 순실이는 나는 「나」로 되고파 울었다. 아니, 몸부림쳤다. 그러나 그들은 누구도 나는 「나」로 되지 못했다. 나는 '나'로 되고 픈 것, 여자는 여자로 되보고 싶고 어머니로 되보고 싶으며 남자는 남자로 되보고 싶고 아버지로 되보고 싶은 것, 이것은 인간지본성, 「하느님」의 배치. 그런데 〈그날 해는 짧았다〉의 남녀주인공은 그 누구도 남자는 남자로, 아버지로, 여자는 여자로, 어머니로 되지 못했다. 아, 남자는 남자로, 아버지로, 여자는 여자로, 어머니로 되지 못한 비극.

이 세상에 원래 남자와 여자는 한 덩어리로 붙어있었다 한다. 그러던 것이 남자와 여자는 각기 반쪽으로 갈라져나가게 되었다한다. 하여 남자와 여자는 각기 자기의 반쪽을 찾아 헤매었다 한다. 인간세상의 남녀의 비극은 이로부터 환기되었다 한다. 워낙 그 반쪽 찾기란 인세의 이 허허바다에서 하늘의 별따기 보다도 더 힘드니 말이다.

〈그날 해는 짧았다〉의 남녀주인공들도 자기의 반쪽을 찾아 헤매었다. 그러나 그들은 다 자기의 반쪽을 찾지 못했다. 여주인공은 분에 차지 않는 반쪽이 차례지고 남주인공은 분에 넘치는 반쪽을 얻었다. 비극,

전사시대(前史時代)에서 벌어지는 어쩔 수 없이 벌어지는 다분히 숙명적인 맛이 풍기는 비극. 이것은 마치 〈그날 해는 짧았다〉의 남주인공의 숙명적인 고자의 비극처럼, 아니, 불행처럼 말이다.

불행에서, 비극에서 벗어나려고 발버둥치는 것은 인간의 고귀한 본성, 〈그날 해는 짧았다〉의 여주인공은 ‘나’의 품에 안긴다. 그녀는 우선 여자로 되보고 싶었다. 육체적인 여자로 말이다. 그리하여 그는 ‘나’와 ‘살까지 섞었’던 것이다. 그러나 그녀는, 필경에는 육체적인 여인만이 아니었다. 만약 그녀가 정말 육체적인 여자만이라 할 때 그녀는 치마두른 암컷으로서 언녕 그 산동의 ‘마서방’, 아니, 뭇수컷들을 찾아 헤맸을 것이다. 그녀는 필경에는 고귀한 정신적인 빛발이 발산되는 여인이었다. 보라, 그녀는 오직 ‘나’만의 품에 안겼으며 또한 ‘나’와의 ‘첫날밤의 기분’ 속에서 어머니-육체적인 여자+정신적인 여자로 승화되어 갔던 것이 아닌가? 그녀는 응당 육체적인 여자로, 정신적인 여자로, 육체적인 여자 +정신적인 여자=온전한 여자로 되어 여인으로서의 단맛을 보아야 한다.

그러나 기실 그녀는 아무런 여자로도 될 수 없었다. 육체적인 여자- 남편 승만이를 중심으로 한 마을사람들의 억압에 될 수 없다. 사회도덕 내지는 법률의 대표로서 마을사람들은 그녀에게 너무나 불공평했다. 그들은 그녀에게 고자 ‘반쪽’이 차례진 그것은 묵인할 수 있으나 정자 ‘반쪽’이 차례지는 그것은 묵인할 수 없다. 「미나리골 봉황」이 이렇게 일조일석에 「미라리골 까마귀」로 되고 말았’지 않았는가? 그럼 그녀는 정신적인 여자로 될 수 있었던가? 될 수 없었다. 그녀는 우선 그 누구에게서 보다도 자기가 모든 것을 다 바쳐온 유일한 정신적인 기둥이 ‘나’에게 환멸을 느끼지 않는가? ‘나’는 워낙 그녀에게 남의 ‘뼈다귀까지 긁아먹으라’했으니 말이다. 그리하여 그녀는 ‘히히…히히…’ 미친다. 그러나 그녀는 정말 미친 것이 아니다. 그녀의 ‘미침’은 사실상 다른 사람이 다 미치고 나만이 명석한 인간세상을 다 꿰뚫어 본 초탈의 ‘미침’이며 차디찬 인간세상의 거센 파도를 몰아내고 ‘나’만의 ‘나’를 지키며 굳건히 살아가는 하나의 생존방식으로서의 ‘마침’인 것이다. 이로부터 그녀는 허구픈 인생을 마음대로 웃는다. 들어라,'히히히히히히…', '히히…히히히'… 그 소름끼치게 하는 웃음을. 그녀의 가슴 깊이에는 또한 그 누구에게도 말할 수 없는, 그 누구보다도 강렬한 '진짜 여자로 되보고 싶은…' 사랑의 불길이 계속 일고 있었던 것이다. 보라, '내'가 잔치를 하는 날 그녀는 분명 '웃건울건 미쳤다고 치부하던 미친 눈은 아'닌 '두 눈에서 반짝이고 빛을 뿜는 눈물방울'을 보이지 않았는가? 그것은 분명 사랑의 애수 내지는 사랑의 미련의 눈물이었다. 보라, 그녀에게는 또 '미친 여인에겐 당치 않'은 여인 본연의 사랑의 '시기', '질투'가 있지 않은가? 그녀에게는 또 자기 희생적인 정의감이 불타고 있지 않은가? 보라, 그녀는 분명 하촌-샘물골을 먹여 살린 '장군'이었다. 사실 그녀는 장군이 아니다. 사실 그녀는 이해, 오직 이해만을 바랐던 것이다. 그녀는 '몇 푼 어치' 못가는 자기의 '더럽혀진 내 몸'일지라도 쓸모가 있다는 것을 이해해주기를 바랐다. 그녀는 워낙 '보살'이였던 것이다.

  그녀에게는 또 '뜨거운 모성애'가 빛발치고 있지 않는가? 보라, 그 '뜨거운 모성애'가 만들어낸 '바느질 솜씨가 여간만' 곱지 않은 '애기포대기'를. 아, 그녀는 '어머니로 될 차비'를 '빈틈없이 하고 있지 않는가!' 그럼 그녀는 진짜 어머니로 되었던가? 그녀는 정말로 달덩이 같은 '원걸'이를 낳았다. 그래서 그녀는 '어머니'로 되었다. 그러나 기실 그녀는 진짜 어머니로는 되지 못했던 것이다. 그녀는 워낙 아버지가 없는 '사생아'적 냄새를 다분히 풍기는 아이를 낳았기 때문이다. 하여 그녀는 사람들의 수긍 속에서 아이의 '아버지'와의 대응 속에서의 진짜 '어머니'로 승화될 수 없었다. 바로 '순실이의 해산은 잔자누룩하고 바람자던 미나리골을 다시 악마구리 끓듯 들볶아 놓지 않았는가? 소설의 마지막부분은 시사하는 바가 많다. 여기에서 원걸이의 형식적인 아버지 승만이는 죽고 '순실이는 원걸이를 데리고 감쪽같이 자취를 감추고 말았다'. 원걸이의 형식적인 아버지의 죽음은 원걸이의 사생아적인 환원으로 되며 결국은 순실의 진짜 어머니로서의 자격상실을 뜻한다. 그리하여 그녀는 자기는 원걸이 어머니라는 자부심 속에 진짜 어머니로 되기 위하여 그 어디론가 남들이 모를 곳으로 훨훨 날아갔다.

아, 진짜 여자로 되고 싶었고 진짜 어머니로 되고 싶었으나 되지 못한 비극, 비애: '흑흑… 나도 여자로 되고 싶구, 흑흑…어머니라는 소릴 듣구팠어요 흑흑…'

아, 그럼 비극의 충돌은 어디? 비극의 충돌은 우선 그 무엇보다도 바로 '진짜 여자로 되고 싶었고 어머니로 되고 싶었던' 것과 '남자라는 소릴 듣구 싶었구, 아버지가 되보고 싶었던' 것의 충돌. 헤겔이 말한 두 합리적인 긍정적 욕망의 충돌이다. 정녕 비극중의 비극이다.

그럼 '나도…남…남자라는 소…릴듣구싶…었구 아…버지가 되…보고…싶었'던 사람은 그 누구? 그는 죽어간 승만이였다. 그는 '죄악'과 허위 속에서 자기의 정당한 욕구충족을 기했다 '그래서 원…걸에미를 생과부나 다…다름없이 만…만들어…버렸'으며 '그리구…원걸이가 …뉘…새끼인가두 잘…잘 알'고 있으면서 원걸이 아버지노릇을 하려 했던 것이다. 그러나 그것은 구경에는 종이에 불 싼 격으로 우선 순실이의 '진짜 여잘 되보고싶'은 강한 욕망의 충격에 부서진다. 그리하여 '승만형은 2년나마 종적을 감추었던 술광기가 되 꼬리들고 말았다' 술, 술, 술, 그에게 있어서 술은 술술 넘어간다 하여서의 술이 아니었던 것이다. 그것은 워낙 남자로 되지 못한 비애 속에서의 비정상적인 '사내대장부'의 술노래었던 것이다. 그는 워낙 여자와의 육체적인 대응 속에서 남자가 남자로 될 수 없는 그런 숙명적인 불행의 고자었던 것이다. 그러나 그의 아버지가 되보고 싶은 강렬한 욕망은 순실이가 이미 '진짜' 여자가 되고 어머니가 된 기성적인 사실을 일단 묵인해버린다. 그래서 그는 '낳았네, 낳어!' '히쭉 웃는 것이었다'. 그러나 그는 이율배반의 모순에 빠진다. 남자의 점유욕 내지는 자존심과 아버지로 되려는 욕망의 이율배반! 그는 이 이율배반 속에서 몸부림친다. '승만형의 술광기는 갈수록 심해졌고 떨어졌다싶던 술중독증도 날따라 더 해 갔으며' '분풀이를 순실이 보고 하군 했다'. 그는 결국 이 이율배반 속에서, 이 술중독 속에서 죽어간다. 승만이의 죽음은 의미심장한 자아 풍자적인 맛이 있다. 이것은 우리들에게 '죄악'과 허위 속에서는 진짜 「나」, 진짜 남자로, 진짜 아버지로 승화될 수 없다는 것을 시사한다.

  '나도' 「나」로 되고 싶었고 '너도' 「나」로 되고 싶었다. 그러나 나도 너도 다 「나」로 되지 못했다. 워낙 '나'와 '너'는 비극적 충돌을 이루고 있으니 말이다. 그러니 비극은 굳어놓은 비극이다. 그럼 비극은 어디까지 언제까지?… 비극은 이미 끝났다. '그날 해는 짧았던' 것처럼 비극도 빨리 끝났다. 이제 비극이 희극으로 변한 '그날 해'는 길 것이다.

1990. 12

「천지문학상」 수상작품에 대한 비평과 그 전망

　「천지문학상」은 우리 중국조선족의 여러 잡지들 중 코치로 불리는 〈천지〉(현재 〈연변문학〉)잡지가 세운 제일 인기를 끌고 제일 높은 급의 상으로 인정받고 있다. 「천지문학상」은 1980년부터 시작하여 1992년 현재까지 열한 차례 시상되었다. 「천지문학상」은 매년 소설·시·실화문학 세 장르에서 제일 우수한 작품을 한두 편씩 골라 시상한다. 그 중소설과 시가 더 중시를 받고 있는데 소설과 시중에서도 소설이 또 좀더 각광을 받는 듯 한다. 이로부터 필자는 「천지문학상」 수상작품에 대한 비평과 그 전망을 더듬어보되 1980년부터 1989년까지 수상한 소설들을 그 대상으로 하도록 한다. 즉 장지민이 편찬하고 한국행림출판에서 1990년 1월에 출판한 〈천지문학상수상작품집〉에 수록된 소설들에만한하려 한다. 이제 이 작품집에 수록된 작품들을 그 발표된 시간적 순서에 따라 펴 보이면 다음과 같다.

수 상 작	작 가	수상연도
하고 싶던 말	정세봉	1980
구촌조카	홍천룡	1981
가정문제	서광억	"
비단이불	유원무	1982
몽당치마	임원춘	1983
박씨부인	김극민	"
해와 달	김 훈	"
눈 내리는 새벽길	이혜선	1984
처가집	박선석	1984
짓밟힌 정조	김학철	1985
연기 속에 누운 시체	윤명철	1986
촌장·향장·현장	장지민	1987
메리의 죽음	우광훈	"
광야의 길	이태복	1988

　이상 14편의 단편소설은 각기 그 자체의 독특한 제재선택, 주제세련, 인물형상창조 및 예술적 표현 그리고 독특한 예술적 스찔로써 각자의 문학 금자탑을 쌓아올려 수상작품으로 되기에 손색없다. 실로 〈중국연변교포문학의 최고봉〉(〈천지문학상수상작품집〉 편자의 말)이다고 할 수 있다. 그럼에도 불구하고 필자는 이제 이 작품들을 총체적으로 관조하는 가운데서 나타난 우리 작가들의 창작의식상의 미흡한 점들에 대해 비평을 진행할가 한다.

　필자는 이 수상작품들을 한번 죽 내리 훑고 난 다음 그 무미건조함에 재음미의 흥취를 잃고 말았다. 새로운 식의 「문이재도(文以載道)」의 따분한 설교풍은 필자를 진절머리나게 한다. 「문이재도」를 우리의 이 수상작품들과 연계시킬 때 우리의 작가들은 억울해 할 것이다. 「문이재도」는 어데까지나 봉건시대문인들이 인, 의, 예, 지, 신과 같은 정치, 도덕적 설교를 그 목적으로 하여 문학창작을 진행하는 것을 가리키기 때문이다. 그러나 우리의 이 수상작품들이 의식적이든 무의식적이든 작가의 그 어떤 드러난 단순한 가치판단에 바쳐졌으며 독자들 또한 이러한 작품들에서 그 어떤 정감적인, 감정적인 충격, 격동보다도 이성적인, 이지적인 냉철성만 느낄 때 그것이 모종 의미에서 「문이재도」와 상통하고 있음을 부인할 수 없다. 「문이재도」, 그것은 긍정적이든 부정적이든 우리의 유구한 문학전통임에는 틀림없다. 그것이 전통적인 집단무의식적인 원형패턴의 힘으로 이모저모로 지긋게 우리 현대작가들의 창작에 영향을 주고 제약을 주고 있음은 말할 나위도 없다. 「문화대혁명」 10년 대동란 기간에 개념화, 도식화로서 표현된 우리 문학의 도구화는 바로 이 「문이재도」의 한 극단적인 표현으로 된다. 이제 우리는 이 수상작품들에서 이 「문이재도」의 음영을 찾아보기로 하자.

「문이재도」의 가장 큰 한 개 폐단은 작가들로 하여금 객관생활의 그 어떤 창작적 충격에 의해서가 아니라 어디까지나 현실의 기성적인 가치관념의 설교를 목적으로 필을 들게 하는 데 있다. 이 각도에서 우리의 수상작품들의 가치판단을 볼 때 거기에는 작가의 독자적인 가치판단보다는 의식적이든 무의식적이든 누구나 다 느끼고 있는 혹은 알고 있는 현실생활의 그 어떤 기성적인 가치관념을 나타내고 있다. 그리하여 우리는 이 수상작품들의 제재선택, 주제세련 여하를 막론하고 이 수상작품들을 통하여 그 당시의 그 어떤 기성적인 가치관념을 찾아낼 수 있다. 이를테면 〈하고싶던 말〉, 〈구촌조카〉, 〈비단이불〉, 〈처가집〉 등이 지난 시기 성행한 착오적인 극좌노선의 죄행과 아울러 「4인무리」의 죄행의 폭로비판에 모를 박고 새로운 시기 새로운 현실의 긍정과 찬송에 바쳐진 그 당시 정치적 가치판단에 입각하였음은 말할 것도 없고 〈가정문제〉, 〈동당치마〉, 〈짓밟힌 정조〉 등은 세속인심을 꼬집으면서 도덕적인 당위성을 내세우고 있다. 그리고 〈박씨부인〉, 〈해와 달〉, 〈눈 내리는 새벽길〉, 〈메리의 죽음〉같은 작품은 인생의 긍정적인 한 자세를 밝힌 삶의 당위성을 밝혔다면 〈연기 속에 누운 시체〉, 〈촌장·향장·현장〉, 〈광야의 길〉은 인간, 인생의 진면모를 추구하면서도 결국은 현실생활에서의 당위적인 가치관을 내비치고 있다. 이제 좀 더 그 대표성적인 작품들을 구체적으로 분석해 보자. 〈하고 싶던 말〉은 우리 조선족문단의 상처문학의 대표작의 하나로서 1980년에 발표된 것이다. 한족(漢族)문단에서는 벌써 1977년에 〈반주임(班主任)〉, 〈상흔(傷痕)〉 등 소설창작으로써 상처문학의 데뷔를 보게 되지만 우리는 겨우 1979년 우광훈의 〈외로운 무덤〉, 김관웅의 〈청명날〉, 박철수의 〈원혼이 된 나〉, 그리고 뒤이어 나타난 정세봉의 〈하고 싶던 말〉등 일군의 작품들의 데뷔로써 상처문학의 데뷔를 보게 된다. 여기서 보다시피 한족(漢族)문단과 우리 조선족문단은 1978년 말 중국공산당 11기 3중전회를 전후한 시간적 차이를 보여주고 있다. 이는 우리 작가들의 창작의식상의 뒤늦음을 보여주고 있다. 그리고 1983년에 전국소수민족우수단편소설상을 받은 〈몽당치마〉를 놓고 볼 때도 동불사댁을 대표로 하는 세속인심을 꼬집으며 '몽당치마'가 나타내는 고상한 도덕적 지조를 고취했다 할 때 그 창작의식상에서 차원이 높은 것은 아니다. 그리고 〈해와 달〉같은 데서는 우리 매개 사람들은 삶을 영위함에 있어서 권세 같은 것에 아부할 것이 아니라 어디까지나 독자적인 인격으로 나서야 하며 〈연기 속에 누운 시체〉 같은 데서는 말보다 실제행동이 앞서며 내심의 충실을 가져오는 순직성을 내세웠다 할 때 그 작가적인 창조적 추구 각도에서 놓고 볼 때 그 차원이 새롭거나 높다고 할 수 없다. 보다시피 이러한 수상작품들은 그 작가의 창작의식상에서 우선 현실생활와의 밀착 속에서 현실 내지는 삶의 그 어떤 기성적인 당위성을 고취하고 있다. 바꾸어 말하면 우리의 작가들이 현실생활에서 자기적인 그 어떤 독특한 체험, 독특한 발견에 의해 피와 살이 있는 독창적인 창작을 진행했다기보다는 현실의 그 어떤 기성적인 가치관에 형상의 옷을 입히는 메마른 작업을 진행했다는 것을 알 수 있다. 하여 우리는 이런 작품들을 읽고 단지 또 한차례 구체적이고 생동한 그 어떤 기성적인 당위성에 관한 자료를 섭렵한 듯한 느낌밖에 없다. 현실 내지는 삶의 그 어떤 기성적인 당위성과 밀착된 이런 작품들을 그 당시 현실적의의 각도에서 보면 어떤지는 몰라도 일정한 거리감을 둔 지금에 와서 그 예술작품으로서의 가치를 따져볼 때 우리는 그것을 천박하지 않다고 할 수 없다. 문학창작이 부단히 그 어떤 새로운 가치관념을 발견하고 고취하며 시대정신을 창도해야 한다고 할 때 기성적인 가치관념에 매여 새로운 식의 메카폰으로 전락됨은 우리의 수상작품작가들의 창작의식상의 고루함을 나타내고 있다.

우리의 수상작품작가들은 이 기성적인 가치관을 설명하기 위하여 대개 다 대비 내지는 대립되는 긍정적인 쪽과 부정적인 쪽의 두 가치추구를 설정하고 이야기 줄거리의 발전과정을 통해 최종적으로 긍정적인 가치 쪽이 긍정을 받고 부정적인 가치 쪽이 부정을 받는 것으로 작가의 미학이상을 나태내는 패턴을 보이고 있다. 이제 이것을 도표로 보이면 다음과 같다.

패 턴 수상작품	긍정적인 가치(+)	부정적인 가치(−)	작가의 미학리상
하고 싶던 말	•금희를 대표로하는 행복한 삶에 대한 추구	•홍철이 아버지를 대표로 하는 「4인무리」의 극좌로선	•(+)를 긍정하고, (−)를 부정함
구촌조카	•구촌조카의 오늘로 대변되는 당의 올바른 농촌시책의 실시	•구초조카의 어제로 대변되는 당의 착오적인 농촌시책	" "
가정문제	•'나'를 대표로 한 인정에 대한 갈구	•첫 시집을 대표로 한 돈에 대한 탐욕	" "
비단이불	•백성을 위하는 당의 올바른 노선, 정책, 방침(송희준의 웃음으로 상징됨)	•백성을 이탈하는 당의 그릇된 노선, 방침, 정책 (송희준의 분노로 상징)	" "

몽당치마	•몽당치마로 대표되는 드팀없는 인정세계	•동불사댁으로 대표되는 세속적인 몰인정세계	" "
박씨부인	•김씨를 대표로 하는 지식에 대한 추구	•박씨를 대표로 하는 용속한 추구	" "
해와 달	•해로 상징되는 독자적인 삶	•달로 상징되는 욕속한 의뢰적인 삶	" "
눈 내리는 새벽길	•김수의네 부부관계	•'나'의 부부관계	" "
처가집	•장인의 오늘로 상징되는 새로운 시기	•장인의 어제로 상징되는 착오적인 극좌노선시기	" "
짓밟힌 정조	•문대성을 대표로 하는 새로운 정조관	•인식을 대표로 하는 낡은 정조관	" "
연기 속에 누운 시체	•천남이를 대표로 하는 순수성	•정수를 대표로 하는 처세술	" "
촌장·현장·향장	•촌장, 현장, 향장의 신분적 통일	•촌장, 현장, 향장의 신분적 분열과 대립	" "
메리의 죽음	•메리의 원래 주인과 메리의 관계	•메리의 후날 주인과 메리의 관계	" "
광야의 길	X	X	

　　이 도표에서 볼 수 있다시피 개혁개방시기 농민들이 도시에로의 진출과 농촌에서의 낙원건설이란 이 두 대립되는 가치에 다 긍정적 가치를 부여한 〈광야의 길〉 작가의 2원가치판단을 제외하고는 우리의 수상작품 작가들은 가치판단에 급급하고 있으며 그것도 대개 다 현실생활의 정치, 도덕적인 가치판단에만 기울어지고 있음을 알 수 있다. 이로부터 그 가치판단의 단일성, 단순성을 못 면하고 있다. 그리고 이런 가치판단의 단일성, 단순성은 작품 주제의 단일화, 명료화를 초래함으로써 그 사상교육적 각도에서는 「문이재도」의 우화식의 '장점'을 가졌다고 말할

수 있겠지만 독자들을 음미하게 하며 심사숙고하게 하는 예술적 작품으로서의 감화력은 없다. 그리고 최종적으로 작가의 긍정적 가치에 대한 명확한 긍정 및 고양(高揚)은 작품의 비극적 결말을 배제한 일종 새로운 「문이재도」 우화식의 천편일률적인 「대단원」 결말을 가져왔다. 이를테면 도덕적 설교의 우화식 인과응보의 「대단원」 말이다. 〈하고싶던 말〉, 〈구촌조카〉, 〈가정문제〉, 〈비단이불〉, 〈몽당치마〉, 〈처가집〉 등 작품들이 「4인무리」시기 극좌노선에 의해 빚어진 비극을 내비치고 있으면서도 이 비극을 보완하며 최종적으로 인과응보의 도덕적 설교를 완성하는 희극적 결말을 보이고 있는 것이 바로 그렇다. 피가 흐르고 살이 찢기는 적나라한 극단적인 비극만으로 끝나는 비극은 의식적이든 무의식적이든 유교의 「懲惡揚善」, 「敦敎化, 純風俗」, 「中正保和」의 도덕설교와 「怨而不怒, 樂而不淫」의 「中庸之道」 그리고 불교의 「因果報應」의 종교도덕률을 자기의 일종 집단무의식적인 사고패턴으로 갖고 있는 우리 작가들의 생리에는 어쩐지 잘 안 맞는 것 같다. 그리하여 그것이 문학창작에서는 「대단원」을 전제로 한 새로운 「문이재도」식의 확 드러난 급급한 가치판단으로 나타난다.

그리고 이런 새로운 「문이재도」의 우화식 가치판단의 단일성, 단순성은 이 수상작품들로 하여금 대개 다 이야기중심의 전래적인 사실주의에로 기울어지게 하고 있다. 이를테면 인물은 어디까지나 이야기에 매이고 작품의 주제사상은 어디까지나 이야기의 전개에 따라 우화식으로 드러나는 그런 사실주의 말이다. 문학은 인간학이다. 피와 살이 있는 산인간을 그려내는 것은 어디까지나 문학의 중심과제의 하나이다. 피와 살이 있는 산인간을 그리려면 어디까지나 인간의 심리세계를 다채롭게 풍부하게 그려야 한다. 우리의 수상작품들은 바로 이 피와 살이 있는 살아 숨쉬는 인간들이 부족하기 않는가하는 감이 든다. 위의 도표를 통해서도 알 수 있다시피 이 수상작품의 인물들은 대개 다 주로 작가의 긍정적인 가치와 부정적인 가치의 체현자로서 단지 자기와 대립되는 가치와의 외적인 충돌 속에서 자기적인 의지보다는 작가의 기성적인 가치판단에 따라 움직여나갈 뿐이다. 이로부터 놓고 볼 때 이 인물들에게서는 자기 내심의 이지와 감정, 의식과 무의식의 충돌 속에서 전개되는 풍부하고도 개성적인 심리세계를 볼 수 없다.

이상 주로 작가들의 가치판단각도에서 그 창작의식상의 미흡한 점들에 대해 내 나름대로의 분석을 진행했다. 수상작품 작가층을 놓고 볼 때 거기에는 기성연대, 중진, 신진을 망라한 우리 조선족문단의 작가층을 모두 포함하고 있는바 상술한 미흡한 점들은 우리 문단의 일반적 경향이라 해도 무방할 것이다. 그럼 이런 일반적 경향을 절감할 때 우리는 앞으로의 문학창작을 어떻게 바로 잡으며 발전시켜 나아갈 것인가?

필자의 천박한 생각으로는 첫째, 우리의 작가들은 어디까지나 자기의 실제적인 절실한 생활체험으로부터 출발해야 한다. 오직 이럴 때에야만이 창작당시의 그 어떤 현실적 요구에 응한 작품의 도구화적 타락을 모면할 수 있다. 여기서 현실적 요구에 응한 작품의 공리성적 추구를 절대적으로 반대하는 것이 아니라 그것은 어디까지나 작가의 절실한 생활체험과의 융합 속에서 이루어져야 한다는 것이다. 둘째, 정치, 도덕 등 현실적인 가치뿐만 아니라 문화, 철학적 높이의 가치에도 눈을 돌려 다원적인 가치판단을 추구해야 한다. 그리고 명확히 확 드러난 가치판단에만 급급해 말고 생활의 복잡성에 기인한 애매한 내지는 이율배반적인 가치판단도 허용해야 하며 너그러이 받아들일 줄 알아야 한다. 〈광야의 길〉에서 대비 내지는 대립되는 2원적인 가치판단의 제시는 그것이 생활현실의 진실일 때 우리 독자들에게는 무한한 사색의 여지를 주며 음미하게 한다. 셋째, 자꾸만 이야기식의 전통적인 사실주의에만 매일 것이 아니라 새로운 창작의식의 개척, 새로운 예술수법의 도입 내지는 창조에 의해 문학창작의 새로운 경지를 부단히 개척해야 한다. 이 수상작품들 가운데서 〈촌장, 향장, 현장〉, 〈메리의 죽음〉은 새로운 탐구를 진행한 흔적을 보이고 있다. 이를테면 〈촌장, 향장, 현장〉에서는 한 인물에 여러 신분적 인격을 부여하여 그것들의 모순충돌 속에서의 복잡한 인간성의 진실한 면모를 추구하였다면 〈메리의 죽음〉에서는 상징수법을 도입하여 구체적 현실적 차원을 초월한 그 어떤 보편적인 문화적 차원의 작품의 의미세계를 추구하고 있다. 이 두 작품은 필경은 전반 수상작품들 가운데서 극소수에 속하는 것이지만 문학창작발전의 한 필연적 추세를 나타내고 있는 만큼 주목을 요한다.

이상 필자는 나름대로 「천지문학상」 수상작품들에 대해 비평과 그 전망을 펴보았다. 그 비평과 전망의 객관타당성여부는 논의할 여지가 많으리라 생각되면서 여러 선생님들과 비평가들의 기탄 없는 지적과 비평이 있기를 바란다.

*연변대학제1차조선족문화연구학술토론회 발표(1991년)

　삶의 본능만을 짓궂게 강조해온 우리 현대인에게 있어서 죽음은 너무나 무서운 것이다. 소름이 끼치는 것이다. 하여 우리는 아예 죽음을 잊고 살고 있는 듯하다. 죽음의 본능, 기다리지는 죽음 같은 것은 잠꼬대 같은 것으로나 알았다. 그러나 우리는 분명 죽는다. 하느님(없는 하느님이지만 잠시 설정해본다)께서는 우리에게 삶도 주고 죽음도 주었다. 하여 우리에게는 삶도 살아야 하고 죽음도 죽어야 하는 숙명이 놓여졌다. 그럼 어떻게 살아야 하고 어떻게 죽어야 하는가? 여기서부터 우리의 생명의식과 죽음의식이 싹튼다…

　〈외로운 기다림〉(《천지》 1991년 5월)은 분명 이 생명의식과 죽음의식을 썼다. 그것의 교향곡을 연주했다. 작가는 냉철한 이지에 섬세한 필체로 생명의식과 죽음의식의 한 자세를 보여주었다. 그것은 어디까지나 무속적(巫俗)인 것이었다.

　무속하면, 그것은 우리에게는 너무 생소하게만 안겨온다. 그것도 그럴 것이 그것은 워낙 우리 조상들의 원시자연종교로서 까마득한 먼 옛날의 일이니 말이다. 그러나 그것은 기실 우리와 멀리 있는 것이 아니라 그것의 사고방식과 가치관은 이미 우리의 집단무의식적인 원형패턴

(模式)으로 생리화되어 있다. 그것은 우리의 무의식심처에 도사리고 있으며 분출구를 찾아 수시로 튀어나온다. 그럴진대 우리 당대소설에서 무속적인 그 어떤 원형패턴을 보게 됨도 너무나 당연한 것이다. 〈외〉(이하 이렇게 부르도록 약정)는 의식적이든 무의식적이든 작가 이혜선의 이런 무속적인 원형패턴이 내비치고 있다.

〈외〉의 주인공은 '할머니'다. '할머니'는 무속적인 생명의식과 죽음의식의 교향곡의 직접적인 연주가다. 그런데 이 교향곡의 주선률은 어디까지나 죽음의식인 것이다. 〈외〉는 이 주선률을 통해 생명의식이라는 부선률을 내비쳤다. 〈외〉는 분명 '할머니'의 죽음을 썼다. 본능적인, 기다리지는 죽음을 썼다. 그런데 그것은 무엇 때문에 본능적인, 기다리지는 죽음으로 되어지는 것인가? '하이얀 치마저고리에 하이얀 코신과 하이얀 머리… 하이얀 틀이…'의 '할머니'는 백골의 상징-죽을 때가 되었다는 것이다. 워낙 '바람잦고 눈, 비가 많고 폭양이 사나운 세월'이 생리적인 자연적 도태를 시켰던 것이다. '할머니'의 죽음의식은 여기로부터 싹튼다. '남의 나이두 벌써 스무해 먹었으니' '언녕 갈 때가 됐다'는 것이다. 살만큼 살고 죽을 때가 됐으면 죽어야 한다는 것이다. '할머니'에게 있어서 삶과 죽음은 봄이 되면 생명의 씨앗이 발아하고 가을이 되면 죽음의 열매가 떨어지는 것과 같이 자연스럽고 정상적인 것이다. 죽음, 그것은 똑 마치 '서산에 지는 해인'것이었다. 그런 만큼 '할머니'에게 있어서 죽음의 공포 같은 것은 운운할 여지도 없다. 이와 같이 자연의 이치에 순응하는 자연적인 생사관-여기에 바로 무속적인 생사관이 있는 것이다. 이로부터 죽음이란 것도 본능적인 것으로 되며 본능적이다 못해 의식적인 것으로 된다. 이에 죽음은 기다리지게 되며 준비되어 가는 것이다.

그럼 '할머니'의 죽음의 기다림과 준비는 어떤 것이었던가? 기실 '할머니'는 죽음을 기다리지 않았고 준비하지도 않았다. '할머니'는 '저세상'으로 갈 준비를 하며 기다렸던 것이다. 워낙 '할머니'에게는 죽음이란 개념이 없었다. 거저 '저세상'으로 간다는 것뿐이다. '이세상'-이승과 '저

세상'-저승의 상정(想定), 이것이 무속의 생사관의 내연을 이룬다. '이세상'에서 살다가 때가 되면 '저세상'으로 옮겨가 이승과 비슷한 새로운 삶을 새로이 영원히 산다는 것이다. 보다시피 무속에서는 죽음에 의한 생의 단절 같은 것은 없다. 그런데 무속에서 운운하는 '저세상'에로의 새로운 삶의 개시에는 조건부가 달려 있는 것이다. '이세상'의 그 누구나가 때가 되면 다 '저세상'으로 갈 수 있는 것은 아니다. 비록 짧다나 짧은 무상한 '이세상'이건만 잘 먹고 잘 입으며 아무런 원(寃)없이 살다가 때가 되어 죽은 자들만이 '저세상'으로 갈 수 있는 것이다. 잘 먹지 못하고 잘 입지 못하며 원망 속에 살다가 죽은 사람들이나 제명에 죽지 못한 사람들은 '저세상'으로 갈 수 없어 그 죽은 혼이 '이세상'에 남아 배회하며 산사람한테 해꾸지 한다. 〈외〉의 '할머니'는 전형적인 이 무속적인 생사관의 실체로 나타난다. 죽을 때가 된 '할머니'는 우선, 세월의 흐름의 빠름을 누구보다도 절감한다. '이봐, 나 엊그제 머리를 얹은 것 같은데 벌써 파뿌리가 됐잖았수' 그리고 인생의 무상도 느낀다. '사람목숨이 파리목숨'같을진대 '사람일은 모른'다로 결론지어지는 것도 너무나 당연하다. 다음, 바로 유수같은 세월에 무상한 인생이라 역설적으로 인생을 아끼며 잘 살아야 한다는 것이다. '사람앞날이 얼매라구 이렇게 살겠수', 자기는 '남정하구(는) 요맨치 얼굴 붉혀본적 없'이 깨 쏟아지게 살았다는 것이다. 실로 '깊이 들어 낭패없'을 '늙은이 말'이다. 죽음의식에 맞다 띄워 그 어느 때보다도 더 없이 고양되는 '할머니'의 생명의식이다. 바로 이 생명의식의 고양 때문에 '할머니'는 결국은 '쑈왕'에 대하여 동정을 갖게 되며 '나이 오십을 먹구두 시집비위 나서 야단이'다던 자기 며느리의 '시집비위'도 맞춰주고 마는 것이다. '할머니'의 생명의식은 어쩌면 자기 한생의 총화로서 자연스럽게 도출되는 너무나도 소박한 결론이기도 한 것이다. 기실 바로 이 소박한 결론 속에 원시자연종교로서의 무속적인 생명의식이 숨쉬고 있는 것이다. 〈외〉에서 이 생명의식은 '할머니'가 저승으로 간다는 죽음의식을 전제로 죽음을 기다리며 준비하는 곳에서도 잘 나타난다. 사실 〈외〉의 무속적인 죽음의식과 생명의식의 교향곡은 이곳에서 집중적으로 흘러나온다. '할머니'는 왕성한 생의 욕구의 충족을 추구한다. '설기 잡숫겠다. 순대 생각난다. 취쌈 생각이다. 더덜기장 찌개하라 임신부보다 더 잔사설이다'. '이세상'에서의 생의 욕구를 만끽하고 아무런 원망도 없이 '저세상'으로 가기 위해서다. 그래야만 자기의 새로운 삶도 전개될 수 있고 산사람에게도 해코지를 하지 않는다는 것이다. '할머니'가 '로비'를 갖춘다든가 '상시'를 갖춘다는 것도 다 마찬가지 사정에서였다. 그리고 '할머니'가 '저세상'에 가 '큰아들, 둘째아들, 셋째아들에 영감까지 만날 생각으로 '시계'며 '편지'까지 갖춘다는 것은 원통하게 죽은 사람의 원을 끄는 산사람의 도리를 짓꿋게 행'하는 생명의식이다. 이상에서도 볼 수 있겠지만 〈외〉에서의 무속적인 죽음의식과 생명의식의 교향곡은 어디까지나 죽음의식이 주선율로 되고 이것의 역설로서 생명의식을 유발시킨다. 이로부터 시사 깊은 〈외〉의 마지막 부분을 볼진대 죽음과 삶의 축복이 이어지는 멜로디를 엮어내고 있다. '그날 할머니(골회암. 필자 주)앞에서 우리는 우리의 장래 아버님을 모시고 음식을 맛나게 쓰며 면목을 익히기까지의 과정을 멋있게 치뤘다'. 여기서 볼 수 있다시피 할머니는 이미 '저세상'으로 갔다. 그런데 바로 '할머니'의 이 제사장이 '나'를 포함한 우리 산사람들의 새로운 출발, 새로운 결속을 이루며 그 생을 더 멋있게 하는 장소가 되기도 한 것이다. 여기서 우리는 또 죽음의식에 의한 생명의식의 유발 내지는 고양을 볼 수 있다. 워낙 무속적인 제사는 고인을 위한다하기 보다는 어디까지나 산사람을 위하는데 그 본령이 있었던 것이다.

　〈외〉의 '할머니'는 외로왔다. 죽음을 기다리는, 준비하는 '할머니'는 외로왔다. 워낙 죽음은 '나', 아니 작가, 아니 우리 모두의 무의식세계에 있었다. 하여 우리는 너무나 그것을 모르고 있었다. '나', 아니 작가, 아니 우리 모두는 '할머니'의 죽음을 통해 그것을 알았다. '할머니'는 '나', 아니 작가, 아니 우리 모두의 무의식의 대상화이기도 했다. '할머니'는 죽음을 '나', 아니 작가, 아니 우리 모두의 무의식으로부터 의식으로 끌어 올려 전시했다. 하여 우리 모두는 그 어떤 놀라운 사실에 부딪치게 된다. 자꾸만 '외롭게만' 안겨오던 '할머니'의 기다림이 너무나 절실히 우리의 기다림과 중첩되어 지는 것이다. 기실 인간은 태어나자마자 죽음으로 치닫는 역설에 놓여 있지 않는가? 산다는 것이 바로 죽음으로 간다는 것이다. 결과적으로 볼 때 죽음을 위해 산다는 말이 되기도 한다. 이로부터 볼 때 죽음은 또한 우리 모두의 의식적인 무의식적인 기다림으로 부상되기도 한다. '웃집 할머니는 아직도 기다리신다. 우리도 기다리고 있었다'. 〈외〉의 무속적 죽음의식과 생명의식은 바로 이 마지막 두 마디에서 보편적인 인간본연의 존재론으로 승화된다. 〈외〉의 깊은 철학적 사색은 바로 여기에 있다. 〈외〉의 작가는 우리에게 인간의 궁극적인 존재적 양상을 귀띔했다. 그러나 그 존재적 양상으로부터 그 어떤 당위성적인 생명의식이나 죽음의식 같은 것은 도출하지 않았다. '할머니'의 죽음을 통한 무속적인 죽음의식과 생명의식은 그 존재적 양상을 귀띔하는 계기는 되었을망정 그 존재적 양상으로부터 환기된 그 어떤 당위성적인 대답은 아니다. 작가는 이 무속적인 죽음의식과 생명의식이 우리 현대인에게 그 어떤 어필하는 긍정적 가치가 있음에도 불구하구 오히려 그것을 부정해 나선 듯하다. '할머니'의 상징-수의가 결국은 민속박물관의 진열품으로 진열됨으로써 그것은 어디까지나 역사적 유물로 전락되고 마는 것이다. 이에 무속적인 죽음의식과 생명의식도 결국은 역사적 유물에 지나지 않음을 시사해주고 있는 듯하다. 무감각하기만 하던 작가의 가치판단이 여기서 미묘하게 비친다. 그럴진대 새로운 생명의식과 죽음의식의 정립은 이제 우리에게 남은 과제로 되는 것이다.

1992. 2

　문학이 인간학인 만큼 인생을 떠날 수 없음은 너무나도 자명한 일이다. 우리 작가들은 짓궂게 인생을 표현해왔다. 인생의 희노애락… 인생의 모든 것. 그런데 우리 작가들은 이때까지 너무나도 도식화된 당위성적인 인생 혹은 당위성적인 가치판단에 의해 조명된 인생에만 집착해온 듯하다. 하여 인생의 표층 내지는 환영 속에만 잠겨 있은 지도 모른다.

　그래서 그런지 새로운 1990년대에 들어서서 인생의 표층 내지는 환영을 꿰뚫고 인생의 심층의 본연의 모습들을 생생하게 들춰내 보이는 진짜 인생문학들에 눈이 퍼뜩 띄운다. 이혜선의 〈외로운 기다림〉(〈천지〉 1991.5), 〈해몽〉(〈도라지〉 1992.5), 우광훈의 〈숙명 18호〉(〈문학과 예술〉 1991.2), 〈숙명 19호〉(〈천지〉 1992.3), 〈숙명 20호〉(〈도라지〉1993.1) 등등이 그 보기로 된다.

　우리는 이때까지 너무나도 인생본연의 모습을 모르고 살아온 것 같다. 아니, 그 인생 본연의 모습이 너무나도 비참해, 참혹해 우리는 삶의 본능, 내지는 삶의 지혜로써 그것을 우리의 무의식심층에 깔고 온 것 같다. 그런데 그 '고약하'다 못해 '지독'한 이혜선, 우광훈은 다 아문 상처를 또 파헤치듯이 우리의 무의식심층의 인생 본연의 모습을 우리의 의식세계로 떠올리며 우리를 당황하게 만든다.

　그럼 인생 본연의 모습은 어떤 것이냐?

　인생 본연의 모습은 누구나 다 죽는다는 것이다. 이것은 우리 매개 사람들에게 숙명적으로 주어진 것이다. 조용한 속에서 앙큼함을 품고 있는 여작가 이혜선은 이 죽음을 냉철히 내보이고 있다. 〈외로운 기다림〉은 할머니의 죽음을 통하여 이것을 보여주고 있다. 〈외로운 기다림〉에서 할머니는 '하이얀 치마저고리에 하이얀 코신과 하이얀 머리…하이얀 틀이…'의 흰 것을 폭 뒤집어 쓴 백골의 상징으로 등장한다. 워낙 '바람잦고 눈, 비가 많고 폭양이 사나운 세월'이 생리적인 자연적 도태를 시켰던 것이다. 이에 할머니는 '남의 나이두 벌써 스무해 먹었으니' '언녕 갈 때가 되'었다는 것이다. 이로부터 할머니는 의식적인 기다림 속에서 차분히 죽음을 준비해갔던 것이다. 할머니에게 있어서 죽음은 일종 본능적인 것이다. 또한 그것은 '서산에 지는 해'처럼 자연스럽고 정상적인 것이기도 했다. 그런데 이 모든 것이 죽음에 직면에 할머니만이 독특하게 느낄 수 있는 것일 때 할머니는 외로웠다. 그는 단지 외로운 기다림밖에 기다릴 수 없었다. 할머니를 제외한 우리는 이때까지 삶의 본능만 알았고 강조해왔다. 죽음의 본능, 죽음의식 같은 것은 아예 운운할 여지도 없는 것으로 알아왔다. 워낙 우리는 숙명적인 죽음을 무의식층에 깔아두고 평시에 죽음을 의식하지 않고 산다. 그런데 이제 〈외로운 기다림〉의 할머니의 죽음이 우리 모두의 무의식 속의 죽음콤플렉스를 의식층으로 끄집어낸다. 이로부터 우리는 그 어떤 놀라운 사실에 부딪친다. 자꾸만 '외롭게만' 안겨오던 할머니의 기다림이 너무나 절실히 우리의 기다림과 중첩되어지는 것이다. 사실 인간은 태어나자마자 죽음으로 치닫는 역설에 놓여있지 않는가? 산다는 것이 바로 죽음으로 간다는 것이다. 결과적으로 볼 때 죽음을 위해 살았다는 말이 되기도 한다. 이로부터 볼 때 산다는 것은 또한 우리 모두의 무의식적인 죽음의 기다림으로 부상되기도 한다. 이런 의미에서 우리의 전반적인 삶은 의식적인 삶과 무의식적인 죽음의 역동적인 교체이기도 하다. 〈외로운 기다림〉의 마지막의 '웃집 할머니는 아직도 기다린다. 우리도 기다리고

있었다'의 두 구는 바로 우리 인생 본연의 존재론적 양상을 귀띔해 주고
있다.

우광훈은 〈수명 20호〉에서 역시 이런 인생 본연의 존재론적 양상을
귀띔하고 있다. 병태는 젊은 지성인이다. 시인이다. '그는 생명을 길이
깨닫고 사색'한 사람이다. 그리하여 그도 〈외로운 기다림〉의 할머니처럼
차분히 죽음을 준비했던 것이다. 사랑하는 금란이와의 이혼, 자기의 방
을 깨끗이 정리 그리고 특히 자살지점을 카라OK로 정한 것 같은 것은
이를 말해준다. 그는 '말이 없이 행동으로 말하는 부류의 사람'으로서
음독자살이라는 자기의 실제행동으로 인생 본연의 존재론적 양상을 일
깨워준다. 〈숙명20호〉에서 병태의 지기 학이는 병태의 죽음에 대해 너
무나도 잘 이해하고 있다. 병태의 죽음은 너무나도 큰 충격파로 되어
그를 닥달하고 있다. 그는 바로 병태의 죽음으로부터 '생명의 진실한 의
미를 만진 듯 했고 이제 자신에게 차례질 숙명의 결과를 감각적으로 느
끼고 있는 듯 싶었다'. 〈숙명 20호〉는 학이의 형상을 통해 바로 이런
인생 본연의 숙명적 죽음을 절실히 느낀 인간의 어색함, 고민, 방황 같
은 것들을 쓰고 있다.

이혜선과 우광훈은 또 인생의 무상, 내지는 황당함 등에 대한 표현을
통해 인생 본연의 다른 한 존재론적 양상을 추구하고 있다. 〈외로운 기
다림〉의 할머니의 '이봐, 아 엊그제 머리를 얹은 것 같은데 벌써 파뿌리
가 됐잖았겠수'하는 인생탄식, 쏘왕의 우연한 죽음, 〈해봉〉의 경복의 돌
연적인 죽음같은 데서 인생 본연의 무상, 허황함을 드러내고 있다. 그
리고 〈운명 18호〉의 귀곡의 비밀을 알게 되자 죽게 되는 김성복과 장
길춘, 〈운명 19호〉의 '헛소리'를 친 김선생을 자기의 문학선생으로는 첫
선생이라고 죽기 전까지 외우는 금석이, 그리고 전부의 생을 기탁한 원
고가 퇴짜 맞아 인생가치실현의 실패를 보여주고 있는 것도 역시 인생
본연의 무상, 허황함을 보여주고 있다.

인생 본연의 존재론적 양상을 무상, 허황함으로 본 것은 그 어떤 새
로운 발견이 아니다. 다른 것은 그만 두고라도 우리 조선고대문학사의

명작 〈구운몽〉은 바로 이런 것을 썼다. 주인공 양소유가 이 세상 부귀 영화를 맛 볼대로 다 맛보다가 결국은 죽음이라는 이 괴물과 맞다 띄우는 순간 인생 본연의 무상, 허황함을 절감하며 새로운 차원의 생을 추구하고 있는 것은 우리가 너무나 잘 아는 이야기 플롯이다. 그럼 이혜선과 우광훈이 그 어떤 새로운 자기 나름의 독특한 인생 본연의 존재론적 양상을 파악한 것은 없는가? 필자는 그들의 〈해몽〉, 〈운명 20호〉를 해부해 볼진대 이것에 긍정적인 해답을 주고 싶다. 〈해몽〉은 꿈같이 몽롱한 인생을 한낱 흐름으로 파악했다. 그때그때의 상황에 따라 부단히 새롭게 느껴지고 감수하게 되고 체험하게 되는 것이 인생이라는 것이다. '지금 시대는 어제, 오늘, 내일로 나누는 시대가 아니란 말이요. 지금으로 따지는 거란 말이요. 우린 언제나 지금에 속하는 거지'. 그러므로 결과적으로 볼 때 '지금'의 부단한 연속 그것이 곧 인생이라는 것이다. 희노애락의 인생체험 같은 것은 이로부터 이루어진다는 것이다. 〈해몽〉은 주로 주인공 신자의 내심의 경력을 통하여 이런 것을 보여주고 있다. 동창의 비보를 받고 그는 슬펐다. 추모모임에 가는 그녀는 입술 연지를 지우고 간다. 자기의 비애를 나타내기 위해서다. 그런데 오랜 간만에 동창들을 만나는 순간 그녀는 기쁜 감정을 억제할 수 없었다. 그러다가 고인의 집에 가서는 쓸쓸한 비애를 금할 수 없었다. 그리고 '황후'술집, 카라OK에 가서는 그 특정한 상황하에서 즐거움 그리고 여자의 존엄, 질투 허영 등 가지각색의 감정색채를 맛본다. 여기서 볼 수 있다시피 〈해몽〉은 신자를 비롯한 여러 등장인물들이 때와 장소가 바뀜에 부단히 맛보게 되는 희, 노, 애, 락 및 그 복잡한 감정응어리, 이런 것들의 파노라마(흐름) 그 자체를 인생 본연의 존재론적 양상으로 파악했다.

〈숙명 20호〉는 '책임'을 한낱 인생 본연의 존재론적 양상으로 파악하고 있다. '우리 생명은 태어나는 그 순간에 책임의 멍에를 지고 태어났을 것이오. 부모에 대한 책임, 양심에 대한 인간의 책임…'. 학이의 이 말은 단적으로 작가가 파악한 그 인생 본연의 존재론적 양상을 드러내고 있다.

이혜선, 우광훈 두 작가는 인생 본연의 존재론적 양상을 위와 같이 파악하고 있을 뿐만 아니라 또 자기 나름대로의 독특한 당위성적인 인생자세를 보여주고 있다.

〈외로운 기다림〉에서 할머니는 인생본연의 숙명적 죽음 및 그 무상, 허황함을 느꼈다. 이에 그는 역설적으로 인생을 아끼며 잘 살아야 한다는 현세주의를 고취한다. '사람 앞날이 얼매라구 이렇게 살겠수', 자기는 '남정하구 요맨치 얼굴 붉혀본적 없'이 깨 쏟아지게 살았다는 것이다. 인생 본연의 죽음에 맞다 띄워 그 어느 때 보다도 더 없이 고양되는 할머니의 현세의식이다. 바로 이러한 현세의식을 갖고 있기 때문에 할머니는 사람들 지간에 동정, 이해를 내비칠 것을 촉구하고 있다. 할머니가 쑈왕에 대하여 결국 동정을 갖게 되며 '나이 오십을 먹구두 시집비위 나서 야단이'다던 자기 며느리의 '시집비위'도 맞춰주는 것은 이를 잘 말해준다. 〈외로운 기다림〉의 마직막 부분의 '그날 할머니(골회암, 필자주)앞에서 우리는 우리의 장래 아버님을 모시고 음식을 맛나게 쓰며 면목을 익히기까지의 과정을 멋있게 치뤘다'는 것도 할머니의 인생 본연의 죽음, 할머니의 제사장이 역설적으로 '나'를 포함한 우리 산사람들의 새로운 출발, 새로운 결속을 이루며 그 생활을 더 멋있게 하는 장소가 되는 것을 통하여 결과적으로 현세주의를 드러내고 있다.

〈해몽〉에서 보면 작가는 인생이란 그때그때의 주어진 상황에 맞부딪쳐 느끼게 되는 것들의 연속이라 하지만 인간이란 어디까지나 현실적 자아를 찾고 정립해 나가야 된다는 것이다. 〈해몽〉에서 주인공 신자가 때와 장소의 이동에 따라 마음 속 복잡한 갈래 판을 치다가 결국은 현실적 자아로 돌아온다. 카라OK에서 거의 현실적 자아를 잃을 번 하다가 결국 집으로 발길을 옮기며 남편과 딸애를 생각하는 것은 그것을 말해준다.

〈숙명 20호〉에서 보면 작가는 우선 인생은 숙명적으로 그 어떤 책임을 지는 것이다를 인생 본연의 존재론적 양상으로 제기하고 있을 뿐만 아니라 그것 자체를 또한 당위성적인 한 인생자세로 내 세우고 있다. 주인공 학이가 남호와 명순이의 결혼을 권유하는 그 대목은 이를 직설하고 있다. 다음 작가는 자기의 자유로운 의지에 의한 부단히 새로운 선택을 진행하면서 불필요한 인생책임, 인생부담 그리고 회피할 수 있는 인생책임, 인생부담 같은 것들을 들고 회피하는 것도 인생의 또 하나의 바람직한 자세라는 것이다. 이것은 물론 인생 본연의 그 어떤 '멍에' '질곡'으로 파악한 것을 그 전제로 하고 있다. 남호와 명순이의 연애는 할지언정 결혼을 거부하며 동철이와 영애의 실리주의적인 결혼방식 그리고 학이의 사직신청서제출같은 것은 바로 자주적인 선택 속에서 인생을 보다 홀가분하게 윤활하게 조직한 바람직한 인생자세의 한 보기로 내세웠다.

***　　　　　***

이혜선과 우광훈은 인생 본연의 모습 그리고 그 당위성적 인생자세를 자기 나름대로 파악하고 내세웠다. 그런데 우리가 여기서 반드시 알아야 될 것은 이들의 입각점은 어디까지나 우리 개개의 현실적 인간들이지 그 어떤 추상적이고 전반 인간, 전 인류가 아니라는 것이다. 이 점에서 이들은 인간에 대한 전통적 파악과 그 입각점을 달리하고 있다. 그런 만큼 이들은 바람직한 인생자세를 탐구함에 있어서도 역시 우리 개개의 현실적 인간 각도에서 출발한 만큼 그 가치판단이 전반 우리 인류의 입장과 맥락이 통하는가 안통하는가 하는 문제는 논란의 여지를 안고 있다. 필자는 여기서 이들의 작가적 탐구에 그 어떤 가치판단에 앞서 우선 이들의 예술세계를 펼쳐보이는 것으로 만족하겠다.

1993. 3

멀리로는 빅또르·유고의 〈빠리노뜨르담사원〉, 가까이로는 나도향의 〈벙어리 삼룡이〉, 이런 유의 문학사적 가치가 있는 명작들은 우리에게 너무나도 익숙히 알려져 있는 것 같다. 못난, 추한 카지모드, 벙어리 삼룡이는 이미 독특한 예술적 미의 한 극치로서 하냥 우리에게 미적 향수를 주고 있다.

이제 우리 문단의 경우를 보건대 우리의 「카지모드」, 「삼룡이」가 이 근간의 문학창작에서 자기의 모습을 나타내며 그 자리를 굳히고 있음은 우리 작가들의 한 개 독특한 심미적 시각의 개척을 의미한다. 윤림호의 〈천치빵덕이〉(〈천지〉 1990.10), 김웅걸의 〈초상날의 새 무덤〉(〈천지〉 1990.12), 김재국의 〈해빛 속으로 사라진 영혼〉(〈천지〉 1991.10), 안부길의 〈유혹〉(〈도라지〉 1992.5)등은 그 전형적 보기로 되겠다. 필자는 이러루한 천치거나 좀 부실인물을 주인공으로 내세운 소설들을 일단 「천치계소설」로 정립해 보도록 한다.

그럼 이런 작품들의 그 독특한 심미적 추구는 어디에 있는가?

이 「천치계소설」들을 펼치면 우리는 말 그대로의 일련의 천치형상들과 만나게 된다. 빵덕이, 성필이, 그, 길홍이… 작가는 이런 주인공들이

'그 몰골이 야생인을 방불케'하도록 못났고 '바보'고 '머저리'고 '정신박약'
이고 '어리숙'할지라도 어디까지나 사랑스럽게 그리고 있다. 바로 여기
에 작가의 독특한 심미적 추구가 있는 것이다.

우리는 지금 시장경제에로의 격변기 속에서 자기도 모르게 냉혈동물
로 변해가고 있다. 그리하여 풍성한 물질적 향락은 누릴 수 있을지는
몰라도 감미로운 정신적 향수는 만끽하기 어렵게 되어가고 있다. 그것
은 인정의 감로수가 메말라 가고 있기 때문이다. 이것이 소위 우리 정
상적인 현대인간들의 비정상적인 현대병이다. 우리 작가들은 바로 위의
천치형상들을 통하여 그 약처방을 떼 주고 있다. 워낙 그 천치형상들은
모두다 인정의 화신으로 등장하며 인정의 꽃을 피우고 있다. 〈해빛 속
으로 사라진 영혼〉의 '그'는 '천성적인 정신박약'이라 하지만 인정만은
박약하지 않았다. 그는 사람이 그리웠다. 그는 자기 집에 사람이 오는
것이 좋아 일일이 악수하며 마중하였고, 〈천치빵덕이〉의 빵덕이는 누나
구실을 하느라고 동생에 대한 누나의 모든 살틀한 정을 다 쏟는가 하
면, 〈초상날의 새 무덤〉의 성필은 춘호의 시신을 정성껏 수습하며, 〈유
혹〉의 길홍이는 가긍한 모녀의 살림살이를 이모저모로 돌봐준다. 작품
에서 천치들의 이런 인정은 '정상적인' 다른 인물들과의 선명한 대조를
이루며 나타나고 있다. 〈해빛 속으로 사라진 영혼〉에서는 '그' 대 어머
니를 제외한 형부, 누나, 조카 나아가서는 작품에 등장하는 모든 사람
들, 〈천치빵덕이〉에서는 빵덕이 대 동생 방국이, 〈초상날의 새 무덤〉에
서는 성필이 대 '신선' 노인을 제외한 뭇사람들, 〈유혹〉에서는 김홍이
대 모녀간을 제외한 다른 마을사람들 등이다. 여기서 작가가 유정한 전
자를 긍정하고 무정한 후자를 부정했음은 말할 나위도 없다. 그럼 작가
들은 무엇 때문에 하필이면 이런 천치들을 가치판단의 한 측도로 내세
웠겠는가? 한마디로 말하면 그것은 작가들이 소외된 인간의 순수한 자
연성을 다시 살리려고 했기 때문이다. 그 주인공들은 자연인이다. 그들
은 천치인 만큼 혹은 천치로밖에 될 수 없었던 만큼 인간의 사회생활과
는 대개 다 멀리 떨어져있었다. 〈해빛 속으로 사라진 영혼〉의 '그'는 '바

같세계'와 동떨어져 집안에 갇힌 생활을 했으며, 〈천치빵덕이〉는 다만 외딴 방목장의 '데데한 장외톨'과의 물질적 교환관계 속에서 살고 있고, 〈초상날의 새 무덤〉의 성필이는 '사람들을 피해다니다'가 '마을에서 2리쯤 떨어진 소막골에 집인지 막인지 쳐놓'고 살고 있으며, 〈유혹〉의 길홍이는 '오두막을 짓고 혼자 살고 있었'다. 그리하여 이들은 세상에서 소실되어가고 있는 자연적 인간성을 보존할 수 있었다. 이들이 자연인으로서 순진한 인간적 감정의 노출은 이를 잘 말해준다. 〈천치빵덕이〉의 동생 방국이에 대한 무조건적인 사랑은 자연적인 혈연적 감정의 한 보기로 되며, 〈초상날의 새 무덤〉의 성필이가 원수인 춘호의 시신을 그렇게 정성껏 거들 수 있는 것도 전적으로 산사람이 죽은 사람에 대한 소박한 인간적 도리라는 차원에서 의식적이기보다는 거의 무의식적으로 행하여졌던 것이다. 그리하여 다른 사람들이 그를 비실비실 피하며 '머저리…머저리'라고 한 말들은 아예 귀에 들어오지 않았던 것이다. 〈해빛 속으로 사라진 영혼〉의 '그', 〈유혹〉의 길홍이도 마찬가지다. 이들도 보면 모두가 자연적인 인간심성에서 흘러나오는 인정의 불꽃을 보여주고 있다. 작가들은 그 심미적 가치판단에 있어서 바로 이 천치들의 자연적 인간성이 이루어지고 보존될 수 있는, 사회와 동떨어진 자연적 삶에 긍정적 가치를 부여했음에 반해 일반적 사회생활을 인간성의 소외를 가져오는 부정적 가치로 보았다. 〈천치빵덕이〉의 방국의 형상은 이를 잘 시사해준다. 방국이가 자연적 인간으로 있을 때, 이를테면 아직 어린 나이로 학교에 다닐 때 그에게는 온전한 자연적 인간성이 고동치고 있었다. 그러나 그가 일단 사회에 들어서자 건달패에 휩쓸리게 되며 최저한도의 자연적 혈연적 인간성마저도 상실한다. 자기 누나 빵덕이에 대한 전후 부동한 그의 태도는 이를 여실히 보여주고 있다. 이외에 〈해빛 속으로 사라진 영혼〉도 좋고 〈초상날의 새 무덤〉도 좋고 〈유혹〉도 좋고 이들 작품 속의 천치를 제외한 거의 등장인물 전부가 변질된 인간성을 나타내고 있음은 작가들이 이 '정상적인' 사람들이 사는 현실생활을 인간성 소외의 무서운 장(場)으로 보았음을 알 수 있다. 물론 작가들이 자연적 인간성 대 변질된 인간성의 대비 속에서 사회적 현실생활에 부정적 가치를 가한 데는 절대적으로, 편면적으로 문제를 본 맹점이 없지 않아 있다. 그러나 우리의 자연적(인도주의 포함) 인간성이 의식적이든 무의식적이든 사회적 현실생활 속에서 이러저러하게 소외되고 있음을 감안 할 때 그것은 어디까지나 일리가 있는 가치판단이 아닐 수 없다. 「천치계소설」 작가들은 변질되지 않은 자연적 인간성을 높게 사고 있다. 그들은 우선 천치들 자체의 겉과 속, 이를테면 추한 외모와 아름다운 심령(주로 인정) 지간의 격차(대조)를 통해 그 자연적 인간성을 돋보이게 하고 있다. 다음 사회현실생활 속에서의 변질된 인간성와의 대조 속에서 천치들의 자연적 인간성을 돋보이게 했다. 이런 입체적 대조 속에서 추한 것은 더욱 추하게 나타나게 하고 아름다운 것은 더욱 아름답게 돋보이게 하는 미학적 원칙은 빅또르·유고와 나도향과 그 궤도를 같이하고 있다. 천치들의 자연적 인간성이 의식적이든 무의식적이든 작가들의 이와 같은 미학적 원칙하에 돋보이게 될 때 사실 그것은 사회현실생활 속의 우리 모두를 비춰보는 거울로 되기도 하는 것이다. 육욕이 섞였을 망정 거의 짝사랑에 가까운 〈유혹〉에서의 길홍의 진지하고도 짓궂은, 지어 몸과 맘 다 불사르며 자기 자신까지 훼멸시키고 마는 철저한 사랑에 비기면 우리가 일반적으로 이야기하고 있는 사랑은 얼마나 무색해지는가?

이로부터 놓고 볼 때 작가들은 천치들을 작품의 긍정적 주인공으로 내세우고 인정의 금자탑을 쌓았던 것이다. 그런데 문제는 작가들이 예외없이 이 긍정적 주인공들의 비극적 운명을 보여주고 있다는데 있다. 〈천치빵덕이〉에서 빵덕이는 동생 방국이한테 무참히 그 진정이 거절당하며 마지막에는 유일한 생의 지주인 장서방마저도 잃고 자기 스스로 바보임을 감수한다. 그리고 〈초상날의 새 무덤〉의 성필이; 〈해빛 속으로 사라진 영혼〉의 '그', 〈유혹〉의 길홍이도 마찬가지다. 이들은 현실생활 속에서 진정이 기편당하거나 인정이 없는 냉혹 혹은 받아 줄이 없는 진정 때문에 결국은 다 죽는다. 작가들은 바로 이 천치들의 비극적 운명을 통하여 자기가 쌓아올린 인정의 금자탑의 훼멸을 보여주면서 무정한 현실세계에 대한 공소장을 내렸다. 작가들에게 있어서 이 금자탑은 허허 바다와 같은 현실생활 속의 외로운 섬과 같은 존재다. 그리하여 사실 그것은 현실생활과 동떨어진 작가들의 이념의 상아탑이기도 한 것이다. 그런 만큼 그들은 천치라는 독특한 심미적 시각을 통해 자기네들의 인정을 발산 시켰을 따름이다. 이로부터 이런 인정의 꽃이 현실생활의 비바람 속에서 속절없이 스러짐도 아주 자연스러운 일이다.

작가들은 이 비극적 천치형상들을 통하여 자기네들의 만가(輓歌)식 인도주의 정열을 쏟고있기도 하다. 우리의 문학은 언제부터인가 영웅이 아니면 신들의 음영에 가리워있던 소인물들을 작품의 전면에 긍정적 형상으로 내세우면서부터 강한 인도주의 빛을 발사했다. 희노애락이 작가들의 흥분중심으로 되면서 우리의 문학은 정녕 인간학으로서의 그 자리를 굳히게 되었다. 이제 우리의 문학은 이 「천치계소설」의 천치의 독특한 심미적 형상으로 인간학으로서의 심화된 면모를 나타내고 있다. 이제 그 전형적 대표작으로 〈해빛 속으로 사라진 영혼〉을 보면 이 작품은 '험상궂은 모습과 정신적인 박약'증을 갖고 있는 천치 '그'를 긍정적 인물로 설정했다. 작가는 현실생활 속에서 인간의 '해빛'을 받을 수 없어 자연의 해빛 속으로 사라진 '그'를 통해 '그'에 대한 우리 인간적 '해빛'의 발산를 갈구하고 있다. 〈해빛 속으로 사라진 영혼〉을 비롯한 〈천치빵덕이〉, 〈유혹〉, 〈초상날의 새 무덤〉의 작가들은 전적으로 자기의 긍정적 주인공들인 천치들의 입장에 서서 인간적 이해, 동정 같은 것들을 갈구하고 있다. 그들은 보통인간들이 보기에는 아주 정상적인 현실생활 속에서 천치들이 처한 그 어떤 부조리 혹은 비정적인 면을 보아냈거나 느꼈다. 바로 여기에 우리 보통인간들이 보아낼 수 없는 것을 보아낸 독특한 작가적 혜안이 있다. 그리고 그것을 헤쳐 보이며 우리 모두의 이해, 동정을 환기시킴에 작가의 지극한 인도주의정신이 깔려있는 것이다.

이상 우리는 작가들의 독특한 심미적 시각으로서 주로 작가의 인정세계에 대한 갈구의 상징부호체로서의 천치형상, 그리고 지극한 인도주의

의 대상물로서의 천치형상을 고찰했다. 이외에 우리는 또 이 천치형상
들을 작가의 그 어떤 무의식의 대상화로서도 볼 수 있겠으나 여기서는
약하고 다음 기회로 미루기로 한다.

중국 〈문학과 예술〉 1993. 4

 본 논문은 도합 8장으로 구성된다. 제1장 서론 부분에서는 조선족문학의 범주 및 연구의 필요성, 연구현황 그리고 연구범위, 방법 등에 대해 논의하고; 제2장 조선족문학 개황 부분에서는 조선족문학의 흐름 및 그 특색에 대해 대체적인 고찰을 진행하도록 하고; 제3장에서는 주로 「고발문학」, 「반성문학」을 비롯한 해빙기 문학을 주로 작가들의 비극의식 차원에서 고찰하고; 제4장에서는 주로 「개혁문학」을 사회반영론적 방법으로 고찰하고; 제5장에서는 「뿌리찾기 문학」을 민족전통문화에로의 회귀문학의 모델로 삼아 원형비평방법으로 고찰하고; 제6장에서는 역사소설에 대해 주로 구조주의방법으로 고찰하고; 제7장에서는 「실험(先鋒) 소설」적 경향을 주로 비교론적 방법으로 고찰하고; 제8장에서는 「신세태소설」을 전통적인 사실주의에 대한 반동 차원에서 고찰하도록 한다.

 여기서는 본론을 전개하기 위한 전제조건으로 되는 제1장과 제2장만을 논의하도록 한다.

제 1 장

서 론

이 부분에서는 조선족문학의 범주 및 연구의 필요성, 연구현황 그리고 연구범위, 방법 등에 대해 논의하도록 한다.

Ⅰ. 조선족문학 범주

중국(이하 중국 약함)조선족문학이란 중국에 사는 우리 한민족의 문학이다. 이 모순되는 듯한 개념정립 속에는 조선족문학의 이중성이 잘 내비치고 있다. 조선족문학의 이중성에 대해서 〈중국조선족문학사〉(조성일, 권철 주필)에서는 '조선족문학은 중화민족문학의 조성부분인 동시에 조선민족 「정체(整体)문학」의 일부분이다'고 지적하고 있다. 조선족문학의 이중성은 어쩌면 숙명적일지도 모른다. 조선족들이 분명 중국국적을 가진 중국 경내 소수민족의 한 갈래로서 중국의 정치, 경제, 문화환경의 절대적인 영향을 받는다고 할 때 이들의 문학이 전반 중국문학 범주에 포괄되고 있음은 더 말 할 나위도 없다. 그러나 조선족들이 한민족고유의 생활을 고집하며 이것을 바탕으로 하고 한국어로 문학 창작을 진행한다고 할 때 그것은 또한 분명 범한민족문학 범주에 속하게 됨은 말 할 나위도 없다. 그럴진대 조선족문학을 연구함에 있어서는 이 이중성에 못을 박아야 한다. 이 이중성을 떠난 그 어떤 연구도 편협된 아집에 빠질 소지를 갖고 있다.

주지하다시피 조선족은 중국 땅에서 생성되고 발전한 그런 소수민족과는 달리 밖으로부터 이주한 소수민족이다. 그럴진대 거기에는 이주 초기부터 현재까지의 문학이 총 망라되겠다. 조선족이 중국에 정착한지는 그 이주사를 19세기 중반부부터 잡는다 해도 현재까지 한 세기를 훨씬 넘고 있다. 그러나 조선족문학이 정녕 자기의 독특한 특징을 갖추면서 걸음마를 타기 시작한 것은 1945년 광복 후부터 아닌가 생각된다. 필자의 이 관점은 이주초기부터의 문학을 조선족문학으로 본다든가(중국조선족문학사), 막연하게 '중국의 다른 형제민족들과 공동히 동북을 개발하고 제국주의, 봉건주의 세력을 반대하는 투쟁을 진행하는 가운데서 중국의 조선족들도 점차 중국 소수민족의 하나로서의 특성이 형성되기 시작하였다. 중국을 자기의 삶의 고장-조국으로 여기며 민족의 운명과 나라의 운명을 함께 생각하는 감정 등이다. 동시에, 이때부터 조선족문단에도 중국소수민족의 하나로서의 조선족의 생활, 다른 형제민족과 함께 공동의 적인 일본제국주의를 반대하는 투쟁을 반영하는 특색있는 「향토문학」이 나타나기 시작했다'(〈조선족문학연구〉서문)는 관점과는 좀 다르다. 필자가 이렇게 주장하는데는 나름대로의 근거를 가지고 있다. 한마디로 말하여 그것은 이주 초기부터 1945년 광복 전까지 조선족문학이라는 것이 사실상 주로 반도문학의 연장선상에 놓여 있기 때문이다. 이주초기 한민족전래의 신화, 전설 등 훌륭한 문학유산들이 조선족들의 문학생활, 문학바탕을 이루어 왔음은 더 말 할 것도 없고 그 후 근대계몽주의문학, 현대항일문학을 보더라도 그 작가 의식에 있어서는 어디까지나 조선적 문학창작을 표방했던 것이다. 짙은 실향의식, 현실고발 및 반항고취, 조선독립에 관한 주제들은 어디까지나 조선인 시각에서 자연스럽게 흘러나온 문학적 주제들인 것이다. 이 시기 작가들은 아직 조선족이라기보다는 조선인 그 자체이다. 그러나 이런 문학들이 한반도 이주민들의 생활을 바탕으로 하여 창작되었음을 감안할 때, 그리고 이런 문학들이 광복 후 조선족문학과 논리적 맥락을 이루고 있음을 감안할 때 그것을 조선족문학범주에 귀속시키도 무방하다. 여기서 이 시기 조선족문학이 한국문학과 중첩된 이중성을 나타내고 있다. 물론 조선족문학에는 이주 초기 및 그 후 장기간의 정착생활에서 서민들 사이에 자생적으로 발생한 문학도 포함된다. 문학을 서사(書寫)문학과 구비문학으로 나눈다 할 때 이런 문학은 주로 구비문학일 것이다.

사실 조선족문학은 1945년 광복 후 특히 1946년에 들어서서 조선족들이 토지 개혁 및 중국국내혁명전쟁 참여 등 격변하는 역사의 소용돌이 속에서 정치적 경제적으로 확고히 중국 땅에 뿌리를 박고 주인의식이 싹트기 시작하면서 뚜렷한 향토적 색채를 나타내며 정녕 한국, 조선 그리고 중국 경내 다른 소수민족과 다른 독특한 면모를 갖추기 시작했다. 그러다가 1949년 중화인민공화국이 성립되어서부터 사회주의중국이라는 문화풍토 속에서 본격적으로 정녕 조선족문학으로 자리를 굳혔다.

2. 조선족문학 연구의 필요성

조선족문학은 분명 중국문학이다. 그것은 중국소수민족의 하나인 조선족의 문학이기 때문이다. 그러나 모국인 한국, 조선과 민족 동질성, 정체성 차원에서 놓고 볼 때 조선족문학은 두말할 나위 없이 범한민족문학에 속한다. 이것은 조선족의 이중적 성격으로부터 기인되는 것이다. 민족문학이라고 할 때 거기에는 같은 동족이 같은 언어문자로 민족생활내용을 반영한 문학이 포함되겠다. 조선족문학은 분명 같은 피를 나눈 사람들이 같은 언어 문자로 창작을 진행한 것이다. 이로부터 조선족문학을 충분히 한국문학의 한 갈래 내지는 확장으로 볼 수 있다.

현재 해외교포는 약 500만 명으로 추정되고 있다. 주로 중국, 일본, 미국, 러시아 등 국가와 지역들에 살고 있다. 이 가운데 중국에 200여만명이 있는 것으로 그 수가 제일 많다. 지정학적 역사적 원인으로 말미암아 조선족은 그 이민사가 일찍 시작되고 이민수가 가장 많다. 19세기 말, 특히 일제의 조선강점 아래 대량으로 본격적으로 이민이 시작된 초기부터 조선족은 똘똘 뭉쳐 살며 완강히 민족공동체의식을 굳혀왔다. 그래서 민족적 생활특성 및 언어문자도 고스란히 그대로 지켜왔다. 이로부터 1949년 새 중국이 들어서서는 그 민족정책이 뒷받침되면서 조선족자치구역도 확보하게 되었다. 개항이래 수 없이 많은 정치적 경제적 문화적으로 되는 무차별한 외세의 가세하에 한반도에서 민족고유의

것이 많이 퇴색되었다고 할 때 조선족은 그래도 비교적 온전하게 민족
문화를 지켜 왔다. 민족교육기관만 놓고 보더라도 초등학교부터 대학교
까지 완전한 체제를 이루고 있고 자체의 출판기관도 가지고 있다. 문학
기관이나 단체 그리고 문학지도 구전하다. 작가군만 보아도 기성세대,
중년층, 신진층이 포함된 방대한 규모다. 이는 해외 그 어느 나라 교포
사회의 경우와 비길 때 단연 돋보이게 된다. 같은 사회주의진영이었던
러시아교포의 경우만 놓고 보더라도 이러저러한 객관적 원인으로 인해
민족 언어문자를 이미 많이 상실한 편으로 극히 제한된 범위 내에서 우
리말 문학창작이 겨우 명맥을 유지하고 있을 뿐이다. 조선족들의 이런
돌출한 韓민족문화적 특색은 현 단계 한민족의 민족 동질성, 정체성 추
구에 있어서 더 없이 좋은 바탕으로 된다.

　1990년 구소련의 붕괴에 잇따른 동구권 사회주의국가의 해체, 그리
고 현재 시장경제를 본격적으로 도입한 중국 등 국가의 상황을 감안할
때 이데올로기적 이념갈등, 계급갈등으로 나타나던 냉전은 종식을 고하
고 세계는 이미 전례 없는 대화와 평화의 분위기 속으로 잡아들었다.
그러면서도 세계는 국가 단위로 경제실리를 중심으로 하고 치열한 경쟁
을 벌리고 있다. 이 와중에 자연히 종족, 민족이라는 인간사회의 기본
구성요소들이 그 어느 때보다도 돋보이게 되었다. 실로 문화영토시대1)
를 실감케 하는 시대가 도래한 것이다. 워낙 종족, 민족이라는 것은 국
가를 이루는 가장 자연스러운 기본 인적 구성요소의 하나로서 그 동질
성 추구 및 단합은 가장 쉽게 국가 경쟁력을 강화할 수 있기 때문이다.
이것은 중국이 전형적인 다민족 국가의 하나로서 항상 각 소수 민족을

---

1) 문화국경이라는 개념은 한국 고려대학교 홍일식 교수가 「문화영토시대와 한국문화의
　전망」이란 테마로 강연을 할 때 최초로 제기한 줄로 안다. 이 강연은 후에 〈21세기와
　한국전통문화〉(홍일식. 현대문학, 1996. 9. 11)란 책에 수록된 줄로 안다. 이 강연에
　서 홍일식 교수는 냉전이 종식되고 정보화시대에 접어던 현 단계에 있어서 전래의 실
　질적인 국경 개념은 의미가 없어지고 일종 문화적 유대와 공감대 속에서 형성되는 문
　화영토가 무엇보다 중요하다고 역설했다. 홍일식 교수의 문화영토 개념은 필자가 언급
　할 민족 동질성 및 화해 추구문제와 일맥상통하는 바가 있는 지라 여기에 언급해 둔다.

다 포옹한다는 의미의 「중화민족」이라는 간판을 내걸고 있는 데서도 잘 알 수 있다. 한국은 전형적인 단일민족 국가이다. 배달민족으로서 쉽게 하나로 뭉칠 수 있는 장점을 가지고 있다. 국가경쟁력 뿐만 아니라 통일을 떠맡아 나가야 될 한국으로는 그 어느 때보다도 민족 동질성, 정체성 추구가 시급한 문제로 나서고 있다. 물론 이 민족 동질성, 정체성 추구에는 조선에 있는 우리 동포들을 우선적으로 포용해야 되겠지만 해외한민족들도 한 품에 안아야 된다는 뜻이 내포되어 있다.

해외교포들은 한국이 국가경쟁력을 키우고 해외로 진출함에 있어서 더 없이 좋은 자산이다. 한국이 중국과 수교를 한지 근근히 몇 년밖에 되지 않았지만 중국과 수교를 훨씬 일찍 한 일본보다도 중국 진출이 활발한 것은 음으로 양으로 같은 동족으로서의 200여만 조선족의 뒷받침이 있었음은 말 할 여지도 없다. 그러나 우리가 여기서 또 알아야 될 것은 해외교포와 모국인 한국 사이에는 아직도 오해와 불신의 씨앗이 남아있음은 부정할래야 부정할 수 없는 기정 사실로 되어 있다. 특히 이전에 전혀 교류가 없었던 사회주의권, 이를테면 중국, 구소련 지역의 사회주의를 지향했던 해외교포들과 자본주의 지향의 한국 사이에는 아직도 그 서먹서먹함을 떨쳐 버릴 수 없고 오해와 불신의 소지는 여전히 남아 있다. 이런 오해와 불신은 해소되고 불식되어야 한다. 세계 한민족은 어디까지나 하나로 뭉쳐야 산다. 그리하여 지금 한국 정부 차원은 더 말 할 것도 없고 해외교포 사회의 양심적인 지성인 사이에서도 민족 동질성, 정체성 및 민족적 화해 분위기를 느낄 수 있도록 분위기를 조성하고 있다. 이에 세계한민족축전, 세계한민족체전 같은 모임의 조직은 매우 효과적이다.

민족 동질성, 정체성 및 민족적 화해 분위기를 추구함에 있어서 가장 중요한 것은 세계 한민족 사이에 대화와 교류의 길을 많이 마련하여 서로 이해하며 감정적 유대 관계를 끈끈히 해야 한다. 물론 현재 관광, 비즈니스 등 각종 관계로 세계 한민족 사이에는 많은 인적·물적 교류가 이루어지고 있다. 이것은 매우 기꺼운 일이다. 그럼에도 불구하고 아쉬움은 아직 남아 있다. 그것은 이런 교류가 현상적인 피상적 이해에 머무는 수가 많기 때문이다. 보다 많은 학문적 교류 같은 것을 통해 본질적인 이해에 도움이 되게 하여 어떤 정책, 방침 결정에 뒷받침이 되었으면 한다. 이 학문적 교류 같은 것이라 할 때 그것은 넓은 의미의 것으로서 여기에는 여러 가지 면들이 포함되어 있다. 단기적인 학술모임, 세미나, 학자지간의 교류 등이 이에 속할 것이다. 그리고 어떤 문학적인 교류도 여기에 속할 것은 말할 여지도 없다. 사실 문학은 인간학으로서 인간생활 및 인간의 사상 감정을 가장 잘 표현하고 있다. 그러므로 어느 한 지역의 인간들을 이해하자면 그 지역의 문학을 연구하는 것이 가장 효과적인 도경의 하나로 된다. 이로부터 볼 때 조선족문학에 대한 연구는 조선족을 이해하고 더 나아가 민족 동질성, 정체성을 추구하는데 좋은 바탕을 마련해줄 줄로 안다.

3. 조선족문학 연구현황

중국에서의 연구상황을 보면 주로 조선족학자들 사이에서 간단없이 진행되어 왔다. 새로운 시기에 진입하기 이전 주로 평론 형태로 신문, 잡지들에 발표되어 왔다. 그러다가 새로운 시기에 들어서서 조선족문학의 발전과정 및 그 내부적 법칙들이 총화되고 탐구되기 시작했다. '처녀지'가 개간되기 시작한 셈이다. 이로부터 〈조선족문학개관〉(권철, 조성일. 1979년), 〈우리의 시문학이 거둔 빛나는 성과 〉(최삼룡. 1980년), 〈번영발전하는 소설문학〉(김동훈. 1982년), 〈근대중국조선족문학개관〉(권철. 진달래, 1985년), 〈중국조선족현대문학에 대한 고찰〉(권철. 진달래, 1986년), 〈중국조선족당대문학발전개요〉(권철, 김동훈. 두견, 1988년), 〈중국조선족예술작품연구〉(연변문학예술연구소 편저), 〈조선족문학연구〉(임범송, 권철 주편. 흑룡강조선민족출판사, 1989년), 〈중국조선족문학사〉(조성일, 권철 주편. 연변인민출판사, 1990년 7월) 등 훌륭한 평론, 논문 및 저서들이 출간되었다. 여기서 〈중국조선족문학사〉는 조선족 문학사를 비교적 체계적으로 다룬 집대성을 이룬 연구 성과로 꼽히고 있다. 실로 본 문학사는 조선족 문학사가와 문학평론가들 그리고 문학 연구에 뜻을 둔 조선족 대학생들의 장기간에 걸친 피타는 노력의 결실이기도 했다. 조선족 문학이 그 나름대로 일정한 역사적 흐름을 이루며 발전해 왔고 적지 않은 문학적 성과를 거두고 있다고 할 때 이런 연구 성과들은 그 제목에서도 알 수 있다시피 어디까지나 소개성적인 초보단계의 것들로서 만족스러운 것은 아니다. 아직「百花齊放」,「百家爭鳴」의 국면이 이루어지지 않고 있다2). 연구진을 보아도 제한된 몇 사람에 불과하며 그 연구 시각과 방법도 문제가 없는 것은 아니다. 이를테면, 다른 연구결과물들은 더 말할 것도 없고 〈중국조선족문학사〉의 경우만 놓고 보더라도 연구가들은 단지 마르쿠스 반영론에 입각하여 사회학적 시각에서 문학현상을 조명한 단순한 연구 시각과 방법들을 드러내고 있는 것이다. 문학사적 시대구분만 놓고 보더라도 문학 자체에 치우쳐 그 내재적 발전 법칙과 특성에 의한 것이 아니라 어디까지나 사회정치적 사건을 중심으로 진행되고 있다. 바꾸어 말하면 중국근현대사의 정치적 흐름들이 문학사의 기본 흐름들을 구성하고 있다. 1949년 이후의 문학사구분만 놓고 보더라도 건국 후「문화대혁명」전까지 17년문학,「문화대혁명」시기 문학, 1976년 이후 새로운 시기문학으로 구분한 것은 그간의 사정을 잘 말해주고 있다. 이것은 이론상에서 전적으로 문학이 사회생활의 반영이다는 마르쿠스 문학반영론에 입각한 것이다. 이런 단순한 문학 반영론에 입각한 연구 시각과 방법은 구체적인 작가, 작품 연구에서도 그대로 드러나고 있다. 이를테면 천편일률적으로 꼭 먼저 작가의 생애와 창작의 길 혹은 문학활동을 전제로 하고 논의가 진행되고 있으며 시대배경을 전제로 깔아두고 작품분석을 전개하고 있다. 이런 논의와 분석도 따지고 보면 결국 인민이요, 시대정신이

---

2) 이 말은 오래 동안 중국의 최고 권위자로 군림해 있었던 모택동이 1956년에 제출했다. 문학 창작 및 비평의 다양한 발전을 꾀한 지극히 지당한 말임에도 불구하고 중국현대문학에 있어서 올바로 지켜지지 않았다.

요 하는 사회 정치적인 계급론적 특색으로 관철되어 있다. 이로부터 작품 평가가 오로지 혁명적 사실주의와 낭만주의라는 잣대로 재단된 듯한 감을 준다. 정말 전형화라는 말만 빼버리면 작품에 대한 평가가 전혀 진행될 수 없는 감을 준다. 그러나 중국근현대사가 격변하는 정치적 계급적 운동과 사건으로 점철되었고 사회주의중국이 줄곧 마르쿠스를 지도이념으로 삼고 장기간 정치를 중심으로 모든 것을 영위해 왔음을 감안할 때, 그리고 문학 작품이 사회 생활과 갈라놓을 수 없다고 할 때 그런 연구 시각과 방법들이 전적으로 잘못 되었다는 것은 아니다. 위의 연구경향은 지극히 자연스럽고 당연한 것인 줄로 안다. 그러나 문학이 단순한 정치의 반영이 아니고 그것이 작가의 복잡한 내면세계의 여과를 거쳐 창조되는 것이다고 할 때, 그리고 문학이라는 것이 정녕 그 나름대로의 독특한 그 무엇이 있다 할 때 전적으로 이런 연구 시각과 방법들에만 의지하고 다른 많은 효과적인 연구 시각과 방법들을 배제한다면 이것은 편파적이라 하지 않을 수 없다. 특히 필자가 연구하고자 하는 1979년 이후 문학연구에 있어서는 더구나 그렇다.

　한국측 연구 현황을 보면 중국과 수교가 늦은 반면에 조선족문학에 대한 소개는 활발하게 진행되고 있는 편이다. 이제 구체적으로 보면 우선 작품 소개와 더불은 해설, 평론들이 눈에 띄인다. 〈조선족동포시인 대표작선집〉(황송문 엮음. 국학자료원), 〈조선족녀자1, 2, 3〉(박태옥 엮음. 늘푸른기획), 〈볼우물 조선처녀〉(김종희 엮음), 〈홀리워가는 처녀〉(류재순단편소설집, 도서출판, 1989. 1), 〈포효하는 목단강上.下〉(윤일산, 동광출판사, 1989. 1. 20), 〈천지문학상수상작품집 〉(장지민 편찬. 행림출판, 1990.1)같은 조선족 시와 소설집들이 한국 국내에서 발행되면서 해설문, 평론문들이 첨부되어 발표되고 있다3). 이런 해설문과 평론문들은 한국적인 시각에서 새로운 논의를 전개하여 신선한 충격을 주고 있다. 그러나 이런 논의도 어디까지나 소개성적인 초보단계의

---

3) 〈천지문학상수상작품집〉, 〈볼우물조선처녀〉, 〈홀리워가는 처녀〉같은 작품 앞 부분 혹은 뒤 부분에 있는 소개성적인 글들이 그런 것이다.

것에 지나지 않는다. 중국내 조선족문학 관계 연구 논문, 저서들의 한국에서의 재간행도 실로 기꺼운 성과들이 아닐 수 없다. 한국 교보문고와 영풍문고 같은 데서 조선족 간행물들을 들여다 판매하고 있는 것은 조선족문화의 즉각적인 소개와 교류에 더 없이 귀중한 물고를 터쳐 놓은 셈이다.

그러나 한국학계의 전반 상황을 보면 아직 미진한 데가 많다. 아직 조선족 문학연구의 권위라 할 사람도 나오지 않고 있는 실정이다. 아니 전반적인 조선족 문학연구의 학문적 분위기가 이루어지지 않고 있다. 물론 조선족문학에 대해 연구를 안하는 것은 아니다. 한국평론가협회회장 장백일 교수를 비롯한 인천대학교 오양호 교수, 중앙대학교 이명제 교수 같은 분들이 자료가 결핍한 어려운 여건하에서도 그 나름대로의 연구성과를 올리고 있다. 장백일, 〈조선족 시인 이욱〉 (대한민국예술지, 1994. 1), 〈조선족 소설가 김창걸 연구〉(〈한국이얼리즘문학론〉, 탐구당, 1995.10. 30), 吳養鎬, 〈韓國문학과 間島〉 (문예출판사, 1988. 4. 20), 〈日帝强占期滿洲朝鮮人文學硏究〉(문예출판사, 1996.1.15), 蔡壎, 〈日帝强占期在滿韓國文學硏究〉(깊은샘, 1990.11.9), 이기철, 〈2천년대학술총서-분단기문학사의 시각〉 (우리문학사, 1991.11.10) 등은 그 좋은 보기로 되겠다. 그런데 그 연구테마에서도 알 수 있다시피 이런 연구들은 거의 다 1949년 중화인민공화국이 성립되기 이전, 특히 1945년 광복이전의 문학영역에 국한되어 있다. 따라서 1949년 이후, 특히 필자고 연구하고자 하는 1979년 이후 조선족문학에 대한 연구는 너무나 미진한 감을 주고 있는 실정이다. 다만 張允翼 교수의 〈北方文學과 韓國文學〉(인문당, 1990.9.30)에서 북방문학이라는 범주 속에 「중국에서의 교포문학」 이라는 제목으로 1970년대까지의 조선족문학을 기본적으로 〈중국조선족문학사〉, 〈조선족문학연구〉의 내용을 그대로 소개하면서 나름대로의 약간한 논평을 가하고 있을 뿐이다. 이런 사정은 1949년 이후 중국이 사회주의를 표방하며 한국과 이념적 대립을 빚어오며 장기간 동안 교류가 단절되었던 어쩔 수 없는 객관적 상황에 기인된 것이다. 물론 1945년 광복 이전의 문학도 조선족문학에 포함되고 있음은 더 말할 나위 없다. 그러나 이 시기는 사실상 조선족문학과 한국문학의 계선이 분명히 이루어지지 않은 즉 조선족문학 자체의 특징이 아직 나타나지 않은 특징을 가지고 있다. 전형적인 민족저항시인 윤동주에 대한 연구에 있어서 중국측 학자들은 중국 조선족현대문학 범주에 포함시키고 한국측 연구가들은 한국 현대문학 범주에 포함시키는 시각 차이를 드러내고 있으면서도 그 나름대로 양쪽 다 도리가 있는 것은 그간의 사정을 잘 말해주고 있다.

그러기에 위의 연구가들도 대개는 중국 조선족문학이라는 개념보다는 한국문학범주 속의 「만주문학」이라는 개념하에 연구를 전개했던 것이다. 吳養鎬는 〈이민문학론〉(「嶺南語文學」3, 영남어문학회, 1976), 〈日帝强占期間島移民文學研究〉(「인천대논문집」13, 1989) 등에서 「만주문학」을 이민문학의 관점에서 논하고 있으며 강은해는 〈일제강점기 망명지문학과 지하문학〉(「西江語文」3, 서강어문학회, 1983)을 통해 해외 망명문학의 관점에서 논함으로써 한국 현대문학사에 있어 「만주문학」의 위상에 관한 본격적 논의가 이루어지기 시작하였다. 또 劉寬之는 〈民族受難의 體驗과 韓國 現代文學〉(중앙대 대학원 국어국문학과 석사학위논문, 1983. 12)에서 「만주」를 중심으로 한 문학활동과 문학 배경으로서의 「만주」를 종합적으로 살폈으며 曹圭盒은 〈在滿詩人·詩作品 研究(I)〉(「崇實語文」8집, 숭실대학교 숭실어문연구회, 1991. p9.)에서 개별 시인 혹은 시작품의 짜임이나 내용 등에 대한 문학본질적 접근을 시도하고 있다. 단행본을 살펴보면, 우선 尹永川은 〈韓國의 流民詩〉(실천문학사, 1987)에서 「만주」를 비롯한 해외 거주 동포들을 유이민으로 파악하고 그렇게 된 정치, 경제, 사회적 원인들을 전제로 하여 그들의 시문학을 분석하고 있으며 吳養鎬는 〈韓國문학과 間島〉에서 간도체험과 流適地의 서정을 중심으로 「만주」을 설명하고 있다. 蔡壎은 〈日帝强占期在滿韓國文學研究〉에서 작품집과 동인지 등을 중심으로 「만주문학」을 논의하고 있다. 보다시피 이런 연구들은 대체로 이 시기 「간도」에서의 문학 창작을 한국문학의 「망명문학」 혹은 「이민문학」적 성질로 규정하고 제한된 작가들의 창작에만 국한되어 연구가 진행되고 있다. 필자가 생각하건대 이 시기 「간도」에서의 문학창작은 그 시각에 따라 조선족문학도 될 수 있고 한국문학도 될 수 있으며 그 문학 범주도 훨씬 넓은 만큼 보다 다양한 시각으로 보다 많은 문학작품들을 조명해야 될 줄로 안다.

그리고 기꺼운 것은 근간에 들어 조선족 교수들과 한국측 교수들의 공동 작업으로 이루어진 성공적인 연구성과들이 나왔다는 것이다. 중국 연변대학교 徐日權, 姜蓮淑 교수와 한국 숭실대학교 蘇在英, 曹圭益 교수가 공동으로 펴낸 〈중국 조선족 문학논저·작품목록집〉(숭실대학교 출판부, 1991. 3. 2)은 조선족문학연구에 기본적인 바탕을 마련해 주었다. 이외에 또 중국 연변대학교 權哲· 金東勳 교수와 한국 숭실대학교 蘇在英, 曹圭益 교수가 공동으로 펴낸 〈연변지역 조선족 문학연구〉(숭실대학교 출판부, 1992. 6. 25)는 이런 공동 연구들이 본격적으로 결실을 보기 시작한 첫 수확이라는 점에서 그 나름대로의 의미를 부여할 수 있다. 이런 공동연구들은 우선 그 성과여부를 떠나서 통일문학론도 기약할 수 있는 미래 지향적이고 미래 비전을 제시하고 있음은 말할 것도 없다.

북한측의 조선족문학에 관한 연구는 거의 공백에 가깝다. 주로 1970년대 김일성종합대학교에서 출판한 〈조선문학사〉(전5권)제4권에서 조선문학사 차원에서 일부 조선족 항일가요와 연극문학에 대해 논하고 있을 뿐이다.

이 밖에 해외교포들 사이에서 조선족 문학작품이 간간히 소개되고 있을 뿐이다.

4. 본 논문의 연구범위

필자는 1979~89년 사이 소설문학을 연구 범위로 선택했다. 그리고 나름대로 이 시기 문학을 새로운 시기 문학으로 지칭한다. 객관적인 문학적 사실들을 감안할 때 필자의 관점이 타당함을 알 수 있다. 필자의 이 관점은 현재 일반 학계의 관점하고는 좀 다르다. 〈중국조선족문학사〉를 비롯한 조선족문학관계 연구를 일람해 보건대 모두 막연하게 1976년 이후 시기 문학을 새로운 시기 문학으로 지칭하고 있다. 이것은 1976년 10월 「4인무리」의 붕괴와 아울은 「문화대혁명」의 종식이라는 중국현대사에 있어서의 크나큰 정치적 사변을 기준으로 하여 문학사적 시대구분을 진행한 것이다. 이 시기 중국 漢族들의 문학사 기술도 이렇게 되어 있다. 이것은 전형적인 정치사건기준의 문학사적 시대구분의 한 보기로 되겠다. 물론 이런 획분이 일리가 없는 것은 아니다. 특히 漢族문단이 1976년부터 본격적으로 傷痕문학이 쏟아저 나오며 문학사적 새 장을 연 사정을 감안할 때 그것은 더 없이 적절하다. 그러나 우리 조선족문단은 1978년 12월 중국 공산당 중앙위원회 제11기 제3차 전원회의가 끝나고 1979년에 들어서 개혁개방과 사상해방운동의 봄바람이 정식 불기 시작하면서부터 본격적으로 고발문학, 이른 바 傷痕문학들이 쏟아져 나오기 시작했다. 1976년 10월부터 1978년까지는 「문화대혁명」시기 「문예검은선독재론」, 「3돌출론」등 일련의 그릇된 문예방침을 비판 청산하고 「4인무리」가 조작해낸 「음모문예」와 조선족문예사업을 마구 짓밟은 죄행을 성토하고 비판하였으며 억울하게 누명을 썼던 작가들에게 명예를 회복시켜 주어 이런 傷痕문학이 나타날 수 있는 객관적 바탕을 마련해 놓은 과도기적 단계로 보는 것이 문학사적 사실에 더 부합될 것이다. 따라서 필자는 위에서 나름대로 이 시기를 과도기적 단계로 설정했다. 그리고 막연하게 1976년 이후 시기 문학을 새로운 시기 문학으로 지칭하기보다는 1979~89년 이 10년 문학을 새로운 시기 문학으로 잘라서 말할 수 있는 것은 이 시기에 이미 새로운 문학 경향들이 다 나타났고 1990년대를 포함한 앞으로의 문학 발전의 기틀이 마련되었기 때문이다.

　조선족 문학연구에서 또 하나 짚고 넘어가야 할 것은 조선족 문학창작에서 언어사용문제이다. 조선족작가들 가운데는 중국어로 창작을 자유자재로 할 수 있는 분들이 있다.4) 유명한 원로작가들인 김학철, 이근전같은 분들은 문학 창작의 초창기에 중국어로도 창작을 진행했던 것이다. 이들은 이런 창작으로 漢族작가들과 어깨를 나란히 했던 것이다. 그리고 1979년 이후 새 시기에 들어서서 젊은 작가들 가운데서도 중국어로 창작을 진행하는 사람들이 심심찮게 나왔다. 이런 중국어로 된 작품들을 보면 그것은 어디까지나 우리 조선족들의 삶과 희노애락을 노래하고 있다. 그럴진대 이런 작품들도 우리 중국 조선족 문학범주에 포함시키야 마땅하겠지만 언어가 문학의 제1요소라는 차원에서 필자의 본 연구에서는 이를 배제하도록 한다. 1979년 이후 문학은 작가들이 개혁개방의 형세 아래 사상이 해방되고 눈을 세계로 돌리기 시작한 시기의 문학이기에 그 문학은 더 없이 개방되고 다양한 면모를 띠게 되었다. 문학이 문학으로 전향하는 시기이기도 하다. 그럴진대 이 시기 문학연구는 물론 기존 연구의 효과적인 연구 시각과 방법도 동원해야 되겠지만 보다 다양한, 이를테면 심리학적인, 구조주의적인, 비교론적인 시각과 방법을 유기적으로 동원하여 입체적인 조명을 가해야 될 줄로 안다.

제 2 장

조선족문학 개황

여기서서는 기존의 연구에 기초하여 조선족문학의 흐름 및 특색에 대해 대체적으로 고찰하도록 한다.

---

4) 김학철, 이근전같은 원로작가들이 초기에 일부 작품들을 중국글로 발표한 외에 현재 전문 중국글로 창작을 진행하는 작가들로는 젊은 작가들 속에 둬서너명 있을 뿐이다. 이를테면 〈高麗女人〉을 낸 여소설가 千花가 있고 몽롱시로 한때 인기를 모았던 시인 阿南 등이 있다.

Ⅰ. 조선족문학 흐름

필자는 조선족문학을 주로 문학사적 흐름에 따라 대체적으로 다음과 같은 시기 구분으로 나누어 보도록 한다5). ①이주~1920년 문학: ②1920년~1931년 문학; ③1931년~1945년 광복 전 문학: ④1945년 광복 후~1949년 10월1일 이전문학: ⑤1949년 10월 1일 이후~1966년 문학; ⑥1966년~1976년 10월 이전 문학: ⑦1976년 10월 이후~1978년 문학; ⑧1979년~1989년 문학. 이제 구체적으로 각 시기별 문학을 개관하면 다음과 같다.

①이주~1920년 문학 : 이 시기 문학은 조선족의 근대문학을 형성한다. 이 시기 조선족문학은 조선족이 중국에 이주한 때로부터 1920년에 이르는 사이의 역사적 현실을 토대로 삼고 재래의 한국문학의 전통과 성과를 계승, 발전시키는 과정에서 산생하고 발전하였다. 이 시기 조선족문학의 새로운 성격적 특징은 우선 그 사상내용이 반제반봉건의 사상, 중세기적인 권위와 관습을 반대하고 「민권옹호」, 「자유평등」, 「문명개화」를 주장한 자산계급민주주의 사상을 기본으로 한데 있다. 이 시기 문학의 새로운 성격적 특징은 또한 선행시기 문학에서 찾아 볼 수 없는 신형의 전형적 형상을 부각한데서 집약적으로 나타나고 있다. 이 시기 문학에 이르러 사회정치적 문제 등에 대한 태도가 적극적이고 생활과의 연계가 강화되고 민중들의 생활세태의 진실한 묘사에 각광을 부여한 것이 또 하나의 특징으로 되고 있다.

②1920년~1931년 문학:이 시기는 조선족의 현대문학의 시작으로 된다. 노동계급이 역사무대에 등장하고 마르쿠스 단체의 영도 밑에 반제반봉건 투쟁을 새로운 단계에로 발전시키고 있던 1920년대의 역사적

---

5) 조선족문학의 시대 구분 및 그 개관은 〈중국조선족문학사〉의 관점이나 내용을 기본적으로 그 대로 따르되 시대 구분에 있어서 필자 나름대로 1976년~78년 사이 문학을 과도 단계 문학으로 한 단계 더 설정했다. 그리고 1945년~49년 사이 문학에 대해서는 필자 나름대로 조선족문학의 독자적인 정립기로 해석했다.

현실은 이 시기 문학에 근본적인 변화를 초래하게 하였는 바 무산계급 문학이 대두되었다.

무산계급 문학을 주류로 하는 이 시기의 문학은 변화하는 현실생활에 입각하여 반제반봉건과 민중 해방의 기치를 더욱 철저하게 내세웠으며 반동적 착취 제도를 뒤엎고 새로운 사회 제도를 건설하려는 민중들의 염원과 동경을 진실하게 반영하였다. 또한 이 시기 문학 창작은 생활을 계급적인 모순과 대립, 투쟁 속에서 구체적으로 묘사하는 것을 중요시하였고 불합리한 사회 현실과 맞서 싸우면서 자기의 운명을 개척해나가려고 지향하는 노동대중 더욱이는 농민들의 형상창조에 신경을 쓰면서 그들의 계급 의식과 저항 의식을 두드러지게 표현한 것이 특징적이다. 이 밖에도 이 시기 문학은 또한 현실생활을 역사적 구체성으로부터 진실하게 재현하고 그 필연적 발전을 추구하면서 당시의 혁명 투쟁과 긴밀히 배합하기 위하여 자각적인 노력을 기울이였다. 하지만 이 시기 문학은 초기 마르쿠스 단체들이 문인들에게 현실과 이탈된 급진적 요구를 제기하고 또한 문학의 공리적 역할만을 지나치게 강조함으로 말미암아 진실성과 예술성에 유의함이 결핍하였고 무산계급문학 외의 기타 진보적 작품을 배격하는 경향도 나타났었다.

③1931년~1945년 광복 이전 문학 : 이 시기 문학은 항일무장투쟁의 새로운 시대적 요구와 대중들의 높아 가는 사상 미학적 요구를 반영하면서 발랄하게 발전하였다.

이 시기의 조선족문학은 자기의 발전과정에서 선행시기의 문학전통을 계승함과 아울러 중국의 항일문학, 구소련의 혁명문학, 특히는 한반도 문학의 성과를 섭취하면서 자기 발전의 나래를 펼쳤다. 이 시기에 중한 두 나라 인민이 연합하여 일제를 물리치는 공동한 투쟁환경 속에서 적지 않은 항일 가요와 극, 산문들을 함께 창작하였으며 당시 한반도의 새로운 문학 사상과 더불어 이기영, 한설야, 홍명희, 송영, 김창술, 박세영 등 작가들의 우수한 창작성과들을 직접적으로 받아들였다. 그 가운데서도 강경애, 안수길, 박팔양, 김조규 등 수십 명으로 헤아릴 수 있는 한반도작가들이 1930년대에 동북에서 생활하면서 이 고장 대중들의 생활과 투쟁을 진실하게 반영한 역작들, 이를테면 장편소설 〈인간문제〉(강경애), 단편소설 〈새벽〉(안수길), 서정시 〈승리의 봄〉(박팔양), 〈삼등대합실〉(김조규) 등 우수한 작품들은 이 시기 조선족문학발전에 직접적인 영향을 주었다.

이 시기의 문학 활동과 창작은 광활한 지역에서 벌어졌는 바 동북항일유격구의 문학 활동과 창작, 관내 조선의용군과 광복군 등 부대 내에서 전개된 문학활동과 창작, 그리고 적점령구에서 벌어진 진보적 작가들의 문학 활동과 창작 등으로 분별해서 고찰할 수 있다.

④1945년 광복 이후~1949년 10월 1일 이전 문학 : 이 시기 조선족문학은 한국문학과 구별되는 자기 나름대로의 독특한 특성을 띠면서 정녕 조선족문학으로 정립되기 시작했다.

이 시기 작가들은 새로운 시대적 요구와 민중의 지향에 부응하여 각종 양식과 형태의 문학작품을 창작하였다. 그 중에서도 가사를 망라한 시문학과 극문학이 두드러진 성과를 달성하였다.

현실의 급격한 변화에 민감한 시문학은 이 시기에 활기를 띠면서 발전하였다. 이욱, 윤해영, 채택룡, 김례삼, 설인, 김태희, 김순기, 임효원 등을 비롯한 시인들은 시대와 발걸음을 같이하면서 많은 서정시와 가사를 창작하였으며 이런 서정시 창작의 번영과 더불어 종합시집 〈태풍〉(1947년), 이욱의 시집 〈북두성〉(1947년)과 〈북류의 서정〉(1949년) 등이 출판되었다.

⑤1949년 10월 1일 이후~1966년 문학 : 이 시기 조선족문학은 정치적 세파와 시련 속에서도 끈기 있게 자기의 핸들을 잡고 앞으로 전진하면서 커다란 성과를 거두었다. 1957년부터 「문화대혁명」전까지의 근 10년 간에 비교적 우수한 장편소설, 장시, 서정서사시, 장막극, 씨나리오, 항일투쟁회상기들이 창작되었고 권철, 박상봉, 허호일, 정판룡, 임휘, 김현근, 서일권, 조성일 등을 비롯한 평론가들에 의해 문학평론활동이 발랄하게 전개되었다. 허다한 작가들이 예술 면에서 자기의 스찔을

이룩하는 데로 매진하고 많은 신진문인들이 새로운 목소리를 가지고 문단에 등장하였으며 문학과 대중의 혈연적인 관계가 강화되었다. 그리고 작가문학 뿐만 아니라 정길운, 김례삼, 김태갑, 박창묵 등을 비롯한 구전문학 가들에 의해 구전문학의 채집, 정리, 출판 사업에서도 기꺼운 성과를 거두었는 바 〈천지의 맑은 물〉(정길운 채집 정리), 〈천도복숭아〉(김례삼 채집 정리)와 같은 구전설화집이 그 일례로 된다. 이런 성과는 그 후의 조선족문학발전에 건실한 토대를 닦아주었다.

⑥1966년~1976년 10월 이전 문학 : 「문화대혁명」10년은 조선족문학창작의 쇠퇴기이며 수난기이다. 10년 동안에 임표, 「4인무리」의 파시즘적인 문화독재주의 통치아래 조선족문학창작은 심한 파괴를 당했다. 이 시기 조선족문단에는 「4인무리」의 좌적인 노선을 선양하는 작품들과 개인숭배를 고취한 작품들이 많이 창작되었다.

⑦1976년 10월 이후~1978년 문학 : 이 시기는 조선족문학이 여러 면의 정비를 거쳐 10년 「문화대혁명」시기 문학으로부터 새로운 시기 문학으로 진입하는 과도단계에 속한다. 문학적 성취는 별로 없다. 아래에 필자의 논문연구범위 부분에서 보다 상세한 논의를 하도록 하겠다.

⑧1979년~1989년 문학 : 이 시기는 조선족문학이 중국의 개혁개방이라는 봄바람을 타고 더 없이 숨 가쁘게 빠른 속도로 전례 없는 발전을 가져온 10년인 것이다.

이 10년을 회고해 보건대 조선족문학은 그 초창기에 벌써 주객관 면에서 자체 발전의 바탕을 튼튼히 마련했던 것이다.

주지하다시피 1978년 12월 중국공산당중앙위원회 제11기 제3차 전원회의는 중국의 개혁개방의 물고를 터놓았다. 사상을 해방하고 「실사구시」하라는 중국공산당의 호소 밑에 전국적으로 진행된 실천은 진리를 검증하는 유일한 표준이라는 문제에 대한 기세 높은 대토론 속에서 조선족문인들도 지난날 성행하던 개인숭배와 교조주의의 정신적 질곡으로부터 벗어나기 시작하였으며 새로운 차원에서 〈林彪가 江靑에게 위탁하여 연 부대문예사업좌담회 기요〉를 비판하고 건국 후 17년래 조선족문학의 중대한 성과를 충분히 긍정하고 문학예술 분야에서 제기되는 허다한 문제에 대한 시비를 재검토하게 되었으며 이론상에서 林彪, 江靑반혁명집단의 반혁명문예이론을 철저히 짓부셔 버렸을 뿐만 아니라 건국 이래 오래 동안 내려오던 좌적인 사상영향도 청산하기 시작하였다.

이와 아울러 중국공산당의 민족정책과 문예정책이 시달되면서 조선족 문학 기관과 간행물들이 잇따라 세상에 빛을 보게 되었다. 1978년 10월에 회복된 중국작가협회 연변분회는 사업의 발전에 따라 그 산하에 소설문학, 시문학, 평론문학, 아동문학, 번역문학 등 위원회를 설치하였으며 목단강, 할빈, 길림, 통화, 장춘, 심양, 북경 등 지방에 작가팀을 두었다. 또한 문학예술연구 사업과 평론 사업을 추진하기 위하여 연변에서는 1979년 2월 연변문학예술연구소(1985년부터 연변사회과학원 문학예술연구소로 개칭했음)를 세웠다. 이와 같은 문학 기관의 회복과 새로운 정비 작업은 연변조선족자치주의 범위에 국한되지 않고 조선족이 집거하고 있는 기타 지구에도 1980년대에 접어들어 진행되었는 바 길림성통화지구에서는 통화조선족문학예술일군연합회를 세웠고 길림지구에서는 길림시조선문학예술연구회를 내왔다. 그리고 이 시기 조선족 문학지도 갈수록 확대되어 갔다. 「문화대혁명」전에는 전국적으로 한글 문학지로는 〈연변문예〉와 〈송화강〉 두 종류밖에 없었는데 이것마저 때로는 정간되거나 이름을 바꾸었으며 종합지에 틈새를 차지하는 등 신세를 면할 수 없었으나 이 시기에 들어 와서 이런 가련한 국면이 결속되고 연변지구를 비롯하여 조선족이 거주하는 여러 지구에 자기의 특색이 있는 문학지가 연이어 출간됐다. 이를테면 연변지구에는 중국작가협회 연변분회의 기관지인 〈연변문예〉(월간. 1985년부터 〈천지〉로 개칭), 〈아리랑〉(총서. 1980년 창간), 〈문학과 예술〉(격월간. 1980년 창간)이 발행되고 통화지구에서는 중국 작가협회길림성분회 기관지로 〈장백산〉(격월간. 1980년 창간), 길림지구에는 〈도라지〉(격월간. 1979년 창간), 장춘지구에는 〈북두성〉(격월간. 1983년 창간), 심양지구에는 〈갈매기〉(격월간. 1982년 창간), 하르빈지구에는 〈송화강〉(격월간. 1960

년 창간), 목단강지구에는 〈은하수〉(월간. 1980년 창간) 등이 발행되었다. 이 밖에도 번역문학지로 북경에 〈진달래〉, 연길에 〈세계문학〉이 꾸려졌고 여러 신문과 종합지들에서도 적지 않은 지면을 문학작품에 내어주었다.

이로부터 조선족문단의 지역적 공간이 전례 없이 넓어졌다. 역사적 상황으로 말미암아 「문화대혁명」전에는 두말할 것도 없거니와 1970년대 말까지만 해도 조선족이 집거하고 있는 각 지구의 문학발전은 불균형 상태에 처해 있었던 것으로 연변을 제외한 기타 조선족 집거구의 문학 사업은 거의 공백으로 되다시피 했었다. 그러나 상기의 문학 기관과 간행물들이 연이어 생겨나면서부터 이런 불균형 상태가 점차 타개되기 시작하면서 연변 외에 길림, 통화, 하르빈, 목단강, 장춘 등 지구에서도 선후로 자기의 문학적 기반을 이루어 상호간의 교류와 경쟁 속에서 자기 지구의 문학발전에 박차를 가했던 것이다.

이러한 여건은 조선족작가군의 확충과 발전을 가져왔다. 1950년대부터 형성되기 시작한 조선족 작가군은 「문화대혁명」기간 「4인무리」의 폭압정책에 의해 산산이 흩어졌다가 이 시기에 들어와서 다시 묶어지고 확충되었다. 「문화대혁명」전 중국작가협회의 조선족회원은 몇 사람밖에 되지 않았지만 1987년에 이르러 38명으로 증가되었다. 이 밖에도 중국연극가협회의 조선족회원 16명; 중국구전문예가협회 조선족회원 25명 등을 망라하여 거의 80명의 전국 총회의 회원이 있다. 그리고 1987년 12월까지의 통계에 따르면 중국작가협회연변분회의 회원수가 300여명으로 확충되었다. 그 작가 구성을 놓고 볼 때, 구체적으로 소설의 경우를 놓고 보면 이 시기에는 오래 동안 정치박해를 받다가 문단에 다시 돌아온 김학철, 이근전, 김용식, 이홍규, 김순기 등 원로작가들; 바야흐로 창작의 황금계절을 맞고 있는 임원춘, 유원무 등 중년작가들; 이제 갓 두각을 내밀기 시작한 이원길, 정세봉, 고신일, 김훈, 서광억, 이만호, 이웅, 윤림호, 이광수, 김근총, 우광훈, 최홍일, 박선석, 김운룡 등 신진작가들이 자기의 예술적 창발성과 재능을 과시하면서 독자들의 사랑을 받고 있는 훌륭한 소설 작품들을 창작해냈다.

이 시기 조선족문학은 양과 질 면에서 모두 거족적인 발전을 해왔다. 양적인 면에 있어서 소설의 경우만 놓고 보더라도 이 시기의 소설창작 양은 전 30년 소설창작 양의 5배가 되며「문화대혁명」10년간 소설창작 양의 25배가 되고 있다. 이 시기 소설은 양적인 면에서 줄곧 상승세를 보이며 끊임없이 발전을 거듭해 왔다6). 질적인 면에 있어서 이 시기 문학은 내용상에 있어서 중국의 개혁개방의 현실적 흐름과 호흡을 같이 하면서 폭로와 비판, 사랑과 찬미 등 여러 면에서 소재와 제재가 더 없이 다양화되면서 조선족동포들의 삶을 동적인 흐름 속에서 다각적으로 입체적으로 보여주고 있다. 작가들은 확고한 주체적 의식아래 역사와 현실, 사화와 인생, 문학 관념에 대한 반성을 거듭하면서 문학을 정치와 정책의 도해와 해설로 삼던 이른 바「정치학」의 부호가 아닌 인간의 희노애락이 뒷받침된「인간학」으로 복귀시키기 위하여 끊임없는 창조적 작업을 벌려 왔다. 그리고 형식적인 면에 있어서는 진정한 사실주의정신의 회복으로부터 점차 의식의 흐름, 황당파수법 등 외국의 현대문학 사조와 방법들을 접하고 실천하며 전례 없는 개방적 자세를 보여 주었다. 인물형상만 놓고 보더라도 인물의 복잡한 내면 세계와 잠재심리를 발굴하는데 모를 박아 살아 숨쉬는 예술 형상으로 부각하기에 심혈을 기울였다. 이 시기는 문학의 각종 양식들이 전례 없는 개화 발전을 가져온 시기이기도 하다. 소설의 경우만 보더라도 단편, 중편, 장편 할 것 없이 전 시기와는 비교가 안 될 정도로 새로운 도약을 했다.

2. 조선족 문학특색

조선족문학에는 서사문학과 구비문학 이 두 줄기의 흐름이 있는데 그 중에서도 서사문학이 세월을 주름잡으며 근대적 문명의 각광을 받아 가면서 주류를 이루게 되었다. 따라서 조선족 문학의 특색7)을 천명하려

---

6) 뒤 부분「부록」2의 통계자료를 참조하기 바란다.

면 의례 서사문학을 중심으로 사색을 굴려야 한다는 것은 너무나도 자명한 일이다.

우선 조선족문학의 특색은 그가 다룬 소재와 내용, 인물형상창조에서 집약적으로 표현되고 있다.

조선족은 근대에 진입하여서부터 봉건통치는 물론 외래침략자들의 침략을 받았고 특히 20세기 초엽에 이르러서는 일본제국주의의 침략으로 하여 망국노의 비참한 심연 속에 빠져들어가게 되었다. 이런 역경 속에서 조선족은 다른 민족과 더불어 반제반봉건 특히 반제의 기치를 높이 추켜들고 민족의 자주권과 해방, 민족의 근대적 발전을 위한 장구하고도 힘든 투쟁을 벌렸다. 이런 투쟁 과정은 조선족으로 하여금 남달리 일찍부터 민족의 주체의식, 반일의식, 단결의식, 향토의식을 가지게 하였으며 민족의 해방과 문명개화의 추구에 박차를 가하게 하였다. 바로 이런 사회역사적 상황과 민족의 운명으로 말미암아 조선족문학에 수난, 반일, 思鄕, 민족단결, 문명개화의 소재와 주제가 관통되고 있는 것이 특징적이다.

조선족문학발전사를 고찰하면 부동한 계급, 부동한 계층을 대표하는 전형적 인물형상들의 다채로운 형상들이 안겨오는 바 이런 형상의 중심에는 농민의 , 반일투사, 지식인, 사회주의 신형인간의 형상이 돋보인다. 특히 조선족문학에서 「농촌문학」이 주되는 것으로 나서고 농민형상이 선차적인 자리에 놓이는 것은 조선족이 장구한 세월에 거쳐 농경 문화의 분위기에 물젖었고 중국의 변경지대에서 농업을 주되는 생산활동으로 삼아온 데서 기인된 특수한 현상이라 느껴진다. 이런 전형적 형상들에는 해당 시대의 사회적 요구와 계급적, 민족적 지향을 실현하기 위한 조선족의 불요불굴의 혁명적 기개, 그 어떤 역경 속에서도 노래와 춤, 웃음과 해학, 유모아로 난관을 대처하는 낙관주의 정신, 예절 바르고 재물이나 권력보다 신의와 의리를 귀중히 여기고 상호 부조의 미풍

---

7) 이 부분 조선족 문학의 특색에 관한 내용은 〈중국조선족문학사〉(8~12면)의 내용을 그 대로 따르되 넷째 부분 내용에서 필자의 일부 관점을 가미했다.

을 지키는 고상한 도덕적 품성, 새로운 것에 민감하고 깨끗한 것을 좋아하고 구지욕에 불타는 문명의식, 우아하고 점잖으며 부드럽고 선명한 것을 좋아하는 심미적 욕구 등으로 얽혀진 조선족의 고유한 성격적 특징들이 집약적으로 체현되어 있다.

다음, 조선족문학의 특색은 다양한 소재를 다룬 작품들에 반영된 생활내용과 성격창조의 민족적 구체성에서 뿐만이 아니라 그것을 재현하고 표현하는 예술적 형식에서 또 두드러지게 나타나고 있다.

언어는 문학의 기본적인 표현수단으로서 문학의 형식에 민족적 특성을 부여하는 가장 중요한 요소이다. 조선족은 오랜 옛날부터 민족 고유의 말과 문자를 가지고 있으며 이에 기초하여 민족적 색채가 짙은 문학을 창조하였다. 이로부터 조선족문학사에서 한글문학이 주도적인 위치를 차지하고 있다. 그러면서도 조선족작가들은 한자를 표기수단으로 하여 또 「漢文學」을 창조하기도 하였다. 그리하여 조선족문학은 표기수단에 따라 한글문학과 「漢文學」의 이중구조 위에 건립되어 있으며 그것들은 서로 침투하면서 발전하여 왔다. 지난날 조선족 문학의 한줄기로 뻗어난 「漢文學」은 비록 한자를 표기 수단으로 이용하였지만 김택영, 신정, 신채호 등 작가들의 작품들이 웅변적으로 말해주다 시피 백의동포의 작가에 의해 조선족의 생활을 조선족의 미학적 요구에 맞게 반영한 것으로 하여 그 형식에 있어서도 민족적 색채를 가지게 되었다.

조선족문학은 선행 시대의 문학전통을 계승, 발전하고 외국의 예술적 성과에 민감하게 대응하면서 문학의 각종 장르를 발전시켰는 바 그 중에서도 시와 소설이 풍만한 성과를 거두었다. 특히 조선족 시문학이 조선어의 특성에 기초하여 발전하는 과정에 자체에 알 맞는 작시법 및 시조, 가사 등 민족 고유 시가형식에 대해 탐구했다. 민족시가형식인 시조, 가사 등은 그 형태에 따라 일정한 차이를 보여주고 있으나 2음절어와 3음절어를 잘 배합하여 3.4조와 4.4조를 운율조직의 기본단위로 하고 있는 것이 공통적이며 이에 다양한 변조를 줌으로써 운율의 유창성과 시적 표현의 함축성을 담보하고 짙은 민족적 정서를 풍겨주는 것이 특징적이다.

셋째, 조선족문학은 창작방법에 있어서도 자기의 특색을 나타내고 있다.

중국 조선족문학은 19세기 말엽 특히 20세기 초엽부터 서방의 현대 문예사조의 물결을 폭넓게 수용하였다. 이런 사조의 영향 아래 사실주의와 낭만주의 창작방법 및 기타 창작방법들이 조선족문단에도 전파되었다. 특히 20세기 20년대에 들어서면서부터 비판적 사실주의창작방법이 커다란 발전을 가져왔다. 무산계급혁명운동의 앙양과 구소련문학의 영향으로 하여 30년대로부터 사회주의사실주의창작방법이 조선족문학 창작에 이용되었는 바 30년대 항일무장투쟁시기의 시문학, 극문학이 그 실례로 된다. 30년대와 40년대 전반기 적점령구의 조선족문단에는 작가들의 정치적 경향과 문예사상이 다름에 따라 각종 창작방법들이 있었는 바 사실주의, 낭만주의, 자연주의, 상징주의, 퇴폐주의 등이 혼존하고 있었다. 하지만 1930년대 이후 적점령구의 조선족문단에서 빛나는 창작성과를 달성하는 길에 뚜렷한 이정표를 세운 것은 비판적 사실주의였다. 항일전쟁 승리 후 더 나아가서 건국 후의 조선족 문학창작은 주요하게 사회주의사실주의창작방법에 의거했다. 새로운 역사시기에 진입하여 적지 않은 조선족작가들이 개방의 도도한 물결을 타고 서방의 모더니즘문학의 각종 창작방법을 도입하는 노력을 보여 주었지만 문학창작에서 혁명적 사실주의전통을 회복, 고양시키는 기운이 우세를 차지했으며 지금도 혁명적 사실주의가 중요한 창작방법으로 이용되고 있다. 이런 상황을 고려할 때 100여 년래의 조선족문학에서 사실주의가 주류를 이루고 있는 것이 특징적이라고 지적할 수 있다.

넷째, 조선족문학은 자기 발전의 합법칙적 과정을 걸어오면서 모국문학과 외국문학 및 다른 민족문학 특히 조선문학, 구소련문학, 유럽문학, 漢族문학을 통해 자기 발전의 자양분을 적극적으로 섭취하면서 개화 발전의 길로 매진한 것 역시 또 하나의 특색이라 할 수 있다.

조선족은 예로부터 진취적이고 개방적인 민족이다. 조선족의 조상들은 일찍부터 자기의 전통에만 매이지 않고 외부의 문명에 대하여 민감한 반응을 보이고 문호를 세계에 개방하여 외국과 기타 민족의 선진적인 것을 섭취하여 자기의 것으로 만드는 재능을 가지고 있다. 조선족문학은 고대로부터 漢族문학에 각별한 흥취를 돌린 전통을 계승하여 20세기에 진입하여서도 그 자양분을 섭취하는 한편 서유럽의 문학을 대량으로 번역 소개하였으며 구소련 10월 사회주의 혁명 후부터는 구소련문학을 대폭적으로 받아들여 자기의 발전에 박차를 가했다. 중화인민공화국이 성립된 후에는 漢族문학과 조선문학, 구소련문학이 널리 소개되어 조선족문학발전에 지대한 영향을 주었다.

조선족문학이 중국 소수민족문학의 한 갈래로서 중국이라는 문화풍토 속에서 주체민족인 漢族의 문학 흐름에 알게 모르게 절대적 영향을 받아 왔음은 말할 여지도 없다. 문학의식, 창작방법 등 많은 중요한 문제에 있어서 조선족 문학은 漢族 문학의 그늘 밑에 있어온 듯 하다. 이른바 상처문학이요, 반성문학이요, 개혁문학이요 하는 이 시기 조선족문학의 전반 흐름을 놓고 보더라도 항상 漢族 문학의 뒤꽁무니를 따라온 듯한 감이 없지 않아 있다. 우리 조선족이 외국과 직접적인 교류가 적은 상황하에서 모든 것을 漢語의 여과를 통하여 받아들인다고 할 때 이것은 어쩌면 숙명적일 지도 모른다. 그러면서도 다행스럽게도 우리 조선족문학은 모국인 조선의 문학창작을 참조계로 삼을 수 있었다. 개혁개방전 폐쇄된 중국의 문화풍토 속에서 조선족작가들이 구소련 문학을 포함한 세계명작의 조선어번역을 통해 제한된 범위 내에서 얼마간 외국문학작품을 접할 수 있었겠지만 언어적 장애가 없고 일종 이데올로기적 유대관계를 갖고 있었던 조선으로부터 많은 영향을 받았음은 말할 여지도 없었다. 실로 1920~30년대 이기영, 조명희, 최서해 등 카프 작가들의 작품은 조선족작가, 특히 기성세대작가들에게 있어서는 일종 문학적 경전과도 같이 읽히웠다. 이들의 작품이 조선족중학교(고등학교포함) 〈조선어문〉교과서에까지 편입되어 우리 조선족들의 문학 표현의 규범으로 되어 왔었다. 짓궂게 민족의 고유한 언어문자를 지키려한 조선족은 북한의 언어를 일종 감로수로 받아들였다. 이로부터 조선족 문학이 북한의 언어 표현을 많이 닮은 것은 매우 자연스럽고 바람직한 일이다. 조선족 문학은 앞으로도 언어표현 등 여러 면에서 북한의 영향을 계속 받을 것이며 북한의 개혁개방과 더불어 그 영향은 더 해 갈 것이다.

조선족문학이 다른 한 모국인 한국문학과 접할 수 있었던 것은 더 없는 행운이었다. 새로운 시기에 들어서 서서히 소개되기 시작한 한국문학은 조선족문학에 새로운 감로수를 제공해 주었다. 물론 이 시기 소개된 한국문학작품은 저항시인 김지하의 시작을 비롯하여[8] 극히 제한된 것이었지만 그것은 그렇듯 신선하고 더 없이 귀중한 것들이었다. 조선족작가들은 우리말 언어 표현의 새로운 참조계를 얻게 되었던 것이다. 현 단계 한국의 일류 문학들이 조선족문단에 직접 소개되고 연구되면서 조선족작가들에게 언어표현 뿐만 아니라 작가의식, 창작방법 등 여러 면에 있어서 좋은 영향을 주고 있다.

실로 조선족작가들은 분단된 상황 아래 똑 같은 모국인 한국과 조선의 문학을 참조계로 하면서 전통과 변이라는 차원에서 스스로 조선족문학에 대해 새로 인식할 수 있게 될 것이며 양쪽의 문학 정수들을 흡수하여 정녕 통일된 문학 창작을 지향할 수 있게 될 것이다.

이외에 조선족문학은 현 단계에 있어서는 미진하지만 앞으로 일본, 미국, 러시아 등 해외 교포들 문학과의 활발한 교류를 통하여 비교 문학적인 공통성과 차이성 속에서 새로운 참조계를 획득하여 보다 다양한 발전을 이룩하게 될 것이다.

조선족문학은 이와 같이 자기의 좌표를 고수하면서 외국의 문학, 모

---

8) 필자가 1980년대 초 중국 연변대학교 조문학부 학부생 때 이해산 교수가 〈조선문학사〉 특강 형식으로 한국의 김지하, 하근찬 등 시인과 작가들의 작품을 취급했었다. 그 후 얼마 되지 않아 〈연변문예〉를 비롯한 조선족 여러 간행물에 이런 유의 작품이 소개되기 시작했고 연변대학교 조문학부 채미화 교수께서 〈남조선소설작품집〉까지 편찬해 내기에 이르렀다. 1980년대까지만 해도 조심스럽게 소개되던 한국 문학이 1990년대 들어서서 부터는 비교적 자유로운 분위기 속에서 널리 알려지기 시작하니 실로 격세지감을 느끼게 한다. 현재는 한국의 작가, 시인들의 작품이 직접 중국 조선족 여러 간행물을 통하여 발표되고 있으니 실로 감개무량하기만 하다.

국의 문학 및 기타 민족문학의 영양 흡수에 게을리하지 않고 끊임없는 혁신과 발전을 거듭해 왔고 거듭해 나가는데 그 입체적인 자세가 있는 것이다.

참 고 자 료

1. 〈조선족문학연구〉 임범송, 권철 주편 흑룡강조선민족출판사 1989.
2. 〈중국조선족문학사〉 조성일, 권철 주편 연변인민출판사 1990. 7
3. 〈중국조선족예술작품연구〉 연변문학예술연구소 편저 1983.

*1994년 4월, 한국정신문화연구원에서 중국조선족문학에 대해 소개
 할 때 작성한 것임.

들어가는 말

　심련수는 「문단에 솟아난 또 하나의 혜성」[1]임에 틀림없다. 그는 시 300여수, 만필과 소설 7편, 평론 1편, 기행문 1편 등 다양한 장르에 걸치는 많은 작품 양과 일제 식민지치하하의 우리 민족의 애환을 잘 읊었거늘 이른 바 한국 백철 선생을 비롯한 일부 문학사가들의 「5년 암흑시기공백론」을 부정하기에 족하다. 그는 이 시기 민족 저항시인인 윤동주, 이육사와 어깨 나란히 할만 하다. 그가 이런 막강한 민족사적, 문단사적 의의를 가지고 있음에도 불구하고 아직 본격적인 연구가 진행되지 않고 있음은 아쉬운 일이 아닐 수 없다. 사실 그것은 육필원고가 발굴되어 2000년 7월에야 비로소 책자로 발표된 사정 때문일 것이다.

　현재까지 심련수 시작품 연구를 개관하건대 아직 대체로 심련수의 생애와 문학을 둘러싼　작품 외재적 연구에 편중한 듯한 인상을 준다. 이

---

1) 〈20세기중국조선족 문학사료집 제1집(심련수문학편)〉(중국 연변인민출판사, 2000. 7) 뒤 부분에 실려 있는 김룡운의 소개글 제목임.

것은 보다 심층적인 연구를 위해 절실히 필요하다. 그러나 신비평가 르레 웰렉 등이 주장했듯이 문학연구의 본령이 어디까지나 작품 속에 파고 들어 본질적인 작품 자체내의 요체를 주로 하는 작품 내재적 요구에 있다할 때 심련수 시 이미지에 관한 고찰은 그 일환으로 되겠다. 사실 심련수 詩量을 감안할 때 시편이 상대적으로 적은 윤동주나 이륙사보다 이미지 연구의 조건이 충분히 갖추어졌음을 알 수 있다.

심련수 시 이미지에 관한 연구가 전혀 미개척지로 남아 있는 것은 아닌 줄로 안다. 개별적인 논문들에서는 일부 언급한 줄로 안다. 그리고 「심련수 시인의 시어 연구」(엄창섭)[2] 같은 논문에서는 비교적 심도 있게 된 줄로 안다.

그러나 아직 전반 시를 대상으로 한 체계적인 이미지 연구는 되지 않고 있는 줄로 안다. 이러한 상황을 감안하여 본 논고에서는 심련수 시 전반을 대상으로 하여 거기에서 나타나는 주요 이미지들을 찾아내어 그것의 상징적인 의미를 고찰하도록 한다. 이로부터 심련수 시 세계를 이해하는데 일조하도록 한다.

본고에서 거론되는 모든 시작품은 위의 〈20세기 중국조선족 문학사료집 제1집(심련수문학편)'의 표기 그대로 사용함을 원칙으로 한다. 두음법칙이 지켜지지 않은 표현, 현대 한국어와 다른 단어, 띄어쓰기 등 「문학사료집」을 기준으로 한다.

본 론

아래에 심련수 시의 이미지 포착 및 그 분석을 진행하기 위한 방편으로 필자 나름대로 이미지개념을 다음과 같이 정립해 보도록 한다.

첫째, 이미지는 구체적 지칭성이 있어야 한다.

---

2) 〈문학공간〉, 2001년 5월호.

둘째, 이미지는 원색적인 뜻을 기초로 상징적인 의미가 가미되어야 한다.

셋째, 이미지는 반복성을 가지면서 일정한 갈래의 상징적인 의미가 포착되어야 한다.

이런 세 가지 요소를 기준으로 하여 심련수 시의 주요 이미지들을 그 사용빈도 순서에 따라 논의를 전개하면 다음과 같다. 계열적인 이미지 개괄을 위해 일부 용어 사용에서 위의 기준에 맞지 않은 추상적인 용어를 사용한 경우가 있음을 부언해 둔다.

* 밤(잠, 어둠, 석양, 저녁, 터널, 굴 포함) 이미지

심련수 시에서 가장 많이 등장하는 이미지가 밤 이미지다. 필자의 초보적인 통계로 직접 '밤'자가 들어가는 시제만도 14편이 되고 여기에 잠, 어둠, 석양, 저녁, 모색, 터널 등 같은 계열의 글자가 들어간 것까지를 합할 때 20여 편에 달한다. 그리고 내용에 밤 이미지를 가지고 있는 시편들은 적게 잡아 30여 편에 달하는 것으로 총 300여 편에 약 10분의 1의 분량을 차지한다. 이것은 적은 분량이 아니다. 이렇게 놓고 볼 때 심련수를 가히 '밤'의 시인이라 부를 수 있겠다. 밤에 대한 집착, 암울한 식민지 현실을 산 시인으로서는 너무도 당연한 지도 모른다. 밤은 암울한 식민지 현실과 모종 의미에서 상사형을 이루기 때문이다. 그러나 심련수에게 있어서 밤은 그리 단순한 이미지만은 아니다. 심련수에게 있어서 밤은 또 다른 이미지로 다가오기도 했다. 문제의 복잡성은 바로 여기에 있다.

그럼 아래에 심련수 시에서 밤 이미지가 등장한 시편들을 고찰하면서 그 구체적 양상을 보도록 하자.

첫째, 암울한 식민지 현실에 대한 고발

〈대지의 모색(暮色)〉에서 모색은 '서천에 남긴 노을'을 울리고 '어둠의 막(幕)을 들어/동쪽하늘 덮어오'는 악의 상징체로서 일제 침략자 그 자

체에 다름 아니다.

〈우주의 노래〉에서 '군성(群星)의 근육'을 경련케 하는 '태음(太陰)의 차광(借光)이/밝아지는 밤'은 일제 식민지 통치를 시사하고 있다.

〈터널〉은 첫 두 구절 '길다란 터널/캄캄한 굴속'과 마지막 한 구절 '캄캄한 굴속, 캄캄한 굴속'의 조응 속에 전반 시적 분위기를 어두운 분위기로 몰아넣고 있다. '우를 우러러도/아래를 굽어보아도'는 바로 이것에 대한 주석으로 된다. 이제 문제는 이 터널, 굴속에 '눈을 감고 걸어도/눈을 뜨고 찾아도/밝히우는 송장/바닥 가득 늘어자빠진 꼴'이다. 이에 서정적 주인공은 기가 막혀 묻는다. '아, 빛이 없어 죽었나/빛이 싫어 죽었나'? 서정적 주인공의 결론은 이 양자에 다 걸쳐있다. 이를테면 바로 '빛이 없어 죽었기'에 이미 주검으로 된 '싸늘한 송장의 입 김에서 들려오는' 것은 한이 맺힌 '울부짖는 소리'다. 그리고 또한 바로 '빛이 싫어 죽었기'에 '또 무수한 생명이/레루를 베고 침목을 베고 누워/지나갈 바퀴를 기다리고 있'는 것이다. 이것은 분명 자학적인 죽음 선택 즉 자살이다. 문제의 심각성은 바로 여기에 있다. 죽을려 안해도 '빛'이 없어 죽어가는 세상에 스스로의 죽음 선택은 민족의 생존문제와 직결된다. 그렇기 때문에 서정적 주인공은 '또 어찌하리'하고 안타까운 탄식을 한다. 그런데 '빛이 없어 죽었'건 '빛이 싫어 죽었'건 그것은 어디까지나 캄캄한 굴 속같은 인위적인 '터널' 때문임을 서정적 주인공은 시제 〈터널〉 그 자체에서 시사해주고 있다. '터널'이 일제 식민지통치의 소위 '문명'의 소산임은 그 누구도 자명한 일이다.

〈밤〉에서 '밤은 깊으려니/밤은 상처마다/오뇌가 맺히거늘/…/무거운 밤/어두운 밤/밤은 한없이 길어만 간다'고 읊조리므로써 깊어가는 밤은 끝이 안보이고 상처에 오뇌뿐이다.

〈한야기(寒夜記)〉에서 '지구는 한 개의 싸늘한 흙덩이로…/누리는 삭막한 빙실(氷室)같게 만든 악의 '한야'가 등장하고 있다.

〈기다림〉에서 밤은 '올리 없는 사랑을 기다리는 밤', '쓸데없는 분홍사연 그리운 밤', '이 하루 비 내리는 외로운 밤'으로 허망하고 쓸쓸하고 외로운 비극적인 것으로 비치고 있다.

〈이향(異鄕)의 야우(夜雨)〉에서 '차디찬 객방에/려수(旅愁)가 찾아오고/어슬프게 새로운/이 마음의 구석에는/앞날의 숙제(宿題)/자꾸만 불어나'는 근심걱정만 쌓이는 타향의 비오는 밤을 설정하고 있지만 그것이 암울한 식민지 현실을 떠올리게 함은 족하다.

〈료동반도의 하루〉의 '헤머리 기울어진 이역의 석양'은 아름다운 것이 아니라 '흩어진 마음쪽을 주섬주섬 싸'는 서글프고 한산함 그 자체다.

〈거울없는 화장실〉에서는 '내 이 어두운 골목/미로의 밤을 헤매다가/려명에 앞을 찾아/아침거리로 나오니/밤동안 지낸 일 꿈인양 착잡해/밤새 겪은 슬픈 생애, 쓰거운 일생/애잔한 백발인양 한없이 피곤하다'에서 보다시피 '려명'과 '아침거리'에서 되돌아 본 '슬픈 생애, 쓰거운 일생/애잔한 백발인양 한없이 피곤한' 밤을 떠올리고 있다.

〈부두의 밤〉에서는 '외로운 해협의 기슭/눈물로 얼리는 부두의 고정(孤情)/철없는 가슴에 한이 엉켜' '여울의 거친 물을 헤염칠' 수 밖에 없는 '깊은 밤'에 대해 얘기하고 있다.

〈여창(旅窓)의 밤〉에서는 '길손이 잠못 이루는/이 한밤', '어두운 이 밤길에 달리는 려차(旅車)'에서 보다시피 '밤'이 주로 자연의 밤이미지로 등장하면서도 길손으로 하여금 '호창(胡窓)의 희미한 등불/더우기나 서글퍼'게 느껴지게 하는 '한밤', '려차(旅車)'의 '무거운 바퀴/이 마음 밟고 굴러가'는 '밤길'이길래 그것은 여전히 서글프고 억압하는 밤 이미지에 다름 아니다.

〈전차(電車)〉에서는 '아! 사람도 바퀴도 다 지친' 와세다종점의 스산한 일본 '밤! 열한시!'를 펼쳐보이고 있다.

둘째, 현실에 대한 사색, 각성, 분발을 촉구;

〈국경의 하루밤〉에서는 韓민족에게 유서 깊은 두만강 국경의 하루밤을 '밤은 깊어간다 그러나 깨어있다', '아, 나는 왜 자지 않고 이 밤 새우려 하나'로 역설을 곁들이며 사색의 밤을 보여주고 있다.

〈밤은 깊었으련만〉은 첫 행인 '희망의 심지에 불꽃이 타고/마음의 밑창에 기름이 졸을 때/세상은 잠이 들고 모든 것이 고요한데'에서 '잠', '고요함'으로 세상 사람들 깨지 못하고 현실에 안주하는 정신상태를 상징하고 있다. 그리고 이어서 오는 '그 무엇 찾는 마음 홀로 깬 이 밤/잊으려던 옛일이 새삼스럽다/밤이 깊어갈제 마음도 깊었으면'에서는 사색, 각성, 성숙 등 밤의 의미를 살리면서 깨어남, 각성을 촉구하고 있어 특이하다.

〈련경선(連京線) 밤차〉에서는 '내려진 카텐을 뚫고 어둠이 들려 한다'고 하며 자연적 밤을 배경으로 깔아 주면서 조는 잠에 대한 부정을 통하여 서정적 주인공의 인생철학 즉 '앉아서 조는 사람 볼꼴이 사나와라/사내야 잠을 자도 사내답게 자거라'를 피력하고 있다. 현실이 아무리 어렵더라도 꿋꿋이 맞받아 나가는 사나이 기백을 떨쳐라고 촉구한다.

〈나는 너와 같더라〉에서는 '어떻게 하려나 사람아 너는/영원한 밤이 계속한다면'의 문제를 던지고 '오오! 너는 죽음으로써/모든것을 청산할 만하냐'고 반의적인 대답을 준다. 죽음을 각오한 현실극복 의지를 불러일으키고 있다. 그리고 이어서 '곰팽이내나는 어둠 속에서/타다 남은 동강을 찾는대야/불씨는 어디서 얻는단 말이냐/자전은 그대로 자전(自轉)대로/육중한 몸을 굴릴 것이다'로 이러한 의지를 한번 더 각인시켜주고 있다.

셋째, 밤 이미지에 대한 직접적인 부정을 통한 희망의 메시지;

〈턴넬〉은 위의 비참함만 제시한 것이 아니다. 그것은 희망적인 사항도 던져주고 있다. '자연이 가진 신비를/뚫어놓은 미약한 힘'이라고 한 것은 이것을 잘 시사해준다. 여기서 '미약한 힘'이라고 한 것은 바로 일제 식민지 통치가 오래가지 못한다는 희망적인 메시지다. 그리고 '턴널'이란 것은 아무리 '캄캄한 굴속'이라 하더라도 양쪽이 뚫린 바깥 세상과 연결된 희망이 보이는 굴속에 불과하다. 어둠과 빛의 이중성을 띠고 있다. 〈턴넬〉은 바로 '턴넬'의 이러한 이미지를 살려 1940년대 암울한 일제 식민지통치 및 그것을 밟고 일어설 생의 용기를 북돋아주고 있다.

〈비명(碑銘)에 찾는 이름〉에서 보면 '이 밤도 벌써 새려 하누나/래일은 또 밝아오려니'에서 무심히 '밤'의 어둠과 '밝음'의 자연적인 순환을 읊은 듯 하지만 실은 어떤 삶의 도리를 내비치고 있다.

〈샘물〉에서는 샘물을 그 어떤 추구해야 될 이상적인 것으로 설정해놓고 다른 때도 아닌 바로 '어두운 밤 길섶에서/한줄기 샘물을 얻었을 때/그 얼마나 반갑던가/그 얼마나 즐겁던가'라고 읊조리므로써 '어두운 밤'을 딛고 일어서는 희망을 준다.

〈너는 나와 같더라〉에서는 '캄캄한 밤은 샐 때가 있으려니/인생도 그 같은 새벽이 있으려니'에서 자연적 이치를 들어 생의 용기를 북돋아주고 있다.

〈소지(燒紙)〉에서는 님에게 기원의 소지를 올리고 '별도 여윈 그믐 밤', '무거운 절망 속에' 잠긴 듯하나 그래도 '칠흑같이 깊어가는 신비의 밤'을 '끝없이 바라보며 발을 옮기'는 그기에는 희망이 도사리고 있다.

〈이역의 만종(晩鐘)〉을 보면 '띠잉… 띠잉…/여운은 길게/짙어가는 모색(暮色)을/흔들어놓는다', '띠잉… 띠잉…/음향은 굵게 길게/이 땅의 모든 설음/모아 울어주려무나'에서 만종은 분명 '모색'과 '설음'을 보낼 만종(輓鐘)으로 들리면서 밝음과 즐거움의 도래를 약속하는 듯하다.

〈귀로(歸路)〉에서는 '창연(愴然)한 모색(暮色)이/거리에 오고/태평년이 불어뿜는/어둠의 분무(噴霧) 속에/끄슬은 빌딩떼가 자맥질한다', '광염(光焰)에 어두워진/무딘 시선으로/노을에 젖은 모창(暮蒼)을 더듬노라'는 밝음과 어둠의 역설적인 표현으로 겉보기에 평화로운 에도가와로 상징되는 일본의 허상을 뒤집어 보이고 있다.

〈들불〉은 '누가 놓은 불씨기에/저토록 꺼짐없이/밤하늘을 붉히느뇨'에서 '밤하늘'이 불에 ' 붉히'는 이미지를 통해 희망의 불을 지펴주고 있다.

〈칠석(七夕)〉에서는 '궂은비 또 내리는' 밤에 '직녀의 그리움을 담뿍 안고서/젖음을 꺼리잖고' 사랑을 찾아 헤매는 사나이의 형상을 통해 희망의 메시지를 던져주고 있다. 특히 '헝클어진 머리를 쓰다듬으며'라는 시구는 실망을 모르는 견인분발을 보여주고 있다.

〈한야기(寒夜記)〉에서 '순환된 체열로 덥혀오리니/식은 땅 누리의 밤

도/미끌미끌하도록 담아보게/가슴속 불길을 뽑어보자/타오르는 불길에
태워보리라'에서는 '체열'과 '불길'로 '식은 땅 누리의 밤'을 담고 태우겠
다는 강한 의지를 나타내고 있다.
〈방〉을 보면,

언제나 어두운
해빛 한점 못보는
캄캄한 글방
뙤창 하나 못가진 주위
어둠에 반죽된 벽
한결같이 막히운 방

죄수처럼 갇히워
조각같이 앉았거늘
변함없는 성자의 침방

첫 단락에서는 '캄캄한 글방', '어둠에 반죽된 벽', '한결같이 막히운
방' 등 어둡고 좁은 이미지로 현실적인 답답함과 처참함을 나타내고 있
다. 일루의 희망도 없는 듯이 보인다. 그런데 두 번째 단락에서 '변함없
는 성자의 침방'으로 치환함으로써 일종 정신적 초탈을 추구하는 희망적
인 메시지를 던져주고 있다.
넷째, 밤 이미지에 대한 직접적인 긍정을 통한 현실긍정;
〈밤일〉에서 밤은 동화같이 아름다운 세계의 자연배경으로 깔려있다.
〈온정리의 하루밤〉에서는 여행길에 감수한 고국의 산수 및 인정이 너
무 좋아 '이 한밤 길어주소서 마음껏 있어보게' 하며 이 한 밤에 대한
애착을 보인다.
〈서울의 밤〉은 밤에 '조선말', '조선옷', '조선얼굴', '조선모습'에 '눈과
귀를 다 뜨고 보고 듣고 하'며 도취된다.
〈자지 않는 밤〉에서는 '사나이맥박에 뛰는 거리/젊은이호흡에 약동하

는 밤', '가등(街燈)이 비쳐주는/거룩한 밤거리/소음과 장애물이 멎었으니/밤이 새도록 끊이지 말고/지내소이다'로 활력에 넘치고 깨끗한 밤이 등장하고 있다.

〈잃어버리는 글〉에서는 '밤중이 될 때를 기다려/맨발로 모퉁이로 나오군 하지요/…/칠흑같은 어둠을 저으며/사뭇 발가는대로 헤매도 보지요'에서 보다시피 밤에 더 자유로운 감을 느끼는 서정적 주인공의 심성을 읽게 된다.

〈끼다야스까의 밤〉에서는 '네온이 껌뻑이는 홍황등(紅黃燈)'이 있는 멋진 풍경만이 있는 것이 아니라 오히려 '무한히 취해버린 로씨야주정뱅이/제 혼자 쌍욕하고 갈 지자 걸음하'고 '전등이 꺼져버린 가게방 창에는/굵다란 쇠덧문이 무겁게 내려진' 살풍경이 더 눈에 띠건만 '하르빈의 번화한 끼디야스까/깊어간 밤거리', '아아, 잊을수는 없으리 이곳의 밤/…/나는 화석처럼 서서 밤의 공기를 마신다'고 하며 맹목에 가까운 밤에의 애착을 보이기도 한다.

〈침송(寢頌)〉에서는 '서글픈 위안'인 줄로 뻔히 알면서도 '하루낮일에 여윈 몸을', '마음대로 안되는/낮의 일거리를' '잠이 주는 감주에 취하여/밤의 따뜻한 잠의 품에 안겨' 푼다. 그래서 결과적으로 '짧은 안락을/그리고 영원한 안식(安息)을/나는 날마다 날마다/잠에서 얻노라'고 읊조린다. 이것은 시제 '침송'에서 보다시피 일종 잠을 노래한 시인데 여기서 '밤잠'은 아편마취제와도 같지만 어쩔 수 없이 받아들이게 되는 긍정적 이미지로 등장한다. 일종 현실도피적인 방편으로 된 '밤잠'인 셈이다.

〈구만물상(舊萬物相)〉에서는 '어둠에 싸이려는 귀면암 그 얼굴은/세상에 알려진 몸 그 모양이 싫은듯/보고 간 나만은 다시 오진 않으리라'에서는 사물의 추악한 진실을 들어내는 '밤'의 이미지를 보여주고 있다.

이상 심련수 시에서 밤 이미지를 둘러싼 상징적 의미내용을 첫째, 암울한 식민지 현실에 대한 고발; 둘째, 현실에 대한 사색, 각성, 분발을 촉구; 셋째, 밤 이미지에 대한 직접적인 부정을 통한 희망의 메시지; 넷째, 밤 이미지에 대한 직접적인 긍정을 통한 현실긍정으로 나누어 고찰했다. 전반적으로 놓고 볼 때 심련수시에 있어서 부정적 밤 이미지 계열이 절대 다수를 차지한다. 첫째, 둘째, 셋째 부분이 그 보기로 되겠다. 전반 시 분량의 3분의 2를 차지한다. 이것은 암울한 식민지 현실에 있어서의 시인의 비극적 심성의 발로에 다름 아니다. 사실 넷째 부분의 상징적 의미내용을 놓고 보더라도 그것은 시인의 이런 비극적 심성의 다른 한 발로로 볼 수 있다. 보기 싫은 현실을 외면하는 한 출구가 바로 음성적인 밤에 대한 긍정 내지는 찬미로 되겠다.

밤 이미지 관련 심련수 시에서 가장 많은 분량을 차지하며 엇버금 분량으로 밀접한 관계를 맺고 있는 부분은 첫째 부분과 셋째 부분이다. 첫째 부분은 비관실망 그 자체인지 모른다. 그러나 셋째 부분을 접하게 되는 순간 그것은 낙관과 희망이 솟아난다. 밤이미지 관련 심련수 시는 바로 이 양자를 잘 갈무리하고 있다. 한 편의 시 속에 이 양자가 잘 갈무리된 〈턴넬〉은 그 전형적인 한 보기로 되겠다. 암울한 식민지 현실에 있어서 심련수 시가 고발, 폭로의 수술칼이 되고 희망의 등대가 될 수 있은 것은 바로 여기에 기인한다. 심련수 시의 매력은 바로 여기에 있다. 암흑기 저항시인으로서의 심련수를 자리매김할 수 있는 1차적 원인도 바로 여기에 있다.

 * 외로움(고독, 홀로) 이미지

필자의 집계로 심련수 시에서 25편에 걸쳐 가장 많은 출현빈도를 보인 이미지는 '외로움'이다. '고독'으로 제목을 달은 시만 하여도 3편이다. '외로움' 이미지 시는 거의 밤 이미지 시에 맞먹는 전반 시의 10분의 1 분량에 육박한다. 가히 '외로움'의 시인이라 하겠다.

> 나를 지켜주는 하나의 벗
> 그는 언제나 잊지 않고
> 내 심령 내 주위를 돌고있나니
> 번뇌에 휘감기면 풀어주고

우울에 젖으면 말려주었고

초조에 마르면 추겨주었나니

내가 이 세상에 태여날제

위호(慰護)의 신약(神藥)을 맡은 그

인산인해를 헤매여도

언제나 외로운 나

다만 그 혼자

따르며 벗 하노니

사랑도 사람도 다 싫어

오직 그만 있으면 흐뭇하도다

-〈고독(2)〉전문-

이것은 '인산인해를 헤매여도/언제나 외로운 나', '나를 지켜주는 하나의 벗'-고독에 대한 찬미다. '사랑도 사람도 나 싫어/오직 그만 있으면 흐뭇하도다'에서처럼 일종 맹목적인 극단적인 고독에 대한 찬미로도 보인다. 그것은 고독이 '언제나 잊지 않고/내 심령 내 주위를 돌고있나니/번뇌에 휘감기면 풀어주고/우울에 젖으면 말려주었고/초조에 마르면 추겨주었나니/내가 이 세상에 태여날제/위호(慰護)의 신약(神藥)을 맡은 그'가 나를 '따르며 벗 한'다할 때 흐뭇하지 않을 수 없기 때문이다. 고독에 묻혀 고독이라도 노래하지 않고는 못 견디는 그런 고독이 역설적으로 이런 고독의 노래를 엮어냈을 것이다.

〈차(次)그믐밤 혼자 깨여〉에서 '호젓이 외로움을 맛보는것도/곶감보다 달콤하련만'도: 〈후조(候鳥)〉에서 '고독을 즐기는 불사조의 혼': 〈거울없는 화장실〉에서 '영원히 성스럽고 변함없는/고독한 내 맵시를 가꾸리라'도 같은 경우를 나타내고 있다.

심련수 시에서 이런 외로움 이미지는 단지 외로움 그 자체로 끝나는 것이 아니라 인생을 되돌아보고 사색케 하고 터득케 하고 정리케 하는 묘미를 가지고 있다.

〈심문(心紋)〉에서 '깊고 고요한 원시림속/맑고 깨끗한 못가에/나는 나의 고독과 같이 섰나니': 〈추락한 명상〉에서 '절벽의 외로운 정'의 호 젓한 명상의 분위기: 〈소지(燒紙)〉의 '호을로 침묵속에'는 그런 마음의 자세를 말해준다. 이제 사색은 시작되고 인생은 정리된다. 〈고독〉에서 '깨끗한 고독/적막한 심사'에 떠밀려 '오직 떠오르는것은/가식없는 생활에/외로이 자라온 알몸뚱이로서'의 거짓없는 진실한 인생에 가 닿게 되고 〈고독(1)〉의 '외로이 이어온 한줄기 발자국', '구태여 없는 동행을/멈추어 기다리지 않으리니/이 한몸 벗 삼고 나갈 몸이다/그 누구 따라옴을 원치 않는다', '고독의 등에 진 배낭에다/사색의 량식을 걸머지고/외로운 등산을 계속하여', '고독의 한평생을 마치려 한다'에서 인생의 도리를 터득하게 되고 달갑게 외로운 인생길을 가려는 굳센 의지가 내비친다. 〈교문을 나서며〉같은 데서는 '무엇을 찾으려고 헤매는 마음/더우기나 외로와라 이 한몸이/벗겨진 굴레를 되쓰고싶어/헤매던 이 벌판을 찾으려 하는/이 마음 외로와서 웨치는 소리'처럼 무엇을 추구하는 외로움을 보여주면서 그 외로움을 떨쳐 버리려는 모지름도 나타낸다.

외로움은 인생의 쓰라린 체험이다. 인간은 趨福避禍적 존재일진대 이 쓰라린 체험에서 벗어나고자 한다. 위의 인생에 대한 사색, 터득, 정리가 긍정적인 초탈이라면 아래에 '헤맴'은 부정적인 맹목성을 띤다.

〈방랑(放浪)〉에서 '호올로 헤매고저 또 떠나노라'의 '나', 〈나그네(1)〉에서 '오죽이나 외로움' 속에 '정처없이 헤매는 그', 〈흩어지는 무리(1)〉에서 '어둠에 헤매이던 어린 벗 동무들아', 〈인생의 사막〉에서 '락타 잃고 헤매는 불쌍한 인생'은 바로 그 보기로 된다.

심련수 시에 있어서 고독, 외로움 이미지는 '외로움'의 원색적인 의미로 대량 나타난다.

〈소원〉에서 외롭게 찾아 헤매는 서정적 주인공: 〈인생의 사막〉에서 '동행없는 사막의 인생': 〈경포대〉에서 '풍류를 즐기던 님 다 어디로 가고/기둥에 새겨진 이름만 외롭게 남았구나'의 物是人非: 〈새바위〉에서 '해지는 저녁마다 물새는 울었지만/달없는 어둔 밤엔 무엇이 울어줄고'에서 물새 울음와의 대비 속에서 달없는 어둔 밤의 외로움: 〈로천공원

묘지(露天共園墓地)에서 '외톨선 그 령(靈)': 〈나그네〉에서 '머언 추억의 고향에 돌아온 외로운 나그네'; 〈갈매기〉에서 '행색 너무나 외로운' 갈매기: 〈외로운 새〉에서 '어데론가 외로이 날아간' 새: 〈새〉에서 '그속에 자취 숨는 외로운 새', '떠나면 외로운 길손의 나래': 〈기다림〉에서 '올리 없는 사랑을 기다리는 밤', '부르튼 입술로 외로운 노래나 불러보자', '사랑의 해안에 외로운 배 한척', '이 하루 비 내리는 외로운 밤'의 외로움의 연발: 〈나그네(1)〉에서 '맞아줄이 없고 찾을이 없는 몸/오죽이나 외로운' 그: 〈나그네〉에서 향수에 이끌려 고향에 돌아온 '외로운 나그네': 〈추억의 해변〉에서 '사랑하는 젊은 님/외로와 성낸 얼굴': 〈심성(心星)〉에서 '외로운 광야': 〈인간의 노래〉에서 '뉘 하나 아껴줄이 없는 외론 신세': 〈후조(候鳥)〉에서 '나는 날짐승 외로운 새', '춘남추북(春南秋北) 외론 넋'은 그 보기로 된다.

전밤 심련수 시에서 외로움 이미지는 그 원색적인 의미로 가장 많이 씌었다. 그 다음 이것의 파급적인 긍정적인 효과로 인생 사색, 터득, 정리의 상징적 의미를 느낄 수 있고 부정적인 효과로 '헤맴'의 맹목성을 느낄 수 있다.

* 옛 것 이미지

인간은 과거, 현재, 미래에 산다. 현실에 마음을 붙이고 사는 것이 일반적인 생활상일 것이다. 그러나 시공간적 차이 그리고 주객관적 상황에 따라 과거, 현재, 미래에 있어서 매개 사람이 치중하는 바가 다를 것이다. 전반적으로 볼 때 심련수는 현재 부정적이다. 그는 과거와 미래에 살았다. 이 양자 가운데 과거에 더 편중한 것같다. 그의 시에는 옛날, 옛일, 옛사람, 옛얼굴 등 강한 옛 것 취향을 풍기고 있다. 필자의 집계로 20편 좌우의 시가 이에 바쳐졌다.

그의 기행시조는 여러 곳의 옛 명물명소를 돌며 그때그때의 감회를 읊은 것인데 이 속에는 옛 것에 대한 진한 감회가 서려있다.

〈송도〉의 '왕건님 도읍터라 그 아니 좋을소냐/산 맑고 물 맑은데서 5백년 누리셨지/한쪼각 남은 기와도 빛나던 옛긁테기'에서 보다시피 옛긁테기에서는 '한쪼각 남은 기와도 빛난'다고 하며 옛날에 대한 일종 절대적인 동경까지 보이고 있다.

〈부벽루(浮壁樓)〉의 '부벽루 자리터가 명당이여서 좋은가/루만 좋다더니 왼통껏 다 좋아라/알려진 로맨스가 있음도 례사로다'에서 유서깊은 부벽루의 모든 것이 좋다는 맹목성도 보여주고 있다.

〈을밀대(乙密臺)〉에 보면,

> 을밀대 바람받이 시원키 한량없어
> 선녀의 놀이터가 예 아닌가 찾았더니
> 선녀는 어디 가고 뵈옵지 못하였네

여기서는 선녀를 뵈옵지 못한 것을 통해 옛날에 대한 향수를 나타내고 있다.

〈만월대(滿月臺)〉에 보면 이런 향수는 도를 더해 일종 애수로 내비치고 있다.

> 옛날에 영화가 하나의 꿈인 듯이
> 주춧돌 몇 개만이 잔디 속에 남아있다
> 사람만 간줄 알았더니 모든게 갔구나
>
> 지금은 달만은 변함 없이 비추지만
> 달빛아래 옛것들 어디론가 가고 없어
> 달님도 여기 와서는 처량히 웃더라
> -전문

보다시피 제1연 '옛날에 영화가 하나의 꿈인 듯이', '사람만 간줄 알았더니 모든게 갔구나'에서는 '하나의 꿈', '모든게 갔구나'로 '옛날'에 대한 짙은 허탈감을 나타냈고 제2연 '달빛아래 옛 것들 어디론가 가고 없어/달님도 여기 와서는 처량이 웃더라'에서는 '달님'과 옛것들'의 교감 속에서 농도 짙은 '옛것'에 대한 애수를 나타내고 있다.

〈북악산〉의 '옛장안 변하는걸 낱낱이 보았거든/마음에 안맞는걸 왜 그냥 두고있는고/북악아 앞으로는 잘못을 고쳐다구'에서 옛장안-옛서울에 비긴 오늘날 서울의 변화에 불만을 느끼며 옛장안에 가치판단의 기준점을 두고 있다.

〈남대문〉의 '옛날의 남대문엔 빛이 있어 빛나더니/오늘엔 고색조차 수집어 서있나니/서울을 찾아왔다가 한숨짓고 가는 길손'에서 옛날과 오늘의 대비 및 길손의 한숨 속에 今不如昔를 나타내고 있다.

〈금강산전철(金剛山電鐵)을 타고서〉의 '옛날엔 험한 길도 걸어서 다닌것을/이제는 타고 앉아 호사로 달리나니/구경이 더 좋더냐 호사가 더 낫더냐'에서 기계문명이 낳은 '호사로'운 오늘날에 대해 회의를 하면서 '험한 길'의 옛날에 대한 향수를 보여주고 있다.

〈청천강(淸川江)〉의 제1련 '살수(薩水)는 옛 안잊고 충성을 다했건만/옛 장수 다 없으니 그 충성 아까와라'에서는 오늘날 옛장수 없는 안타까움을 나타내고 있다.

이상 국내의 옛 명물명소를 취급한 기행시조에서는 옛 것에 대한 다양한 감회를 드러냈음에도 불구하고 인생의 무상, 허무 같은 것을 토로한 것은 거의 없다. 인생의 무상, 허무 같은 것은 주로 국외의 옛 명물명소를 빌어 토로하고 있는 것이 특징적이다.

〈려순〉을 보면,

> 고전적유(古戰迹遺) 찾은 나그네 안끓는 이곳에는
> 말없는 순관자(巡觀者)가 가고오고 하더라
> 연안포 큰 아구리도 벙어리 되였구나
> -제2연-

여기서 '나그네 안끓는 이곳', '순관자가 가고오고하더라'의 법적임과 조용한 '고전적유', 벙어리 된 큰 아구리의 연안포'의 대비 속에서 인생의 무상을 내비치고 있다.
〈봉천(奉天)〉에 보면,

       청태조 터잡은지 몇백년 되었던가
       가없는 벌판에다 굳게 쌓은 심양성은
       한쪼각 그림자보다 나은게 무언고
       -제2연-

여기서 '한쪼각 그림자보다 나은게' 없는 오늘날의 심양성을 통해 인생의 무상과 허무를 직설적으로 토로하고 있다.
〈봉천성우에서〉는,

       회색빛 벽돌로 높이 쌓았던 궁성
       시대가 흘렀으니 성벽은 무엇인고
       나머지 고적됨도 너무나 막심하다
       성벽틈 깨여지고 잡풀이 무성하니
       말없는 이 성우에 포총은 간 곳 없고
       찾아든 유람자의 전망터 되였구나

여기서는 '회색빛 벽돌로 높이 쌓았던 궁성'이 '시대가 흘러' 초라하게 변하고 '찾아든 유람자의 전망터 되었구나'로 인생의 무상, 허무를 토로하고 있다.
〈북릉(北陵)〉에 보면,

       릉앞의 늙은 나무 옛말을 말하는 듯
       높이 선 릉각에는 빛나는 기와빛보
       청나라 옛문화가 여기에 남았는가!

그 휘황하던 청나라 문화를 '릉앞의 늙은 나무', , '높이 선 릉각'의 '빛나는 기와빛보'에서밖에 확인할 수 없는 인생의 무상과 허무를 읊조리고 있다.

심련수의 일반 시편에서도 옛 것에 대한 감회는 다양하고 나타나고 있다.

〈소년아 봄은 오려니〉의 '끌 풍구는 그대로 놓여있더구나/화덕에 숯 놓고 불씨 붙여/옛소리를 다시 내여봐라'에서 '옛소리'는 일종 희망, 환희를 대변하고 있다.

〈소녀〉에 보면 윤락녀로 전락된 '소녀'에 대해 시적 자아는 '어서 옛날을 찾아라/헌집으로 가거라'에서 "옛날', '헌집'은 순진, 천진을 대변한다.

〈파영(破影)〉에서는 현실의 얼굴을 부정하면서 '오! 옛 얼굴은 참으로 아름다웠나니'로 아름다운 옛 얼굴을 떠올린다.

〈패물(敗物)〉에서 '먼 나라 오랜 옛날을/영원히 빛내일/생명아 깃들어라'의 생명이 깃들어 영원히 빛낼 그 대상은 미래 지향적인 것이 아니라 '먼 나라 오랜 옛날'로 대변되는 과거 지향적이다.

〈추억의 해변〉의 '옛날도 해조처럼/섬을 찾아 돌아올거니'에서 보면 '옛날'에 대한 일종 막연한 향수를 나타내고 있다.

〈인간의 노래〉의 '비바람 못미더워 우장삿갓 갖췄으나/할아버지 쓰시던 옛것이 간데없어/맨머리 알몸으로 떠나는 여름손자/번개치는 하늘에 마음 놓수 없어라'에서도 현재 갖춘 '우장삿갓'보다 할아버지 쓰시던 옛것에 대해 보다 더 가치를 둔다.

〈교문을 나서며〉의 '마음의 구석에는 찬바람이 돌아/엉클어진 가시숲에 찢겨진 옛말이/이제와 새삼스레 그리운데'에서 '옛말'은 '이제' 시점에서 돋보이는 이전에 그리 가치를 느끼지 못했던 모든 소중한 것을 가리킨다.

〈구우(久友)를 찾아-향토를 밟으며-〉를 보면,

A. 눈 익은 산천
   옛날의 그 모양
   변하긴 하였으나
   그래도 어딘가 익어 보인다

B. 불러보자 구우(久友)를
   찾아보자 그의 자취
   만나면 알아 줄가
   옛날의 그 시절을

C. 옛일이 그리워 찾아왔으니
   그대여 반가이 맞아주게
   산을 넘고 물을 건너
   찾아왔노라

D. 그 옛날 너와 놀던 앞시내엔
   벌거벗은 어린이가 놀고있으니
   지나간 그 옛날이 새삼스러이
   그 옛날의 우리로 돌아가게 하더라

여기서는 '옛일이 그리워 찾아와' '향토를 밟으며' 구우를 불러보는 가운데 '지나간 그 옛날이 새삼스러이/그 옛날의 우리로 돌아가게 하더라'에서처럼 구우와의 옛정을 못내 그리워하는 시적 자아가 등장하고 있다.

전반적으로 놓고 볼 때 심련수 시에서 옛 것 이미지는 동경, 그림움, 순수, 천진, 희망, 환희의 대상; 향수 내지는 애수의 대상; 인생 무상, 허무의 대상, 현실부정의 매개체 등 다양한 의미갈래로 나타난다.

* 나그네(길손, 사내, 남자)이미지

나그네는 타향을 떠도는 외롭고 쓸쓸한 존재다. 이것이 나그네의 숙명이다. 심련수 시에서 이런 원색적인 나그네 이미지가 절대 다수를 차지한다.

〈인간의 노래〉에서 '구름밑에 어두운 타향산천 물소리/길손이 잘 곳은 고목밑의 너럭반석'밖에 차례지지 않는다. 〈대지의 겨울〉에서는 '길손이 달음질 칠 설선(雪線)의 여정/오늘밤 머물 곳은 광야의 초당(草堂)/발소리 눈 다지우는 소리 멀어간다' 로 '설선' 속에서 하루밤잠을 위해 광야의 초당으로 달려가는 초라한 나그네의 모습이 등장한다. 객방에 들었다 해도 그것은 별로 나을 바가 못된다. 〈이향(異鄉)의 야우(夜雨)〉에서 '차디찬 객방에/려수(旅愁)가 찾아오고/어슬프게 새로운/이 마음의 구석에는/앞날의 숙제(宿題)/자꾸만 불어나' 잠 못든다. 〈려창(旅窓)의 밤〉에서도 '이 한밤' '잠못 이루는' '길손', '뭇손의 려진(旅塵)이 절어있'는 '칼자리튼눈', '려수(旅愁)가 아득히 배'인 '칼자리 난 목침', '화김에' '애꿎이' '담배꽁다리 태운' '지난손' 등으로 스산한 인생살이의 주인공들인 '길손', '지난손'들을 떠올리고 있다. 〈잊지 못할 그 눈〉에서는 '말없는 눈이 한쌍의 신비로운 눈이/내 가슴에 따스한 발을 넣어준' 소녀에 미련을 느끼건만 '나그네의 정처 없는 발길에/어찌 오래 머물러 있으랴'며 사랑도 할 여유 없는 가련한 나그네가 등장한다. 〈나그네〉에서는 향수에 젖어 고향에 돌아왔건만 모든 것이 남의 것이 되고 말아 '이끼긴 담 밑에서 서성거리는 옛임자'인 '외로운 나그네'가 등장한다. 〈님의 넋〉에서는 '무릅이 시리여/…설음 더 시리여/기운 병에다/무딘 펜을 박을 때/타는 가슴 두자만 쓰면/또 막힐 불쌍한 하소는/어제도/오늘도/또 언제까지나/끝없는 하소를 되풀이하'며 기탁할 곳 없는 마음을 님의 환영에 기탁할 수 밖에 없는 한없이 약해진 나그네의 모습을 보여주고 있다. 〈빈수선차(濱綏線車)〉에서는 '만철(滿鐵) 3등객차'밖에 앉지 못하는 초라한 노씨야 나그네의 형상을 통하여 서정적 주인공의 신세 기탁을 하고 있다. 심련수의 초라한 나그네 이미지는 다음의 두 시로 집대성된다.

>   오! 너는
>   사랑에서 추방당한 몸
>   맞아 줄이 없고 찾을 이 없는 몸
>   오죽이나 외로우랴
>   차디찬 길에서 한숨만 지으며
>   정처없이 헤매는 그는
>   한낱 떠도는 거품 같구나.

- 〈나그네(1)〉전문 -

　　'오죽이나 외로움' 속에 '차디찬 길에서 한숨만 지으며' '한낱 떠도는 거품같'은 나그네의 신세를 리얼리티하게 보여주고 있다.

>   나는 가련다 정처없이 또
>   이 발길 가는 곳 어데냐
>   맞아 줄이 없는 낯선 땅
>   머물 곳 정함없는 타향에서
>   호올로 헤매고저 또 떠나노라
>
>   떠나는 나그네길 서글퍼도
>   안길수 없는 방랑의 신세
>   …

- 〈방랑(放浪)〉 -

　　'가련다', '정처없이', '타향', '호올로', '헤매다', '떠나다', '서글퍼다' 등 부정적인 시어들로 '방랑'의 나그네 신세를 영탄조로 잘 읊고 있다.

　　나그네는 그런 가련한 존재만이 아니다. 그는 생각하고 '도통'한 사람이기도 하다.

　　〈벽〉에서 보면 '다만 한쪽 벽을 향하여/팔짱긴 사내가 말없이 섰을 뿐'에서 사색의 사나이가 등장한다. 〈길손〉에서 길손은 '한발만 자칫하면 절벽!/딴눈만 청청 팔면 추락! 언제나 두근거리는 가슴'을 안고 '질서없이' '순환하는' '운명으로 판정된다. 길손으로 대변된 운명에 대해 일종 회의를 나타낸 것이다. 〈사내〉에서는 '그러나 그러나 나는/다 알고도 모르는/랭혈을 가진/사내인줄 알아주시오'라고 세상을 환히 꿰뚫어보면서도 어쩔 수 없이 아무 것도 모르는 척 해야 하는 딱한 처지의 '사내' 모습을 보여주고 있다. 〈슬픈 웃음〉에서는 '갈대 많은 길섶에서 망설이는/철 못든 외로운 길손 하나'의 아이러니한 달인의 '슬픈 웃음'을 보여주고 있다. 〈남대문〉에서는 '서울을 찾아왔다가' 今不如昔에 한숨짓고 가는 지각이 있는 길손이 등장하고 있다. 쓸데없는 일에 신경을 쓰려다 인생의 황당함을 느끼는 나그네도 등장한다.

> 황하의 누런 물이 흘러서 누런가
> 굳이 알아보려 하다 내 신세 초라해
> 벗어놓은 보따리를 되려지고 돌아서오
>
> — 〈황해(黃海)〉전문 —

〈벽공〉을 보면 '가거라 마음껏 뉘 아니막으리니/류랑은 즐겁도다 구추없이 좋을세라/사해의 그 위에서 가린 것이 없으리니'에서 나그네의 유랑을 일종 자유자재의 경지로 찬미하고 있다.

심련수에게 있어서 나그네는 생각만 하고 도통만 하는 존재가 아니다. 그 어떤 목적을 가지고 찾아 헤매고 고민하고 노력하는 존재다. 〈칠석(七夕)〉에서는 궂은 비 내리는 밤에 '헝클어진 머리를 쓰다듬으며' '직녀의 그리움을 담뿍 안고서/젖음을 꺼리잖고' 사랑을 찾아 헤매는 사나이가 등장하고 있다. 〈새〉에서는 사랑까지 포기하며 현실에 안주하지 않고 끊임없이 떠나는 외로운 길손이 등장하고 있다. 〈떠나는 설음〉에서는 '찢어진 손수건이 다 젖도록/뜨거운 눈물을 흘리'는 약한 존재같지만 '사랑보다 참다운 사랑을 찾으러/정처 없이 떠나는 나그네'가 등장한다. 여기서 나그네는 사사로운 일 개인의 사랑보다 높은 경지의 사랑을 찾아 나선 높은 인격자다.

심련수에게 있어서 나그네는 여유 있고 풍류를 즐길 줄 아는 풍류객으로 등장하기도 한다.

〈모란대(牡丹臺)〉에 보면 '대우에 올라서서 사면을 둘러보니/이 아니 고울소냐 서경의 아미(蛾眉)일세/길손이 못 잊어 서슴타가 돌아가네'에 서 길손은 평양의 아름다움에 도취된다.

    강가의 수양버들 실바람에 날려서
    강산 찾아든 손 갈 줄을 모르나니
    어차피 이 하루도 저물도록 놀아보자

    작은 배 찾아가서 이 몸을 부탁코서
    가만히 누워서 흐름에 맡겨두니
    릉라도 맑은 기슭을 유유히 흐르더라

                           − 〈대동강(大同江)〉 −

수양버들 하느작 거리는 대동강의 아름다운 경치에 도취되어 작은 배 에 가만히 누워서 그 흐름에 맡겨 '이 하루도 저물도록 놀아'나는 '손'이 등장하고 있다.

    강바람 누에 드니 이 아니 놀이터냐
    나그네 자기를 잊고 돌아감 잊었으니
    산천에 취한 사람 얼빠진 것 같구나

                           − 〈부벽루(浮壁樓)〉 −

'부벽루' '놀이터'에 취해 '자기를 잊고 돌아감 잊'은 나그네가 등장하 고 있다.

심련수는 이런 풍류에 동조하는 듯 하면서도 이런 풍류객들에 대해 은근히 꼬집고 있다.

    손에는 호미
    그의 몸에는 땀이 함빡 흐른다

평화의 동상 같고 인왕(仁王)이 선 것 같은
그 얼굴 그 자세는
20세기 젊은이다
×　×
20억여의 목숨을 쥔 그를
어찌 힘이 없다 하며
무지타 하랴
그는 사악을 버리고 기만을 던졌다
오직 그의 앞에는
조, 벼, 콩만이 보일 뿐.

-〈밭머리에 선 남자〉-

나그네와는 대조적인 손에는 호미, 몸에는 땀이 함빡, 20여 억의 목숨을 쥐고 눈에는 오직 조, 벼, 콩만이 보이는 '밭머리에 선 남자' 즉 실농군을 높게 사고 있다. 〈대동강(大同江)〉의 마지막 구절 '남아야 이제는 너도 새 일군 되어보렴'에서는 그런 풍류에서 깨여나 분발, 노력할 것을 촉구하고 있다. 〈부벽루(浮壁樓)〉의 마지막 구절 '산천에 취한 사람 얼빠진 것 같구나'도 같은 맥락에서 이해하고 있다.

전반적으로 놓고 볼 때 심련수 시에서 나그네 이미지는 원색적인 의미로 씌어진 것이 가장 많으면서도 생각하고 '도통'한 사람; 찾아 헤매고 고민하고 노력하는 존재; 여유 있고 풍류를 즐길 줄 아는 풍류객 등 다양한 이미지로 등장한다. 시인은 원색적인 의미의 나그네; 생각하고 '도통'한 사람; 찾아 헤매고 고민하고 노력하는 존재로서의 나그네 이미지에 대해서는 동정, 동조 내지 찬미했지만 여유 있고 풍류를 즐길 줄 아는 풍류객으로서의 나그네 이미지에 대해서는 긍정하면서도 은근히 부정의 뜻을 풍기며 실농군의 이상적 이미지를 추구했다.

* 강 이미지

강은 문명의 발원지다. 그래서 한 민족, 한 지역의 상징매체로 되기에 족하다. 향토적인, 민족적인 시인은 강을 떠날 수 없다. 심련수의 시에도 강은 하나의 흐름으로 등장하고 있다.

〈땀〉의 '워싱톤의 땀이 미씨씨피강이 되고/나뽈레옹의 땀이 로하수가 되었다/보라!/영웅의 땀은 문명의 윤활유가 되고/혁신의 연료가 되었다'에서 '강'은 매개 민족 문명의 상징체로 등장한다.

〈해란강〉을 보면,

내 잊지 못할 하나의 흐름인 너
거친 땅 간도의 품 흐르는 힘찬 동맥
마른 입 마른 목 추겨주는 생명수야
너는 가장 믿음성있는 든든한 나의 동무였다
내 어린 가슴에 작은 염통이 뛰고
몽롱한 리상에 새 빛이 비칠 때
귀에 들린 힘찬 소리는
틀림없이 네가 웨친 고함이였다
내 4년동안 날마다 아침저녁
밑창 빠진 신을 끌고 룡문교의 널판을 밟았나니
그때마다 너를 보고 듣고 했다
어쩌면 그리도 내 마음을 잘 알아주던지
안개 낀 모아산 소리에 깨는 아침
락조에 물든 비파암의 저녁 빛에
굽이굽이 맺혀진 고난이 풀리고
주린 배 졸라매고 돌아오는 길이였다

밤깊은 강변에 어둠이 흐르고
북두성이 기울어져 모아산에 걸렸을 때 싸늘히 굽어
오는 하현(下弦)이 숨는 비파암에
홀로 걷던 이 발길이 오늘도 걷노라

가노라 멀리멀리 이 발길 가는 곳 산을 넘고 물을 건

> 너 이 마음 맞는데로
> 해란강이 주는 소리 귀에 고이 간직하고
> 이 몸이 한목숨을 해란과 약속하오

　여기서 '해란강'은 '흐르는 생명수', '영원히 믿음성 있는 나의 동무', '힘차게 늠실늠실한', '고갈을 추기고/고로를 씻은 것', '마음속엔 언제나/네가 동무하여주었다' 등 모든 좋은 것의 상징체로 등장한다. 〈추억의 해란강〉3)도 위와 같은 이미지를 창출하고 있다. 〈떠나는 길〉에 보면,

> 해란아 갔다오마 반만년 먼길을
> 4년간 먹은 정도 적다곤 못하겠다
> 갈 길이 멀어멀어 쉬여쉬여 가련다

　여기서 '해란아'의 부름, '갔다오마'의 약속 그리고 '4년간 먹은 정도 적다곤 못하겠다'를 통해 해란강에 대한 무한한 정다움을 토로하고 있다.
　〈낯익은 품속의 사랑〉의 '해란강물 맑아서 봄하늘 비친 곳에/흰구름 가고오니 그림인듯하여라'에서 해란강물은 '봄하늘', '흰구름'과 더불어 '그림'같은 신선경을 창출하는 아름다운 이미지다.
　〈송화강〉의 '송화강 너 아니 이 땅의 생명수냐/물 넘겨 벼를 주고 고기 길러 살려주니/이 땅에 살지리라 길이길이 살지리라'에서 생명수로서의 송화강의 이미지를 강하게 심어주고 있다.
　〈목단강〉에서도 '목단꽃 흘렀다고 강이름 생겼을가/목단화 있는 곳을 지나서 생겼을가'의 목단강을 '향기의 물'이라고 노래하고 있다.
　위에서 거듭 노래한 해란강은 심련수가 일본 유학가기 전까지 많은 세월을 보냈던 용정의 물줄기다. 해란강에 대한 애착은 심련수가 그 만큼 자기 고향의 산수에 대해 사랑했다는 증거가 된다. 그리고 송화강,

---

3) 〈해란강〉은 〈추억의 해란강〉에서 미진한 해란강에 대한 사랑을 더 폭넓게 격조 높게 노래하고 있다. 그래서 그런지 이 두 시는 구체적 어구에 이르기까지 비슷한 데가 많다.

목단강은 당시 북만 지역에 흐르는 큰 강들로서 중국 조선족들과 많은 인연을 가진 강들이다. 해란강을 비롯한 이런 강들에 대한 노래는 향토시인으로서의 심련수의 위상을 잘 볼 수 있다.

그리고 한강, 대동강 등 민족적인 강에 대한 노래는 민족시인으로서의 심련수의 다른 한 면모를 보여준다.

〈한강〉의 '한양의 남쪽을 안고서 흘렀으니/오백년에 생긴 일 모두다 알리라/참상을 보고서는 동정에 울었느냐'에서 한강은 다정다감한 인간적 이미지로 등장한다.

〈대동강(大同江)〉을 보면

단군이 오신 길에 물 흘러 이 강 되니
강물이 예쁜 것은 더 말할 것 없어라
주몽님 이곳에서 큰일을 하였어라

강가의 수양버들 실바람에 날려서
강산 찾아든 손 갈줄을 모르나니
어차피 이 하루도 저물도록 놀아보자

작은 배 찾아가서 이 몸을 부탁코서
가만히 누워서 흐름에 맡겨두니
릉라도 맑은 기슭을 유유히 흐르더라

꿈에 낳다 꿈에 죽었다는 류경의 사나이
이런 곳에 살았으니 그럴법도 하도다
남아야 이제는 너도 새 일군 되어보렴

첫 단락에서는 단군, 주몽에 얽힌 옛전설을 곁들이고 두 번째 단락에서는 평양의 명물인 수양버들을 곁들이고 세 번째 단락에서는 대동강에 온 몸을 맡기는 것으로, 네 번째 단락에서는 평양에 깃든 전설을 곁들이며 대동강을 노래하고 있다.

〈모란봉(牡丹峰)〉의 '그 정자 밑에 있는 대동강 또한 좋아/산은 올려다보고 강은 내려다보더라'에서는 인공과 자연이 어우러지고 산수가 어우러진 속에서 대동강을 노래하고 있다.

〈압록강(鴨綠江)〉을 보면 첫 단락에서 '백두산천에서 따나서 석달 열흘/국경의 절벽을 돌아돌아 2천리/서쪽으로 서쪽으로 흐르는 압록강'의 자연적 흐름을 보여주면서 두 번째 단락에서 '저녁의 압록강을 눈주어 바라보다/내려가 그 물에다 마음을 보낼것을'로 압록강에 대한 다함없는 사랑의 정을 쏟고 있다.

〈청천강(淸川江)〉 두 번째 단락을 보면,

> 청천강 부디부디 몸조심 하였다가
> 새 장수 나거들랑 모으신 그 솜씨를
> 마음껏 다하여서 도와나 주옵소서

여기서 첫 단락에서 '옛 장수 다 없어진' 민족적 한을 풀 수 있도록 청천강에 아름다운 기원을 하고 있다.

심련수의 시에서 강 이미지는 주로 향토적인 강, 민족적인 강으로서 〈낯익은 품속의 사랑〉, 〈용정역두에서〉 등 향토서정을 토로한 시들과 더불어 그를 향토적인 시인, 민족적인 시인으로 자리매김하는 데 일조한다.

* 죽음 이미지

죽음은 人之常事. 문학이 人之常事를 떠날 수 없는 만큼 죽음도 떠날 수 없을 줄로 안다. 심련수 시도 여기서 예외는 아니다. 그런데 죽음에 대해 유별난 집착을 보이는데 심련수 시의 특이함이 돋보인다.

〈생(生)〉과 〈벽〉같은 데서는 생과 죽음을 둘러싼 인생 본연의 모습을 확인한다. 이를테면 〈생(生)〉의 '사람이 이르는 미운것도 고운것도/사람이 만드는 적도 생길수 있는 생'으로 생의 본연의 모습을 애기하면서 마지막에 가서 '사(死)가 생기는것도 생(生)'이라고 하면서 결국 죽음을 환기시킨다. 생과 사라는 인생의 이중성을 말하고 있다. 〈벽〉의 '무참을 비웃는 저주의 입/죄악을 흘기는 의분의 눈/살았다/죽었다/온 세상은 아무것도 아니다'에서는 인생의 그 어떤 문제도 생사 앞에서는 가볍게 처리될 수 있으니 너무 연연하지 말라는 생사지상주의를 내걸고 있다. 그것은 죽음이 현세 초탈 경지를 창출하기도 하기 때문이다.

바로 이로부터 죽음의 찬미까지 흘러나오고 있다.

〈사의 미(死의 美)〉,

> 살아서 지은 미움
> 죽으면 갚는 미덕
> 원적도 죽었다면 언짢은 심사를
> 안위의 향불을 올리는 용서의 너그러움
> 생에서 흘기던 눈 사에서 웃어줌도
> 아름다운 천리(天理)의 진리런가
> 지은 죄 살아 많건만
> 그로 인해 마음놓네

여기서는 죽음의 '아름다운 천리(天理)의 진리'에 대해 애기하고 있다. 그것은 '살아서 지은 미움/죽으면 갚는 미덕/원적도 죽었다면 언짢은 심사'가 생기고 '생에서 흘기던 눈 사에서 웃어줌도' 죽음이기 때문이라는 것이다. 그래서 '지은 죄 살아 많건만/그로 인해 마음놓네'로 마음의 안정을 가져오고 있다. 일종 죽음의 양심선언이라 할 수 있다.

〈사(死)〉는 〈사의 미(死의 美)〉의 강화판으로 보면 된다. 그러면서 여기서는 '사'에 대해 보다 정열적이고 노골적인 찬사를 가하고 있다. '사가 만일 없었더라면/실수 없어 있을수 없어 이 세상에서/한번 태어났다가 죽는다는 위안 속에서/하고싶은 일도 하고 미운 일도 나쁜 일도 한다', '《사》 라는 이름으로 청산하는것/사! 사! 사! 죽음!/한번 났다가 죽는것 그저 그렇다'. 죽음의 초탈 경지를 역설하고 있다.

이 두 시편은 일상생활의 도덕적인 가치판단에 앞서 죽음의 가치를 우선시하고 있다.

〈비명(碑銘)에 찾는 이름〉의 '죽음으로 모든걸 청산했느냐'; 〈속〉의 '한몸이 그처럼 알뜰한 죽음/그것조차 생각지 않고서'같은 데서도 같은 모럴을 고취하고 있다.

심련수가 죽음의 초탈적 가치를 높게 산 데는 그 당시 현실적 삶이 그 만큼 절실했기 때문일 것이다.

〈환마(幻魔)〉에서 심련수는 당시 현실을 '주검'의 복마전으로 펼쳐보이고 있다.

거리에는 온통 울음소리뿐
덧문은 언제부터 닫기였는지
문틈으로 새여흐르는 비운의 호소
령구차는 달린다
화장터로…
굴뚝에 연기 끊길가봐
악, 터지는 소리

또 하나 죽는구나
새파란 목숨의 참사다(慘死)
주검으로 주검을 부르고
오고! 가고!
또 한 대의 령구차가
모퉁이에서 카브를 꺾는다
헤드라이트
한쪽만 컨 헤드라이트'
독광(毒光)을 뿜으면서
대낮에 거리를 질주한다
늘어진 사체(死體)를 무겁게 싣고
유령이 핸들을 모로 돌리며

달린다 달린다
또 웃으면서
핸들에다 또 표를 어이고저
참사의 죄악사는 누가 쓰는지
또 터져나오는 울음에 섞여
한줄기 고함이 고막을 찌르더라

여기서 '주검으로 주검을 부르고' '유령이 핸들을 모로 돌리며' '웃으면서' '한쪽만 켠 헤드라이트/독광(毒光)을 뿜으면서' '늘어진 사체(死體)를 무겁게 싣고' '대낮에 거리를 질주하'는 환영 속의 복마전이 바로 그것이다. 죽음보다 얼마 나을 데 없는 '주검'의 현실인 것이다.

심련수 시에서 죽음 이미지는 인생 본연의 한 모습; 현실 초탈의 경지, 현실 그 자체 등 상징적 의미로 씌었다.

* 벗음 이미지

세속에 살다보면 우리는 자기도 모르는 사이에 이중 내지는 다중 인격 더 나아가서는 허위의 탈을 쓰고 살게 된다. 진실된 자아로 살기 힘든 것이 우리의 인생인가 하노라. 그래서 사람들 진실된 자아를 찾기 위해 발버둥친다. 우리의 삶은 진실된 자아를 찾는 과정인지도 모른다. 심련수도 여기서 예외가 아니다.

〈맨발(1)〉에서 '가장을 벗어던진 통쾌감으로/끝없는 스테프를 달리는 마음', '고삐를 끊어던진 알몸뚱이로/활개치며 하늘아래 거보(巨步)하는 자'로 알몸뚱이는 자유로운 경지 그 자체이다. 〈맨발(2)〉의 첫 단락,

거짓과 허위를 벗어던진 알몸
오- 내게로 돌아온 자연
그 무엇에 얽매우랴
거짓없는 감촉이 감사하다

```
...
벗어라 무거운 신을
뒤축높은 군떡게를
끊으라 죄이는 들메
그 발목에 피가 돋으리라
```

여기서 제1연에서 '알몸'은 오래간만에 되찾은 자연으로서 자유롭고 진실된 그 자체이다. 제2연에서 '벗어라'는 것은 구속스러운 모든 것을 떨쳐 버리는 자유, 생기를 상징하고 있다.

〈대지의 겨울〉에서 '벗어라 귀찮은 그 구속의 너울을/알몸으로 뛰쳐나와 날뛰여라/정신나는 삭풍에 머리칼을 날리며'의 '알몸'도 자연의 흐름에 맡긴 자유 그 자체이다.

〈좁은 문〉의 '마음대로 벗고 다닐 활보(活步)를/왜 주리틀려는가'에서 '벗음'으로 자유로운 경지를 나타내고 그것을 방해하는 현실을 질타하고 있다.

〈잃어버리는 글〉의 '밤중이 될 때를 기다려/맨발로 모퉁이를 나오군 하지요'에서 '맨발'은 진실된 자아를 가리킨다.

〈고독〉의 '지나간 기억을 찾아올제/오직 떠오르는것은/가식없는 생활에/외로이 자라온 알몸뚱이였다'에서 '알몸뚱이'는 진실되지만 외로운 삶을 가리킨다.

〈추억의 해변에서〉의 '오! 바다여/귀에 익은 해조음을/다시 들려주면/맨발로 오리라/흩어진 기억을/옷섶에 싸가지고'에서 '맨발'은 역시 진실 그 자체를 가리킨다.

〈교문을 나서며〉의 '벌거벗고나선 것 같은 마음/마음의 구석에는 찬바람이 돌아'에서도 '벌거벗고나선'은 일종 순수 상태를 나타내고 있다.

〈구우(久友)를 찾아-향토를 밟으며-〉의 '그 옛날 너와 놀던 앞시내엔/벌거벗은 어린이가 놀고있으니/지나간 그 옛날이 새삼스러이/그 옛날의 우리로 돌아가게 하더라'에서 '벌거벗은 어린이'는 천진란만을 나타내고 있다.

〈정오〉의 '태양의 수직선아래/벌거숭이 한몸뚱이/꼼작도 아니하고/무엇을 생각하는/지열이 화끈거리는 흙냄새 풀냄새에/코가 메이는/정오의 햇볕에/발가벗은 한몸뚱이'에서 '한몸뚱이'는 그 어떤 어려움도 감내하며 진리탐구에 몰입하는 이미지이다.

〈인간의 노래〉에서 '맨머리 알몸으로 떠나는 여름손자/번개치는 하늘에 마음 놓수 없어라'에서는 '맨머리 알몸'으로 혈혈단신의 외로움, 무준비상태를 나타낸다.

〈촉감〉의 '오-차거운/뼈속까지 저린/그러나 맨살로/더듬는 초행길'에서 '맨살'도 '인간의 노래'와 같은 경우이다.

〈무제〉의 '웃통을 벗고 맨 어깨로/그 가두새를 떠버티라'에서 '웃통을 벗고 맨 어깨로'는 최선을 다하라는 의미를 담고 있다.

이상 '벗음' 이미지는 대개 자유, 진실, 순수, 진지함, 천진란만을 상징한다. 이외에 외로움, 무준비상태, 최선 등을 나타내기도 한다.

* 소녀 이미지

심련수가 1940년좌우 대량의 시를 펴낼 때 그의 꽃나이 22-23세이다. 한창 사랑에 울고 웃을 때다. 그럴진대 그의 시에 사랑의 노래가 없을 수 없다. 그럼 아래에 그의 시에 노래된 소녀 이미지를 통해 그것을 확인해 보도록 하자.

〈잊지 못할 그 눈〉을 보면 첫눈에 서로 반한 듯한 풋사랑을 잊지 못해 애짭잘해하는 '나'의 애수로 가득차 있다. 사랑의 비극을 하소연하고 있다. '말없는 눈이 한쌍의 신비로운 눈이/내 가슴에 따스한 발을 넣어 주었다'. 그래서 얼어들었던 '나'의 육신은 후더운 감을 느낀다. 그러나 '나그네의 정처없는 발길에' 숙명인 듯 '나는 떠났다'. 이에 소녀는 '정열이 뿜기던 그 눈길'로 '나를 뚫어지게 쳐다본'다. '나'의 마음에는 '그 눈길만'이 클로즈업된다. 현재 '나'에게 있어서 그 소녀는 '잊지 못할 그 눈', '그저 그 잊지 못할 소녀'로 남아있다. 그것은 '벌써 그 소녀는 뒤의

/애기 어머니가 되었는지도 모르'고 '만일 그가 지금 이 글을 본대도/발을 녹이던 그 사람이 쓴 것조차 모를것'이기 때문이다. 애틋했던 그 사랑은 이젠 흘러간 옛 노래로 되었다. 그래도 못 잊어 불러보는 사랑의 노래가 〈잊지 못할 그 눈〉이다. 여기서 소녀는 신비롭고도 정열적인 사랑의 화신이다. 이런 소녀의 화신은 〈추회(追懷)-이름 모르는 소녀에게〉도 계속 이어진다. 나는 '비오는 이방거리에서/그 님을 본'다. '지친 나를 맞아준 얼굴은/누구보다 먼저 그대였지'. 그것은 분명 인연같은 만남이었다. 그래서 그런지 나는 '유심히 보던 그 눈에서/거절 못할 애련(愛戀)을 받았'고 '그 태울듯하던 시선이/내 온몸을 칭칭 감았'다. 결국 소녀는 '이름 모를 선 길손을/왜 그다지 유련(誘戀)하였'고 나는 '이름 모를 소녀에게/왜 이다지 사로잡혔지'로 낙착된다. 그래서 사랑의 점유욕도 생긴다. '애티 흐르는 저고리고름을/풀었다 다시 매여주고 싶었다/아주 못풀도록 훑쳐매여주고 싶었다'. 그러나 그것은 시랑의 비극으로 끝나고 말았다. '아나는 잊지 못할 애타는 마음으로/오늘도 그대의 환영(幻影)을 그리면서/비오는 이방거리에서/추억의 문고리를 당기고있다'. 여기서도 소녀는 정열적이고 진공형적적인 사랑의 화신이다.

〈나와 그〉에서는 사랑의 노래가 맥맥히 흘러나오고 있다.

> 샘가에서 고이 들은 소녀의 하소
> 너는 내 사랑하는 작은 목숨
> 아침저녁 샘가에 설제
> 너는 또 내게 무엇을 주려나
> -제1련-

여기서 '너'와 '내'는 이미 사랑을 속삭인다. 그래서 '내'는 고이 '소녀의 하소'도 들어주고 또 계속 듣고 싶어 '아침저녁'을 약속한다. 그것은 '너는 내 사랑하는 작은 목숨' 때문이다.

> 말없이 웃으며 숨는 너
> 너는 한갖 침묵을 좋아하나
> 샘처럼 차가운 의지속에는
> 불보다 뜨거운 정열이 있음을
> 나는 속으로 감사히 알고있노라
> ―제2련―

여기서 '너'는 '말없이 웃으며 숨는 너/너는 한갖 침묵을 좋아하나'의 외유와 '샘처럼 차가운 의지 속에는/불보다 뜨거운 정열이 있음을'의 외유내강이 잘 어울러진 전통적인 여인상이다. 그래서 '나는 속으로 감사히 알고 있'다.

> 내 두손 모아 합장하고
> 샘가에 서서 침묵하리니
> 너 그 보드라운 사랑의 젖으로
> 거치른 내 마음을 쓰다듬어라
> ―제3련―

여기서 '거치른 내 마음'을 보완할 '너'의 '보드라운 사랑'을 한없이 받고 싶은 '내' 기원의 모습이 눈물겹도록 안겨온다.

〈나와 그〉에서 소녀는 순진무구한 내유외강의 사랑의 이상형이다.

〈소녀〉에서는 윤락녀로 전락된 소녀가 등장한다. '나'는 이 현실을 믿지 않으려 하며 거부한다. '왜 곱게 때묻은 무명옷을 벗었느냐/네 얼굴의 안경이 보기 싫다/키 작고 어린 몸에/그 옷이 맞지 않는다'. 그래서 '나'는 안타까움 속에 무한한 인간적 동정을 품고 '가거라 어서 천지으로 돌아가라', '빨리 돌아가서/그 천진을 찾아들고 살아라'고 거듭 권유한다.

심련수 시에서 소녀 이미지 관련 시편은 이상 도합 4편이 눈에 띄인다. 위의 세편이 긍정적인 측면에서 내세운 소녀 이미지상이라면 마지막 1편은 부정적인 소녀 이미지상이다. 이 부정적인 소녀 이미지상은

相反相成 차원에서 그의 긍정적인 소녀 이미지상을 돋보여주는 것으로 보면 되겠다.

* 피 이미지

피는 일반적으로 생명체에서의 중요성 및 그 색깔 등으로 말미암아 생명, 정열의 상징체로 되고 있다. 시에서도 이런 이미지로 많이 등장한다. 심련수 시에서도 1차적으로 이런 긍정적인 이미지가 등장한다.

〈회한(懷恨)〉의 '피 한 방울 안나는/말 못하는 고기덩어리/혈관도 없는 두루뭉숭이'에서 '피 한방울', '혈관'은 생명: 〈현해탄(玄海灘)을 건너며〉의 '내 염통에 피 뛰는 날까지'에서 '피'는 생명, 목숨: 〈맨발(2)〉의 '끓으라 죄이는 들메/그 발목에 피가 돋으리라'에서 '피'는 생명: 〈세기의 노래〉의 '젊은이여—산자여/우리의 피는 끓나니'에서 '피'는 투쟁의 정열: 〈대지의 겨울〉의 '몸뚱이를 쏘 다니는 뜨거운 피로/얼음과 눈을 녹여봐라'에서 '피'는 정열, 힘의 상징이다. 그리고 〈벽〉의 '심현(心弦)을 떠난 한 대의 살촉이/벽의 혈관에 박혔다/피다! 선지피다!'에서는 '피'로 답답한 현실에서의 흥분점을 찾고 있다.

심련수 시에서는 이런 긍정적인 피 이미지뿐만 아니라 부정적인 피 이미지로도 등장한다.

〈우정〉에 보면,

> 내 가슴을 향하여
> 찌르려는 칼을 막지 말라
> 푹푹 사정없이 마구 찔러
> 펑펑 솟아나는 시커먼 죽은 피를
> 마음껏 다 쏟아내보이고싶다
> 아예 내쏘는 피를 막지 말라
> 약도 붕대도 보기 싫다
> 모세혈관에서부터 염통까지

한방울의 피도 안남을 때까지

　여기서는 자학의 피를 보이고 있다. 자학은 자기 스스로가 미운데서 온다. 뜻대로 되지 않는 어쩔 수 없는 현실이 '시커먼 죽은 피'만 뭉치게 한다. 이것이 밉다. 그래서 결국 자학으로 나아가게 된다. 시적 자아는 자기 스스로 '푹푹 사정없이 마구 찔러/펑펑 솟아나는 시커먼 죽은 피를/마음껏 다 쏟아내보이고싶다', '모세혈관에서부터 염통까지/한방울의 피도 안남을 때까지'고 웨친다. 여기서 '죽은 피'는 바로 현실적 암울을 잘 현시해주고 있다.
　〈벙어리〉에서도 같은 모럴을 드러내고 있다.

　　　스스로 칼을 들어
　　　가슴팍을 푹 찌르라
　　　주먹같은 랭덩이가 쑥 빠지게
　　　빛잃은 죽은 피가 쭉 빠지게
　　　사정없이 감행하라
　　　그러면 병 낫고 말도 하리라

　여기서도 '주먹같은 랭덩이'와 '빛잃은 죽은 피'만 뭉치는 어쩔 수 없이 답답한 현실에서 자학을 고취하고 있다. '빛잃은 죽은 피'는 '벙어리'로 상징되는 답답한 현실의 한 생생한 표상으로 된다.
　〈가난한 거리〉의 '탄력 잃은 창백한 혈관으로/죽은 피가 쩔룩거리나니'에서도 '죽은 피'는 생기를 잃은 죽음 그 자체이다.
　〈만주〉에 보면,

　　　서글퍼 가없던 부모형제
　　　헐벗고 주림을 참던 일
　　　지금도 뼈아픈 눈물의 기록
　　　잊지 못할 척사(拓史)의 혈흔이였다

여기서 부모형제들의 피눈물나는 만주 개척사를 '혈흔' 즉 피의 흔적으로 그 어려움을 개괄하고 있다.

〈육화(肉花)〉의 '피없는 고기 없고/고기없는 피 없다/피 끓고 고기 뛰는 의문/피 쏟고 고기 깎는 싸움'에서는 우리 모두 '피'와 '살'로 이루어진 살아 숨쉬는 생명체임을 환기시키며 '피 쏟고 고기 깎는'으로 상징되는 처절한 투쟁을 호소하고 있다. 그러면서 '성화(聖火)에 혈향(血香)을 피우리라'에서 '혈향'으로 쉽게 얻어지지 않을 승리를 상징하고 있다. 〈새벽〉에서도 '피묻은 싸움의 여세(餘勢)의 연장'에서 '피묻은'으로 가렬처절함을 상징하고 있다.

〈차(次)그믐밤 혼자 깨여〉의 '낡은 철필이 살처럼 박혔길래/이를 악물고 뽑았더니/새빨간 피줄이 내쏘면서/새로 씻은 적삼에 물총질하듯/쫓아오며 쏘길래'에서 '새빨간 피줄'은 의외의 봉변을 상징한다.

심련수 시에서 피 이미지는 긍정, 부정의 이중성을 띠고 등장한다.

* 봄 이미지

춘하추동, 만물을 소생시키는 봄은 가장 생기에 넘친다. 그래서 그런지 봄은 정열에 넘치는 시인들의 단골 손님으로 등장한다. 그것은 대개 생명, 환희, 희망, 정열 등 다양한 긍정적 이미지로 등장한다. 심련수도 여기서 예외는 아니다.

〈대지의 봄〉4)을 보면,

봄을 잊은듯하던 이 땅에도
소생의 봄이 찾아오고
록음을 버린 듯이 얼었던 강에도
얼음장 내리는 봄이 왔대요

---

4) 이 시는 뒤에 오는 〈북국의 봄맞이〉와 중첩된다. 이 시는 〈북국의 봄맞이〉보다 마지막 한단락 더 있다. 그래서 분석 텍스트로 이 시를 선정했다.

눈우의 마른풀 뜯던
불쌍한 양의 무리
새풀 먹을 즐거운 날
멀지 않았네
넓은 땅무지에단
신기루궁을 짓고
새로 오신 봄님맞이
잔치놀이 한다옵네

여기서 첫 연 '소생의 봄', '얼음장 내리는 봄'에서 알 수 있다시피 '봄'은 생명, 희망 그 자체로 안겨온다. 그리고 '잊은듯하던', '버린 듯이' 라는 시어의 적절한 사용은 '봄'의 도래의 필연성을 시사하고 있다. 두 번째 연의 '눈 위의 마른풀 뜯던/불쌍한 양의 무리/새풀 먹을 즐거운 날/멀지 않았네'는 첫 연와의 조응 속에서 그 '봄'의 상징적 의미를 보다 분명이 새겨준다. 즉 봄은 '양의 무리'같은 약한 존재-피압박 민족이나 서민들의 가슴에 온다는 것이다. 그리고 '넓은 땅무지에단/신기루궁을 짓고/새로 오신 봄님맞이/잔치놀이 한다옵네'에서는 상상 속의 '봄'을 맞을 즐거움까지 펼쳐보이면서 희망에 넘쳐있다.
〈소년아 봄은 오려니〉에서도 생명, 희망의 봄에 대해 노래하고 있다.

봄은 가까이에 왔다
말랐던 풀에 새움이 돋으리니
…

겨울은 가고야만다
계절은 순차(順次)를 명심하자
봄이 오면 해마다 생명의 환희가
생기로운 신비의 씨앗을 받더라.

여기서 거저 자연의 봄을 읊는 듯하다. 그러나 '왔다', '돋으리니', '가고야만다', '명심하자'의 강한 의지적 표현은 봄에 대해 진한 주관적 색채를 부여한다. 이것과의 대조 속에서 '봄이 오면 해마다', '받더라'의 객관적 서술은 그 신뢰성을 높인다. 그리고 '봄은 가까이에 왔다'와 '겨울은 가고야만다'의 대응, '계절은 순차(順次)를 명심하자'에서 봄은 오고야 마는 자연적 순리, 필연을 강조하고 있다. '생명의 환희가/생기로운 신비의 씨앗을 받더라'에서는 자연의 '생명의 환희뿐만 아니라 은근히 인간생명의 환희도 내비치고 있다.

이외에 〈봄의 뜻〉에서는 '봄의 뜻'을 바로 '님의 마음'이라고 함으로써 봄과 님은 같은 이미지로 부상된다. 〈아침〉에서 '희망이 북받치는' '동쪽 하늘가 해돋는 그곳까지' 가는데 굳이 '봄비에 젖은 축축한 땅을 밟으며' '가고 싶구나'한 것을 보면 서적 자아에게 있어서 '봄비'가 만물을 키우는 희망적인 단비임에 다름 아니다. 〈낯익은 품속의 사랑〉에서 '해란강 물 맑아서 봄하늘 비친 곳에'서 맑은 해란강물에 굳이 '봄하늘'이 비꼈다고 한 것도 봄에 대한 서적 자아의 독특한 편향을 보여주고 있다.

심련수 시에 있어서 봄은 생명, 환희, 희망, 님 등 전통적인 긍정적 이미지로 등장한다.

* 꽃 이미지

일반적으로 꽃은 아름다운 모든 것의 상징으로 긍정적인 이미지로 등장한다. 심련수의 시에서도 이것은 예외가 아니다. 이제 구체적으로 보면,

〈만주〉는 타향살이 속에서 '간 곳마다 펼친 심하(心荷)/뜰 때마다 허실됐다'고 하는데 여기서 심하 즉 마음의 연꽃은 바로 아름다운 삶의 추구에 다름 아니다.

〈육화(肉花)〉는 '때는 온다'는 구로 시작하여 때를 기다리는 '그속에는 말 못할 대기(大機)가 준마같이 예기(豫期)하고있다/그속에는 말 못할 희망이/천마같이 날뛰고있다'고 하면서 '행사조육(行死走肉)', '만용폭위

(蠻勇暴爲)'가 되어서는 안된다고 첫 부분에서 역설하고 있다. 그 다음 아이러니하게도 '피쏟고 고기 깎는 싸움'을 고쳐하면서 '칼 끝에 육화(肉花)를 피우리라/총부리에 육향(肉香)을 피우리라'는 강한 의지를 나타낸다. 보다시피 여기서 '육화', '육향'은 피어린 처철한 싸움을 거쳐 얻게 되는 일종 승리의 과실이다.

〈들꽃〉에서 '들꽃'은 '광야에 피는 꽃/참다운 삶의 청춘/진세(塵世)를 떠난 곳에/미소하여 춤을 춘다/끝없이 맑은 하늘에/키돋움을 하며 큰다', '내가 찾은 생명의 꽃/영락(零落)없을 열매의 꽃'이다. 여기서 '들꽃'은 청순하고 건실하며 미래 비전을 가진 삶의 상징이다.

〈꿈〉에서는 꿈에서 '마음대로 되던 일'을 깨어서 도무지 '오르지 못할 절벽에 핀/탐스런 한떨기 꽃이였다'로 읊고 있는데 여기서 꽃은 일종 이상적 경지의 상징이다.

〈방랑(放浪)〉의 '박꽃이 수없이 피였건마는/서리전에 굳을 열매/과연 몇이나 될고'에서 박꽃에 대한 나그네의 우려를 통하여 박꽃은 식민지 현실하에서 모든 아름다운 것의 상징으로 볼 수 있다.

〈패물(敗物)〉에서 '할복(割腹)한 예술가여/사기(史記)우에 꽃을 새기여'에서 '꽃'으로 영원할 아름다움을 상징하고 있다.

이상 보다시피 꽃은 아름다운 삶의 추구, 승리의 과실, 이상적 경지, 영원 등 모든 아름다운 것의 상징으로 등장한다.

*하늘 이미지

전반 심련수 시에서 보면 하늘은 선명하게 대비되는 긍정, 부정의 두 이미지로 등장하고 있다.

①긍정적인 이미지.

〈폭풍〉에 보면 '선을 더하여 모든 것을 보호하라/그 바람이 그치고/먼지가 없어질 때까지/그러면 너에게는/좋고 깨끗한 하늘이 있어주리라'(제2련)에서 '좋고 깨끗한 하늘'은 '바람', '먼지'와 대조되는 그 어떤 이상적 경지를 상징하고 있다.

〈세기의 노래〉를 보면 '순결한 벽공에다 리상을 달리자'에서 벽공 즉 푸른 하늘은 이상을 꽃피울 수 있는 이상적인 장소로 등장하고 있다.

〈아침〉에서도 시적 자아는 아침에 '텁텁한 꿈을 걷어차고 일어나', '동쪽하늘가 해돋는 그곳까지/가고싶구나', '안개에 평화로운/피안(彼岸)을 바라보면서/희망이 북받치는/그곳까지 가고싶다'고 읊조림으로써 '동쪽하늘가 해돋는 그곳'은 일종 이상향적인 존재다.

〈맨발(1)〉에서는 '내 소원이 참웃음치며/ 해뜨는 동쪽하늘가로 달리고있다'에서 정녕 시적 자아의 소원이 이루어지는 곳은 '해뜨는 동쪽하늘가'였다. 보다시피 여기서도 '동쪽하늘가'는 '해뜨는' 것과 어울리면서 일종 희망의 이상향으로 떠오르고 있다.

〈벽공〉의 '어제의 흐림은 씻은 듯이 걷히우고/끝없는 구천이 푸르러 두터웁다', '상서로운 벽공에 개가를 울려봅세'에서는 '구천' '벽공'으로 즐거움, 상서로운 분위기를 잡고 있다.

〈새벽〉에서 '쥐여든 홰대로/ 따라오는 무리의 갈길을 가르쳐주라/ 해돋는 동쪽하늘가/ 넓고넓은 그곳으로'에서 보다시피 '동쪽하늘가'는 '해돋는' 것과 결합되어 희망과 승리가 약속된 곳이다.

〈대지의 모색(暮色)〉에서 모색은 '서천에 남긴 노을'을 울리고 '어둠의 막(幕)을 들어/동쪽하늘 덮어오'는 데서 '동쪽하늘'은 모색에 대비된 정의의 상징이다.

〈개인하늘〉에서 '어린이의 천진 같이/맑고 깨끗한/천사의 얼굴 같이/아름답고 유순한/푸르게 곱게 개여진' 하늘은 청정무결(淸靜無潔)함 그 자체이다.

〈송도〉에서는 '무심한 길손도 마음이 서럽거늘/큰 뜻 품은이야 더 말해 무엇하리/비마저 내리나니 하늘도 아는가봐'에서 하늘은 인간적 동정을 지닌 이미지로 등장한다.

②부정적인 이미지.

〈외로운 새〉의 '한마리 작은 새 날아가는 앞길/ 구름 짙어 지리한 자욱한 하늘'에서 보다시피 여기서 '하늘'은 이상을 추구하는 새의 앞길을 장애 요소로 등장한다.

〈갈매기〉에서도 '하늘아 바다야 잔잔하거라'라는 시적 자아의 갈매기에 대한 기원에서 보다시피 바다는 앞길을 가로막는 장애요소로 등장한다.

〈들불〉에서 시적 자아가 불에 대해 환희를 느끼며 '누가 놓은 불씨기에/저토록 꺼짐없이/밤하늘을 붉히느뇨'에서 보면 '밤하늘'은 암울한 현실에 다름 아니다.

〈눈보라〉에서 '추위를 뿜는 매서운 하늘에/조그마한 해덩이가/얼어넘는다'에서 '해덩이'조차 얼게 하는 '하늘'이 등장하는데 여기서 '하늘'은 이 세상 어둠을 가져올 악세력을 상징한다.

〈성좌(星座)〉에 보면 '기울어진 하늘'로 천방지축이 된 혼돈의 세계를 상징하고 있다.

이상 긍정적인 이미지와 부정적인 이미지를 종합해볼 때 전자에서는 이상, 승리, 희망, 청정무결, 동정 등을 나타내고 후자는 이상추구의 자애요소, 암울한 현실, 악세력, 혼돈 등으로 나타나고 있다.

* 불=빛 이미지

불은 문학작품에서 일반적으로 정열, 희망 등 긍정적인 이미지와 파괴, 훼멸 등 부정적인 이미지로 등장한다. 그러나 빛은 희망, 정열 등 긍정적인 이미지로 등장한다. 심련수 시를 보면 불과 빛은 대체적으로 긍정적인 이미지로 사용되며 일부 변형적인 부정적인 이미지를 창출하기도 했다. 그 구체적 양상을 보도록 하자.

먼저 불 이미지를 보면,

〈폭상(暴想)〉을 보면 시적 자아는 무모한 폭상을 날린다. '요순같은 현재가 못되거든/차라리 네로 같은 폭군이 되어/세상을 단연 맘대로 해볼걸'. 그렇지만 답답한 현실에서 그것은 통쾌한 장거일 것이다. 그래서,

그 순간 나는
사나운 네로가 되여
칼을 들고 호령하며 날치였다
그리곤 민가에 아낌없이 불을 질렀다
귀에 들리는 것은
다만 타죽는 애처로운 아우성소리
순간 엉켰던 모든것이 사라지고
알 수 없는 무상의 법열이
가슴에 차고 넘쳤다.

여기서 '불'은 바로 현실의 답답함 및 울분을 설분할 수 있는 매개체로 등장한다.
〈들불〉을 보면,

임자 모를 불
거침없이 타는 천리 저쪽녘
누가 놓은 불씨기에
저토록 꺼짐 없이
밤하늘을 붉히느뇨
사정없이 타오르는
불길! 불길! 불길!
끌래야 끌 수 없는 위대한 작탄!

언제까지 이 들판에 살아있을지
어두운 저녁 혼자 보는 들불
그 불똥이 이 가슴에 튀여오기를
삼가 경건히 머리 숙이고
말없이 숭엄히 바라보노라.

보다시피 시적 자아는 '불'에 대해 일종 집착을 느낀다. '불길! 불길! 불길!'에 대한 환호성이 그 보기다. 그것은 '천리 저쪽녘'에 '거침없이 타'며 '저토록 꺼짐 없이' '밤하늘을 붉히'는 불이기 때문이다. 바로 '밤하늘'로 표상되는 암울한 현실을 불태우고 있기 때문이다. 그래서 '사정없이 타오르는' '끌래야 끌수 없는 위대한 작탄!'이라고 웨친다. 그것이 아직 '임자 모를 불', '누가 놓은 불씬'지도 모르지만. 다음 순간 시적 자아는 불에 대한 우려와 안타까움도 나타낸다. 그 불이 '언제까지 이 들판에 살아있을지'가 우려되며 다 같이 보고 다 같이 환호를 느껴야 할 불이 '어두운 저녁 혼자 보는' 신세 즉 무감각하기만 한 뭇 사람이 안타깝기만 하기 때문이다. 그래서 '그 불똥이 이 가슴에 튀여오기를/삼가 경건히 머리 숙이고/말없이 숭엄히 바라보노라'고 기원하고 있다. 시적 자아는 자기가 불이 되어서 계속 '밤하늘'을 불태우고 싶었을 것이다.

〈불탄자리〉에서 불은 '싸늘한 재무지만이' 남은 자연적인 불로부터 '마음에 타는 불길'이라는 투쟁의 상징적인 이미지로 옮겨간다.

〈새벽〉에서 '짧아진 홰대에 콸콸 붙는 불/새빨간 불길이 춤을 춘다'에서의 불은 정열, 투쟁, 향도의 '불', '불길'로 된다.

〈밤은 깊었으련만〉의 첫 구 '희망의 심지에 불꽃이 타고/마음의 밑창에 기름이 졸을 때'에서 '불꽃'은 희망에 들뜬 심리상태를 잘 표현해주고 있다.

〈심성(心星)〉의 마지막 구절 '오-너는 빛을 드리워/포근한 내 망막에 안겨야 한다'에서 여기서 빛은 별빛을 말하고 있지만 희망의 빛임은 말할 것도 없다.

〈등불(1)〉에서 '등불'은 '존엄의 거룩한 등불이'었다. '그 옛날 조상께서/처음 켠 그 불이/그동안 한번도 꺼짐이 없이/이안을 밝혀왔댔습니다/그들은 그 빛을 보면서/옛일을 생각하였고/하고싶은 말을 하였으며/하고싶은 일을 하였습니다' 여기서 '등불'은 자유, 희망이었다. 마지막 네 구절 '그 등잔에는 기름도 많이 있고/심지도 퍼그나 기오니/다시 불만 켜진다면/이 집은 오래오래 밝아질것입니다'는 '등잔'이 희망의 등잔임을 한번 더 확인해준다.

〈소지(燒紙)〉에서는 '내 기원(祈願)의 소지/타는 마음의 불씨로/공손히 정성들여 붙여/이제 님에게 올리노라'에서는 '마음의 불씨' 지극히 공손하고 진지한 마음가짐을 드러내고 있다.

위에서 보다시피 심련수 시에서 불 이미지는 〈폭상(暴想)〉, 〈들불〉에서처럼 분명 파괴, 훼멸적임에도 불구하고 시적 자아는 긍정적으로 받아들이고 있다. 이것은 암흑한 식민지 현실의 굴절적인 반영임에 다름 아니다.

다음 빛 이미지를 보면,

〈육화(肉花)〉에서는 '그것은 오직 빛나는 사광(史光)'에서 빛은 역사의 공적을 뜻하고 '아세아의/서광은 빛나리라'에서 '서광'은 희망을 나타내고 있다.

〈해란강〉에 보면 '몽롱한 리상에 새 빛이 비칠 때/귀에 들린 힘찬 소리는'에서의 '새 빛'은 확실한 이상이나 목표같은 것을 상징하고 있다.

〈지평선〉은 빛의 송가다. 지평선에 '휘연히 밝으려는/대지의 려명'에 대해 서정적 주인공은 웨친다. '보라, 그 빛에/들으라, 그 마음으로/달려라, 해가 뜰/지평선으로'. 여기서 여명의 빛은 희망 그 자체다.

〈성좌(星座)〉에 보면 '기울어진 하늘', '북으로 틀어진 천하의 머리에/위치 잃은 별들'로 표상되는 천방지축이 된 혼돈의 세계에 '빛을 찾아 헤매는' 천사가 등장한다. 여기서 빛은 이 세상의 질서, 희망 그 자체이다.

〈벙어리〉에서는 자학의 칼을 들어 스스로 가슴팍을 콱 찔러 '빛잃은 죽은 피가 쭉 빠지게'하련다고 하고 있는데 여기서 '빛'은 생기를 상징하고 있다.

〈남대문〉의 제2연을 보면

> 옛날의 남대문엔 빛이 있어 빛나더니
> 오늘엔 고색조차 수집어 서있나니
> 서울을 찾아왔다가 한숨짓고 가는 길손

여기서는 빛으로 옛날의 영화를 상징하고 있다.

그 다음 심련수 시에서는 불과 빛 이미지가 동시에 등장하며 시적 의미를 창출하기도 한다. 이를테면,

〈흩어지는 무리(1)〉에서는 '희망의 홰불에는 정의의 불 붙었으니/배움에 주린 무리 그 빛에서 찾으라'에서 보다시피 '불' 그 자체가 '희망', '정의'의 상징이거늘 '배움에 주린 무리'들을 부르고 있다. 그리고 '어둠에 헤매이던 어린 벗 동무들아/홀로 빛나는 불 이곳에서 타오르거니/오너라, 이 강산의 아들 모조리 다 오너라'에서는 '어둠'과 '빛나는 불'을 대조시키면서 강한 호소력을 발하고 있다.

〈흩어질 무리(2)〉에서는 시적 자아가 이제 졸업해 갈라질 학우들을 향하여 '빛을 찾아 모인 무리/불을 안고 돌아갈제'라고 한 빛은 일종 진리, 좀 구체적으로 그 당시 시대상황와의 관련 속에서 고찰해 볼 때 그것은 조국광복의 의지 그 자체에 다름 아니다. 그리고 '불을 안고 돌아갈제'의 '불'은 그 의지의 연소 그 자체다. 이 두 시구에 이어서 오는 '새 희망 타오르는/힘찬 가슴 길렀겠지'는 바로 이 두 상징적 시구의 직설적 표현으로 된다.

그리고 〈구술〉의 '마음의 들창에/해빛 진지 오래고/껌뻑이던 불마저 꺼졌으니'에서 '해빛', '불'은 일종 마음의 지혜, 생기를 상징한다.

심련수 시에서 불과 빛 이미지의 부정적 의미 사용은 〈귀로(歸路)〉의 '아-광의 말로에서 기를 쓴/넘어자빠진 불덩이/광의 원(元)-열(熱)의 본(本)을…/광염(光焰)에 어두워진/무딘 시선으로 노을에 젖은 모창(暮蒼)을 더듬노라'에서 物極必反의 원리을 암시하면서 너무 광기를 부리면 오히려 빨리 망하고 만다는 것을 어두워진, 모창 등 이미지와 대비 속에서 나타나는 불, 광 이미지에서 볼 수 있다.

* 새 이미지

새는 일반적으로 자유를 상징하는 긍정적인 이미지로 문학작품에 많

이 등장한다. 심련수 시에서도 새는 대개 긍정적인 이미지로 등장하는데 자유 그 자체보다는 보다 많이 자유를 추구하는 이미지로 등장한다. 이것은 암흑한 식민지 현실에서 그 추구가 보다 절실했음을 시사해주는 것으로 이해할 수 있다.

〈외로운 새〉를 보면,

> 내 가슴에 깃들인 한마리 새
> 오늘도 이른새벽 먼동이 틀제
> 어데론가 외로이 날아갔기에
> 무엇인가 잃은듯 섭섭하여라
>
> 한 마리 작은 새 날아가는 앞길
> 구름 짙어 지리한 자욱한 하늘
> 마음 죄여 못놓는 안타까움에
> 너를 품을 가슴이 무한 뛰누나
>
> 어두운 저녁바다 작은 섬에서
> 앉았다 쉬여오는 젖은 몸뚱이
> 낯설은 해협의 비옷에 배여
> 무거운 지친 모습 애처로와라

여기서는 그 어떤 어려움도 마다하지 않고 끊임없이 이상을 추구하는 '새'가 등장하고 있다. '내 가슴에 깃들인 한마리 새', '무엇인가 잃은듯 섭섭하여라', '마음 죄여 못놓는 안타까움에/너를 품을 가슴이 무한 뛰누나', '무거운 지친 모습 애처로와라' 등 시구로 놓고 볼 때 시적 자아의 화신으로 보아 무방하다. 그리고 '오늘도', '외로이'라는 낱말들은 그 강인함을 돋보여 준다.

〈새〉는,

구름은 밀어밀어 검고 푸른데
그속에 자취 숨는 외로운 새
날아난 숲에는 님도 있으련만
떠나면 외로운 길손의 나래
머물러 쉬여갈 곳 어드메드냐

굶고 목 말라 여위였구나
…

　여기서는 '날아난 숲에는 님도 있으련만'에서 보다시피 사랑까지 포기하고 '머물러 쉬여갈 곳'조차 모르고 '굶고 목이 말라 여윈' 외로운 새-외로운 길손이 등장하고 있다. 여기서도 '새'는 현실에 안주하지 않고 끊임없이 새로운 것을 추구해 나가는 이미지다.
　〈갈매기〉에서 '두나래 비포(飛泡)에 함빡 젖어', '마시지도 먹지도 않는 고달픔'과 '고향을 그리는 애타는 마음'에 '피까지 무거운 이역의 설음'을 삼키며 '풍파 높아 지쳤'건만 '또다시 날아가'는 '갈매기'를 부각하고 있다. 여기서도 갈매기는 일종 끊임없는 추구의 상징이다.
　이외에 〈후조(候鳥)〉는 '나는 날짐승 외로운 새/계절을 거스르는 후조래요', '적도 넘어 야자숲을 찾았다가도/내 마음 가을 찾아 떠나는 신세', '봄이 오면 또다시 날고 날아/남쪽나라 상하(常夏)를 그리워 찾소'에서 보다시피 자유를 찾아 헤매나 역반심리의 가동하에 어디에 안착 못하는 후조의 형상, 〈원산부두에서〉는 '못잊을 님 보내는 사람이야 오죽이나 하랴/갈매기 기웃거리며 또 우는가 엿보더라'에서 인간의 설음을 동정하는 온정주의자로 등장하는 갈매기의 형상이 있다.

　* 님(그대) 이미지

　님은 우리 민족의 원형이미지의 하나이다. 심련수가 정녕 민족의 시인이라 할 때 여기서 자유로울 수 없다. 하물며 심련수가 1940년 좌우 대량의 시를 창작할 무렵에는 한창 청춘 꽃나이었으매라!

님은 사랑하는 그대로서 심련수 시에서 가장 많은 비중을 차지한다.

> 물결도 곱더이다 불빛도 이쁘더이다
> 마음의 보자기에 그 물을 적셔다가
> 우리 님 고운 얼굴 씻어나 주고싶다
> -제2연-

> 송화강 물소리는 사랑의 속삭임
> 님하고 배를 띄워 흐름에 따라갈가
> 가다가 가시없는 잔디기슭에 대여주렴
> -제4연-

'생명수'로서의 〈송화강〉에서 놀아나는 사랑하는 남녀간의 님이 안겨
온다. '읽고서 알았쇠다/님마음 알았쇠다/보고서 알았쇠다/님마음 알았
쇠다/글자마다 살았고/구절마다 뛰더이다'(〈봄의 뜻〉)에서는 사랑의 편
지를 주고 받으며 '봄의 뜻'같은 '님'의 뜻을 느낀다. 행복한 순간이다.
그러나 심련수 시에 있어서 이런 사랑의 로맨스는 많지 못하다. '배소리
듣기만 해도 마음이 설레는데/못잊을 님 보내는 사람이야 오죽이나 하
랴/갈매기 기웃거리며 또 우는가 엿보더라'(〈원산부두에서〉): '고향'에서
항상 같이 하고픈 사랑하는 '님'(〈고향〉): '날아난 숲에는 님도 있으련
만'(〈새〉): '바다가 보인다/사랑하는 젊은 님/외오와 성낸 얼굴/또 한번
보고싶다'(〈추억의 해변〉); '내 기원(祈願)의 소지'를 받고 '무거운 절망
속에/가벼이 사그라지는 마지막재'로 '보답의 응대'를 하는 '님'(〈소지(燒
紙)〉): '오래오래 사시기를' 기원하는 '짧으리라는 님의 수명'(〈수명〉):
'찾아왔건만 만나 못보고/섭섭히 돌아간 그대'(〈오신것을〉): '님'은 '그리
워 기다리는 환상'(〈님의 넋〉): '아 나는 잊지 못할 애타는 마음으로/오
늘도 그대의 환영(幻影)을 그리'(〈추회(追懷)-이름 모르는 소녀에게〉)는
항상 떠나가는, 떠나보낸, 갈라진, 스러지는, 환영으로만 안겨오는 사랑

의 비애가 주선률을 이루고 있다. 그런데 이 런 비애를 딛고 일어서는 밝은 분위기의 '님' 노래도 눈에 안 띠는 것은 아니다. 〈수평선〉을 보면,

    부풀어오른 수평선너머
    그 님이 계신다고
    내 마음이 흰돛을 달고
    네 가슴을 헤쳐가리라
    그 가슴에 안겨지러 가리라
    -전문-

　여기서 '부풀어오른 수평선너머' 그리고 마음의 돛이라는 낭만적인 상상을 통해 적극적인 사랑의 추구를 보여주고 있다.
　심련수에게 있어서 '님'은 전의, 승화된 의미로 등장하기도 한다.
　〈경포대〉에서 '풍류를 즐기던 님 다 어디로 가고/기둥에 새겨진 이름만 외롭게 남았구나'의 '님'은 일반 풍류객을 지칭하는 전의된 의미로 사용되기도 했다. 〈기다림〉에 보면, '고향 떠나 님을 버린 신세이거늘' 자기가 먼저 버린 '님'을 그리워하고 있다. 이로부터 그 '기다림'이 '올리없는', '쓸데없는', '철없는' 것인 줄도 잘 안다. 그렇지만 그리움에 못견디는 서정적 주인공이다. 그래서 마지막 클라이막스로 '이 하루 비 내리는 외로운 밤/님 사는 바다 저쪽 무한 그립다'고 절규한다. 여기서 '님 사는 바다 저쪽'이라 함으로써 '님'과 '저쪽'이 클로즈업되어 '님'은 다분히 잃어버린 조국에의 상징매체로 승화되기도 한다. 〈떠나는 설음〉에서는 나그네가 찾아 갈 '님'이 등장하고 있다. 그런데 아이니퀼하게도 그 '님'은 '낯모를 님'이다. 이로부터 그 '님'은 조국'님'으로 부상하기에 족하다. 잃어버린 조국이 하도 오래되어 위의 그 아이니퀼이 성립되는 것이다. 그래서 '사랑보다 참다운 사랑을 찾으러'라는 말도 쉽게 풀이된다. 이른 바 사사로운 개인적인 사랑을 떠나 보다 넓은 범위의 조국애와 같은 거창한 사랑을 추구하라는 말이 되겠다.
　〈들꽃〉에서는 '억세인 천후(天候)를/이기려는 힘/보다 높은 이상에

살려는 맵시'로 핀 '들에서 찾아낸' '들꽃'을 '귀여운 님'이라고 부르고 있다. 여기서 '님'은 '들꽃'으로 상징되는 모든 아름답고 끈질긴 '참다운 삶의 청춘'의 상징이다.

전반적으로 심련수의 님노래를 볼 때 남녀간의 비극적 사랑의 님이 절대 다수를 차지하고 서정적 주인공은 대개 남성이미지다. 님의 의미적 승화로 이루어지는 조국에의 상징 및 우주자연에의 상징을 나타낸 시들은 매우 적은 편이다.

* 길 이미지

우리는 살면서 길을 걷는다. 오솔길, 아스파트길 그리고 생활의 길, 인생의 길 많고많은 길을 걷고 있다. 인생은 길을 못 떠난다. 심련수도 마찬가지다.

〈흩어질 무리(2)〉의 졸업을 앞두고 '갈 길이 다르고/하는 일 같잖아도' 에서는 각자 지향한 인생길을 가리키고 있다. 우리의 삶의 모습 그 자체다. 그런데 이 인생길은 사람을 곤혹스럽게 하기도 한다. '갈 길이 아득해서 온 길을 되찾아도/앞뒤가 마찬가지 사방이 혼돈하여', '외길이 외낌없이 안전타 하지만/쪽길만 걸으니 마음속에 못미더워/갈래길 딴곳으로 났는가 찾았으나/매양 같은 산길 종일 가도 그 꼴이다'의 〈인간의 노래〉에서 인간은 인생길의 혼돈, 따분함, 권태, 회의, 막무가내 같은 것을 토로한다. 〈명암(明暗)〉같은 데서는 '누구를 찾아서/험한 길 헤맸던고' 인생의 허황함을 드러내기도 한다. 〈어디로 갈가(졸업이 가까와옴을 생각하면서)〉5)에서는 인생 방황의 고민을 토로하고 있다. 졸업을 앞두고 어디로 가야하며 어느 곳에 할 일이 있는지 몰라하는 '길 잃은 젊은이의/아우성소리'가 들린다. 웃음꽃이 만발해야 할 〈청춘〉이건만 '온 길은 몇천리며/갈 길은 몇만리냐'의 아득한 인생길의 고민도 느낀다.

---

5) 이 시는 〈어디로 갈가〉와 중첩되어 있다. 창작 연월일도 같다. 이 시가 〈어디로 갈가〉에 비해 시적 계기 및 전개가 더 완미한 감을 주어 이것을 텍스트로 선정한다.

그것은 또한 '길은 멀다/길은 험한'데 '부러진 막대/아픈 다리를 절'(〈벽〉)
며 걸어갈 힘든 인생길이다.
　이런 인생길이건만 심련수 시에 있어서 희망에 넘쳐 열심히 달려가는
모습이 돋보인다. 그것은 워낙 삶에 대한 투철한 인식을 바탕으로 깔고
있기 때문이리라.

　　　들길 진흙길을
　　　나쁘다 마소
　　　험한 길 궂은 길도
　　　걸어와야 아니이다
　　　고개길 오르기
　　　바쁘다 마소
　　　오름도 내림도
　　　같은가 하노라
　　　배움의 길
　　　결코 마르다 마소
　　　가물 끝에 내리는 비는
　　　반갑기는 하더이다
　　　도세(渡世)의 길
　　　쓰리다 마소
　　　쓰림없이 얻는 성공
　　　없다고 하더이다
　　　-〈길〉-

　여기서는 '고개길' '오름도 내림도/같은가 하노라', '가물 끝에 내리는
비는/반갑기는 하더이다'로 자연길의 변증법을 애기하고 '도세(渡世)의
길'-인생길 애기로 들어가면서 '쓰림없이 얻는 성공/없다고 하더이다'로
인생길의 변증법을 도출해낸다. 이로부터 〈떠나는 젊은 뜻〉이 생겨난다.

가고파 애쓰던 길
떠나는 오늘날
…

갈 길도 멀고
할 일도 아득한 이내의 앞길에
굳은 뜻 깔려지이다

험한 힘 가는 곳에
두려움 없을세라
심신이 젊었으니
일마저 튼튼하여라

'갈 길도 멀고/할 일도 아득한 이내의 앞길'이 펼쳐졌다. 맹목적인 낙관보다는 그 어려움이 충분히 감안된 '길'이다. 그래서 '가고파 애쓰던 길'이면서 '오늘날'에야 '떠나는' '길'인지도 모른다. 그러나 그것은 '젊은 뜻'이 습배인 '길'이다. '굳은 뜻 깔려지이다/험한 힘 가는 곳에/두려움 없을세라/심신이 젊었으니/일마저 튼튼하여라'. 젊음의 패기, 자신감이 충만되어 있다. 희망의 길은 계속 이어진다. '갈 길이 좋기에/싫은 줄 모르고/긴 해도 짧다고/어둠에 걷'(〈들길〉)는 '들길', 그것은 분명 희망의 길이다. 〈앞길〉의 '온 길은 몇만리냐/가다가 다 진해도/쉬여말진 않으리라'에서는 굳은 뜻을 나타내고 있다. 〈어디로 갈가(졸업이 가까와옴을 생각하면서)〉도 위에서 피뜻 볼 때는 인생의 방황을 애기하고 있는 듯 하지만 실은 '갈길이 험하다 한들/주저할 몸 아니니/옳은 길 갈 곳이면/모든 것 내던지고/찾아가려 함이로다'에서처럼 '옳은 길 갈 곳이면'-인생의 정도(正道)만 포착되면 '모든 것 내던지고' 용왕매진하려는 확고한 결심을 보여주고 있다. 길은 가기 마련이다. 그럴진대 심련수 시에서 길 이미지는 '가다'는 행위를 파생시키며 인생길을 담론하기도 한다. 〈현해탄(玄海灘)을 건너며〉에서 詩眼으로서의 마지막 시구 '가고픈 그곳까지 가고싶어라'는 '내 염통에 피 뛰는 날까지/이 배에 실린채'와 맞물려 강한 인생의지를 나타내고 있다.

심련수 시의 길 이미지를 전반적으로 보건대 〈따나는 길〉에서처럼 일상생활에서 실제로 걸어다니는 길을 나타내고 있는 것이 없는 것은 아니지만 그것이 보다 많이는 인생의 길을 상징하고 있다. 곤혹, 방황, 허황함, 혼돈, 따분함, 권태, 회의, 막무가내 같은 인생의 마이나스 요소를 떠올린다. 그러면서도 인생 본연의 변증법적 모습에 대한 투철한 인식을 바탕으로 하여 그 마이나스 요소를 딛고 일어서는 젊음의 패기, 자신감, 꿋꿋함이 돋보인다.

　* 별 이미지

심련수 시에서 별은 축복, 희망, 우주만상 등 긍정적인 이미지로 나타난다.

〈우주의 노래〉의 '뭇별이 또다시 부셔져서/나머지 운행을 계속한다'에서 '뭇별'은 일종 생의 끈질김의 상징이다. 그리고 '보아라, 이 조그만한 별에도/이제 창조의 베품이 나리리니'에서 '한 별'은 축복받는 존재로 등장한다.

〈소지(燒紙)〉의 '별도 여윈 그믐밤/호을로 침묵속에서 빌며'에서 '별'은 일종 마지막 희망 같은 메시지를 던져주고 있다.

〈심성(心星)〉의 '오늘밤 밤중/작은 별 하나/오늘밤 해시(亥時)에/나의 별 하나/무엇보다 반가와/사람보다 귀한 별/외로운 광야에서/눈물어린 눈으로/어떤 별을 찾았노라/…/심안(心眼)으로 찾은 보성(寶星)'에서 보다시피 '작은 별 하나', '나의 별 하나'는 나에게만 속하는 어떤 희망이다. 그래서 그것은 '무엇보다 반가와/사람보다 귀한 별'인 것으로 '외로운 광야에서/눈물어린 눈으로' 찾을 가치도 있는 것이다. 여기서 '어떤 별'이라고 한 것은 그 희망이 아직 분명하지 못함을 말한다. '심안(心眼)으로 찾은 보성(寶星)'은 바로 마음에 깨달은 그 희망을 가리킨다.

〈성좌(星座)〉에서는 '위치 잃은 별들/빛을 찾아헤매는 천사의 옷고름에/싸락별들이 반짝이더라'에서 '위치 잃은 별들'로 실망적인 상황을 나타내다가 '싸락별들이 반짝이더라'로 희망의 메시지를 던져주고 있다.

〈운성(隕星)〉의 '초저녁 하늘에/북쪽으로 떨어진/하나의 그 별은/어떤 일이냐!/그어놓은 별찌도/망막(网膜)에 비쳐지기전/영영 없어진/이름 모를 한개의 별'에서 별은 그 어떤 희망적인 사항을 나타낸다.

〈우주의 노래〉에서 '뭇별에 비끼는 려명을 찾아/건너편에 떠오는 화성(火星)의 벗에게/우주의 새 진리를 이야기한다'에서 '뭇별'은 우주만상의 상징으로 되고 '화성'은 새세계의 상징으로 된다.

* 고향 ⇔ 타향 이미지

일반적으로 고향은 정답고 포근한 삶의 터전, 타향은 그 반대의 이미지다. 그러나 당시 암흑한 식민지현실이라는 특정 시대적 배경하에서 씌어진 심련수의 시를 보면 그 이미지는 좀 복잡한 양상을 나타내고 있다.

〈만주〉의 첫 두 구 '잘살려고 고향 떠나/못사는게 타향살이'를 보면 '타향'은 원색적인 이미지로 사용되었다면 '잘살려고' 떠나는 '고향'은 못사는 이미지 자체다. 고향의 이런 부정적인 이미지는 심련수의 시 많은 곳에서 등장한다. 〈고향〉에서 '고향'은 '너무 서러울' 정도로 '피는 꽃송이/쓸쓸이 선' 그 모습일 뿐, 〈나그네〉에서는 '찾으려는 세간살이/그것은 벌써 남이 가진 터전이였'고 '찾으려던 터전도 낯설'은 고향 등 이미지가 그 보기로 된다.

그리고 심련수 시에서 고향 이미지는 그리움의 대상으로 많이 등장한다. 〈솔밭을 걸으며〉의 '모를 곳 그 어디에서 바다소리 들려온다/망향에 쩔은 몸이니 갈줄을 몰라라'에서 '망향'의 고향, 〈비〉의 '고향밤 별하늘에/님의 샛별눈 그리노라'와 〈기다림〉의 '고향 떠나 님을 버린 신세이거늘'에서 보다시피 '고향'은 '님'과 연결되는 정다운 그리운 것이다.

심련수 시에서는 〈하르빈역두에서〉의 '두어라 이역살림살이 궁한 것상'과 〈로천공원묘지(露天共園墓地)〉의 '이역에 묻힌 무덤 외톨선 그 령

(靈)이/파란과 싸우다가 죽은이라오/가엾어라 남은 일 다 못하고 이역에 묻히였구나'에서처럼 이역 그 자체로 외롭고 쓸쓸한 원색적인 이미지를 살린 것도 있지만 〈비〉의 '젖어드는 옷섶을 꺾'게 하는 '이향거리'의 '밤비'와 '님의 샛별눈 그리'게 하는 '고향밤 별하늘', 〈갈매기〉의 '피까지 무거운 이역의 설음'이 '고향을 그리는 애타는 마음을' 더 애타게 하는 것을 대조시켜 그 이미지를 살리기도 했다.

* 바람 이미지

문학작품에서 바람도 구체적 상황에 따라 긍정적 혹은 부정적 이미지로 등장한다. 심련수 시에 있어서 '바람'은 부정적인 이미지가 절대 다수를 차지한다.

〈만주〉의 '싸늘한 북풍받이 허넓은 곳'에서 보다시피 '북풍'은 무정한 싸늘함 그 자체이다.

〈교문을 나서며〉의 '벌거벗고나선 것 같은 마음/마음의 구석에는 찬바람이 돌아'에서 '찬바람'은 사회적 부정을 나타내고 있다.

〈세기의 노래〉에서는 '저- 사방에서 일어나는 돌개바람에/평화를 꿈꾸던 썩은 현실은 일크러지고'에서 보다시피 여기서는 '돌개바람'으로 당시 한반도를 노린 세계열강들을 나타내고 있다.

〈빈수선차(濱綏線車)〉에서 '풍우에 다 씻겨져 안보여진 이때에'의 '풍우'는 국제역학관계를 상징하고 있다.

〈수학여행(修學旅行을 마치고)〉에서 '자취나 남았으면 본것과 같으련만/풍파가 심한 이때 어이 그걸 바라리오'에서 '풍파'는 변화무상한 세상사를 가리킨다.

〈폭풍〉을 보면 '선을 더하여 모든것을 보호하라/그 바람이 그치고/먼지가 없어질 때까지'에서 '바람', 〈눈보라〉에서 '바람은 서북풍', '칼날보다 날카로운 이발로/눈덮친 땅바닥을 물어뜯는다'에서 '바람', 〈등불(1)〉에서 첫 구 '존엄의 거룩한 등불이/…/한줄기 폭풍에 꺼져버렸습니다'에

서 '폭풍', 〈고독(1)〉의 '염천의 폭양도 사나운 폭풍도/…/고달픈 등산을
멈추지 않았나니'에서 '폭풍', 〈돌아가신 할아버지〉에서 '미친 바람이 아
수라같이 휩쓸던', '찬물과 흙물과 서리바람에'의 '바람'은 야만적인 사회
폭력임에는 더 말할 것도 없다.

마지막으로 그 긍정적인 이미지로 씌인 예를 하나 보면 〈추억의 해변〉
의 '짭조로운 조풍(潮風)이/두볼을 문지르면/회고의 미소도/화분처럼 돋
칠게고'에서 '조풍'을 일종 아름다운 사랑의 촉발제로 작용하고 있다.

* 사막 이미지

일반적으로 사막은 생명부재의 죽음의 상징이다. 심련수 시에서도 이
런 이미지로 등장한다.

〈인생의 사막〉을 보도록 하자.

　　　열사(熱沙, 막막(漠莫)한 사원(沙原)에
　　　락타 잃고 헤매는 불쌍한 인생
　　　네 갈길이 험하구나 아득하구나

　　　그늘 없고 물 없는 허허사막
　　　목말라 허덕이는 가엾는 인생
　　　네 목숨이 애처롭구나 가련하구나

　　　길 없고 자취없는 넓은 사막에
　　　길을 잃고 방황하는 초행(初行)인생아
　　　네 맥이 진했구나 지치였구나

　　　덧없이 아득한 인생
　　　하염없는 고행에 찡그린 얼굴
　　　네 행색(行色)이 초라쿠나 보기 싫구나

> 동행없는 사막의 인생
> 루선(漏腺) 말라 못우는
> 마른 인생아
> 네 울음이 슬프구나
> 한심(寒心)하구나.
> ─전문─

여기서 사막은 '열사(熱沙, 막막(漠漠)한 사원(沙原)', '그늘 없고 물 없는 허허사막', '길 없고 자취없는 넓은 사막', 한마디로 죽음 그 자체이다. 시인은 바로 이것으로 '인생의 사막'을 펼쳐 보이고 있다. 그리고 이런 '사막'에서 '락타 잃고 헤매는 불쌍한 인생', '목말라 허덕이는 가엾는 인생', '길을 잃고 방황하는 초행(初行)인생아'로 식민지 인생의 참담함을 펼쳐보이고 있다. 그 다음 '네 갈길이 험하구나 아득하구나', '네 목숨이 애처롭구나 가련하구나', '네 맥이 진했구나 지치였구나'로 시적 자아의 다함없는 인간적 동정을 쏟고 있다. 시의 4, 5연에서는 시적 자아의 직접적인 서정토로로 시적 주제의 농도를 높이고 있다

〈지구의 노래〉에서도 보면,

> 오늘도 사막에는
> 지친 대상(隊商)이 건느겠지
> 폭열에 목마른 락타와 사람
> 사원(沙原)에는 세기가 답보만 한다

보다시피 낙타와 사람의 대상이 폭열에 목말라 지치고, 시간이 멈추어진 세기가 답보만 하는 죽음의 이미지로 안겨온다.

이외에 〈청춘〉에서도 사막은 '낮이면 열사막(熱沙漠)/밤이면 랭사막(冷沙漠)'이라는 상호 대립되는 극단적인 두 양상으로 죽음을 드러내고 있다.

심련수 시에서 사막은 결국 암흑한 식민지통치를 상징하는 생명부재의 죽음의 이미지로 잘 활용되고 있다.

* 아침(새벽) 이미지

일반적으로 아침은 시작, 출발, 활력, 희망 등 이미지로 문학작품에 등장한다. 심련수 시의 아침이미지도 여기서 예외가 아니다.

〈외로운 새〉에 보면 '내 가슴에 깃들인 한 마리 새/오늘도 이른 새벽 먼동이 틀제/어데론가 외로이 날아갔기에'에서 보다시피 '새벽'은 이상추구의 출발점, 희망의 출발점으로 된다.

〈원단(元旦)〉에 보면 첫 구절 '첫마음 새로 먹고/떨쳐앉은 새벽아침'에서 '새벽아침'도 일종 새다짐, 새출발로 된다.

〈우주의 노래〉의 '우주의 울타리에 홰치는 닭/뭇별에 비끼는 려명을 찾아'에서 '여명'은 일종 새로운 출발, 시작의 상징으로 된다.

〈새벽〉은 '아름다운 새벽'으로 시작하여 마지막에 '생명의 첫소리를/깨끗한 마음으로/소리껏 웨쳐보세/이 하늘아래/이 땅덩어리우에서/영원히 생의 한가를/언제든지 부르세'에서 보다시피 '새벽'은 생기에 넘치고 약동하는 모습 그 자체다.

〈새벽〉에서 '미명(未明)의 광야를/ 달리는자 누구냐/ 동터올 새벽을 기뻐맞을 젊은이냐'에서 '새벽'은 젊은이가 달려가 기뻐맞을 '동터올 새벽'으로서 그것은 희망, 승리 등의 상징으로 된다.

* 검은 색 이미지

검은 색은 동서양을 막론하고 문학작품에 부정적인 이미지로 많이 등장한다. 심련수 시에서는 부정, 긍정 양쪽에 다 걸쳐 있다.

①부정적인 이미지를 보면,

〈가난한 거리〉에서 '까아맣게 끄슬은 처마밑 길', '새까만 나무쪽문패가 초라하고'에서 '까아맣게', '새까만'으로 생기없는 '가난한 거리'를 나타냈다.

〈봉천(奉天)〉에서 첫 연에서 '인테리'를 지칭하는 '검정빛'은 생기없는 이미지이다.

〈낯익은 품속의 사랑〉에서는 '흑연이 끼지 않는 룡정의 품속에는/평화의 내 전당 우리 터가 있는 곳'에서 '흑연'은 평화에 반대 의미를 가지는 싸움, 혼란 등을 상징하고 있다.

〈새벽〉에서 '암흑을 익힌 개선장병아/분투의 앞에 굴복한 과거는/캄캄한 어둠 속에 쓰러졌다'에서 '암흑'은 일종 적대세력을 나타내고 '캄캄한 어둠'은 '망각'을 나타낸다.

〈세기의 노래〉에서 '동서에 밀려드는 검은 구름'에서 검음은 당시 제국주의 열강들을 상징한다.

② 긍정적인 이미지를 보면,

〈추락한 명상〉의 '조풍(潮風)에 검은 살이/성상보다 거룩하다'에서 '검은'이 세상풍파를 거친 성숙을 나타내고 있다. 〈검은 교복〉에서는 '검은 모자 검은 교복'에 기탁하여 '건전(健全)을 가졌고/신념을 품었고/불변을 간직하고/정복(征服)을 가진 흑색'으로 노래하고 있다.

* 바다 이미지

바다는 삶의 터전과 그 방해-긍정과 부정 이중성이 고스란히 심련수 시에 나타난다.

〈외로운 새〉에서 바다는 '어두운 저녁바다'로 '새'의 이상추구의 장애 요인으로 등장한다.

〈갈매기〉의 '바다를 언제 건넜느냐/네 행색 너무나 외로와', '섬도 없는 바다에서/풍파 높아 지쳤어라/네 또다시 날아갈 바다길'에서 '바다'는 마지막 구절 '하늘아 바다야 잔잔하거라'라는 시적 자아의 기원의 안받침 속에서 앞길을 가로막는 일종 '풍파'로 등장하고 있다.

위의 두 수가 바다의 부정적인 이미지이다면 아래에 보게 되는 시에서는 긍정적인 이미지로 등장한다.

〈추억의 해변〉에서 '바다가 보인다', '오! 바다여/귀에 익은 해조음을/다시 들려주면'에서 보다시피 '바다'는 연인들의 데이트 장소, 사랑의 확인 장소이기도 하다.

〈동해〉에서는 '푸른 물 뛰고치는 동해안 모래불에', '바다물 짠 냄새와 소나무 송진냄새/…/차에서 뛰여내려 놀다갈가 하노라'에서는 바다에 대해 친절감을 느끼고 있다.

〈안도(安堵)의 바다〉에서는 첫 연 '갈가보다 살가보다 태평양 한복판에/사바(娑婆)가 안보이는 넓은 바다/그곳으로 창파(蒼波)에 살아가는/물사람 되어서/한세상 바다속에 일생을 같이하자'에서 바다는 삶의 보금터로 등장하고 있다.

〈황해(黃海)〉에서 첫 연을 보면,

> 성스런 그 얼굴은 공자의 얼굴이요
> 물소리 들리는건 맹자의 음성이라
> 공맹자 난 곳이 이 바다 옆이라오

여기서 공자, 맹자를 떠 울리는 황해로 인류문명에 대해 높이 사고 있다.

* 물 이미지

심련수 시에서 물은 긍정, 부정의 이중적인 이미지로 등장한다.

〈비봉폭(飛鳳瀑)〉에서 '저 물이 흘러가서 더러운 물과 섞여/비린 고기와 살고있을지 그 누가 알랴/너는 부디 바다에 가면 룡궁을 찾으라'에서는 맑은 물과 더러운 물로 물의 이중성을 드러내고 있다.

〈찬물〉을 보면,

<blockquote>

넘치도록 떠놓은 차거운 물
이빠진 그릇전에 잡귀가 붙었다고
불고서 마시라는 미신의 진리를
알고도 모르는체 눈감고 마시고

네가 따갑도록 차거워도
목구멍 넘어가면 잃어질 본성
그대로 언제까지 찰가 해서
그 물에 목을 추겨
겨불을 끌가 하노라

</blockquote>

여기서 물로 상징되는 고정적인 관념에 대한 도전을 내비치고 있다.

그러나 〈면경대(面鏡臺)〉의 '네 마음 흐린 곳을 그 물에 씻어던지라' 에서 '물'은 깨끗함의 상징으로 나타난다. 〈거울없는 화장실〉에서는 '눈 감고 생각하면 서리치듯 현실'을 씻을 '참으로 진정으로/깨끗한 물이 없 고'에서 '물'은 사회정의의 세력을 상징한다.

   * 샘 이미지

심련수 시에서 샘(샘물, 샘터 포함)이미지가 등장하는 시로는 4수가 있다. 심련수 시에서 샘은 긍정적인 이미지로만 등장한다. 구체적으로 보면,

〈샘물〉에서 샘물은 그 어떤 추구해야 될 깨끗한 이상적인 것으로 등 장한다.

〈내가〉에서는 '지나간 기억을 찾아 볼 때/오직 떠오르는것은/단조한 생활에 외로이 자란', '한줄기 샘물이였다'읊고 있는데 여기서 샘물은 생 의 감로수에 다름 아니다.

〈인간의 노래〉의 '목 말라 마신 물이 목이 달아 더 달아/더친 목 달 래기 더 어려워 못견뎌/말라든 샘터에서 돌고도는 신세야'에서 '샘터'는

희망 그 자체이다.

〈나와 그〉를 보면,

> 샘가에서 고이 들은 소녀의 하소
> 너는 내 사랑하는 작은 목숨
> 아침저녁 샘가에 설제
> 너는 또 내게 무엇을 주려나
>
>   중략
>
> 내 두손 모아 합장하고
> 샘가에 서서 침묵하리니
> 너 그 보드라운 사랑의 젖으로
> 거치른 내 마음을 쓰다듬어라

여기서 '샘가'는 사랑이 이루어지는 장소로 부상되고 있다.

*섬 이미지

섬은 일반적으로 외로운 부정적인 이미지로 자주 등장한다. 그러나 심련수에게는 이런 부정적인 이미지가 일소되고 긍정적인 이미지로 등장한다.

〈외로운 새〉에서 섬은 '어두운 저녁바다'가운데의 '작은 섬'으로서 이상을 추구하는 '외로운 새'가 '앉았다 쉬여오는' 곳이다. 보다시피 여기서 '섬'은 일종 기력을 회복하고 활력을 얻는 보금자리로 등장한다.

이외에 〈갈매기〉의 '섬도 없는 바다에서/풍파 높아 지쳤어라'에서 '섬', 〈추억의 해변〉의 '옛날도 해조처럼/섬을 찾아 돌아올거니'에서 '섬' 도 〈외로운 새〉와 같은 이미지로 부상한다.

이상 보다시피 심련수에게 있어서 섬이미지는 일종 보금자리로 떠오르고 있다.

　* 용궁이미지

　우리 민족에게 있어서 전통적으로 용궁은 긍정적인 이미지와 부정적인 이미지라는 이중성으로 각인되어 왔다. 그러면서도 긍정적인 이미지 쪽이 좀 더 강하게 부상된 것같다. 심련수에게 있어서는 용궁이미지를 등장시킨 시가 몇 편 안되지만 모두 긍정적인 이미지 쪽으로 기울어지고 있다. 이를테면,
　〈비봉폭(飛鳳瀑)〉같은 데서 '너는 부디 바다에 가면 룡궁을 찾으라'에서 보다시피 용궁은 서적 자아의 이상향으로 등장하고 있다. 〈금강산(金剛山)을 떠나면서〉에서도 '금강산 어떻던가 묻는이 있거들랑/보고도 말 못할 것 금강이라 하소서/땅우의 룡궁이라고 이렇게 일러주소'에서 보다시피 용궁을 그 어떤 이상적인 경지로 보고 있다.
　그리고 〈료동반도의 하루〉의 '헤머리 기울어진 이역의 석양에서/흩어진 마음쪽을 주섬주섬 싸가지고/발해에 고이 지은 룡궁에나 보내줄가'에서 용궁을 일종 위안의 장소로 여기고 있다.

　* 잔디 이미지

　잔디는 일반적으로 안온한 생명의 보금자리의 상징이다. 심련수 시두 편에서 잔디 이미지가 등장하는데 역시 이런 이미지이다.
　〈안식처(安息處)〉는 제목에서 시사하다시피 '내가 누운 금잔디/하늘 아래 금잔디', '땀난 몸 젖은 팔다리/마음껏 펴보는 곳/고달픈 신세를/꺼리낌없이 뒹구는 자리/내 현실에 꾸겨진/쭈그럭살을/네 가슴우에서 다리리니', '궁한자의 안식처'인 잔디를 노래하고 있다.
　〈송화강〉에서는 사랑의 보금자리로서의 잔디가 등장한다.

송화강 물소리는 사랑의 속삭임
님하고 배를 띄워 흐름에 따라갈가
가다가 가시없는 잔디기슭에 대여주렴
- 마지막 단락 -

* 꿈 이미지

　문학작품에서 꿈도 구체적 상황에 따라 여러 이미지로 등장하겠지만 심련수 시에 있어서는 〈내가〉에서처럼 '단조한 생활에서 외로이 자란' 생의 감로수가 될 '한토막의 꿈'이나 〈꿈〉에서 '꿈'은 '공중루각을 준공하던 날/계란성을 완축하던 날/대통령이 되던 날'로서 현실과 선명한 대조를 이루는 하나의 이상경지로 나타났다면 〈파향(破響)〉에서는 '통쾌한 일순간의 파향((破響)은/마비의 미몽을 깨칠수 있나니'에서 보다시피 '미몽'같은 마비로 등장하고 있는데 그 긍정, 부정의 이중성으로 가닥이 잡힌다.

　* 무명옷 이미지

　무명옷은 전통적으로 서민들이 많은 입던 옷으로서 소박함, 순진, 진실 등의 상징이다. 심련수 시에서도 그 이미지는 여기서 예외가 아니다. 〈귀한 그들〉의 '뾰족구두 색양장(色洋裝)에/가는 허리 한들거리는 아가씨보다/툭툭한 무명옷에 고무신 신은/물 긷는 농촌아가씨가 얼마나 귀하더냐'에서 무명옷은 도시 대 농촌, 서양 대 동양, 사치 대 소박, 허위 대 진실에서 후자를 상징하는 이미지로 등장한다.
　〈소녀〉에서는 창녀로 윤락된 소녀에게 '왜 곱게 때묻은 무명옷을 벗었느냐'로 질문을 들이대고 있는데 여기서 무명옷은 바로 순진, 소박, 진실의 이미지이다.

* 胡이미지

胡라 하면 우리 민족은 전통적으로 차원이 낮은 미개하고 거친 이역, 이민족으로 보았다.

심련수 시에서 胡는 이런 전통적인 이미지로 등장한다.

〈목단강〉 두 번째 연에 보면 '목단강물 마시는 호마(胡馬)의 무리무리/향기의 물이길래 한껏 실컷 마셔둬라/대지가 말라들 때 목마르지 않게 스리'에서는 '호마(胡馬)의 무리무리'와 동질감을 느끼며 권유하고 있다. 여기서는 식민지로 전락된 소외된 현실 속에서 호마와 같은 처지로 생각한 만큼 胡는 전통적인 이미지에서 벗어 못나고 있다.

〈려창(旅窓)의 밤〉에서 '호창(胡窓)의 희미한 등불/더우기나 서글퍼요', '호마(胡馬)의 발굽과 무거운 바퀴/이 마음 밟고 굴러가누나'에서 호창, 호마의 胡는 역시 이역, 이민족의 이미지에 다름 아니다.

맺음말

이상 심련수 시의 주요 이미지들을 보건대 그것은 실로 다양하고 풍부한 양상을 드러내고 있다. 한 이미지의 경우에도 여러 양상을 드러내는 경우가 많다. 그러나 전반적으로 놓고 볼 때 그것은 비극적 현실인식 및 그 극복지향 그리고 인간적 순수 서정을 드러냄에 다름 아니다. 그리고 그것은 전통적인 이미지들을 주로 하면서 일부 모더니즘적인 이미지도 살리고 있음을 알 수 있다.

* 본 논문은 임향란 여사와 공동 작성한 것임을 특히 밝혀둔다.

2002. 3

주술(呪術)적 언어표현소론
수자에 형상의 옷을 입히기
한국인과 외래어
정신파의 부드러운 언어구사
문학창작에 있어서 조선어토의 묘미

주술(呪術)적 언어표현소론

　조선어수사법을 보면 거기에는 비유법, 상징법, 의인법, 과장법 등 실로 다양한 언어표현들이 있다. 그럼에도 불구하고 조선어의 언어표현에 있어서 분명히 자기의 독특한 위치를 차지하고 있는 주술언어표현이 수사학에서 논의되지 않는 것은 어쩐지 그 섭섭함을 금할 수 없다. 이로부터 필자는 이제 나름대로 주술적 언어표현에 대해 주로 사회언어학적 각도에서 개괄적으로나마 진맥해봄으로써 학계의 주의를 환기시킬 수 있다면 그것으로 족하겠다.

　주술적 언어표현은 우리와 멀리 있지 않다. 일상생활에서 우리가 그 어떤 가증스러운 대상에 대해 자기도 모르게 '…죽으라'고 저주를 퍼붓는데 그것은 이미 우리의 몸에 생리화 되었다. 그리고 모정이 폭폭 배인 유정한 〈자장가〉에서 자지 않는 아이를 '잘 잔다'고 노래하거나 어머니가 우는 아이를 달랠 띠 '울지 않는다'고 하거나 아이들을 심부름 보낼 때 '벌써 갔다'고 하는데 이런 언어표현은 우리에게 너무나도 익숙하고 친절한 것이다. 이상의 주술적 언어표현 현상을 개괄해보면 그것은 아래의 두 갈래의 나뉘어짐을 알 수 있다. 이를테면 한 갈래는 저주어(詛呪語)유의 주관적인 소망을 강한 명령법으로 표현하는 것이고 다른 한 갈래는 〈자장가〉유의 주관적인 기원을 기성적인 객관사실로 換置하여 기술하는 것이다. 우리 조선어에서 이런 두 부류의 주술적 언어표현은 고대시가에서도 잘 나타나고 있다. 이를테면 신라향가 월명사의 〈도솔가〉를 보면 그것은 꽃을 매개물로 하여 환기법에 잇달아 강한 명령법으로 주관적 의지가 나타나 있어 전형적으로 첫 번째 유의 주술적 언어표현을 나타내고 있다. 이외에도 우리가 잘 아는 조선고대 최초의 시가들인 〈구지가〉, 〈해가사〉도 이 부류에 속하는 주술적 언어표현들을 하고 있다. 그리고 역시 신라향가에 속하는 〈서동요〉와 〈혜성가〉는 전형적으로 두 번째 유의 주술적 언어적 표현을 나타내고 있다. 선화 공주를 얻기 위해 훗날 백제무왕이 된 서동이 '밤마다 선화 공주님을 안고 간다'는 주술언어적 로맨틱한 사랑의 표현을 함으로써 실제로 선화 공주와 가연을 맺게 된 것은 우리가 너무나 익숙한 일화이다. 〈혜성가〉는 그 주술적 언어표현에 있어서 〈서동요〉와 전적으로 동궤의 것이다. 혜성은 실제로 나타났고 왜군도 침입한 것이 사실이었다. 그런데도 융천사는 시치미를 떼고 혜성이 없다고 노래한 것이다.

이상 상황을 놓고 볼 때 상기의 주술적 언어표현들은 이미 우리의 언어생활에서 객관적 사실로 엄연히 존재했음을 명시해준다.

그럼 이런 주술적 언어표현들이 생길 수 있는 바탕은 무엇인가?

우선 1차적으로 우리는 무속적인 주술에서 그 원인을 찾을 수 있다. 무속은 우리 조선민족의 전통적인 집단무의식을 이루는 원초적인 원시 자연종교이다. 그런데 무속의 가장 기본적인 원형사고패턴(模式)의 하나가 언어주술이다. 즉 언어의 신비한 마력을 믿어 그것으로 인간의 그 어떤 소망의 실현을 미신하는 것이다. 이는 굿을 하는 무당이 귀신을 상대로 한 부동한 주가(呪歌)에서 집중적으로 나타난다. 일반적으로 가증스러운 잡귀를 상대로 했을 경우에는 위협, 공갈의 내용에 강한 명령법으로 주관적인 소망을 표현한다. 이를테면 '몽당귀신아, 이젠 빨리빨리 물러가라. 그렇지 않으면 이 칼을 받으리라' 등등이 그것이다. 그러나 존귀스러운 신을 상대로 했을 경우에는 주관적인 기원을 신이 허용한 기성적인 객관사실로 기술함으로써 그 바람이 이루어진다고 생각한 것이 그것이다. 이를테면 〈성주풀이〉, 〈고사축원〉 등의 축원무가(巫歌)는 집짓는 장면, 농사짓는 모습, 아들을 낳아 키워서 과거급제하는 모습 등을 묘사한다. 이것은 실제로 축원문의 내용과 같이 좋은 집을 짓고 부자가 되고 자손이 잘 되리라는 기원적 사실을 현실화한 것이다. 이런 무속적인 명령적 언어주술과 기원적 언어주술이 주술적인 언어표현방식으로 고착되어 우리 조선민족의 집단무의식적인 원형사고패턴의 구체적 내용을 이루었음은 말할 나위도 없다. 그리하여 우리의 언어생활에서 무시로 이런 주술적인 언어표현들이 나타나는 것은 아주 자연스러운 일이다. 그럼 한 걸음 더 나아가 이런 무속적인 언어주술은 결국 어떻게 이루어졌는가? 이 문제에 대해서는 우리는 최종적으로 경제적인 결정요인 각도에서 재미나는 가설을 펴볼 수 있다. 이를테면 채집단계를 지나 수렵단계에 들어선, 언어를 구사할 줄 아는 우리의 원시조상들이 우연히 '죽으라'하는 자기도 모르게 나오는 발성과 함께 짐승을 향해 투창을 냅다 뿌렸을 때 그 짐승은 투창에 찔려 '죽으라'하는 발성이 끝남과 거의 동시에 나가 뻐드러졌다고 하자. 바로 이때 원시인들은 더 없는 경이를 느꼈을 것이다. 바로 언어의 신비한 마술과 같은 마력을 느꼈을 것이다. 언어주술은 바로 여기로부터 산생되는 것이다. 동명왕이 하얀 사슴을 거꾸로 매달고 위협적인, 명령적인 주문을 외우며 칠일의 폭우를 오게 한 것은 사슴을 매체로 한 언어주술의 한 개 전형적인 표현으로 된다. 보다시피 우리의 원시조상들은 노동실천 가운데서 우연하면서도 생의 의욕의 필연적 노출로서의 명령적 언어표현으로부터 언어의 신비한 마력을 느꼈다.

그럴진대 이 명령적 언어주술표현으로부터 주관적인 기원을 기성적인 객관사실로 기술함으로써 그것이 실제적으로 이루어짐을 믿는 기원적 언어주술표현이 이루어졌다고 함은 논리적으로 볼 때 아주 자연스러운 귀결이다. 이로부터 우리는 기원적 언어주술표현을 명령적 언어주술표현의 완곡적인 순화된 표현으로 볼 수 있다.

다음, 심리학적으로 놓고 볼 때 명령적 언어주술이거나 기원적 언어주술이거나를 막론하고 그것은 다 이지적인 언어표현이라기보다는 어디까지나 감정적인 언어표현이다. 바꾸어 말하면 그것은 어디까지나 감정적인 충족을 주는 언어표현이 라는 것이다. 명령적 언어주술표현이거나 기원적 언어주술표현이거나를 막론하고 그 욕구의 실제적 실현은 필연적인 것이 아니다. 사실 그것은 어디까지나 감정파문의 표현인 만큼 실제적 실현의 불가능성이 더 많은 비율을 차지한다. 그런 만큼 人智가 발달된 오늘에 있어서 주술적 언어표현을 하는 경우 그것은 그 욕구의 실제적 실현을 꼭 믿어서보다는 언어관습적 힘에 의해 자연스러운 감정적 발산, 감정적 위안과 만족을 받을 수 있기 때문이다. 가증스러운 대상에 대해 '여차여차해서 썩어지라', '여차여차해서 뒤지라'고 내뱉을 때 그 사람의 옹이 진 마이나스 감정응어리는 무마되는 것이다. 그리고 '너는 대학에 붙었다', '너는 이겼다' 식의 기원적 언어주술표현은 우선 정신승리법적인 감정적 위안과 만족을 가져온다. 이로부터 볼 때 주술적 언어표현은 인간의 감정적 윤활제인 것이다. 그리하여 인간은 그 심리적 특성상 천성적으로 이 주술적 언어표현을 요구하고 실천하며 자신의 생을 더운 원만하게 꾸며나간다.

중국 〈중국조선어문〉 1993. 6

　　현대는 더 말할 나위 없이 수자의 바다다. 눈에 보이지 않는 수자의 부동한 조합으로 이루어지는 디지털 TV, 시계, 계산기는 더 말할 것도 없고 우리 개개인만 보더라도 온통 수자로 점철되어 있다. 그저 척 보기만 해도 아찔한 수자 대장정을 방불케 하는 주민등록증의 수자 대행진으로부터 전화번호, 통장번호, 신용카드번호 내지는 각종 비밀번호에 이르기까지 그야말로 수자 천지다. 이 수자 때문에 우리 현대인간들은 따분해지고 메말라가는지도 모른다. 그러면서도 우리 현대인간들은 실로 수자를 떠나서는 한시도 살 수 없다. 우리 현대인간들의 고민도 바로 여기서부터 오는 듯 하다. 그러나 세상만물은 우리가 다루기 나름인 만큼 수자도 우리가 어떻게 다루는가에 따라 독이 될 수 있고 약이 될 수 있는 것이다.

　　그래서 여기서 필자 나름대로 명명해 본 수자 형상화를 떠올려 본다. 이른 바 수자 형상화란 수자들의 이러저러한 우연적인 조합에 그 어떤 의미를 연상해주고 특정적인 형상적 의미부여를 진행하는 것이다. 이로부터 그 우연적인 수자 조합을 굳어 진 수자 조합으로 전화시켜 간편하고 효과적으로 사용할 수 있게 한다. 필자가 여기서 말하는 수자 형상화란 수자 조합을 떠난 한어의 8에 횡재의 의미가 부여된 것과 같은 전통적으로 많이 전해져 내려온 어느 한 수자에 의미부여를 진행하는 경우와는 다르다.

필자가 여기서 말하는 수자 형상화란 어디까지나 현대의 수자바다 속에서 수자들이 우연히 새롭게 조합되면서 현대인간들에 의해 새롭게 의미부여를 받고 보편화되어 사용되는 한 그룹의 수자 언어들을 가리킨다. 물론 빠르게 진행되는 지구촌의 형성과 인간의식의 개방화, 세계화는 이 그룹의 언어를 끊임없이 풍부화하고 발전시킬 것이다.

현재 이런 수자 형상화 언어들은 많은 나라들에서 그 나름대로 사용되어왔고 사용되고 있다. 미국의 경우만 보더라도 수자를 알파벳으로 이용하는가 하면 수자들의 조합을 그 형태를 원용하거나 영어발음으로 원용하여 여러 가지 의미를 붙여서 통용시킨다.

예를 들면 90*401773은 「go home(집에 가라)」로 통한다. 「9」는 「g」로 「4」는 「H」, 177은 「M(m)」을 나타내고 3은 「E」를 거꾸로 쓴 셈이다. 143은 831이나 180은 미국사람의 입에서 떨어질 사이 없는 「사랑한다」는 의미로 통용되고 있다. 143은 각 단어의 철자수로부터 그런 의미가 부여되었다. 그리고 187은 「I hate you(너를 미워한다)」로 통한다. 그것은 「8(eight)」의 영어발음이 「hate(미워하다)와」 비슷하고 「7」을 「you」의 「y」로 상정했기 때문이다.

위의 방식으로 만들어진 미국에서 통용되고 있는 수자 형상화 언어를 좀 더 나열해 보이면 다음과 같다.

> 1*177155*400 → 「보고싶다」
> 0001000 → 「나는 외롭다」
> 13579 → 「정말로 이상하다」
> 54321 → 「화가 나서 폭발일보 직전」
> 2468 → 「짝이 맞는다」, 「너 참 대단하다」, 「맘에 든다」
> 8642 → 「이 원수를 곧 갚아주마」
> 420 → 「대마초를 구했으니 함께 피우자」

21 → 「술 한 잔 하러 가자」

미국에서의 수자 형상화 언어을 놓고 볼 때 영어가 필경은 우리에게 있어서 조선어보다는 생소한 언어인 만큼 생소한 감을 준다. 그럼 아래에 우리와 본질적으로 같은 민족동질성선상에 놓여있는 한국의 수자 형상화 언어에 대해 보다 상세히 보도록 하자.

우선 필자가 수집한 한국에서의 수자 형상화 언어를 대충 열거해 보이면 다음과 같다.

A 8282 → 「빨리빨리」
2424 혹은 2404 → 「이사짐센터 혹은 이사짐공사」
2455 → 「복덕방(이사오오)」
2222 → 「당신에게 불만이 많아요」
7788 → 「기차역(칙칙폭폭)」
7942 → 「친구사이」
9999 → 「통닭집」
9292 → 「불고기점」
8255 → 「빨리 오오」
1255 → 「이리 오오」
7142 → 「친한 사이」
828255 → 「빨리빨리 오오(술 먹지 말고)」
1472 → 「일사천리(우리 빨리 결혼해요)」
1004 → 「천사로부터」
1010235 → 「열렬히 사모합니다」
12545 → 「이리 오세요」
0242 → 「연인사이」
8578 → 「바로 출발해」
981 → 「급한 일」
1717 → 「일찍일찍」
0288 → 「열이 펄펄」
5825 → 「오빠 미워」

568 → 「오리발」

5692 → 「오리구이」

85121 → 「오늘은 이일(특수한 날)」

2626 → 「이육(약소장소로 간다)」

7676 → 「착륙(약속장소 도착)」

2828 → 「이빨이빨(할 이야기가 있다)」

1182 → 「일을 빨리 진행하시오」

79337 → 「친구에게 삼삼칠 박수를(친구야 힘내라)」

0024 → 「영원(영영)히 사랑해」

494982535 → 「사고가 났으니 빨리 오시오」

1795 → 「일찍 오구」

5782 → 「호출 빨리」

979712 → 「구질구질 시비(당신이 싫어요)」

1919 → 「아이구 아이구(아이고 아파)」

129129 → 「아이구, 아이구」

98258 → 「오빠 잘 가」

100 → 「돌아와」

1212 → 「체육관(하나 둘, 하나 둘)」

7777 → 「페인트(자꾸 칠한다)」

108 → 「백팔(종교적인 번민상징으로부터 난 지금 고민스러움을 나
타냄」

5454 → 「오빠 사랑해, 오빠 사랑해」

B 112 → 「긴급상황」

119 → 「구급차」

505 → 「구원요청(SOS, 국제약어)」

9090 → 「간다간다(GOGO)」

025 → 「삥이요(삐삐를 잘못 쳤을 때)」

4040 → 「사랑사랑」

820 → 「빨리와」

X30 → 「X상무」

2241000045 → 「둘이서 만나요」
3312042 → 「심심하니 영화 보러 가자」
0929 → 「볼링장 가자」

위의 한국에서의 수자 형상화 언어상황을 크게 A, B 두 그룹으로 나누어 볼 때, 수자의 발음을 따서 진행된 A그룹이 총 54개 수자 형상화 언어 가운데 43개로서 절대다수의 비중을 차지한다. 이제 이 A그룹을 좀 구체적으로 따져보면 조선어에 내재한 수자한자음을 이용한 것이 절대다수를 차지한다. 이를테면 1472 → 「일사천리」, 7942 → 「친구사이」와 같은 경우가 절대 부분이다. 위와 같이 수자의 1차적인 한자음발음에 의해 그 의미갈래가 쉽사리 파악되는 것도 있지만 5454 → 「오빠 사랑해, 오빠 사랑해」와 같이 5는 오빠, 4는 사랑을 나타낸다는 의미적 약속을 전제로 좀 비약적으로 그 수자 조합이 이루어지기도 하여 그 의미적 약속을 모르고는 이해에 장애가 생기기 쉽다.

그리고 1212 → 「체육관(하나둘, 하나둘)」같은 것은 순전히 고유어음을 딴 것이라면 0288 → 「열이 펄펄」, 1010235 → 「열렬히 사모합니다」 같은 데서는 고유어음과 漢字어음을 결합시켜 사용한 것도 눈에 띠인다.

그리고 영어와 같은 외국어에서 따온 발음과 한자음을 결합시킴도 심심찮게 눈에 띠인다. 98258 → 「오빠 잘 가」에서는 영어의 「goodbye(잘가)」발음이 982의 한자음과 비슷한 점을 살려 활용한 것이다. 1919 → 「아이구, 아이구」, 129129 → 「아이구, 아이구(난 지금 몸이 아파요)」에서는 1이 영어의 I와 비슷한 형태적 특징을 고려하여 I의 발음에다 29의 한자음을 결합시킨 것이다. 그리고 좀 특이하게도 100 → 「돌아와」에서는 「백」이라는 한자음이 영어에서 「돌아오다(back)」는 발음과 일치되는 점을 이용하여 영어의 의미가 부여된 것이다.

위에서 수자의 특정 한자음의 조합, 한자음과 고유음의 결합, 특정 고유음의 조합으로 어떤 의미갈래가 포착될 때 그것은 가장 자연스러운 수자형성화언어다. 그러므로 이런 수자형상화언어의 의미파악도 가장 쉽게 이루어지면서 재빨리 보편화되어 나간다. 그러나 영어 같은 외래어발음이 가미될 때에는 그 보편화 면에서 상대적으로 더디게 진행됨은 말할 나위도 없다.

이제 B그룹을 고찰해 보면 비록 그 수는 많지 않지만 의미부여방식 즉 수장형상화 면에 있어서는 좀 복잡한 상황을 드러내고 있음을 알 수 있다.

① 112 → 「긴급상황」, 119 → 「구급차」는 주로 국제적인 긴급상황 및 구급차 번호표 시인 112와 119를 염두에 두고 자연스럽게 이루어진 듯하다.

② 505 → 「구원요청」, 9090 → 「간다간다」는 일단은 각기 영어의 SOS, GOGO와 그 모양새가 비슷함으로 이런 영어단어들이 나타내고 있는 의미를 부여받게 된 듯하다.

③ 4040 → 「사랑사랑」, 820 → 「빨리 와」, X30 → 「X상무」, 025 → 「뺑이요」는 0이 부동한 뜻을 부여받게 되면서 수자조합이 이루어졌던 것이다. 이를테면 4040에서는 0이 「랑」자, 820에서는 「와」자의 약자로 통하게 되고 X30에서는 아무것도 없다는 무(無)발음을 땄으며 025에서는 무엇에 구멍이 뺑 뚫린 그 모양과 뜻을 살려 「뺑」을 취했던 것이다.

④ 2241000045 → 「둘이서 만나요」는 고유음발음 「2」＋한자음발음 「2」＋한자음발음 「4」＋한자음발음 「10000」＋「나」자의 형태 「4」＋한자음발음 「5」으로 구성되었는데 여기서 특이한 것은 그 모양새의 비슷함을 따서 「4」로 「나」자를 나타냈던 것이다.

B그룹의 수자조합을 통한 의미파악은 상대적으로 놓고 볼 때 A그룹에 비해 ① 경우를 제외하고 특정 수자의 특수한 씌임법 상의 의미를 알아야 그 전반 의미파악이 가능하고 ④ 같은 경우는 세심한 발음판독과 더불어 모양새의 유상형을 따서 「4」로 「나」자를 나타낸 특이성도 포착해야 한다. 그리고 3312042 → 「심심하니 영화 보러 가자」, 0929

→「볼링장 가자」같은 경우는 그 의미가 잘 안 안겨온다. 이것은 수자 조합의 의미전달에서 일반적인 공약수를 고려하지 않았기 때문이다.

이런 수자들의 조합목적은 어디까지나 간편하게 빠르게 의미전달을 하자는 데 있다. 이것은 주로 수자를 사용하는 전화기, 핸드폰, 삐삐 같은 통신기기들이 보편화되면서 이런 통신기기들을 보다 효과적으로 이용하려는 욕구에서 기인되었다고 볼 수 있다. 물론 이것은 최초에 극히 제한된 일부분 사람들에게서만 통용되었을 것이다. 한국의 경우를 보면 2424, 2455, 9292, 9999, 7777 등 수자조합은 이사짐센터, 복덕방, 구이점, 통닭집, 페인트집 등 영업집들에서 영업을 목적으로 전화번호 신청시 뒤 네 자리 수를 이런 수자로 맞춰 넣음으로써 고객들이 쉽게 확인할 수 있도록 한데서 생겨났다고 한다. 그러다가 전문 수자로만 주고받는 삐삐가 보편화됨에 따라 수자들의 부동한 조합을 통한 의미전달의 최다량을 꾀하게 되었다는 것이다. 이 방면에 있어서는 삐삐를 가장 선호한 이른바 희기하고 새로운 것만 자꾸 추구하다보니 이해할 수 없다는 세대라는 의미에서 불리워지고 있는 X세대들을 비롯한 젊은 층에서 가장 활발히 움직였다는 것이다. 그래서 이른바 삐삐 약어라 해서 위에서 나열해 보인 것 들 가운데 8282, 1004, 2222, 1759, 5782 등 여간한 수자형상화언어를 모르고는 삐맹(삐삐를 사용할 줄 모르는 문맹)이라는 말을 듣기가 쉬웠다는 것이다. 이로부터 위와 같은 수자조합을 통한 수자형상화언어가 알게 모르게 자연스럽게 보편화되었다는 것이다. 물론 아직 위의 3312042, 0929와 같이 일반 사회의 공약수적 제약을 벗어나 보편화가 잘 이루어지지 않는 경우도 있다.

사실 이런 수자 형상화 언어를 알아두면 그만큼 편리한 것이다. 우선 수자의 의미전달폭을 훨씬 늘일 수 있는 것은 더 말할 것도 없고, 우리 현대인간들이 기억해야 될 비밀번호를 비롯한 그 많은 수자들을 쉽사리 기억할 수 있게 된다. 비근한 예로 아래의 주민등록증 번호를 기억해야 된다고 하자. 2222129825582, 보기만 해도 아물아물한 15자리 수자를 기억한다는 것은 실로 그 누구에게나 고역이 아닐 수 없다. 이럴 때 수자형상화언어를 살려 2222, 129, 828255, 82로 나누고 그 의미연결을 꾀해본다. 그러면 '당신에게 불만이 많으니 난 지금 몸이 아파요, (그러니)빨리빨리 오오, 빨리'라는 애교에 넘치는 재미나는 말마디가 이루어진다. 물론 죽 이어진 많은 수자들을 기억해야 될 경우 위의 경우처럼 기존의 수자형상화언어들이 착착 맞아떨어져 연결된 말구가 백분의 백으로 이루어지지는 않을 것이다. 그런 경우에는 말마디를 좀 보충해 넣기도 하여 편리하도록 하면 되는 것이다. 물론 새로운 수자형상화언어를 만들 때 사회공약수적인 요소를 고려한다면 그것의 보편화는 충분히 확보한다. 기존의 수자형상화언어도 실은 개별사람들 사이에서 나름대로 사용되다가 그것이 사회공약수적인 요소를 바탕으로 보편화되어 나갔던 것이다.

현재 모토롤라를 비롯한 미국의 통신업계들에서는 바로 이런 수자형상화언어를 경쟁적으로 상업경영에 도입하고 있다. 이를테면 NEC회사에서는 63개의 수자조합을 즉석에서 문장으로 바꾸어 전송해주는 서비스를 개시했다. 그 한 보기로 NEC에서 구입한 전화기, 핸드폰, 삐삐와 같은 통신기기를 사용할 경우 NEC에서 사전에 입력시킨 수자형상화언어목록에서 143을 누르면 상대편 통신기기에 「I love you」가 찍혀 나온다. 이는 우리에게도 시사하는바가 크다.

수자에 형상의 옷을 입히기 즉 수자형상화언어의 창조 및 발굴의 소지는 무궁무진하다. 그것이 이미 눈에 두드러진 한 언어현상일진대 그것에 대한 주목과 연구는 필요한 것이다. 그러나 아직 전문 연구가들의 이목조차 끌지 못하고 있는 듯하다. 이에 필자는 한 언어학 문회한으로서 두서 없는 글로서나마 전문연구가들의 주의를 환기시켰으면 족하겠다.

중국 〈중국조선어문〉 1999. 4

　얼마 전에 관광국의 위탁을 받고 가이드훈련반의 한국어 강의를 하게 되었다. 한국에 오래 있었는다는 그 이유 하나만으로 한국사람들의 외래어에 대해 집중강화 강의를 하게 되었다. 우리 중국조선족이 한국에 가서 가장 어리뻥뻥해 나는 것 중의 하나가 한국사람의 외래어 사용이다. 서울 한복판에 서서 동서남북 그 어디로 보아도 외래어 간판투성이다. 여기서 무슨 민족동질성이요, 한 민족이요 하는 신성스럽고 맛갈스러운 뉴앙스가 싹 가셔지고 만다. 물론 여기서 문제시하는 것은 이미 오래 전부터 사용되어 고유어되다시피 한 한문차용 외래어는 그만두고 주로 일본어와 영어 차용의 외래어이다. 그런데 여기서 일본어 차용은 한국사람들의 36년간 일본식민지 치욕의 청산과 더불어 많이 소실되고 말았다. 한국사람들의 일본거부감은 거의 본능에 가깝다. 민족의 자존심을 키우고 지키느라고 그런지 한국대학교의 심볼인 서울대학교조차도 일본어과를 설치하지 않았다. 그래서 이전부터 내려오던 일본어 차용의 외래어는 식민지시대 일본어교육이 몸에 배인 극히 제한된 일부분 노인들에 한에서 사용되고 젊은이들 사이에는 일절 무시당하는 신세가 되었다. 그러니 새로운 일본어차용외래어는 극히 제한된 특정 분야의 전문

용어들에 국한되었다. 필자가 한국에 있을 때 무의식간에 일본어를 사용하다가 큰 코 다친 적이 있다. 나는 평시에 우리가 보통 입에 자주 올리는 식사(食事)라는 말을 아주 잘 쓴다. '식사하러 갑시다', '식사했습니까?'… 나는 이러루한 말로 알게 모르게 남들에게 유식하고 예절바른 이미지를 주려했던 것 같다. 사람들은 나의 이루러한 이미지에 호감을 느끼는 듯 했다. 그런데 어느 한번은 한다하는 한 언어학 교수를 찾아갔다가 점심때가 되어 또 이 말을 꺼냈다. 그랬더니 그 교수님은 정색을 하고 말하는 것이었다. '우선생, 앞으로 다시는 식사라는 말을 쓰지 마십시오. 그것은 일본말입니다. 우리말이 아닙니다.' 순간 나는 어리뻥뻥해 났다. 나는 이때까지 줄곧 '식사'를 한문차용의 중국어 외래어로 간주했던 것이다. 내가 중국어 외래어라고 항변하자 그 교수님은 식(食), 사(事)는 확실히 중국어 漢文기원설이 맞지만 그것이 일본에 들어가 일본사람들의 상투적 수법에 의해 새롭게 조합되면서 '밥먹는 일'이란 새로운 의미를 나타나게 되었다는 것이다. 훗날 이것이 일본식민지시대에 한국에 들어와 유행되면서 오늘날에 이르기까지 마치 한국어 행세를 하고 있다는 것이다. 그러니 앞으로 절대 이런 일본어 외래어를 쓰지 말라는 것이다. 쓰면 친구로 상대해주지 않겠다는 것이다. 나는 그러마하고 대답은 하면서도 속으로 나 같은 문외한이 그런 깊숙히 들어박혀 있는 외래어를 어떻게 집어낸단 말인가고 하는 우려심이 앞섰다. 갈라질 무렵, 그 교수는 한국의 종로(鐘路), 대전(大田)하는 많은 유명한 지명들도 일본식민지시대 붙여놓은 이름이므로 한시바삐 뜯어고쳐야 된다는 것이다. 그러면서 자기는 둘도 없는 국수주의자로서 현재 일제식민지혼적청산의 일환으로서 언어분야에서 충분한 고증을 진행하며 범국민적 궐기를 촉구하고 있다고 했다. 나는 당시 그 교수님의 말을 심드렁하게 들었으나 훗날 보니까 진짜 범국민적, 범국가적으로 궐기하여 소학교를 「국민학교」라 부르는 것은 일본식이라 하여 '초등학교'로 갈아치웠다. 그리하여 나는 그 사회를 리드해 나가는 교수님을 얼마나 우러러 보게 되었는지 모른다. 실로 교수님의 한 귀감을 그 교수

님에게서 보게 되었던 것이다. 그런데 아이니컬하게도 국수주의자라고 자칭하며 외래어 사용을 탐탁케 생각다 못해 반대해 나선 그 교수가 영어외래어를 남발하는 데는 경악치 않을 수 없었다. 사실 한국사람들은 영어에 대해 남다른 친밀감을 가지고 있는 듯하다. 1945년 광복 후 미군정하에 놓여지고 미, 소로 대표되는 세계 이데올로기 대립에서 미국측에 가 붙다보니 자연 언어 면에서 영어의 절대적 영향을 받게 되었다. 그래서 모국어인 한국어는 몰라도 괜찮지만 영어를 모르면 무식에 가까운 촌놈으로 취급받기가 일쑤인 때가 있었다한다. 이런 결과가 영어차용의 외래어 남발로 나타났다. 한국어에 없는 TV, 비디오, 테이프… 같은 영어외래어는 더 말한 것도 없고 한국어에 상응한 고유어가 있음에도 불구하고 영어차용외래어를 마구 잡아 쓴다.

그런데 잘 뒤집어 보면 한국사람들은 분명 영어에 대해 불경스러운 마음가짐도 가지고 있다. 이른 바 이율배반적이다. 한국사람들은 섹스, 섹시, 바스트, 팬티, 브라자, 힙… 그리고 여자의 신체 부위에 관한 용어들은 예외없이 영어차용외래어를 사용한다. 이에 많은 미국사람들이 의아해 하며 한국사람들은 왜 이런 경우에는 꼭 영어를 사용하는가하며 반문하군 했다는 것이다. 이런 것들을 한국어로 성교, 성감, 젖가슴, 속곳, 젖가슴띠, 엉덩이… 하면 어쩐지 속되 보여 좀 계면쩍어 지는 듯하다. 그것은 한국인들 무의식 속에는 알게 모르게 한국어 신성감이 도사리고 있기 때문이다. 한국사람들이 항상 한국어를 우리 말, 우리 언어, 우리 글하며 우리를 내세우는 것은 그 무의식의 단적인 한 보기로 되겠다. 유교적 환경에서 많이 다듬어진 한국어야말로 점잖고 신성한 말로서 양반들의 말이라는 것이다. 그러니 자극적이고 점잔치 못한 그런 말들은 한국어에서는 유야무야(有耶无耶) 즉 있는 둥 마는 둥 기피하는 언어로 전락되고 말았다. 이로부터 영어는 아무 것이나 막 주어 넘기는 양놈들의 무지막지한 언어인 만큼 신성한 한국어에서 꺼리는 말과 표현들을 차용하여 나타낼 수 있다는 앙큼한 언어시비론이 곁들여진다. 그리하여 한국사람들은 섹스, 섹시 소리를 거리낌 없이 해댄다. 그것은 이런 말이 신성한 한국어가 아니라 미천한 영어라는 바로 이 무의식 때문이다. 영어는 바로 이런 무의식 속에서 폄하되어 속된 표현의 담당자가 된 셈이다.

영어에 대한 이런 이율배반적 의식세계, 이것은 어쩌면 미국에 대한 한국사람들의 이중적 태도를 단적으로 나타내 주고 있는 지도 모른다. 한국은 냉전시기 미국의 동반자가 되어 알게 모르게 그 혜택을 많이 입었다. 미군정시기 춘황을 넘기게 한 미국밀가루로부터 국산품들의 미국시장에로의 무관세 내지는 저관세의 대량적인 진출… 그래서 한국은 미국말을 잘 들었다. 그래서 영어도 한국사람들의 몸에 알게 모르게 배이게 되었다. 그래서 우리는 한국을 미국 식민지로까지 부르게 되었다. 그러나 이와 반대로 한국은 미국을 싫어했다. 미국은 너무 코대가 높다는 것이다. 박정희 대통령이 이승만 대통령의 미국노선을 거부하고 강한 민족주의 기치를 들고 나온 거창한 얘기는 그만 두고라도 현재 급진적 대학생들이 쩍하면 집회나 데모를 갖고 「미군철수」, 「미국사죄」와 같은 구호를 웨치고 있는 것은 이를 단적으로 말해주고 있다. 그래서 미국 것은 무엇이나 거부반응이 일어났던 것이다. 영어, 그것도 예외는 아니었다. 영어차용외래어를 많이 쓰는 사람들이 눈에 거슬리기도 했던 것이다. 그러나 영어는 어디까지나 언어교제 도구, 방편인 만큼 사용하지 않을 수 없다. 그리고 그것이 세계어가 별도로 있다고는 하나 분명 세계어 행세를 하고 있으니 말이다. 그래서 울며 겨자 먹기로도 영어는 해야 했던 것이다. 이것은 어쩌면 이중언어사용자로서의 우리 조선족의 언어사용실태와도 상통하는 바가 있다. 이런 언어사용실태는 앞으로 사회언어학적인 연구의 좋은 테마가 될 줄로 알고 있다.

중국 〈중국조선어문〉 1999. 6

　현대는 물질적인 풍요를 만끽한다. 물질적인 욕구 즉각적인 만족이 능하다. 그리고 현대는 개방적이다. 인간의 욕구, 개성이 그 만큼 존중되는 세상이다. 그래서 현대인간은 직선적인고 자극적이며 감각적이다. 현대인간은 뗄 데 없는 육체파다. 그런데 아이니켈하게도 현대인간은 또한 뗄 데 없는 정신파다. 풍부하고도 세련된 정신미, 우아하고 기품 있는 매너, 우리 현대인간은 그 만큼 성숙되어 있다. 육체와 정신의 이율배반, 이것이 우리 현대인간의 삶의 한 양상이다. 직선적이고 자극적이며 감각적인 육체파를 거부하는 정신파는 언어예술을 창출해낸다. 부드럽고 우아하고 기품 있는 언어구사, 우리 현대 인간들의 한 징표다.

　그러면 아래에 현재 한국에서의 한국어사용상황을 살피면서 현대 인간들의 정신파적인 언어구사를 느껴보도록 하자.

＊　　＊　　＊

　첫 번째, 우회적인 방식. 문제점을 제기하거나 남의 결점을 꼬집을 때 직설적인 방식보다는 우회적인 방식을 취한다. 그 전형적인 보기로는 한국 사람들이 많이 구사하는 ‘…다만’식이 되겠다. ‘…잘 들었습니다만…’, ‘…잘 했습니다만…’, ‘…좋습니다만…’와 같이 먼저 우호적인 분위기를 잡은 다음 자기 할 소리를 하는 우회적인 방식이 되겠다. 이런 방식은 한국어구사에서 복합문을 산생시키는 주되는 원인의 하나이다.

두 번째, 유한 표현. 축구시합할 때 어느 한 팀이 먼저 꼴을 먹었을 경우 ‘×팀에서 먼저 한 꼴 내주었습니다’, ‘× 팀에서 잠시 ×꼴 앞서고 있습니다.’하거나 뽈을 빗나가게 찻을 경우 ‘아쉽게도 성공시키지 못했습니다’는 축구해설원의 언어표현은 게임 두 팀의 기분을 갈무리할 수 있는 묘미를 갖고 있다. 우의 말을 ‘×팀에서 먼저 한 꼴 졌습니다’, ‘× 팀에서 ×꼴 이겼습니다’하거나 뽈을 빗나가게 찻을 경우 「실패하고 말았습니다」라는 부정적이고 딱딱한 표현에 비길 때 그것이 긍정적이고 유한 표현임에는 더 말할 것도 없다.

세 번째, 육체적인 자극 줄이는 언어구사. ‘변소’가 어느새 ‘화장실’로 둔갑한 것이 그 전형적인 보기로 되겠다. 그리고 ‘가슴띠’, ‘젖싸개’가 어느새 영어 ‘브라자’로, ‘속곳’, ‘빤쯔’가 어느새 영어 ‘팬티’, ‘엉치’가 어느새 영어 ‘히프’등 거리감각이 있는 외래어로 둔갑한 것도 그 보기로 되겠다.

네 번째, 부드러운 발음하기. ‘칼치’를 ‘갈치’로, ‘원쑤’를 ‘원수’로, ‘쌍놈’을 ‘상놈’등 거센소리, 된소리 죽이고 발음하기가 그 보기로 되겠다. 현용 한국한자음에 된소리가 雙(쌍), 氏(씨) 등 두서너 개밖에 없는 사정도 그간의 사정을 말해준다.

다섯 번째, 고유어사용경향. 최근 들어 애들 이름짓는 경우를 보면 무슨 전통적인 항렬자니 돌림자를 떠나 세 글자 ‘김나리’, ‘박세리’, ‘이아름’으로부터 세글자를 벗어난 ‘김보송이’, ‘박초롱초롱’, ‘이반짝빛나리’ 등이 그 보기로 된다. 그리고 간판언어 같은 데도 이런 경향이 있다. 이런 고유어가 한자어, 외래어보다 맛갈지고 친절감을 줌은 더 말할 것도 없다.

여섯 번째, 외래어사용경향. 외래어남용은 한 민족언어의 순결성을 보장함에 있어 암적인 존재임이 틀림없다. 그런데 현재 개방된 지구촌 시대에 있어서 여러 민족언어의 상호 영향은 피할 수 없는 노릇이다. 그럴진대 어떤 전문 분야에 들어서 세계공용어로 되다시피 한 영어단어 같은 것을 적당히 사용하는 것은 매우 효과적이며 현대인간의 개방되고 세련된 매너, 기품 및 현대감각을 보여주기에 족하다. 이를테면 정보화 시대를 대표하는 무슨 컴퓨터요, 인터넷이요, 이메일이요 하는 것이 그 보기로 되겠다. 그리고 무역에서 무슨 엘씨요, 인보이스요, 패킹리스트 요하는 것도 그 보기로 되겠다.

일곱 번째, 무조건존칭쓰기경향. 서로 모르는 사람을 처음 상대하게 될 때 무조건존칭을 씀으로써 존칭을 쓰지 않으므로써 생기는 이런저런 실수를 미리 방지하고 겸허한 자세를 내보임므로써 교제가 원활하게 되게 한다.

여덟 번째, 목에 피대를 세우고 높은 억양으로 말하기를 삼가한다. 현대인간은 충실하고도 조리 있는 의사 전달로 언어표달의 승부를 건다. 개인사이에는 항상 소곤소곤형이 定式으로 되여 있고 많은 사람을 대상으로 하는 경우라도 마이크가 있는 한 탁한 强音보다는 부드러운 弱音을 택한다. 그리고 말할 때 손질발질보다는 점잖은 매너를 취한다.

＊　　＊　　＊

현대인간은 정신파니 자연히 언어구사에 신경을 많이 쓰게 된다. 그러니 자연히 사회교제도 그 만큼 원활하게 됨은 더 말할 것도 없다.

중국 〈중국조선어문〉 2002.2

　　조선어는 교착어로서 그 특성의 하나로 토를 꼽을 수 있다. 그를진대 조선어연구에 있어서 토에 대한 연구는 상당히 진척된 줄로 안다. 문학창작에 있어서의 일반 수사학적 조선어표현들에 대해서도 상당히 연구된 줄로 안다. 그런데 문학창작에 있어서 조선어토의 묘미에 대해서는 별로 연구에 되지 않은 줄로 안다. 그를진대 필자는 한 試論으로서 그 묘미에 접근해 보도록 한다. 그럼 아래에 문학창작에 있어서 조선어토의 기능 차원에서 그 묘미에 접근해 보도록 하자.

　　첫째, 토의 반복을 통한 묘미창출. 「허나 불길은 솟고/불길은 튀고/솟고 튀여서는/태우고 죽이고/태우고 죽이고는/또 솟고 튀고…」, 여기서는 접속토 「고」가 거듭 반복되면서 상황이 맞물려 나감을 보여주고 있다. 그리고 조선어표현에서는 「고/며」가 사이뜬 반복을 하면서 많은 복합문을 만들어내고 있다. 이것은 문학적 서술에 있어서 매우 필요하다.

　　둘째, 토의 겹침을 이용한 묘미창출, 조선어는 다른 교착어에 비길 때 상대적으로 토의 겹침이 영활하고 자유롭다. 그때그때 문학적 상황에 맞게 토를 겹쳐씀으로써 감칠맛을 돋굴 수 있다. 예컨대 ① 「소리 지르고」/ ② 「소리 지르고는」/ ③ 「소리 지르고는 야」, 이 세마디를 대비해보라. 접속토 「고」 하나만 쓴 ①은 일반 서술적인 맛을 풍기고 접속토 「고」와 도움토 「는」을 겹쳐쓴 ②는 곧 뒤이어 어떤 행동이 이어질 것 같은 촉박한 감을 준다. 그리고 접속토, 도움토에 호격토 「야」까지 겹쳐진 ③은 어떤 행동이 이어질 것 같은 촉박감 속에서도 능청스러운 여유를 준다.

셋째, 조선어토는 풍부하고도 세련되었기에 정말 아해서 다르고 어해서 다른 여러 가지 뜻빛갈을 충분히 살리 수 있다. 이는 문학창작에 있어서 표현의 미세함을 기하는데 상당히 효과적이다. 예컨대 「아니야, 함께 가자, 너도」에서 「너도」의 자리에 「너랑」, 「너와」, 「너하고」, 「너부터」, 「너까지」, 「너만」, 「너희들이랑」, 「너도 나도」, 「너랑 나랑」, 「너와 나와」, 「너하고 나하고」, 「너부터 나까지」, 「너와 나만」을 차례로 대입해보면 그 묘미를 한껏 맛 볼 수 있다.

넷째, 조선어토는 구어체와 서사체적 구별이 확연히 되어 있다. 그를진대 이 양자의 특색을 잘 살려쓰면 문학적 감칠맛이 살아난다. 전형적인 구어체 호격토 「야」를 잠간 보도록 하자. 「하늘은야 높고/땅은야 넓다」, 아동가요에서 명가사로 꼽히는 대목의 한 구절이다. 이 가사는 바로 구어체 호격토 「야」 하나에 의해 아동가사로서 살아나고 있다. 바로 이 「야」가 아이들의 그 천진난만함 그리고 여유작작함을 돋보이게 한다.

다섯째, 조선어토는 방언적 색채도 진하게 풍기고 있다. 특히 종결토에서 집중적으로 나타나고 있다. 그를진대 이런 특색을 살려 쓰게 되면 지방적인, 개성적인 묘미를 돋보이게 할 수 있다. 이제 조선팔도의 특색있는 종결토를 몇 개 보도록 하자. 함경도 「어디 감둥?」, 경상도 「어디 가능기요?」, 평안도 「가갔셔요?」, 전라도 「그러 다는 껴여.」… 이런 종결토만 보아도 그 억양이 들려오는 듯 하고 말하는 사람이 살아 숨쉬는 듯 하다. 이로부터 문학에서 가장 중요한 개성화가 확보된다.

여섯째, 긴급한 상황을 나타내거나 간결한 문장조직을 확보하기 위해 토를 아예 생략하는 경우도 있다. 「도적 잡아라!」, 「나, 가」가 그 보기로 되겠다. 이런 표현은 문학창작에 매우 필요하다. 토의 축약도 문학

창작에서 효과적으로 쓰이고 있다. 이를테면 「강남으로」를 「강남을」로 「으로」를 「을」로 축약함으로써 한시바삐 고향으로 돌아가려는 마음을 잘 내비치고 있다. 토의 축약은 토의 확장과 더불어 시적 운률을 살리는데 매우 효과적이다. 「그리곤(그리고는)」, 「호을로(홀로)」가 그 보기로 되겠다. 토의 이런 자유롭고도 영활한 축약과 확장은 시에서 음수률을 맞추는데 더 없이 편리하다.

이상 문학창작에 있어서 조선어토의 기능적 특징을 사실적 기술 차원에서 훑어보았는데 사실 같은 알타이교착어계통인 일본어토와의 대비 속에서 고찰해보면 그 특징이 보다 명백히 안겨올 줄로 안다. 일본어토는 조선어토에 비해 일단 양상에서 훨씬 적을 뿐만 아니라 그리 세련되지도 못한 편이다. 그래서 아해서 다르고 어해서 다른 여러 가지 뜻빛갈을 충분히 살릴 수 없다. 그리고 구어체와 서사체적 구별도 그리 없고 지방적인 방언 색채도 그리 없어 문학의 개성적인 특색을 살리기에는 역부족이다. 그리고 일본어토는 굳어진 자모식 토이기에 조선어처럼 축약과 확장을 통한 시의 음수률조직에 있어서의 자유로움과 영활성은 기대할 수 없다.

좀 더 논의를 넓혀 문학창작에 있어서 뜻글자인 중국어와 조선어 토의 기능을 대비해볼 때 조선어가 교착어로서 그 토의 풍부함과 세련성, 영활성 등이 단연 돋보임은 더 말할 것도 없다.

2002. 8

조선조이전시기 여성이미지

중국조선족문화에 대한 역사적인 문화심리 투시

대학입학시험조선어문작문채점소감

중국조선족 현대구연예술론

중국조선문 신문잡지유 열람현황 분석

<청년생활>과 <애인구함>의 혼인광고대비를 통해 본
중국 조선족과 한국의 혼인관계 이모저모

　조선고대여성하면 우리는 너무 자연스럽다 못해 안이하게 그 유교의 「남녀유별」, 「삼종지의」, 「칠거지악」의 쇠사슬에 꽁꽁 매여 숨도 바로 쉬지도 못하고 유순하다 못해 무감각하게만 살아온 그런 이미지를 떠올리게 된다. 그리고 마치 이것이 우리의 전통적인 여성상인양 외우고 있다. 사실 이런 이미지는 유교가 국시(國是)로 확립되고 그 예의범절이 사회의 각 영역에 침투되면서 형성된 조선조시기의 여성이미지이다. 조선조시기가 우리와 그리 멀지 않아 그 시기의 여성이미지가 그렇게 새록새록 살아나며 지난 시기 우리 여인상의 전부인양 오인하는 것도 어쩌면 이해가 가는 일이다. 그런데 나는 이제 조선조시기 여성이미지와 다른 내지는 대립되는 이미지의 조선고대여성들을 조선조이전시기의 기나긴 역사적 흐름에서 보게 되니 자꾸만 새삼스럽게 느껴진다.

　고구려를 포함한 상고시대에 관한 문헌기록들을 보면 이 시기에는 그 무슨 「남녀유별」같은 것이 있은 것 같지 않다. 〈三國志·魏書·東夷傳〉의 「한전(韓傳)조」에는 당시 마한사회에서는 '장유(長幼)와 남녀의 구별이 없는' 생활을 하고 있었던 것으로 기록되어 있다. 그리고 동서(同書)의 마한을 포함한 삼한사회나 고구려에 관한 기록에서는 구체적으로 저녁에 남녀가 같이 무리를 지어 노래하고 춤추며 또는 5월 파종한 뒤와 같은 특별한 날에는 노래하고 춤추며 술 마시기를 밤낮을 쉬지 않았다고 한다. 실로 同書의 〈고구려전〉에 '그 습속의 음하다(其俗淫)'할 정도로 자유분방하기만 한 것이 이때의 남녀들이다. 상고시대에 있어서 「남녀유별」이 없는 이런 자유분방한 생활은 단지 삼한사회나 고구려에만 국한된 것은 아닌 것 같다. 정도의 차이는 있을지 모르지만 가부장권이 확립되고 유교적 예속이 일반화되기 이전의 조선조이전 조선고대사회에 있어서 그것은 어느 지역에서나 볼 수 있었던 생활상인 것 같다. 〈고려도경〉을 보면 고려시대까지만 해도 여성들은 남녀의 구별 없이 냇물에서 남자들과 뒤섞여 먹도 감았다는 것이다. 「남녀유별」이 없는 자유분방한 한낱 사회적 유습으로 되어 가부장권이 확립되고 유교적 예속이 일반화된 뒤에도 오래 동안 사회저변에 뿌리박고 존속해왔던 것이다. 사회적 습속의 변화란 언제나 용이한 일이 아니기 때문이다. 조선조 500년 엄엄히 유교가 국시임에도 불구하고 사회민간층에서 짓궂게 무속(巫俗)적인 동제(洞祭)의 '난장판'을 벌려온 것은 그간의 사정을 잘 말해준다.

  상기(上記) 문헌기재들을 보면 조선조이전시기 조선고대여성들은 술도 잘 마신 것 같다. 그 술 마신 내력도 퍼그나 오랜 것 같다. 삼한사회나 고구려 여성들의 밤낮을 쉬지 않고 술 마신 것은 제쳐두고 神話시대 여성들을 보면 그녀들은 술에 빠져있었던 것 같다. 〈해모수신화〉의 유화, 훤화, 위화 세 자매들을 보라. 그 그들은 바로 너무나 쉽게 해모수의 향기로운 술에 반해, 취해 일을 '그르치지' 않았던가? 이런 여성음주는 신라, 고려에서도 그 편린들을 볼 수 있다. 〈삼국사기〉의 신라 남모, 준정 관계 기사에서 남모가 술을 권모술수의 수단으로 삼아 준정을 해친 것을 보면 그 당시 여성들이 평소에 술을 즐겨 마셨음을 알 수 있다. 그리고 고려가요를 보면 거기에서는 술에 취하는 여성들의 단말마적인 퇴폐상을 나타나고 있다.

  술을 마시고 「남녀무별」하여 어울려 노래하고 춤추며 놀다보니 자연 사랑도 사랑이거니와 때에 따라서는 투기와 간음 같은 것도 무시로 발생했던 것 같다. 투기와 간음이 생기고 그것을 감히 표현하고 감행할 수 있은 만큼 이 시기 여성들은 인간본연의 진면모로 살았다. 유교의 「칠거지악」에서 금하는 질투 같은 것은 그들과 인연이 먼 것 같지 않다. 상기 신라의 남모, 준정도 바로 그 억누를 길 없는 여성적인 질투 때문에 서로 티격태격하다가 결국은 살인의 참극까지 빚어내고 말지 않았는가? 그리고 〈삼국사기〉, 〈고구려본기〉의 관나부인관계 기사에서는 중천왕의 왕후 예(橤)씨와 관나부인의 서로 투기하는 모습을 볼 수 있고 유리왕 3년(B·C17년)조에서는 유리왕의 두 계실인 화희(禾姬)와 치희는 서로 사랑을 다투어 화목하지 못했으며 마침내 치희는 자기 본가 집으로 돌아가 버렸다는 것이다. 이로부터 상심한 유리왕이 유명한 〈황조가(黃鳥歌)를 지어 불렀다는 것은 너무나 널리 알려진 일이다. 왕실의 여성들이 이러한 것으로 미루어 일반여성들의 사정은 짐작하고도 남음이 있을 것 같다.

조선조이전시기 조선고대여성들이 사랑의 질투에 이렇게 부대꼈을진대 이 그 사랑의 추구는 그만큼 열렬하고 진지했음을 보게 된다. 신라의 만명, 고구려의 평강공주의 사랑이 바로 그렇다. 만명은 신라의 왕족으로서 길에서 김서현(훗날의 김유신의 아버지)을 만나 서로 깊이 사랑하는 사이가 되었다. 만명의 집에서는 이 사실을 알고 만명을 별채에 가두고 사람을 시켜 지키게 하였다. 그러던 어느 날 갑자기 벼락이 떨어져 별채를 지키던 사람이 경황이 없는 틈을 타서 만명은 별채를 탈출하여 김서현을 만나 멀리 타지방으로 피해 끝내 부부가 되었던 것이다. 그리고 평강공주는 평강왕의 딸로서 혼기(婚期)가 되자 부왕이 상부(上部)의 고씨와 혼인시키고자 하였으나 부왕의 뜻을 어기고 궁중을 탈출하여 불후하게 지내던 바보 온달과 자기 뜻대로 혼인하였음은 너무나 자명한 사실이다. 이 두 사랑이야기는 바로 우에서 본 사랑의 질투에 못지 않는 사랑의 맹렬함, 짓궂음을 나타낸 그 당시 여성들의 애정로맨스다.

조선조이전시기 조선고대여성들은 그 사회적 지위도 비교적 높았고 일정한 권한도 갖고 있었던 것 같다. 고구려의 서옥제(壻屋制)와 같은 혼속을 보면 남녀가 혼인하면 남자는 여자의 집에 따로 지은 서옥에서 살아야 하였으며 아들을 낳아 그 아이가 장대한 뒤에야 아내를 데리고 자기 집으로 돌아 갈 수가 있었다. 즉 상당히 오랜 기간 처가에서 살아야만 하였던 것이다. 그리고 신라에서도 삼국통일의 기본 생력군이였던 화랑의 기원이 되는 원화는 여자였다. 남모, 준정의 예가 그것이다. 이들 두 미녀는 576년(진흥왕 37년)에 원화로 뽑혀 3백여 명의 무리를 거느렸던 것이다. 또한 신라의 역사상 세 명의 여왕이 있었던 것도 이 시대에 있어서의 여성권한의 정도를 알려주는 표징이 있었던 것도 이 시대에 있어서의 여성권한의 정도를 알려주는 표징이 될 것이다. 이조 이전시기 모계가 유난히 존중되고 있었음은 또한 특기할만하다. 실제로 모계가 누구냐 하는 것은 정치적, 사회적으로 대단히 중요한 의미를 가지고 있었다. 우리는 신라의 신분제도를 통하여 그 구체적인 예를 볼 수 있다. 신라사회에서는 승골, 진골 등 고귀한 신분을 유지하기 위해서는 부권에 못지 않게 모계가 존중되고 있었던 것이다. 그리고 이와 동시에 처의 혈통도 크게 문제시되었다. 고려시기를 놓고 볼 때 고려의 여성들은 유교적인 부덕이나 유교적인 열(烈)에 매인 애꿎은 삶을 살지 않은 것 같다. 그들은 자유분방하게 어느 곳에나 드나들었는데 산간수곡에 노닐기도 하고 사찰 같은 곳에 외박하기도 일쑤였다. 내외법도 없어 사대부의 처들이 사사로이 권문세가의 집안에 출입하는 것도 예사인 것 같았다. 그리하여 자연 고려속요에서 보게 되는 여성들의 성도덕의 문란, 퇴폐도 내비치지 않은 것은 아니다. 고려왕국의 경우를 놓고 볼 때 왕실의 공주가 왕자 → 국왕과 근친혼을 할 경우 부성(父姓)을 버리고 모성(母姓)을 칭했으며 가계의 계승이 여손(女孫)=외손(外孫)에 의해 이루어지기도 하였다.

　이상 개략적인 고찰을 통하여 우리는 확실히 조선조이전시기 조선고대여성이미지는 조선조시기 정통적인 여성이미지와는 별다른 색채를 띠고 있음을 알 수 있다. 그러나 그것이 물론 남녀평등 차원에서의 이미지가 아님은 말할 것도 없다. 여기에 그 시대적인 한계성이 있는 것이다. 아무리 조선조이전시기라 해도 그것이 여전한 남권적인 노예제, 봉건제 사회인 이상 그 남존여비사상관념의 제약을 받지 않을래야 않을 수 없었다. 우선 역사상의 모권실패와 더불어 이루어진 남권중심의 전통적인 남존여비사상관습의 제약을 받았을 것은 말할 것도 없고 설상가상으로 삼국시기로부터 들이닥치기 시작한 유교의 남존여비와 같은 사상관념의 제약도 받았을 것이다. 이와 같은 전통적인 남존여비와 같은 사상관념과 유교의 남존여비 같은 사상관념이 서로 습합하면서 상술한 여성들의 질투, 간음 같은 것들에 대해 피비린내 나는 난도질을 감행하는 강유력한 사상적 밑받침이 되기도 하였던 것이다. 물론 이러한 사상적 밑받침이 그 당시 정치적 사회적 여건과 밀착되었음은 말할 것도 없다. 이를테면 질투 내지는 간음 같은 것이 전반 사회적으로 풍미하며 일단 남성중심과 일부다처제의 기존사회질서를 큰 위협을 주게 될 때 그것은 사회적 물의를 일으켜 도덕적 내지는 가혹한 법적 조치까지 강구하게 되었음을 알 수 있다. 구체적으로 〈三國志 · 魏書 · 東夷傳〉의 부여전의 기재를 보면 부여에서는 일찍 부인의 투기와 남녀의 간음은 모두 사형에 처한다고 했다. 그런데 특히 투기를 증오하며 사형에 처한 뒤에 그 시체를 서울 남쪽의 산 위에 버려서 썩게 하였다. 다만 그 여자의 집에서 시체를 가져가고자 하면 소와 말을 바쳐야 한다는 것이었다. 이로써 보면 부여사회에서는 투기와 간음은 살인 행위와 맞먹는, 아니 그 보다도 더 무거운 중죄로 다스렸음을 알 수 있다. 고조선에서도 여자의 간음을 금하는 법속이 있었던 것이다. 투기와 간음에 대한 가혹한 처벌은 비단 부여, 고조선에만 국한된 것이 아니라 조선조이전시기 각 지역사회에 걸쳐 그리고 부동한 사회발전단계에 있어서 한 시기 보편적으로 행해졌을 것으로 안다. 고구려의 중천왕이 그 장발(長髮)미인으로 이름난 관나부인을 질투죄로 가죽자루에 넣어 던져 죽인 것은 그한 보기로 한다.

　조선조이전시기 전반적인 조선고대사회를 놓고 볼 때 그 사상적, 정치적, 사회적 여건으로 봐서는 상술한 여성이미지들이 형성되기 바쁘다. 그럼 이런 여성이미지 형성은 그 원동력은 어디에 있는가?

그것은 우선 모권씨족사회의 여성중심적인 사고방식 및 가치관이 그 어떤 집단무의식적인 원형패턴(模式)으로 남아 남성중심적인 새로운 사회적 환경 속에서의 짓궂은 표현으로 볼 수 있다. 모권씨족사회는 필연적인 역사적 추세에 따라 남성중심적인 부권사회에 의해 대체되었다. 그러나 그것의 역사적 합목적성의 필연적 산물로서의 기본 사고방식 및 가치관은 소실되는 것이 아니다. 이런 기본사고 방식 및 가치관은 민족의 심층문화심리에 침적되어 집단무의식적인 원형패턴을 이룬다. 그러다가 적당한 외부환경의 격발을 받으면 이런 집단무의식적인 원형패턴은 지궂은 자기 표현을 하게 된다. 조선조이전시기 조선고대사회를 놓고 볼 때 그것이 남성중심적인 남권사회적인 남권사회임에는 틀림없다. 그러나 그것이 남존여비사상 및 상응한 법적 조치까지 있었음에도 불구하고 후세의 조선조사회처럼 그런 정도의 것은 아니다. 이 시기는 「남존여비」의 유교가 이조에서처럼 사회정통적인 지위를 아직 차지하지 못했다. 물론 신라, 고려 때에 와서 유교가 사회집권층에 의해 본격적으로 받아들여지지 않은 것은 아나나 그것은 어디까지나 국부적인 것이고 전반 사회의 정통적인 사상관념으로 정립하지 못했으며 하층사회를 포함한 사회의 속속들이는 침투하지는 못했다. 이런 역사적 상황 속에서 상기의 같은 집단무의식적인 원형패턴이 실제생활에 있어서 조선조사회에 들어서 유교를 새 왕조의 정치이념으로 삼고 정책적으로 적극 권장하여 그것이 전반 사회를 휩쓸며 사회의 속속들이 침투될 때 상기의 집단무의식적인 원형패턴이 자기의 출구를 찾지 못하고 침적된 상태로 있었음도 너무나 당연한 일이다. 이로부터 조선조시기는 어디까지나 유교적인 부덕을 갖춘 여성들을 정통적인 이미지로 삼았던 것이다.

다음, 심층심리학각도에서 놓고 볼 때 남자와 여자는 현실적인 이성을 왕왕 자기의 무의식적 심층심리의 대상화로서 받아들이게 된다. 하여 남자와 여자는 그 무의식적 심층심리에 있어서 서로 묵인 내지는 공감하며 흡인하는 그런 자기마당을 형성하는 것이다. 이는 유전생리학의 유력한 근거를 그 밑받침으로 하고 있다. 이를테면 남자 혹은 여자는 그 어머니, 아버지로부터 남자와 여자의 유전인자를 다 이어받되 그 절대적 우세를 차지하는 남자 혹은 여자의 유전인자에 의해 성별이 결정되는 것이다. 그럴진대 그 절대적 우세를 차지한 남자 혹은 여자의 유전인자는 일반적으로 표층의식을 이루는데 참여하며 그 열세에 처한 남자 혹은 여자의 유전인자는 무의식을 이루는데 참여한다는 그것이다. 이로부터 볼 때 의식과 무의식의 유기적 통일을 이루고 있는 인간은 그 전반 심리세계에 있어서 「남녀유별」한 것이 아니다. 이상 유전생리학 및 심층심리학 각도에서 놓고 볼 때 조선조이전시기 남성중심적인 사회에서 여성들의 그러한 이미지가 공인, 아니 적어도 묵인된 것은 어디까지나 남성들의 무의식적인 심층심리의 대상화로 밖에 이해되지 않는다.

한마디로 말하여 조선조이전시기 그러한 여성이미지의 형성은 위에서 보게 된 특정한 역사적 상황과 이러한 심리학적 원리들의 유기적 결합으로 말미암아 이루어진 것이다.

이상 조선조이전시기 조선고대여성들의 이미지 및 형성원인을 개략적이나마 고찰해 보았는데 우선 그 가치판단을 내리기 앞서 우리들에게 적어도 그 어떤 어필하는 바가 있다할 때 나는 그것으로 만족하겠다.

* 본 논문은 임향란 여사와 공동 작성한 것임을 특히 밝혀둔다.

1994. 1

　인간은 문화적 존재라는 이 명제를 염두에 두고 중국조선족문화(이하 중국 약함)란 무엇인가를 감안할 때 필자는 그것을 우리가 이 땅에 뿌리를 내리고 삶의 터전을 마련할 때부터 지금까지 영위해온 삶의 기본 양상이다고 말하고 싶다. 그럼 역사적인 문화심리적 투시란 또 무엇인가? 필자가 여기서 말하는 역사적인 문화심리적 투시란 바로 조선족문화형성의 역사적 계기 및 역사적 과정(주로 1949년 이전까지)에서의 문화심리적 기반을 현상학적 각도에서 분석하는 것이다. 우리 조선족은 중국조선족으로 되기에 앞서 우선 자기의 수천 년의 유구한 역사를 갖고 있었으며 이 땅에 들어 온 지도 어언간 100여 년의 역사를 갖고 있다. 그리고 앞으로도 영원히 이 땅에서 찬란한 문화를 꽃피우며 세세대대 살아 갈 것이다. 그럼 조선족문화에 대한 심리적 투시는 구경 어디서부터 착수해야 하는가? 그것이 역사적인 문화심리적 투시일진대 어디까지나 수 천년의 유구한 역사와 100여 년의 역사의 접결점에서부터 착수해야 한다. 왜냐하면 이 접결점은 우리 조선족문화의 출발점으로서 오직 여기서부터 착수해야 만이 그 문화심리적 투시가 역사적 맥락 속에서 구체적으로 충분히 진행될 수 있기 때문이다. 오늘날 우리의 문화라는 것도 바로 이런 역사적 맥락 속에서 형성되고 발전해온 것임에 그 것은 천만지당한 것이다. 그런데 최근에 조선족문화에 대해 논한 몇 편의 글들, 이를테면 〈빈곤에 대한 사색〉(〈은하수〉 1987. 1), 〈우리 겨례의 열근성〉(〈갈매기〉 1988. 2), 〈상품경제와 조선민족의 열근성〉(〈연변일보〉 1988. 5. 18), 〈우리민족의 다른 한 면〉(〈청년생활〉 1988. 11), 〈중국조선족문화반성〉(〈문학과 예술〉 1989. 3) 등은 바로 이런 역사적 맥락을 떠나 직감적인 현상나열을 진행하거나 무단적인 주관결론을 도출하거나 급급한 가치판단에 기울어지고 있는 맹점을 드러내고 있다.

*** ***

주지하다시피 우리 조선족은 토착민족이 아니라 과경(跨境)민족이다. 과경은 우리 조선족문화의 그 시발점에 있어서 독특한 특점을 부여했다. 바로 이 과경 때문에 우리는 쫭족, 몽고족, 위글족 등 다른 토착소수민족들과는 다른 독특한 문화심리적 특점을 나타내고 있는 것이다. 우리의 1세, 2세들[1]은 주로 일제에 의해 나라가 망한 1910년 「일한합방」후부터 대량적으로 과경해 왔다. 이들은 막부득이한 사정 속에 남부여대하고 살 길을 찾아 '눈물 젖은 두만강'을 건넜던 것이다. 이들의 타향살이는 이렇게 시작되었다. 우리의 1세, 2세들은 주로는 동만(지금의 연변지구)을 주로 한 인가가 희소한 황량한 동북지구의 산간지역에 천입하여 자기의 맨주먹뿐인 두 손으로 집을 짓고 황무지를 일궜다. 동북지구의 수전은 바로 우리 1세, 2세들의 피와 땀에 의해 개간된 것이다. 우리 조선족은 이와 같이 삶의 터전을 마련함에 있어서 완강한 생의 의

---

1) 현대 문화인류학에서 사용하는 세대 구분개념이다. 본문에서 말하게 되는 1세, 2세라는 것은 우리 중국조선족이 과경민족으로서 그 초창기에 있어서 삶의 터전을 닦고 마련한 개척민들을 가리킨다. 여기에는 우리의 할아버지 내지는 아버지세대까지 포함된다. 본문에서 말하게 되는 3세, 4세라는 것은 할아버지 내지는 아버지세대를 이어받아 이미 개척된 삶의 터전에서 새로운 문화를 창조하여 삶을 영위하는 세대를 가리킨다.

욕을 과시하고 피타는 노력을 경주했다. 우리 조선족은 한반도와 한 피 줄을 이은 배달민족으로서 원초자연종교인 무속을 자기의 집단무의식 으로 하고 있었다. 여기에 중국으로부터 들어온 유교가 합세하여 우리 배달민족은 그 어느 민족보다도 현세중심적인 사고패턴(模式)과 가치관 을 이루었다. 그런 만큼 우리는 그 어느 민족보다도 현실적 삶에 집착 하며 애착을 느낀다. 그리하여 우리는 그 어떤 산 설고 물 설은 외딴곳 에 떨어져 그 어떤 열악한 환경에 부딪친다하더라도 삶의 의욕을 잃지 않는다. 이는 인도민족과 아주 좋은 대조를 이룬다. 인도민족도 역사상 다사다난한 민족이다. 근대에 와서 그들은 완전히 영국의 식민지로 전 락되고 말았다. 그러나 그들은 전통적으로 현세부정적인 불교식 사고패 턴과 가치관을 자기의 집단무의식으로 갖고있기 때문에 내세를 그리며 현실적 고통에서 해탈하려 했다. 이로부터 그들은 근대 영국의 식민통 치에 대해 반항한다는 것이 고작 간디(甘地)식 무저항주의적 독특한 반 항을 했다. 이것에 반해 한민족은 애초에 일본제국주의 식민세력의 마 수에 대해 견책하고 타매했을 뿐만 아니라 완전히 식민지로 전락된 상 황에서는 곳곳에서 분분히 의병들이 일어나 총을 들고 싸웠던 것이다. 그들은 국내에서 더는 살길이 막히고 투쟁의 길이 막히자 대담한 과경 을 진행했던 것이다. 이와 같이 한민족은 인도민족에 비해 현세적 생의 의욕이 강하다. 우리의 1세, 2세들은 바로 이와 같은 생의 의욕으로 낯 설은 타향에서 산전수전 다 겪으며 삶의 보금자리를 틀었다. 이러는 과 정에 그들은 자기네들의 피와 땀이 배어있는 이 동북 땅에 대해 그 어 떤 친정을 느끼며 주인의식이 싹트기 시작하였다. '정들면 고향'이라는 말이 바로 그것이다. 이 싹트기 시작한 주인의식은 우리 1세, 2세들의 망국노 설음을 카타르시스하며 이 땅에 삶의 뿌리를 굳건히 내리게 하 였다. 그 후 우리 조선족들이 이 제2고향을 지켜 다른 민족과 어깨 겨 고 민족적 계급적 적들과 싸워 끝내 휘황찬란한 항일전쟁, 인민해방전 쟁의 승리를 거두어 온 역사적 과정에서 그 어느 때 보다도 이 땅에 대 한 애착이 강렬해졌으며 주인의식이 고양되었다. 이 과정에는 물론 중

국공산당의 현명한 민족정책이 많은 리드적 작용을 했음은 더 말할 것
도 없다. 특히 항일전쟁 후 중국공산당의 민족차별을 두지 않은 「경자
유기전(耕者有其田)」의 현명한 토지정책 아래 진행된 토지분배는 토지
를 자기의 목숨보다 더 중히 여기는 농경민족으로서의 우리 조선족들에
게 이 땅을 정녕 자기의 땅으로서 애착을 느끼게 했으며 굳건히 주인의
식이 뿌리내릴 결정적인 경제적 바탕이 이루어졌다. 이는 「8·15」광복
후 우리 조선족들이 한반도 모국으로 돌아가지 않고 거의 모두 이 동북
땅에 뿌리내렸을 뿐만 아니라 중화인민공화국 성립 후 아무런 거부감도
느끼지 않고 중국 국적을 획득함에서 잘 나타나고 있다. 이는 일본, 구
소련의 한인들의 경우와 매우 대조적이다. 우리 1세, 2세 가운데 일부
(주로 전라도, 경상도, 제주도 등 한반도 남부사람들)는 현해탄을 건너
일본으로 갔고 또 일부(주로 함경도, 평안도 등 한반도 북부사람들)은
구소련의 블라지쁘스도크를 중심으로 한 원동지구로 들어갔다2). 일본
으로 간 한인들은 일본봉건제국주의 독점적 자본주의 체제 밑에서 염가
노동력으로 충당되어 고역에 시달렸다. 후에 태평양전쟁 등 군국주의침
략전쟁의 확장에 따라 일본제국주의는 강제로 한인들을 일본에 끌어다
전시군용품제조에 비인간적으로 내몰았다. 조선족 1세, 2세들은 황무지
개간 같은 데서 그래도 그 어떤 창조적 노동의 희열을 맛보며 최서해의
〈탈출기〉의 박군이 그리던 그런 이상향을 꿈꾸기도 하였다면 일본의 1
세, 2세들은 완전히 강제적인 노예적 노동 가운데서 자기 주체성을 상
실해갔던 것이다. 게다가 일본 야마도민족의 종주국으로서의 우월감 및
혹심한 민족적 차별대우는 일본의 한인들에게 지대한 억압감과 소외감
을 불러일으켰다. 이로부터 일본의 1세, 2세들에게는 주인의식이 싹틀
기본 기틀이 잡힐 수 없었다. 이러한 사정으로 하여 「8·15」광복이 되
자 그 당시 200만이 넘는 일본의 한인들은 거의 다 일본을 떠나 고국
으로 돌아갈 의향을 보였다. 이는 또 한차례 역사적인 민족대이동이기

---

2) 일반적으로 한인들을 일본에서는 조선인이라고 부르고 구소련에서는 고려인이라고 부
　르고 있다.

도 했다. 이제 구소련에 간 한인들을 보면 그들은 인가가 희소한 황량한 원동지구 시비리아 허허벌판에 들어가 황무지를 개간했으며 구소련 소비에트정부의 부당한 민족정책 아래 한인에 대한 불신임, 경계 및 강제적인 이주 그리고 민족문화 말살 등은 한인의 민족적 감정을 크게 상하게 하여 싹트던 주인의식이 송두리째 뽑히고 말았다. 이것은 구소련 한인들이 구소련 국적을 획득함에 있어서 나타낸 지대한 거부감에서 충분히 알 수 있다.

이상 보다시피 우리 조선족 1세, 2세들은 일본, 구소련의 한인들에 비해 독특한 주인의식을 나타냈다. 그러나 그들이 순전히 이 주인의식만을 나타낸 것은 아니다. 그들은 이 주인의식과 정반대의 귀향의식을 나타내기도 했던 것이다. 서러운 타향살이 속에서 짓궂게 살아나는 것이 바로 귀향의식이다. 여기는 남의 땅, 언젠가는 돌아가야 하는 식의 귀향의식 말이다. 망국노의 설음이 가시기도 전에 타향에서의 새로운 민족적 계급적 압박과 착취는 이런 귀향의식에 키질했던 것이다.

이로부터 우리 1세, 2세들에게 있어서 귀향의식과 주인의식의 맞부딪침이 필연적으로 야기되었던 것이다. 우리의 1세 2세들은 바로 이 귀향의식과 주인의식의 엇갈림 혹은 교차 속에서 삶을 영위해왔던 것이다. 갓 과경해서는 짓궂은 귀향의식에 모대기였을 것이다. 그러다가 피땀을 흘리며 알뜰히 사노라니 〈정든 고향〉의 주인의식이 싹텄다. 우리의 1세, 2세들은 그 심리적 차원에 있어서 바로 이 귀향의식과 주인의식의 뒷받침 아래 다른 민족과 어깨 겨고 일제를 몰아내는 성스러운 싸움에 궐기했다면 「8·15」광복 후 땅을 분여받아 굳건히 뿌리내린 주인의식으로 인민해방전쟁에 용약 참가했던 것이다. 그리고 그 후에 중화인민공화국창건과 더불어 완전히 이 땅의 주인이 된 듯한 백퍼센트의 주인의식으로 당당한 중국경내의 소수민족 일원으로 되었다. 그러나 그 귀향의식은 사라진 것이 아니라 심층의식에 침적되어 적합한 계기만 형성되면 짓궂게 머리를 드는 것이다. 항미원조전쟁(6·25동란)에서의 우리 조선족의 드높은 참전열정은 바로 이 귀향의식의 한 개 무의식적인 발산이기도 했던 것이다. 사실 이 귀향의식은 뿌리내린 주인의식에 의해 쉽사리 소실되는 것이 아니다. 조선족이 중국에서 살기가 어려울 때마다 알게 모르게 한반도에로의 귀의는 바로 이 귀향의식을 바탕으로 하고 있다. 이를테면 1950년대 말 반우파투쟁 및 민족정풍운동 시기, 1960년 좌우 3년 자연재해시기, 문화대혁명시기 그리고 개혁개방 후 현재 조선 혹은 한국으로의 되과경 현상은 그 전형적인 보기로 된다. 그리고 평시에 한반도 일에 비상한 관심도를 보이며 희노애락을 같이 하는 것도 바로 이 귀향의식의 발로에 다름 아니다.

이상 우리는 간략하게 나마 우리 1세, 2세들의 귀향의식과 주인의식의 대체적인 역사적 그라프를 그려보았다. 그라프에서 알 수 있다시피 우리 1세, 2세들은 간혹 확고한 주인의식을 내비치기도 했으나 실은 그 귀향의식이 심리심층에 보다 짓궂은 콤플렉스(情結)를 형성하여 끈질긴 발산을 했던 것이다. 이는 우리 1세, 2세의 일상생활문화의 곳곳에서 나타나고 있다. 선조의 뼈가 묻힌 고국산천, 고고성을 울리며 태를 묻고 나서 자란 고국산천은 원초적으로 그들의 향수를 자아낸다. 지금도 애창되고 있는 〈타향살이〉, 〈향수〉 등 흘러간 옛 노래들은 바로 그간의 사정을 잘 말해준다. 이 시기에 창작된 〈만주시인집〉, 〈싹트는 대지〉3) 와 같은 문학작품을 보더라도 거기에는 우리 1세, 2세들의 향수, 귀향의식이 한줄기 굵은 선으로 관통되어 있음을 알 수 있다. 이 귀향의식 때문에 우리의 1세, 2세들은 「하루살이」생활을 해왔다. 이를테면 안전감이 없는 땅이라서 안착되지 못하고 항상 방랑의식 속에서 내일이야 어떻게 되든 세월의 흐름에 맡겨 되는 대로 살아가는 그것이다. 이로부터 집을 지어도 '은도끼, 금도기로 계수나무 찍어내고 다듬어서 천년만년 살고 지고' 집을 짓는 것이 아니라 언제라도 미련없이 떠날 수 있는

---

3) 〈만주시인집〉은 1942년에 지금의 길림시에서 인쇄, 발행된 첫 조선문시집이다. 이 시집에는 유치환 등 12명 시인들의 시작품 36수가 수록되어 있다.
〈싹트는 대지〉는 1941년에 신경(지금의 장춘)에서 출판된 그 당시 재만조선인 첫 소설집이다. 이 소설집에는 김창걸의 〈암야〉, 안수길의 〈새벽〉 등 7편의 소설이 수록되었다.

흥부집과 같은 허술한 토굴집, 쑥막 같은 것을 대강 지었고 울타리 같은 것은 아예 할 마음의 자세가 없었으며 가령 한다고 할지라도 이것은 사람이 사는 집이다하는 식으로 수수강이, 옥수수대 같은 것들로 다분히 상징성적인 짐승들막이 바자나 두를 뿐이었다. 그들에게 있어서 집을 나설 때 자물쇠를 거는 일 같은 것에 대해서는 아예 마음이 가지 않았으며 그냥 문을 닫으면 고작이다. 이는 그 당시 토착민(주로 한족)들의 주거형태와 대비해 볼 때 아주 선명히 드러나는 특징이다. 물론 우리 1세, 2세들이 이러한 엉거주춤한 주거형태를 하고 있는데는 그 당시 어려운 객관적 물질적 조건의 제약도 제약이거니와 귀향의식과 같은 심리적 요인이 아주 큰 제약을 했음은 더 말할 나위도 없다.

고향이 그리워도, 고향이 눈앞에 있어도 못 가는 신세, 이 현실적 곤혹을 어떻게 달래겠는가? 그것은 오직 망각이다. 그럴진대 망각을 위한 술이 요망되는 것은 아주 자연스러운 일이다. 우리 중국조선족의 술문화는 바로 이 쓰거운 고통의 망각을 위한 데서 생겨났다 해도 무방하다. 여기서 보다시피 우리 조선족들에게 있어서 술문화와 망각의식은 쌍둥이형제처럼 불가분리의 관계에 있었던 것이다. 오늘 술 있으면 오늘 취하는, 인생의 순간순간을 취사몽상의 「하루살이」에 내일은 어떻게 되든 관계할 바가 아니라는 것이다. 이로부터 술은 향수의 곤혹을 달래는, 아니 잊게 하는 미묘한 영약으로 승화된다. 우리 1세, 2세들은 바로 이 '한잔 술에 설음을 타서 마시'며 '머나먼 남쪽하늘아래 그리운 고향…, 천리타향 낯선 거리 헤맸'고 쓰거운 술 속에 '노세노세 젊어서 노세, 늙어지면 못노나니, 황무십일홍이요, 인무백년이라…' 노래하며 춤췄던 것이다. 그렇거늘 이들이 추는 춤은 정녕 기뻐서 추는 춤이 아니다. 너무나도 절박한 처지에서, 너무나도 기막힌 처지에서 물극필반(物極必反)적으로 우러러 나오는 히스테리적인, 단말마적인 손발놀림이라고나 할까? 필자는 우리 조선족들의 춤에서 일종 말할 수 없는 미묘한 뉴앙스를 느낀다. 느린 절주의 3박자 내지 4박자는 일종 늙은 노인의 한숨 소리 같다. 그리고 유연한 가운데 단조로움을 면치 못한 팔놀림은 무당의 초혼무와 너무나 흡사하다4). 그럼 무당의 초혼무가 죽은 넋을 불렀다 할 때 우리의 춤은 무엇을 불렀는가? 그것은 또 하나의 고통스러운 영혼에 다름 아니다. 우리 중국조선족 1세, 2세들에게 있어서 바로 이와 같은 팔놀림은 일시적이나마 고통스러운 영혼을 카타르시스하여 삶을 영위하는 윤활제로 되었던 것이다. 물론 조선족의 술문화, 춤문화 산생에 대해 여러 각도에서 여러 층차에서 해명할 수 있겠지만 필자는 주로 역사적인 문화심리적 투시 각도에서 나름대로 해명하였음을 부언해둔다.

오늘날도 우리 조선족은 술을 잘 마시고 춤을 잘 춘다. 그러나 그것은 이미 상기의 술문화와 춤문화 산생의 원초적인 문화적 의미와는 완전히 탈바꿈하였다. 오늘날 우리 조선족이 술을 잘 마시고 춤을 잘 추는 것은 유흥을 위한, 교제를 위한, 의례를 위한 등 다 방면의 새로운 문화적 의미를 갖고 있는 것으로서 그것의 원초적인 비극적 문화적 의미는 완전히 배제되었다. 그것은 우리 3세, 4세들이 이미 사회주의 새 사회에서 중국공산당의 빛나는 민족정책아래서 완전히 이 땅의 주인이 된 주인의식으로 행복한 삶을 영위함으로 귀향의식 같은 것은 운운할 여지도 없기 때문이다. 그러나 우리 1세, 2세들이 쓰라린 고통의 망각 혹은 카타르시스를 위해 술을 잘 마셨건 춤을 잘 추었건 그것은 술을 잘 마시고 춤을 잘 추는 민족적 기질로 고착되어 유전인자마냥 오늘날의 우리의 술문화, 춤문화에 내비치고 있음은 말할나위 없다. 이를테면 오늘날 연길시내의 독특한 살풍경의 하나로 부상된 일부 남자들이 술만 마시면 자기 망각의 지각없는 행동거지들을 서슴없이 해대는 것은 실로 우리 1세, 2세들의 향수를 잊기 위한, 실은 자기 망각의 취사몽생의 「하루살이」 술문화의 「각광」이 아닐가고 생각된다.

이상 필자는 우리 조선족문화의 초창기에 나타난 1세, 2세들의 귀향

---

4) 한국 민속문화재(무당춤)7호, 9호 전문보유자 양종승씨는 1991년 8월 Korea 소장학자국제학술토론회에서 필자와의 대담에서 전통적인 조선춤은 무당춤에서 기원했다고 했는데 필자는 여기에 동감이다.

의식과 주인의식에 대해 나름대로의 역사적인 문화심리적 투시를 시도
해 보았다. 이것은 어디까지나 하나의 시론에 불과한 것으로 전개할 여
지는 충분히 있다.

1992. 10. 1.

*본 논문은 황미자 선생님과 공동 작성한 것임을 특히 밝혀 둔다.

　필자는 금년(1991년)도 대학입학시험 조선어문작문 채점에서 많은 소감을 가지게 되었다. 본문에서 필자는 철자, 띄어쓰기, 문장조직 등 지엽적인 문제나 구체적인 제목, 내용, 구성 등 문제는 제쳐두고 주로 수험생들의 사고패턴(模式) 각도에서 나름대로의 총체적인 소감을 이야기해보려 한다.

　　'유명한 여교예배우 하국화의 머리에 접시를 이는 재간은 세계교예계의 높은 절찬을 받았다. 한 젊은이가 부러운 나머지 그 절묘한 재간의 비결을 알려고 하국화를 찾아갔다. 그랬더니 하국화는 그 젊은이를 자기의 방으로 데리고가서 상 밑에 무져 놓은 깨진 접시들을 가리키면서 '재간의 비결은 바로 여기에 있어요'라고 말하였다.'

　금년도 작문시험은 위의 주어진 '이 글을 읽고 정확한 관점을 세운 뒤 제목을 자체로 달고 1,000자 좌우의 논설문 한편을 쓰라'는 것이다. 주관적인 감정토로나 상상의 나래를 펼치는 서정문이 아니고 주어진 글에 입각해 논설문을 쓰라고 한만큼 그 집필전의 파악, 구상단계에서의 일정한 사고패턴을 모색해낼 수 있다. 상기의 요구를 놓고 볼 때 이 논설문을 완성하는 가장 관건적인 첫걸음은 무엇보다도 먼저 주어진 글을 일고 정확한 관점을 세우는데 있다는 것을 알 수 있다. 오직 이 정확한 관점을 세웠을 때야 만이 쓰려는 논설문의 논점이 스스로 명료해지며 제목도 스스로 주어지는 것이다. 이 정확한 관점을 세우자면 우선 주어진 글의 핵을 파악해야 한다. 그럼 그 핵은 어디에 있는가? 그것은 바로 하국화의 말 '재간의 비결은 바로 여기에 있어요'라는데 있다. 여기서 '바로 여기'라는 것은 두말할 것도 없이 '상 밑에 무져 놓은 깨진 접시들'을 가리키고 있다. 이로부터 아주 자연스럽게 '재간의 비결'은 '상 밑에 무져 놓은 깨진 접시들'에 있다는 것을 알아낼 수 있다. 그럼 이 '상 밑에 무져 놓은 깨진 접시들'이라는 이 구체적 표상은 무엇을 의미하는가? 그것은 계속되는 실패 속에서도 비관실망하지 않고 짓궂은 노력을 경주하는 것을 말한다. 이로부터 우리는 진일보로 주어진 글에서 다음과 같은 정확한 관점을 세울 수 있다. 즉 '재간의 비결은 계속되는 실패 속에서도 비관실망하지 않고 짓궂은 노력을 경주하는데 있다.' 이제 이 정확한 관점은 곧바로 쓰려는 논설문의 논점이 되고 이 논점의 집약적인 표현이 곧 제목으로 될 수 있다. 이를테면 「실패는 성공의 어머니」와 같은 형의 제목은 아주 훌륭한 제목으로 될 것이다. 이상은 우리 수험생들이 주어진 글에 입각해 논설문을 씀에 있어서 집필전의 파악, 구상단계에서의 일반적인 윤곽적, 당위성적 사고패턴으로 되어야 한다. 그런데 적지 않은 수험생들은 이 논설문 쓰기의 관건적인 첫걸음인 주어진 글의 핵 파악부터가 빗나갔다. 이를테면 어떤 수험생들의 논설문은 '한 젊은이가 부러운 나머지 그 절묘한 재간의 비결을 알려고 하국화를 찾아갔다'는 데 주어진 글의 핵을 둠으로서 그 청년의 약점 아닌 '약점'(비결을 알려는 것)을 꼬집는 비판 글로 되어버렸다. 사실 이 청년은 하국화가 재간의 비결을 피로하는 한낱 외적인 유발체가 될 뿐 논점 그 자체를 내포한 가치판단의 그 무엇인 것은 아니다. 그 짤막한 주어진 글에서조차 문제 포착의 빗나감은 '주제사상개괄'능력의 부족을 말해준다.

물론 많은 수험생들이 정확한 논점에 알맞춤한 제목을 달고 논술해내려 갔다. 그런데 그것이 많이는 논술이라고 하기에는 좀 구차할 정도의 소위 사이비한 논술로 흐르고 마니 여기에 충분한 주의를 돌릴 필요가 있는 것이다. 사실 이번 수험생들의 논설문 쓰기의 허점도 여기에서 가장 집중적으로 드러나고 있다. 논점을 논증함에 있어서 우선, 수험생 대개가 사실적 논거만 든 것이 눈에 띠일 뿐 이론적 논거는 거의 찾아볼 수 없다. 그 사실적 논거들을 보면 대개 다 고금중외의 명인들의 실패를 달가와하지 않고 고심한 노력 끝에 성공한 사적을 내리엮었다. 이런 사실로써 논점을 뒷받침하기는 족하다. 그런데 문제는 이러한 사실적 논거들을 고금중외의 타이프별로 질서정연하게 개괄적 서술을 진행하면 될 것을 고금중외를 뒤범벅해서 단조로운 사건 나열을 하거나 기서문적인 순서적 서술을 쭉 했다는데 있다. 이는 수험생들이 사실적 논거 이용이 얼떨떨하다는 것을 말해준다. 또 사실적 논거를 이용함에 있어서도 정면적인 것만 들고 있는데 이는 수험생들의 사고적 편향을 보여주고 있다. 사실 반면적인 사실적 자료, 이를테면 총명한 사람들이 어떤 일을 함에 있어서 일시적인 실패에 그만 비관, 실망하여 아무런 일도 성사하지 못하고 마는 것들은 역시 위의 논점을 반면적으로 뒷받침하는 유력한 논거로 되기에 손색이 없다. 그럼에도 불구하고 우리 수험생들이 다 그 정면적인 사실적 논거들에만 집착했음은 단적으로 그 사고패턴의 직선성, 일면서, 단순성을 나타내고 있다.

　다음, 이론적 논거 내지 그 천명을 전혀 볼 수 없는 것은 그 이론적 높이라는 어려움 때문일 것이다. 그러나 사실 「실패는 성공의 어머니」와 같은 유형의 논설문에서는 그리 어려운 것도 아니다. 여기서는 실패가 성공으로 전환될 수 있는 변증법적 원리를 밝히면 그만인 것이다. 사실 위에서 든 논점 '재간의 비결은 계속되는 실패 속에서도 비관, 실망하지 않고 짓궂은 노력을 경주하는데 있다'는 속에 이미 실패가 어떻게 성공으로 전환되는가하는 것을 말해주고 있다. 이를테면 어떤 일을 함에 있어서 실패를 하더라도 비관실망하지 않고 부단히 실패의 경험교훈을 총화하며 짓궂은 노력을 가한다면 결국에 가서는 꼭 성공한다는 것이다. 여기서 말하는 이 이론적 근거 내지 천명은 물론 상술한 사실적 논거의 구체적인 설명으로 되는 만큼 이 양자는 구체적인 것과 추상적인 것의 유기적 통일의 표리를 이루어 논설문의 유력한 논거로 되는 것이다. 그러나 대다수 수험생들은 바로 이론적 논거 내지 천명의 결핍으로 논설문의 설복력을 약화시켰다. 여기서 볼 수 있다시피 수험생들 가운데 많은 학생들은 논설문 쓰기와 상식적인 이론 수양 및 그 자세마저도 갖추지 못했다는 것을 알 수 있다.

결말 부분의 사고패턴을 놓고 볼 때 우리 수험생들은 의식적이든 무의식적이든 대개 다 설교식 호소에 떨어져 버렸다. 이를테면 위에서 든 정확한 논점 같은 것들을 충분히 논증한 다음 우리 현실생활에서 그렇지 못한 부정한 현상에 대해 비판하면서 90년대 청년으로서 우리는 '실패는 성공의 어머니'라는 것을 명기하고 여차여차해야 한다는 당위성적 설교에 톤을 올리고 있다. 사실 논설문의 본령은 이러한 설교, 호소에 있는 것이 아니라 바로 그 사리의 투철한 천명에 있는 것으로서 독자들은 그 논점을 접수함과 아울러 자기 스스로 그 어떤 당위성을 추구하게 된다. 그럴진대 결말 부분에서의 설교적 호소는 어디까지나 용두사미격이 된다. 이런 결말은 재래의 「문이재도(文以載道)」식 사고패턴의 변태적인 표현으로 볼 수 있다. 수험생들의 논설문 쓰기에서 이런 폐단을 보게 됨은 제3자의 의식적인 주입에 의한 것으로 해석할 수밖에 없다.

이상 필자의 고찰이 옳고 그름은 잠시 되로 미루고 본문이 교원들의 작문지도에 조금이나마 힌트 주는 바가 있었으면 하고 바라는 마음이다.

중국 〈동북교육잡지〉 1992. 4.

I. 들어가는 말

여기서 중국(이하 중국 약함)조선족현대구연예술이라 할 때 그 시간적 범주로는 1949년 10월 새 중국이 성립되어서부터 1980년대까지를 포함하며 그 구체적 장르로는 설화(민담, 전설 등을 포함), 판소리, 만담, 재담 그리고 「삼노인」, 「연변창담」, 「편고엮음」, 「북타령」, 「가야금엮음」, 「연변금창」등을 이르게 됨을 일단 밝혀둔다. 구연예술은 뭐니뭐니해도 우선 민간적인 대중예술이다. 그것이 가장 민간적인 대중예술인만큼 그것은 또한 가장 민족적인 예술로 되는 것이다. 조선족현대구연예술은 조선족의 현대 삶과 그 애환을 같이 해 왔다. 조선족은 풍성한 구연예술을 향유해 왔다. 그런데 이것에 대한 전반적인 조명, 개괄 및 분석은 아직 되지 않고 있다. 그럴진대 필자는 본고에서 우선 조선족구연예술의 갈래를 더듬어 보고, 다음 현상학적 각도에서 주체민족인 한족(漢族)의 경우와 대비하면서 그 특징을 밝혀 볼가 한다.

Ⅱ. 조선족 구연예술갈래

조선족구연예술을 전반적으로 고찰해 보면 구체적 형태상에서 설화, 판소리, 만담, 재담 등 전통적으로 내려오던 한민족 고유의 것과 「삼노인」, 「연변창담」, 「편고엮음」, 「북타령」, 「가야금엮음」, 「연변금창」등 새로 창제된 것들로 크게 나뉘어짐을 알 수 있다.

여기에 비추어 필자는 우선 전통적으로 내려오던 한민족 고유의 형태들에 대해 한번 더듬어 볼가 한다.

설화(주로 이야기하기)는 韓민족이 다른 민족과 마찬가지로 자고로부터 향유해오던 구연예술의 하나다. 매개 민족은 모두 자기네들의 「이야기능수」, 「이야기장수」, 「이야기대왕」[1]을 가지고 있다. 조선족의 경우를 놓고 볼 때 「8·15」 광복을 맞은 후 〈춘향전〉, 〈심청전〉, 〈흥부전〉을 비롯한 재래의 이야기와 동북항일련군에 관한 이야기가 대량적으로 엮어졌으나 일반백성들의 입에서 입으로 옮기는데 그치고 말았다. 새 중국이 건립된 후에도 이러한 상황은 계속되다가 1959년, 연변연극단의 배우이며 구연작가인 최수봉에 의해 전업적인 예술인에 의한 정규적인 출연으로 그 상황이 바뀌어졌다. 최수봉은 화룡현숭선향 지방사에서 제재를 취하여 설화 〈남매의 운명〉을 새로 엮었다. 그리고는 설화의 민족적 형식을 살리기 위해 전통적인 한식 병풍을 두르고 자기가 직접 조선족 바지저고리에, 부채를 들고 무대에 나섰다. 연기도 연기거니와 민족적 정취가 다분히 풍기는 실로 '이야기군'의 이야기는 청중들의 절찬을 받았다. 그런데 때는 바로 「반우경」, 「민족정풍」의 여파가 그치지 않은 때라 그에게 그 무슨 「민족주의자」요, 「복고주의자」요하는 어마어마한 정치적 감투가 마구 날아들은 것은 말할 것도 없다. 그러나 최수봉은 이에 아랑곳하지 않고 안도현, 연길현 등지에서 계속해서 40여 차나 이야기했다. 뿐만 아니라 그는 또 1961년 도문 오공촌 5대에서 생

---

[1] 이런 말은 漢族들이 주로 자기네 '이야기군'을 지칭하여 부르는 개념들이다.

산대를 근검하게 꾸린 보관원의 사적을 제재로 〈살림군〉이라는 설화 한 편을 엮었다. 그런데 실지 공연에 있어서 그가 그처럼 추구해온 병풍, 조선옷, 부채를 포함한 일련의 민족적 형식을 살릴 수 없게 되었다. 이에 그는 할 수 없이 중산복 차림으로 무대에 올랐다. 이로부터 한족(漢族)들의 두루마기를 입고 책상 위에 찻잔을 놓는 평서(評書)와는 그 민족적 형식상에서 일련의 선명한 대조를 이루면서 꽃망울을 터치기 시작한 조선족 설화가 그 요람에서 요절되고 말았다. 이런 민족적 형식의 요절과 더불어 조선족의 설화는 일궐부진(一蹶不振)의 국면을 면할 수 없었다. 조선족설화는 최수봉으로 시작되고 끝난 가련하고 스산한 국면이었다. 이는 漢族들의 평서가 자체의 민족적 특징을 갖고 지금까지 면면히 내려오며 인기를 모으고 있는 사정과 좋은 대조를 이룬다.

  판소리는 韓민족 고유의 민간설창형식이다. 전통적인 판소리는 동편제(東便制)요, 서편제(西便制)요 하는 두 개 큰 유파가 이루어졌으며 열두 마당의 인기종목도 가지고 있었다. 그런데 유감천만인 것은 판소리가 그렇게 정제되고 다듬어진 구연예술형식임에도 불구하고 그것이 조선족들에게 있어서 잘 계승, 발전되지 못하고 있다는 것이다. 「8·15」 광복으로부터 1954년에 이르기까지 판소리는 여전히 이전의 여흥물로서 불리우던 국면을 면치 못하였다. 이 시기에 거저 판소리애호가들과 해방된 창기들에 의해 민간에서 얼마간 불리워졌을 뿐이다. 그러다가 1955년에 〈떡메의 증오〉를 연변가무단의 전속 작가였던 최정연이 쓰고 작곡가 정진옥이 편곡하고 김성민이 공연하면서부터 판소리는 전업예술가들의 각광을 받기 시작하였다. 판소리 〈떡메의 증오〉의 공연은 그 당시 상당히 큰 반향을 불러일으켜 연변가무단의 정식공연종목으로 확정되었다. 이로부터 판소리를 계승, 발전시키고자 한 짓궂은 노력이 경주되어 왔다. 이를테면 1958년 연변예술학교에서는 민간예인 신옥화, 박정령 등 네 사람을 민족성악교원으로 초청하여 판소리를 전수케 하였고 조선민주주의인민공화국의 교원을 초빙하여 판소리와 가야금을 배워주게 하였다. 이와 선후하여 연변가무단에서도 우제강, 조종주 등 민간예인을 초청하여 가창수들에게 판소리를 전수케 하였으며 새 판소리를 꾸미기도 하고 신창극실험극단을 창립하여 〈흥부전〉 극을 판소리로 공연하기도 하였다. 이때 전통적인 판소리 여섯 마당2)의 편단들도 수차로 공연되었다. 실로 일대 판소리열이 일어났다. 그런데 이러한 좋은 국면은 오래가지 못했다. 판소리열은 곧 바로 식고 말았다. 그 후 1964년에 이르러 판소리를 배운 십여 명 학생들이 양성되어 졸업했음에도 불구하고 많은 판소리인재들이 업을 바꾸는 등으로 하여 판소리는 줄곧 부진한 상태에 놓여왔다. 지금 연변예술학원에서 계속 학생을 모집하고 판소리를 가르치고 있으나 이런 상태를 개변하기에는 아직 미진하다. 전통적인 판소리가 결국에 가서 조선족들에게 있어서 많이 불리워지지 못하고 감상되지 못한 것은 판소리 자체의 창법상의 어려움 및 배우들의 소질 그리고 관중들의 심미수요 등 여러 문제로 인한 필연적인 결과이기도 하다.

만담과 재담은 韓민족의 전통적인 구연예술에 있어서 자매예술이다. 만담은 한 사람이 등장하여 주로 화술로 진행하는 구연예술이다. 漢族의 단구상성(單口相聲)과 비슷하다. 재담은 두 사람이 등장하여 주로 대담(對談)형식으로 진행하는 구연예술이다. 한족의 상성(相聲)과 비슷하다. 조선족의 만담은 1950년부터 최수봉과 임창철에 의해 연길의 오락장소, 사교춤야회에서 공연되기 시작했다. 당시 임창철은 〈세계일주〉라는 만담으로 만장의 웃음꽃을 피우곤 하였다. 그는 만담, 재담에 대한 흥취와 애착이 대단하여 이후에도 계속 연변교육출판사에서 번거로운 교과서편집사업의 여가를 짜내어 수십 편에 달하는 성공적인 만담과 재담작품을 써냈으며 직접 출연에 나서기도 하였다. 1982년에는 그의 작품선집 〈세계일주〉가 연변인민출판사에서 출판되었다. 최수봉의 주말야회 또는 전국 각지에서 오는 각 방면의 참관단들을 환영, 초대하는

---

2) 韓민족 전래의 판소리 열두 마당이 조선근대의 탁월한 판소리창극 작가인 신재효 (1812~1884)에 의해 〈춘향가〉, 〈심청가〉, 〈흥부타령〉, 〈토끼타령〉, 〈적벽가〉, 〈가루지기타령〉 등 여섯 마당으로 정리, 창작되었는데 조선족들에게는 주로 이 여섯 마당이 애창되었다.

연회에서 늘 대상과 연회의 성질에 비추어 제목을 바꿔 만담을 엮군 했다. 그는 1957년부터의 끊임없는 정치운동 가운데서 파란곡절을 겪었지만 민족예술진흥의 숭고한 숙원을 안고 시종여일하게 헌신적으로 만담, 재담을 비롯한 구연예술을 직접 창작하고 출연하였다. 그는 「문화대혁명」이 일어나기 전까지 〈좋다타령〉, 〈말아닌 말이 말썽〉, 〈해산 중 출입금지〉, 〈바지 열두 개〉, 〈태양〉 등 백십여 편의 만담, 재담을 발표하였다. 현재 우리는 1957년도의 그의 〈말 아닌 말이 말썽〉으로 연변문예간행물에 실린 첫 만담을 보게 된다.

임창철과 최수봉을 대표로 하는 건국 후부터 「문화대혁명」 전까지의 만담창작을 놓고 보면 이 시기는 조선족만담의 초창기로서 아직 작가군, 배우군도 이루어지지 못한 만큼 그 작품양이 매우 적으며 그 내용도 주로 인정세태에만 치우친 단조로움을 면치 못했다.

조선족만담의 진정한 개화발전은 그래도 「4인무리」가 타도된 후부터 지금까지라 하겠다.

1978년 「10년동란」기간에 중단되었던 연변농민연예경연대회가 다시 개최되었다. 이 경연에서 신진작가 이광수가 쓴 만담 〈개〉를 청년농민 강동춘이 출연하였는데 일대 쎈세이션을 일으켰다. 이 종목은 길림성 경연대회에 가서도 우수 공연상을 받았다. 강동춘은 안도현석문향란니촌에 下鄕3)갔던 젊은이로서 연예에 흥취가 깊어 촌선전대에 참가하여 연예활동을 시작했던 것이다. 이번 경연에서의 성공은 강동춘으로 하여금 구연예술로 진출할, 특히는 만담예술가로 성장할 일대 계기를 지어주었다. 1979년에 연변구연예술극단이 정식 창립되자 그는 만담배우로 등용되어 본격적으로 데뷔하였다. 그는 연변구연예술극단에 온 후 최수봉이 쓴 〈장생불로약〉이라는 만담을 엮어 재차 관중들의 절찬을 받았다. 그 후 그는 계속하여 다른 사람이 쓴 만담을 출현하는 한편 창작방면에도 심혈을 기울어 〈소방대〉와 같은 훌륭한 만담을 써내기도 하였

---

3) 중국 「문화대혁명」시기 모택동의 교시에 좇아 고등학교졸업생들이 농촌으로 내려가 실제 삶 속에서 교육을 받게 한 것을 가리킨다.

다. 이로부터 그는 자체로 창작하고 출연하여 기성세대를 뒤이어 만담에서 제일 인기인물로 부상되었다. 그는 데뷔해서 지금까지 10년이 좀 넘는 짧은 시간에 무려 30여 편의 인기있는 만담과 재담을 창작하고 출연하였다.

이때를 선후하여 최수봉이 쓴 〈달고 쓴 것〉, 〈돈〉, 〈말〉 그리고 이영근이 각색한 〈개구리오락회〉, 임창철이 쓴 〈웃음철학〉 등 많은 만담작품들이 속출되어 지상에 발표되고 무대에 공연되고 라지오, 텔레비에도 방송되고 상연되어 따분하고 무미건조하던 그 당시 대중들의 문화생활에 감로수가 되어 이채를 돋구었다. 특히 최수봉이 쓴 〈장생불로약〉과 〈말〉은 강동춘과 김홍옥에 의해 동북3성 순회공연에서 대단한 인기를 끌었다.

조선족재담은 1955년부터 본격적으로 창작되고 출연되었다. 1955년 1월 최수봉의 〈농업대학〉으로 연변문예간행물에 실린 첫 재담을 보게 된다. 그리고 1955년 역시 최수봉이 〈演唱資料〉란 간행물에 발표한 재담 〈해산 중 출입금지〉가 연변가무단순회공연종목으로 선정되어 재담이 정녕 구연예술로서 선을 보이기 시작했다.

1957년 8월에 연변인민방송국에서 이장손과 이상춘을 전속 재담배우로 등용했다. 이후부터 재담은 이에 문예방송의 주요한 종목으로 되어 청중들의 호평을 받았다. 이장손은 재담배우로서 뿐만 아니라 후에는 창작에도 전념하여 〈체병〉, 〈신식잔치〉, 〈천원풍〉, 〈처가집 방문〉 등 백여 편을 발표한 재담작가로서도 활약하였다. 이때를 선후하여 장동운, 홍성도 등도 재담작품을 많이 발표하여 과외연예활동에 제공하였다. 그런데 이렇게 꽃망울을 터치며 개화, 발전하려던 재담도 오래가지 못했다. 1957년 「반우파투쟁」으로부터 「4인무리」가 꺼꾸러지기 전까지의 연속되는 정치운동, 투쟁은 사람들의 신경을 고도로 긴장시켜 놓아 웃음의 여유를 주지 않았다. 이에 웃음의 예술인 재담이 외면되어 버린 것은 더 말할 필요도 없다. 물론 이 시기 신문, 간행물, 방송, 무대 등에서 이따금 재담이라 일컬는 것이 나타나지 않은 것은 아니다. 그러나 그것은 거개가 다 정치구호를 나열한 것이거나 웃음 없는 메마른 설교에 불과하였다.

「4인무리」가 타도된 후 재담은 획기적인 변화를 가져오며 개화발전하였다. 여기에는 당시 사상해방도 사상해방이겠지만 1978년 연변구연가협회, 1979년 연변구연예술극단 등 단체들의 설립 그리고 라지오, 텔레비죤방송국을 비롯한 각 문화부문들의 대폭적인 성원이 실제적인 조직적, 물질적, 원지(園地)적 담보가 되어 크게 작용했음을 간과할 수 없다. 특히 1979년 3월 5일 연변구연예술극단의 창립은 중국에서 조선족구연예술발전의 역사적인 대사로 기록되어야 할 것이다. 이 시기에 재담창작은 실로 해마다 대풍작을 거두었다해도 과언이 아닌 기꺼운 국면이 나타났다. 연변인민방송국에서는 1978년부터 10여 년간 해마다 근 30여 편의 재담, 만담을 녹음방송하였는데 이에 많은 신진배우들이 나타났다. 방송에서는 이장손, 이상춘, 이철웅 등이 특히 많이 출연하였다. 그리고 연변텔레비죤방송국이 설립되자 원로 예술인 최수봉은 자기의 딸 최순희와 〈총각은 왜 늙었나〉, 〈축하합니다〉 등을 연속 녹화출연하였다. 이에 재담은 실로 시청자들이 가장 기대하는 예술종목으로서 매년 설맞이 텔레비죤야회에서는 없어서는 안 될 형식으로 부상되었다. 이때 연변텔레비죤방송국에서는 재담을 비롯한 구연예술작품창작, 표현 콩클까지 가졌고 연변인민출판사에서는 1980년에 재담, 만담집 〈두고 보자요〉를 출판하였다. 이후에도 각종 응모작품평선, 콩클 등 활동을 벌려 재담 창작 및 출연을 크게 추동하였다. 이를테면 1982년 「연변조선족자치주창립30돐기념응모작품평선」, 1986년 「진달래상」콩클, 1987년 흑룡강성방송국 조선말문예부에서 「구연작품응모활동」 등등이 그렇다.

이로부터 새 일대의 많은 젊은 배우들이 양성되어 무대, 텔레비죤, 라지오방송들에 데뷔하였다. 현재의 재담예술가를 일별해 보면 구연예술극단에만 해도 노련한 배우 한창식을 비롯하여 전영호, 한석준, 황명화 그리고 여성 배우 장미옥, 오선옥 등 관중들의 사랑을 받는 인기배우들이 있다. 이 밖에 연변의 각 시, 현 예술단에도 재능 있는 재담배우들이 있어 산촌벽곡에서까지 활약하고 있다. 이때로부터 또한 재담을 비롯한 전래되어 온 각종 구연예술형식들이 확고하게 계승, 보존되었을 뿐만 아니라 새로운 발전의 발걸음을 힘있게 내디디었으며 또 이를 계기로 하여 새로운 구연형식들도 보다 강유력한 조직적인 힘에 의해 배태되고 탄생될 수 있었던 것이다.

다음, 조선족구연예술의 새로 창제된 갈래.

조선족구연예술 가운데서 제일 먼저 데뷔하고 그 독특한 특징으로 사람들의 인기를 모은 것은 그래도 「삼노인」이다. 「삼노인」은 1950년 1월 22일 저녁 화룡현 용수향신민촌 정부사무실에서 최수봉, 원주삼, 허창석에 의해 자기의 고고성을 울렸다. 1950년 1월초 연변문공단의 예술인들이 그 당시 농촌의 호조합작운동을 돕고 생활체험을 하기 위하여 화룡현의 일부 촌으로 내려갔다. 그런데 그 당시 농촌의 호조합작운동에 있어서 가장 관건적인 문제로 나선 것의 하나가 일가의 좌상들인 노인들의 사상타개문제였다. 이에 연극단의 최수봉, 원주삼, 허창석, 문일평 등 배우들이 노인들이 호조합작에 나서도록 설복, 교육하는 효과를 가져올 수 있는 그 어떤 예술표현형식을 고안했다. 그러던 차 예술인들과 농민들이 한데 어울려 돌아가는 동락만회(同樂晚會)를 계기로 선진, 중간, 낙후의 세 노인이 등장하여 서로 주고 받으며 쟁론을 벌이다가 나중에는 〈호조조 좋을시구〉의 선진노인의 관점에 일치를 가져오도록 되어있는 새로운 형식의 구연예술-「삼노인」을 탄생시켰다. 「삼노인」은 탄생하자마자 대단한 인기를 모았다. 일대 쎈세이션을 일으켰다. 그것이 그 당시 제일 관심거리로 되고 있는 호조합작문제를 둘러싸고 전개되지 그리고 항상 근엄하게만 안겨오던 노인들이 아이들처럼 티각태각 야단법석이며 '추태극'을 부리지 그리고 그 농후한 지방적 향토적 색채 그리고 그 유모아적이고 희극적인 표연 등 이 모든 것은 사람들의 흥취, 인기를 불어 일으키기에 족했다. 배우들 자체가 「삼노인」인지 무언지 모르고 거저 공연하기에 급급해 내처 내리엮는 것을 농민들 자체가 '삼노인', '삼노인' 하며 박수갈채를 보냈을 뿐만 아니라 「삼노인」을 앞다

투어 청해들였다. 「삼노인」은 신민촌에서 선을 보인 후 넉달 남짓한 동안에 화룡현 용수향, 두도향, 서성향의 마을들을 돌아다니며 무려 백여차나 공연하였다. 특정한 무대가 없이 큰집 온돌방 같은 데서의 그 생활반영의 현실성, 그 표현의 자연성은 공연중 마을노인들의 무의식중의 참여를 유발시켜 심심찮게 '사노인', '오노인'으로 되기도 했던 것이다.

1950년 6월, 「삼노인」은 드디어 농촌의 온돌에서부터 도회지무대에서 사회 각 계층의 관중들을 상대로 공연을 하여 큰 성공을 거두었다. 가무, 연극 등으로 묶어진 종합적 공연 가운데 「삼노인」이 끼어 공연되었는데 제일 많이 화제에 올라 인기물로 되었다. 연길에서의 연 7일 동안의 공연은 대성황이어서 일대 쎈세이션을 일으켰다. 뒤이어 용정, 도문에서의 공연도 미증유의 성황을 이루었다.

그 후 「삼노인」은 10여년의 끈질긴 공연실천과정에서 인물의 유형화, 각본화, 슈제트의 극성추구, 언어의 희극화 등 여러 문제들을 해결하면서 보다 정제화되고 성숙된 민족형식으로 정형화(定型化)되고 발전했다.

1950년대 말부터 「삼노인」은 연변 8개 시, 현의 전업예술단체와 수많은 과외예술단체들에 신속히 보급되었다. 이와 동시에 「삼노인」 창제자들인 최수봉, 원주삼, 허창석의 뒤를 이어 수많은 작가와 배우들이 양성되어 이름을 떨치며 데뷔하였다.

연변연극단의 남수길, 이영근, 백종철 등; 그리고 화룡현의 김상옥, 양균; 왕청현의 최태수; 용정시의 권학렬; 도문시의 김창봉 등이 무대와 방송을 통해 활약했다.

그러나 이런 기꺼운 국면도 오래가지는 못했다. 「문화대혁명」이 폭발하자 「삼노인」도 예외 없이 이른 바 사회주의를 추화(醜化)하는 형식이라는 누명을 쓰고 액살되었다.

그러다가 「4인무리」가 타도되고 1979년 3월 연변구연예술극단이 창립되면서부터 「삼노인」은 재생되어 자기의 특유한 예술의 빛을 뿌리기 시작하였다.

초창기의 「삼노인」, 이를테면 최수봉, 원주삼, 허창성네도 좋고 그

뒤를 이은 남수길, 이영근 등의 전문적인 「삼노인」 창작공연조도 좋고 그것이 어디까지나 명실공히 집단적 창작물이었다면 이때에 와서는 즉 1980년대에 들어서면서 개인창작으로 넘어갔다. 이는 창작대오 및 창작의 성숙을 의미한다. 이 시기 구체적 창작 및 공연을 보면 이영근이 쓴 〈꽃묶음〉, 〈며느리자랑〉 등이 호평을 받아 많은 공연차수를 기록하였으며 김창봉이 쓴 〈소홍정〉도 대절찬 속에서 공연차수 200여차란 기록을 올렸다. 이때 주요 배우들로는 한창식, 이동훈, 황명화 등이 무대와 텔레비죤에서 활약했다. 이외에도 많은 유명한 연극배우들이 「삼노인」에 출연했다. 이에 1980년 2월 연변인민출판사에서 〈웃음소리〉란 제목으로 「삼노인」작품선집을 출판하였다. 그중 〈회의하러 가는 길〉, 〈살림군〉, 〈근검하게 살림을 꾸리라〉 등은 〈당대중국조선족작품선(當代中國朝鮮族作品選)〉에 수록되어 중국어로 출판되기까지 하였다.

「삼노인」이라는 이 독특한 민족적 구연형식은 40여 년 간 조선족과 그 스타트를 같이 띠고 그 호흡을 같이 하면서 연변을 비롯한 동북3성의 무릇 조선족이 집거한 지구에는 다 공연되고 보급되면서 자기의 끈질긴 생명력을 과시했다. 이제 그 대체적인 공연차수를 보는 것만으로도 그간의 사정을 잘 알 수 있다. 창제되어서 「문화대혁명」전까지 16년 동안에 1000여 차나 공연되었으며 「문화대혁명」기간을 지나 1979년 3월부터 다시 공연되기 시작하여 10년 동안에 1700여 차의 기록을 내고 있다. 이는 단지 연변구연예술극단의 공연차수통계일 뿐 인 것으로서 각 시, 현 예술단체들에서 공연한 1000여 차에 달하는 불완전한 차수는 통계에 넣지 않았다.

실로 「삼노인」은 '영원히 시들 줄 모르는 예술형식으로 꽃피워 나갔으(최채·말. 「삼노인」을 창제할 당시 중공연변지위 선전부장)'며 중국의 유명한 구연예술가 후보림(侯寶林)이 자기의 저서 〈구연개론(曲藝概論)〉(북경대학출판사, 1980년 7월 p9)에서 소수민족구연형식을 소개할 때 '조선족의 「삼노인」등'이라 할 정도로 그것은 전형적인 조선족 현대 구연예술형식으로 되었다.

　조선족구연예술은 상기의 독특한 민족구연형식인 「삼노인」을 창제한 외 또 「연변창담」을 비롯한 「편고엮음」등 일련의 새로운 설창(說唱)형식을 창제하였다.

　「연변창담」은 최수봉의 수년간의 피타는 노력 끝에 1976년 3월에 자기의 탄생을 고하였다. 「연변창담」이 창제되던 시기는 「문화대혁명」이 채 끝나지 않은 시기라 그것의 탄생은 실로 어려운 파란곡절을 겪었다. 우선, 이 설창형식의 창시자인 최수봉은 그때까지도 「4인무리」졸개들의 감시와 억압에서 해방되지 못한 처지다. 다음, 그 당시는 문예계에서 아직도 「4인무리」의 「3돌출」 원칙이 판치고 「본보기극」4)만이 강요되던 시기였다. 이러한 상황에서 그 무슨 민족적 내용이요, 형식이요 하는 것은 실로 운운할 여지도 없었다. 바로 이러한 역경 속에서 최수봉은 민족의 충혼을 고이 간직하고 조선족의 새로운 구연예술형식을 창제하기 위하여 연구와 실험을 거듭하며 고심한 노력을 경주해왔다. 1972년 그는 당시 연변군중예술관 예술지도로 있다가 왕청현왕청촌에 내려가 예술지도보급사업을 하는 한편 '왕청(최수봉 말. 연변방언. '엄뚱함'이라는 뜻)'같은 민족적 형식인 창담의 구체적인 설계를 무르익혔다. 우선 어떤 창본을 선택하겠는가를 심사숙고하지 않을 수 없었다. 그런데 그 당시 형세하에서 새로운 민족적 설창형식을 창제성공시키기 위해서는 그 내용상에서 「본보기극」의 하나인 〈두견산(杜鵑山)〉의 편단을 쥐지 않을 수 없었다. 1973년 그는 한해를 꼬박 농민들과 함께 생활하면서 농민 작곡가 전승길과 함께 곡을 선택하여 농민들에게 들려주고 의견을 청취하며 거듭 수정하군 하였다. 그런데 때마침 1974년 이른 봄 연변조선족자치주 농촌과외연예경연대회가 있게 되었다. 그리하여 최수봉은 자기가 구상하고 실험하던 새 설창형식을 「연변창담」이라 이

---

4) 모택동의 부인 강청이 문화대혁명시기 만들어낸 8대 京劇을 가리킨다. 당시 모든 문학창작은 이 京劇의 작법에 따라 창작하도록 강요되었다. 이른 바 「3돌출」즉 긍정인물을 내세우고 긍정인물 가운데서 주요 긍정인물을 내세우고 주요 긍정인물 가운데서도 가장 핵심에 놓이는 중심 인물을 내세워 「高, 大, 全」식 완미한 인물로 그려야 된다는 것은 그 한 보기로 된다.

름 붙여 경연에 내놓았다. 원 각본이 「본보기극」인 데다가 각색에 큰
흠집이 없었으므로 평의회에서는 '곡이 좀 느리기는 하나 비교적 성공적
인 새로운 설창형식이므로 장려할만하다'는 결론을 내리고 공연상을 수
여하였다. 관중과 문예계 관련 인사들도 보편적으로 형식이 새롭다는
반응을 보였다. 최수봉은 크나큰 고무를 받았다. 그는 이 새로운 설창
형식을 보다 완미화시키며 최종적으로 정립시키기 위한 새로운 피타는
노력을 경주했다. 실험경비 같은 것이 딸리는 것이 제일 큰 실제적 문
제로 나섰다. 그런데 최수봉은 행운스럽게도 자기가 소속되어 있던 연
변군중예술관의 지도자 박찬구의 물심양면으로 되는 도움과 지지를 받
았다. 그리하여 그는 이번에는 「본보기극」〈위호산을 지혜롭게 탈취〉에
서의 크라이막스 장면인 「백계연에서의 회사」를 각색하는데 착수하고는
실험대오를 조직하여 「삼로인」의 탄생지인 화룡현용수향으로 내려갔다.
그리고는 작곡가 안계린, 김태국, 이일남과 같이 창본의 이야기줄거리
의 흐름에 따라 창과 설을 재조직하면서 본격적인 연습을 시작했다. 그
러던 중 1975년도 다 가는 섣달에 용수향 구락부무대에서 일부 관중과
예술인들 그리고 문화계의 행정지도자들 앞에서 총연습 삼아 공연하였
다. 그만하면 성공적이다. 그런데 아직 공연기교가 문제다. 워낙 배우들
이 아마추어 예인들이어서 공연기교가 미숙했던 것이다. 배우만 바꾸면
될 듯 했다. 하여 연길로 돌아온 후 연변연극단의 이영근, 한성후, 전득
주 등 주요 전업배우들을 등용했다. 그리고는 때마침 있게 될 길림성구
연예술경연에 참가하기 위하여 최수봉의 예술지도로 고심한 연습 끝에
먼저 1976년 초봄에 있은 연변지구의 선발경연에 참가하였다. 모든 종
목들을 누르고 으뜸으로 입선되었다. 자치주내의 조선족들이 자기네들
의 독특한 민족구연형식에 대해 공감하여 긍정적 평가를 내렸던 것이
다. 뒤이어 길림성구연예술경연에서 우수 종목상을 획득한 동시에 북경
에서 있은 전국구연예술축전에서 공연되어 漢族들뿐만 아니라 여러 소
수민족들의 대절찬을 받았다. 최수봉을 비롯한 많은 예술가들의 4년 간
의 고심한 연구와 끊임없는 실험은 헛되지 않았다. 조선족의 또 하나의

구연예술의 새 형식- 「연변창담」이 이러한 대절찬 속에서 본격적인 탄생을 고했던 것이다. 그 당시 중앙급의 〈인민일보〉, 〈광명일보〉에 이르기까지 조선족의 이 구연예술의 새 형식의 탄생을 축하했다. 〈인민일보〉, 〈광명일보〉의 보도에서는 조선족의 이 창담은 언어가 통속적이고 곡조가 경쾌하며 진출, 조약이 활발하고 표정, 동작이 생동하다고 하며 높이 평가하였다.

이로부터 「연변창담」은 조선족이 즐기는 독특한 구연예술형식의 하나로 되어 공연되어 왔다. 최수봉의 〈신출귀몰〉을 비롯한 성과작들이 배출되었다. 「연변창담」은 1979년 3월에 연변구연예술극단이 성립되면서 아래에 서술될 「편고엮음」과 더불어 보다 광범하게 보급되었다.

「편고엮음」은 조선족의 또 하나의 새로운 현대 구연예술형식으로서 1974년부터 6년에 걸치는 최수봉의 거듭되는 실험연구 끝에 1980년 4월에 드디어 연변구연예술극단의 성공적인 공연으로 그 본격적인 탄생을 고하였다. 「편고엮음」은 여성배우들이 등장하여 노래를 주로 하고 서술과 대화를 섞어서 서정적인 이야기를 엮어가며 間奏할 때는 춤도 추는 설창형식이다. 가사는 엄격한 격식은 요구하지 않으나 운율은 있어야 하며 곡은 서정적인 신구민요를 다 편곡하여 쓸 수 있다. 두 사람 이상이 출연하기에 독창, 합창이 유기적으로 결합된다. 일반적으로 상황묘사에서는 합창을 많이 쓰고 매개 인물의 내심독백 또는 모순 충돌에서의 방백같은 데서는 독창으로 처리한다. 설창공연을 할 때에 출연자는 손가락으로 편고(소고)를 치며 주선율에 맞추어 노래 부르고 춤추며 등장한다. 그리고 이야기줄거리의 흐름에 따라 연창자가 이야기줄거리중의 어느 인물로 되었다가도 서술자로 되돌아오곤 한다. 되풀이되는 간주가 많이 삽입되는데 이때마다 연창자들은 각기 편고를 치며 절주에 맞추어 춤춘다. 반주용 악기로는 해금, 가야금, 단소, 젓대 등을 쓰는데 간주시의 음향을 고려하여 양악기도 몇 가지씩 섞어 쓴다.

「편고엮음」의 첫 작품은 최수봉 글, 김남호 편곡으로 된 〈양돈어머니〉이다. 그 후 최수봉 글, 안계린 곡으로 〈약초 캐는 처녀들〉과 〈애나 죽겠어〉 등 종목이 연속 공연되었다. 이로부터 「편고엮음」은 대중과외연예 활동의 주요 종목의 하나로 보급되었다. 「편고엮음」은 조선족여성들의 장끼를 충분히 발휘시킬 수 있는 설창형식이여서 더욱이 그들의 사랑을 받아왔다.

「북타령」은 역시 최수봉이 1979년에 창제한 설창형식이다. 「북타령」은 오랜 세월을 두고 건들건들하게 불려진 민가 장타령을 기본 곡조로 하여 만들어진 것이다. 「북타령」은 이런 장타령의 해학적인 가사를 본 따서 창사나 대화의 언어가 시종 해학적이고 유모아적이여서 경쾌한 이야기거나 풍자성을 띤 이야기를 엮는데 적합한 형식이다. 설창할 때는 한사람 또는 여러 사람이 등장할 수 있다. 출연할 때는 북을 메고 장단 절주를 치며 반주에 맞춰 노래하다가도 말을 주고 받을 때나 표연할 때에는 아예 북을 뒤로 제쳐놓고 하거나 경우에 따라서는 또 북과 채를 이야기 속의 도구로 삼아 쓸 수도 있다. 반주에는 민족관현악을 쓰는 외에 서양목관 또는 건판악기를 섞어 써서 음량을 돋구기도 한다. 「북타령」은 일반적으로 남성들이 표연하게 적합하나 때로는 여성들도 표연하기도 한다. 「북타령」은 종합성적 공연같은 데서 개막 또는 종막 종목으로서 관중의 정서를 돋구고 분위기를 활약케 하는데 아주 적합하다. 「북타령」의 대표적 종목들로는 최수봉 글, 안계린 곡으로 된 〈영길이와 행복의 만유기〉, 김창봉 글, 안계린 곡으로 된 〈장마당구경〉 등이 있는데 백여차씩 공연되어 대절찬을 받았다.

현대 조선족의 새로 창제된 구연예술형식은 이외에도 「가야금엮음」, 「延邊琴唱」 같은 것도 있으나 이런 것은 조선족 전통적인 악기의 제약 등으로 말미암아 그 보급도가 그리 높지 못한 만큼 여기서는 약하기로 한다.

III. 조선족 구연예술특징

이상 조선족구연예술의 구체적 갈래에 대해 대체적인 파악을 해보았다. 그럼 이제 아래에 그것의 전반적인 특징을 알아봐야 될 차례가 된 줄로 안다. 조선족구연예술의 특징을 논함에 있어서 한번도 구연예술와의 비교 등 여러 시각과 방법이 있겠으나 여기서는 조선족의 삶에 대해 절대적인 영향을 미치고 있는 주체민족인 漢族의 경우와 대비하면서 현상학적 논의를 해 볼가 한다.

첫째, 구체적인 구연예술형식상에서 볼 때 조선족은 통털어 기껏해야 10여가지 밖에 되지 않은 가련한 국면에 놓여 있으나 한족들은 보편적으로 통용되는 것들이 있는가하면 각 지방마다 거의 자체의 독특한 것들이 있는 것으로서 수백 종류나 된다.

둘째, 유파 면에서 놓고 볼 때 조선족은 아직 유파가 이루어지지 못했으나 漢族들은 상당히 많은 유파를 이루고 있다. 조선족은 최수봉과 임창철이 만담을 시작한 초창기에 각기 느리느리한 말투; 섬세하고 골계적인 표정, 동작과 빠른 말투, 시치미를 뚝 뗀 아닌보살의 표정, 동작 등으로 선명한 개성적 대조를 이루며 유파를 형성할 아주 좋은 기틀이 이루어졌건만 그 당시 만담예술가의 결핍 및 뒤이어 닥친 연속되는 정치운동의 풍파 때문에 결국 그 유파의 망울을 터치지 못하고 말았다. 그리고 지금 강동춘의 만담이 독특한 개성적 특점을 가지고 부상되고 있다고 하나 그것도 독수일지(獨秀一枝)의 외로운 국면에 놓여 안타깝기만 하다. 그러나 漢族은 매개 지방 뿐만 아니라 구체적인 구연예술형식에서도 대개 다 자기적인 독특한 유파를 이루고 있다. 이를테면 재담만 놓고 보더라도 「候〈寶林〉派」, 「常〈寶堃〉派」, 「馬〈三立〉派」 등 다양한 양상을 나타내고 있다. 이로부터 볼 때 조선족구연예술이 자체 발전의 동력메커니즘(機制)를 잃고 있으나 한족구연예술은 각 유파간의 경쟁 속에서의 자체 발전의 동력장치를 갖고 있다.

셋째, 구연예술형식의 기본형태들을 대비해볼 때 조선족은 표연하기 힘든 만담이 아주 발달하고 인기가 있다. 그러나 한족은 만담(單口相聲)이 발달하지 못한 반면에 그 자매예술인 재담이 아주 발달하고 인기가 있다. 그리고 조선족은 만담, 재담이외에도 「삼노인」이라는 세 사람이 주고받고 하는 독특한 구연예술형식이 고착되고 발달해왔다. 조잡함을 면하지 못한 초기의 거의 즉흥적인 출연형태로부터 후(1960년대 이후)에 세련되고 정제화된 형태로 발전하였으며 바깥노인들만 하던 데로부터 안노인들도 등장하여 출연하게 되었다5). 그러나 漢族들은 그렇지 못했다. 전통적으로 볼 때 漢族들은 「군활(群活)」 혹은 「다구상성(多口相聲)」이라 하는 세 사람 혹은 세 사람이상이 하는 「바마괘(杌馬褂)」, 「훈도(訓徒)」 등 종목이 없었던 것은 아니다. 그러나 이런 것들은 그 발전과정에서 연극의 한 종류인 소품(小品)과 혼돈되면서 연극성분을 점점 많이 띠면서 자체의 특성을 잃어버리고 말았다. 그리하여 당대에 들어서서 진짜 「다구상성」이라고 칭할 작품은 얼마 되지 못했으며 인기도 별로 없었다. 그리고 조선족은 설화가 발달하지 못한 반면에 漢族은 그것(評書)6)이 발달했다. 조선족은 민담의 발달이 설화의 발달을 제약하고 있는 듯하고 반대로 漢族은 評書의 발달이 만담의 발달을 제약하고 있는 듯하다.

넷째, 표현형식상에서 놓고 볼 때, 1) 조선족의 새로 창제된 구연예술 형태들을 보면 노래와 춤 요소가 많다. 「연변창담」, 「편고엮음」, 「북타령」, 「연변금창」, 「가야금엮음」 등은 실로 음악적 요소와 무용적 요소를 빼놓고는 생각할 수 없다. 조선족은 이와 같이 구연을 주로 하면서 여러 표현수법들을 유기적으로 잘 결합시켜 그 표현형식상에서 다채로움을 기하고 있다. 그러나 漢族들은 대개 다 말만으로 관통된 단조로움을 나타내고 있다. 2) 재래적인 전통적인 구연예술형태들에 들어가서 漢族들은 그 표현형식이 상당히 세련되고 다채로운 감을 주나 조선족은

---

5) 안노인들이 등장하여 출연하는 대표적 작품으로는 이영근 작으로 된 〈노동경쟁 좋구좋네〉인데 여기에 김노친, 박노친, 최노친 셋이 등장하여 이야기를 엮어나가고 있다.

6) 설화에 해당한다. 그런데 漢族들은 〈삼국연의〉, 〈수호전〉, 〈악비전〉 등 중국고대장편소설들을 시간대로 나누어 연속 엮는다.

그렇지 못한 감을 준다. 재담의 경우를 볼 때 漢族들은 우선 일반적으로 표연하는 재담수를 「逗哏」과 「捧哏」으로 나누고, 다음 재담 그 자체도 「一頭沉」, 「子母哏」, 「貫口」로 나눈다. 이에 따라 漢族들의 재담은 전반적으로 볼 때 그 표현형식상 세련되고 다채로운 감을 준다. 그러나 조선족의 재담은 그렇지 못하다. 3) 조선족의 구연예술형식은 일부 구체적 형태 면에서 그 표연 상의 성(性)적 구분표현이 드러나 있는 특징이 명백하나 漢族들은 그렇지 못하다. 재담을 놓고 볼 때 조선족은 등단하는 재담수(手)들이 「갑·을」혹은 「1·2」의 두 남자 신분으로 설정되는 것이 없는 것은 아니지만 어디까지나 「남·여」(「영감·노친」 혹은 「처녀·총각」을 포함)신분의 두 재담수로 설정되는 것이 절대 다수를 차지한다. 필자의 통계에 의하면 19편의 재담이 실린 재담만담집 〈두고 보자요〉를 볼진대 15편이 「남·여」두 재담수로 설정된 것이다. 이에 이제 한족들의 경우를 보건대 그들의 재담은 절대다수가 「갑·을」의 두 남자 재담수로 설정되는 것이 특이하다. 물론 가물에 콩 나듯 「여·여」신분의 두 재담수로 설정된 것이 눈에 안 띄우는 것은 아니다. 그리고 근간에 들어서 「남·여」(「夫·婦」 포함)형식의 재담들도 안나온 것은 아니다7). 그러나 이런 것들은 조선족의 경우와는 달리 아직 확고한 형식으로 고착되지 못했으며 별반 인기도 없다. 그리고 조선족은 재담작가들의 의식적으로 「남·여」라는 이러한 특정한 형식을 살려 재담 각본을 창작한다면 한족은 이러한 창작의식이 맹아상태에 있을 뿐 아직 본격적으로 되지는 못했다. 전반적으로 볼 때 조선족구연예술은 새로 창제된 구연예술일지라도 애초 그 설창각본 창작뿐만 아니라 출연에 이르기까지 그 내용과 형식상에서 남 혹은 여의 특징을 살려 독특한 남성적 혹은 여성적 구연예술형식으로 되고 있다. 이를테면 「북타령」이 남자들만의 독특한 꿋꿋한 남성멋(陽剛美)을 갖고 있다면 「편고읊음」은 여자

---

7) 중화인민공화국이 창건된 후 여재담수들이 등단 않은 것은 아니나 「남·여」등단의 재담형식은 그래도 「4인무리」가 타도된 후 특히는 1980년대에 들어서서 주목을 받기 시작했다. 그런데 지금까지 아직 여재담수들의 재담출연을 위해 창작하는 전문적인 재담작가는 없다.

들만의 독특한 부드럽고 은근한 여성멋(陰柔美)을 풍기고 있는데 이것
은 그 좋은 보기로 된다. 4) 만담, 재담 같은 구연예술형식은 웃음을
떠나 상상할 수 없는 예술이다. 이런 구연예술형식에 있어서 웃음보따
리의 묶음과 헤침은 무엇보다 중요한 예술장치다. 그런데 바로 이 웃음
보따리의 묶음과 헤침에서 조선족과 漢族은 부동한 양상을 나타내고 있
다. 조선족이 웃음보따리를 빨리 그리고 빈빈히 묶고 헤치는 빠른 절주
를 나타내고 있다면 漢族은 느리게 그리고 간헐적으로 묶고 헤치는 느
린 절주를 나타내고 있다. 좀 더 구체적으로 말하면 조선족은 대개 두
번 웃음보따리를 깔아두(묶는 것)고 세 번째만에 풀어헤치는 이번삼두
(二甁三抖)라면 漢族은 대개 세 번 웃음보따리를 깔아두고 네 번째만에
풀어헤치는 삼번사두(三甁四抖)이다. 조선족이 옹근 한 박자 절주가 빠
는 셈이다. 조선족은 이런 빠른 절주인 만큼 그 웃음보따리의 묶고 헤
침이 한 만담 혹은 재담에서 여러 번 진행될 수 있으나 한족들은 그렇
지 못하다. 조선족의 이러한 특점의 전형적인 보기로 지금 한창 인기인
물로 사람들의 주목을 끌고 있는 조선족의 유명한 만담가 강동춘에게서
보게 된다8). 조선족의 만담, 재담은 바로 이런 빠른 절주로 하여 현대
인간들의 접수미학에 부응할 수 있기 때문에 상대적으로 漢族들의 만담
이 잦아던 상태고 재담도 스산한 국면에 처한 데 반하여 지금까지 상당
한 인기를 모으고 있다.

　다섯째, 내용 면에서 볼 때 조선족의 구연예술은 현실생활과 너무 밀
착된 따분한 감을 주고 있다. 바꾸어 말하면 조선족구연예술은 그때 그
때의 형세에 맞춰 그 내용이 꾸며진 특징을 보여 주고 있다는 것이다.
그러나 한족의 구연예술은 현실과 밀착된 내용뿐만 아니라 현실생활과
일정한 거리를 둔 내용들도 광범위하게 나타내고 있는 특징을 보여주고
있다. 이제 그 대표적인 몇 구체적 구연예술 형태를 구체적으로 대비하

---

8) 1991년 11월 20일 전국적인 〈姜東春漫談表演藝術曁朝鮮族曲藝硏討會〉에 참가한 조
　선족과 漢族을 비롯한 많은 학자들에 의해 이 문제가 거론되었는데 비교적 일치한 견
　해를 가져오고 있다.

는 가운데서 보도록 하자. 만담을 놓고 볼 때 조선족의 것은 거의 즉흥적이다 할 정도로 당면 현실의 그 어떤 문제점에 촉발점을 두고 있으나 한족의 것은 대개 일정한 이야기줄거리가 있는 옛말에 많이 치우치다 보니 결국 설화(評書)와 구별을 가져오기 어렵게 되면서 흐지부지 해지고 말았던 것이다. 재담을 놓고 보더라도 조선족 것이 대개 다 코 앞 현실의 그 어떤 것에 대한 가송과 폭로에 기울어졌다면 한족 것은 이런 내용말고도 인간 본연의, 인간 일반의 그 어떤 약점, 허점을 꼬집는 것들도 그 내용의 심도와 광도를 나타내고 있다.

여섯째, 구연예술형식의 산생 경위를 놓고 볼 때 조선족은 만담, 재담, 판소리 등 전래적인 구연예술을 제외한 새로 창제된 구연예술은 전부 다 전업적인 예술인들이 고안하고 창작해낸 것이다. 조선족의 새로 창제된 구연예술형식은 실로 조선족구연예술의 선구자이고 개척자인 최수봉의 이름과 갈라놓을 수 없는 것이다. 그러나 상대적으로 한족의 새로 창제된 구연예술형태들은 예술인들의 집단적인 창조물로 고안하고 창작한 것이 많다. 그리고 그 구체적인 창조 메커니즘을 보면 조선족은 자체의 전통적인 맥락에서 영양분을 흡수하지 않은 것은 아니지만9) 많이는 다른 민족, 주로는 한족의 구연예술형태들로부터 계발을 받고 영양분을 흡수하여 새로운 창작을 했던 것이다. 최수봉이 「연변창담」의 성공을 위해 참관방문단을 조직하고 거의 전국의 방방곡곡을 답사하며 의식적으로 여러 소수민족, 더욱이는 한족들의 구연예술을 관람하고 연구한 것은 그 전형적인 보기로 되겠다. 조선족은 구연예술작품의 구체적 창작에서도 이런 특징을 내비치고 있는데 강동춘의 만담에서 이것을 보게 된다10). 그러나 漢族들은 새 구연예술형태를 창조함에 있어서 주

---

9) 「연변창담」에서의 전통적인 민요 〈수자풀이〉의 절주가 선명하고 강한 선율의 채택, 「북타령」에서의 전통적인 민요 〈장타령〉의 해학적인 가사특징을 본 딴 것 등은 그 좋은 보기로 된다. 최수봉의 신불출 작을 각색한 〈입담풀이〉 등은 그 구체적 창작에서의 보기로 되겠다.

10) 강동춘이 漢族재담작품들에 기초하여 각색한 일부 만담, 재담작품들은 전형적으로 이것을 보여준다.

로는 자체의 전통적인 맥락 그리고 부동한 지방의 구연예술형태들의 특이성을 참작하면서 진행했다. 북방의 재담과 남방의 골계주의 결합으로 나타난 化粧相聲은 그 전형적인 보기로 되겠다.

Ⅳ.결 말

이상 서술을 통하여 조선족현대구연예술의 대체적인 갈래 및 그 특징이 얼마간 드러난 줄로 안다. 조선족현대구연예술의 우세와 열세도 잘 드러난 줄로 안다. 그럴진대 그 현상적 서술의 당연한 결과로서 그 원인 및 그것의 전망에 대한 분석도 따라 가야 하겠으나 그것은 다음 기회로 미루고 여기서는 생략하기로 한다.

끝으로 부대적으로 말해둘 것은 위에서도 약간 언급했지만 조선족현대구연예술이 그 내용 면에서 독특한 조선족생활반영, 그 표현형식의 언어구사 면에서 강한 지방적 방언적 특색 및 한어(漢語), 조선어의 언어희회(戲畵)적 사용 등 면에서 남북한을 망라한 한반도의 구연예술과 상이한 특색을 나타내고 있는데 이것은 비교연구의 좋은 테마가 될 줄로 안다. 그러나 자료 등 여러 방면의 제한으로 말미암아 여기서는 그것에 대한 고찰을 할애하기로 한다.

조선족현대구연예술에 대해서는 여러 각도와 방법으로 접근할 여지가 많다. 본고는 근근히 대체적인 소개에 불과하다. 본고가 여러 동인들의 흥취를 불러일으킬 수 있다면 필자는 그것으로 족하겠다.

참고 서적 및 잡지

① 汪景壽, 藤田香〈相聲藝術〉북경대학출판사 1992. 8
② 〈說唱叢刊〉 1992. 1
③ 〈曲藝〉 1992. 1~4

* 본 논문의 많은 자료는 이미 작고한 최수봉 선생이 1991년에 직접
필자에게 제공한 것이다. 이에 특히 감사의 의를 표하는 바이다.

(한국 〈문학과 언어〉 제25집 2002년)

1992. 10

중국조선문 신문잡지유 열람현황 분석

중국공산당 11기3중전회전에는 중국(이하 「중국」약함)조선문신문잡지유가 가물에 콩나듯 〈연변일보〉, 〈연변문예〉, 〈송화강〉 등 두세 종류밖에 안되는 가련한 국면에 처해있었다. 그러나 당의 11기3중전회후 개혁개방의 봄바람을 타고 우리 조선문신문잡지유는 우후죽순마냥 용솟음쳐 나오게 되었다. 그리하여 지금은 무려 27종의 조선문신문잡지유가 선보이고 있다.

이에 필자는 얼마 전에 이러한 조선문신문잡지유가 조선족독자들에게 읽히우고 있는 상황을 요해하고저 「중국조선문신문잡지유중학생열람현황조사표」, 「중국조선문신문잡지유대학생열람현황조사표」, 「중국조선문신문잡지유지식인열람현황조사표」, 「중국조선문신문잡지유노동자열람현황조사표」, 「중국조선문신문잡지유농민열람현황조사표」, 「중국조선문신문잡지유개체업자열람현황조사표」를 만들어 사회조사를 진행했다. 이제 조사결과 및 그 분석을 펴 보이면 아래와 같다.

Ⅰ. 중학생열람현황분석

1)조사대상: ① 중학생 600명, 이 가운데 초중생 300명, 고중생 300명
　　　　　　　초중 1학년 100명, 이 가운데 남자 50명, 여자 50명
　　　　　　　초중 2학년 100명, 이 가운데 남자 50명, 여자 50명
　　　　　　　초중 3학년 100명, 이 가운데 남자 50명, 여자 50명
　　　　　　　고중 1학년 100명, 이 가운데 남자 50명, 여자 50명
　　　　　　　고중 2학년 100명, 이 가운데 남자 50명, 여자 50명
　　　　　　　고중 3학년 100명, 이 가운데 남자 50명, 여자 50명
　　　　　② 연길시3중에서 초중 1학년, 초중 2학년 선정
　　　　　　　연길시5중에서 초중 3학년 선정
　　　　　　　연변1중에서 고중 1학년, 고중 2학년 선정
　　　　　　　연길시2중에서 고중 3학년 선정

2)조사결과표

신문잡지유	애 독		일 반		안 봄	
	인수	퍼센트	인수	퍼센트	인수	퍼센트
중학생보	294	49	172	28.67	134	22.33
연변라지오 테레비죤신문	241	40	169	28	190	32
종합참고	236	39.5	169	28	190	32
대중과학	149	24.8	170	28.3	281	46.9
연변일보	148	24.67	264	44	188	31.33
생활안내	143	23.83	169	28.17	288	48
반월담	143	23.83	153	25.5	304	50.67
청년생활	126	21	170	28.33	304	50.67
연변녀성	103	17.17	163	27.17	334	55.66
천지	94	15.67	171	28.5	33.5	63.16
중국조선어문	85	14.17	136	22.67	379	63.16

신문잡지유	애 독		일 반		안 봄	
	인수	퍼센트	인수	퍼센트	인수	퍼센트
길림신문	84	14	198	33	318	53
중국조선족교육	78	13	123	20.5	399	66.5
문학과 예술	72	12	128	21.33	400	66.67
은하수	71	11.83	158	26.33	371	61.83
도라지	67	11.17	164	27.33	369	61.5
아리랑	65	10.83	149	24.83	386	64.34
송화강	58	9.67	140	23.33	402	67
흑룡강신문	56	9.33	101	16.83	443	73.84
진달래	47	7.83	123	20.5	430	71.67
료녕신문	40	6.67	114	18.67	448	74.66
지부생활	35	5.83	131	21.83	434	72.34
세계문학	28	4.67	113	18.83	459	76.5
예술세계	27	4.5	114	19	459	76.5
장백산	26	4.33	121	20.17	453	75.7
동북민병	24	4	122	20.33	454	75.67
민족단결	21	3.5	125	20.83	454	75.67

3) 분석

조서결과표를 놓고 볼 때 중학생들은 「애독, 일반, 안봄」 가운데서 대개가 「안봄, 일반, 애독」의 순서로 「애독」이 제일 적은 수를 차지하고 「안봄」이 제일 많은 수를 차지하며 「일반」이 그 중간 수를 차지하고 있다. 이는 우리 중학생들의 과외열독의 결핍을 단적으로 나타내고 있는 것이다. 제일 많이 읽히운다는 〈중학생보〉를 놓고 보더라도 그것이

중학생중의 절반이 될가말가 하며 그것도 초중 1학년에서부터 고중 3학년에 이름에 있어서 점차적인 하강선을 긋고 있으니 말이다. 사실 우리 조선족중학생들은 그 언어문자상의 제약 등으로 말미암아 이런 조선문신문잡지유는 실로 아주 좋은 과외열독물로 되는 것이다. 그런데 그것이 그렇게 되지 못하고 있는 데에 대해서는 어떻게 설명해야 되는 것인지?

그것은 첫째, 우리 신문잡지유가 거개가 사회성인들을 대상으로 하고 있지 중학생들을 대상으로 하지 않았기 때문에 그 내용상 중학생들과 너무 떨어져 있다. 〈중학생보〉가 제일 많이 읽히우고 다른 것들이 그리 읽히우지 않는 것은 이를 단적으로 설명해준다. 이러한 실정으로 놓고 볼 때 앞으로 중학생들의 바람직한 과외열독열을 높이려면 하루빨리 중학생들을 대상으로 한 신문잡지를 더 꾸려 현 단계의 〈중학생보〉밖에 없는 국면을 돌려 세워야 한다.

둘째, 숙제포치의 포화 및 진학압력 등으로 말미암아 과중한 과외학습부담은 우리 중학생들이 차분한 분위기 속에서 이런 신문잡지유를 접할 마음의 여유를 잃게 하고 있다. 필자가 접촉한 많은 중학생들은 모두가 '언제 시간이 있어 그런 것들을 다 읽겠어요'하는 식의 시간 딸림을 호소하고 있다. 이들은 과외시간에 그 부담거리로밖에 느껴지지 않는 숙제만 부리나케 해치우면 만사대길인 것으로 알고 고작 달라붙는다는 것이 텔레비죤 같은 것이다. 특히 초중 3학년과 고중 3학년 같은 진학시험의 압력을 코앞에 느끼고 있는 중학생들은 더구나 그런 마음의 여유를 잃고 있다. 이들은 '텔레비 볼 시간조차 없는데 언제 그런 것을…' 하는 식이다. 그리하여 초중 3학년과 고중 3학년이 다른 학년보다 이런 신문잡유열람이 몹시 떨어지고 있음은 아주 당연하다. 더욱이 고중 3학년학생들은 진학을 위한 시험공부에만 매달리다보니 눈코뜰새 없다는 것이다. 많은 중학생들은 〈세계문학〉, 〈진달래〉, 〈동북민병〉, 〈민족단결〉 같은 잡지들이 있는 것도 모르고 있다. 사실 〈중국조선어문〉, 〈중국조선족교육〉, 〈반월담〉같은 잡지들을 통해서도 중학생들이 장악해야 할 많은 것들을 배워낼 수 있건만 그렇게 되지 못함은 우리 교원들의 중학생들의 학습생활조직에 대한 그 어떤 맹점을 말해주고 있지 않는지?

셋째: 우리 중학생들에게는 이런 신문잡지유를 열람할 가정분위기가 주어지지 못하고 있다. 우리 중국조선족들은 조선에서 넘어온 월경민족으로서 우선 삶의 영위를 위해 많이는 농민 내지는 노동자로 전락되고 말았던 것이다. 조사에 응한 절대 다수의 중학생들의 가정상황을 놓고 보면 거의가 다 노동자가정이 아니면 농민가정이다. 우리 조선족들은 교육열이 높아 노동자, 농민 할 것 없이 자녀들의 공부를 위해 물심양면으로 배려를 하고 있음에도 불구하고 우선 그들 자신부터가 '책보는 습관'이 없는 만큼 그 자식들에게도 영향을 끼치고 있다. 우리의 많은 가장들은 아예 이런 조선문신문잡지유를 주문조차도 하지 않고 있다. 그리고 가령 주문하더라도 일부 가장들은 '선생이 배워주는 거나 잘하라'는 식으로 이런 신문잡지유는 중학생들이 볼 바가 아닌 것으로 여겨 그 열람을 엄금하고 있다. 그리하여 우리의 많은 중학생들은 집에 돌아와서는 자연히 '책보는 습관'이 없는 것이다. 우리의 많은 중학생들은 대개 학교도서관이나 열람실에 이런 신문잡지유를 시간이 있는 대로 좀 볼뿐이지 집에 돌아와서는 거의 접하지 않는다는 것이다.

물론 우리의 조사대상은 연길시 네 개 중학교 뿐 이였으므로 다른 도시의 중학교, 그리고 광범한 농촌중학교를 무시한 그런 맹점을 피면할 수 없다. 그러나 상기의 조사분석을 통해 대체적이나마 우리 중학생들의 조선문신문잡지유 열람현황을 알 수 있는 것만은 사실이다.

2. 대학생열람현황분석

1)조사대상: ① 400명 즉 1학년 100, 2학년 100명, 3학년 100명, 4학년 100명.

② 매 학년에 문과, 이과 인원수를 각기 50명씩 하였으며 그리고 이 50명 가운데 남녀인원수를 각기 25명

씩 하였음.

2)조사결과표

신문잡지유	애 독		일 반		안 봄	
	인수	퍼센트	인수	퍼센트	인수	퍼센트
종합참고	156	39	123	30.75	121	30.25
연변여성	137	34.25	140	35	123	30.75
반월담	137	34.25	150	37.5	113	28.25
도라지	128	32	166	41.5	106	26.5
은하수	114	28.5	157	39.25	129	32.25
생활안내	111	27.75	145	36.25	144	36
장백산	108	27	95	23.75	197	49.25
연변일보	107	26.75	178	44.5	115	28.75
천지	106	26.5	151	37.75	143	35.75
길림신문	102	25.5	162	40.5	136	34
아리랑	89	22.25	121	30.25	190	47.5
연변라지오 텔레비죤신문	88	22	128	32	184	46
대중과학	78	19.5	210	52.5	112	28
세계문학	74	18.5	99	24.75	227	56.75
문학과 예술	73	18.25	112	28	215	53.75
송화강	70	17.5	188	47	142	35.5
요녕신문	63	15.75	189	47.25	148	37
청년생활	205	51.25	107	26.75	88	22
진달래	61	15.25	91	22.75	248	62
흑룡강신문	55	13.75	257	64.25	88	22
예술세계	45	11.25	71	17.75	284	71
중국조선어문	35	8.75	90	22.5	275	68.75

중국조선족교육	31	7.75	91	22.75	278	69.5
동북민병	21	5.25	66	16.5	313	78.25
지부생활	12	3	72	18	316	79
민족단결	7	1.75	58	14.5	335	83.75

3) 분석

대학생들은 중학생보다는 그 차원이 높으나 여전히 학교라는 울타리를 벗어나지 못한 단순성을 나타내고 있다. 그러나 이들은 이제 곧 사회에 들어설 준지식인으로서 학교와 사회의 중간지대에 처해있는 복잡성도 나타내고 있다. 그럴진대 이들은 나름대로의 열람상황을 이루고 있다. 이제 그것을 구체적으로 보면 첫째, 호기심이 많은 중학생들은 그 열람이 신문잡지유 전반에 미치는 그 어떤 맹목성을 띠였다면 대학생들은 그래도 어느 정도 선택성, 경향성을 나타내어 목적의식성을 띠고 있다. 그리고 「애독」과 「일반」을 합한 수가 「안봄」보다 그 어느 계층에 비해 보편적으로 많음을 나타내고 있다. 이는 우리 대학생들이 전문적인 독서인들로서의 왕성한 독서열을 말해준다. 이러한 왕성한 독서열 속에서 우리 대학생들은 다른 계층과 비슷한 열람특징을 나타내기도 한다. 이를테면 청년으로서 〈청년생활〉을 많이 보기 마련이라면 〈연변여성〉, 〈은하수〉 유는 그 종합성으로서 이들의 소일거리로 충당되기에 족한 것이었다. 그리고 또 이와 같은 독서열 속에서 중학생들의 그 맹목성도 얼마간 드러내고 있다. 이러한 상황은 학년이 낮으면 낮을수록 더 보편적임을 알 수 있다. 이를테면 1학년들의 열람에서 제일 많이 「애독」되는 수와 제일 적게 「애독」되는 수가 30~5명 사이로서 그 폭도가 크지 않으나 2학년들의 열람에서는 51~5명 사이, 3학년들의 열람에서는 55~4명 사이, 4학년들의 열람에서는 59~0명 사이로서 그 폭도가 점점 커짐을 알 수 있다. 이는 또 대학생들은 그 학년이 높으면 높을수록 점점 그 열람에서 선택성, 경향성을 나타내고 있음을 알 수 있다.

둘째, 대학생들은 준지식인으로서 지식적 차원이 비교적 높다. 진학시험의 압력이 이미 없어진 이들은 시야를 넓히고 지식을 배우는 황금 계절에 처해있는 것으로서 구지욕이 강하다. 이는 이들의 전반적인 열람 상황에서 「안봄」이 아주 적은 수로 나타나고 있다. 이들은 또 과외 지배시간이 상대적으로 많은 만큼 차분한 분위기 속에서 문학작품을 열람할 마음적, 시간적 여유가 있다. 그리고 감정이 섬세하고 충동을 심하게 받으며 자아감각에 쉽게 빠지군 하는 이들의 연령적 특점은 깊은 감명을 주는 문학작품 열독에 집착하는 적극성을 나타내게 한다. 즉 시간을 보내기 위한 소일거리보다는 예술작품을 많이 열독하고 있음을 알 수 있다. 때문에 대학생들에게 있어서 문학잡지의 열독율은 상당히 높다. 〈세계문학〉같은 것은 중학생들에게는 있는지 없는지도 모르는 존재였지만 대학생들에게는 그 「애독」이 증가되며 학년이 높음에 따라 그 「애독」수가 더 높아진다. 이를테면 1학년 4명, 2학년 10명, 3학년 28명, 4학년 32명이다.

그리고 전업성적 지식을 추구하고 있는 대학생들에게는 전업성적 잡지에 대한 열람도 훨씬 높은 것이다. 이를테면 다른 계층에서는 그리 읽히우지 않는 〈문학과 예술〉이 이들에게 있어서는 1학년 9명, 2학년 18명, 3학년 21명, 4학년 25명의 도합 73명인데 그것은 18.25%로서 일정한 비율을 나타내고 있다. 이외 〈중국조선어문〉, 〈중국조선족교육〉 같은 전업성적 잡지도 자기의 상응한 대학생독자들을 갖고 있다. 이런 전업성적 잡지들은 상식적인, 대중적인 차원의 지식보다는 전업적인 심도가 있는 전문적인 지식을 제공하는 것으로서 대학생들의 보다 높은 차원의 구지욕을 충족시킬 수 있어 그들에게 「애독」되고 있음은 아주 당연하다.

이상 분석은 대학생들이 언어문자의 제약을 제일 적게 받으며 사유의 개방, 구지욕의 포만 등으로 말미암아 중국문신문잡지유를 많이 열람하는 상황임을 감안할 때 조선문신문잡지유가 대학생들에게는 그래도 적지 않게 읽히움을 알 수 있다.

3. 지식인열람현황분석

1)조사대상: 연령층에 따른 도합 250명

이를테면 18~29세 사이 50명, 이 가운데 남자 25명, 여자 25명.

30~39세 사이 50명, 이 가운데 남자 25명, 여자 25명.

40~54세 사이 50명, 이 가운데 남자 25명, 여자 25명.

55~59세 사이 50명, 이 가운데 남자 25명, 여자 25명.

60세 이상 50명, 이 가운데 남자 25명, 여자 25명.

2)조사결과표

신문잡지유	애 독		일 반		안 봄	
	인수	퍼센트	인수	퍼센트	인수	퍼센트
연변일보	141	56.4	77	30.8	32	12.8
연변라지오 텔레비죤신문	115	46	78	31.2	57	22.8
종합참고	104	41.6	79	31.6	87	26.8
길림신문	92	36.8	91	36.4	67	26.8
반월담	88	35.2	99	39.6	63	25.2
청년생활	87	34.8	92	36.8	71	28.4
생활안내	81	32.4	85	34	84	33.6
가정신문	81	32.4	82	32.8	87	34.8
연변여성	78	31.2	79	31.6	93	37.2
천지	75	30	76	30.4	99	39.4
대중과학	70	28	99	39.6	81	32.4
중국조선족교육	65	26	83	33.2	102	40.8
지부생활	61	24.4	79	31.6	110	44
흑룡강신문	57	22.8	64	25.6	129	51.6
도라지	57	4	4	25.6	129	51.6

은하수	56	3.5	66	26.4	128	51.2
장백산	53	21.2	68	27.2	129	51.6
송화강	51	20.4	69	27.6	130	52
문학과 예술	45	18	64	25.6	141	56.4
중국조선어문	42	16.8	36	14.4	172	68.8
아리랑	39	15.6	25	10	186	74.4
진달래	35	12.4	42	16.8	177	70.8
요녕신문	28	11.2	39	15.6	183	73.2
세계문학	23	9.2	36	14.4	191	76.4
동북민병	17	6.8	34	13.6	199	79.6
예술세계	14	5.6	28	11.2	208	83.2
민족단결	14	5.6	11	4.4	225	90

3) 분석

위의 도표가 보여주다시피 지식인들은 그 열람이 다른 계층에 비해 비교적 높은 비율을 나타내고 있다. 이를테면 첫째, 〈연변일보〉, 〈종합참고〉, 〈길림신문〉, 〈반월담〉과 같은 정치시사성이 강한 신문잡지유가 다른 계층에 비해 그 「애독」비율이 보편적으로 높다. 이를테면 다른 계층가운데서의 이러한 신문잡지유를 가장 많이 「애독」하는 비율과 비길 때도 각기 10%, 2%. 4%. 14%이상 높다. 이것은 세상사에 대한 그들의 자별난 관심과 가라놓을 수 없다. 신문잡지유 가운데서 당정시사를 제일 민감하게 많이 싣고 있는 〈반월담〉이 그 「애독」 비율이 제일 높은 그 자체도 이를 단적으로 설명해주고 있다.

둘째, 전업성이 강한 잡지가 다른 계층의 절대적인 「안봄」에 비해 열람율이 높음을 알 수 있다. 〈문학과 예술〉, 〈중국조선어문〉, 〈중국조선족교육〉 등 잡지들이 노동자계층에서는 각각 9.6%, 10.8%, 9.2%를 차지하고 농민계층에서는 3.2%, 0%, 0%를 차지하며 상업계층에서는 1.6%, 1.6%, 0%를 차지하지만 이 계층에서는 18%, 16.8%, 26%로서 그 「애독」의 엄청난 대비를 이루고 있다.

셋째, 60세 이상의 열람현황을 살펴보면 지식인계층이 다른 계층에 비해 「애독」율이 엄청나게 높음을 보아낼 수 있다. 뿐만 아니라 지식인계층의 60세 이상의 열람은 적지 않은 신문잡지유에서 60세 이하 사람들보다 보편적으로 그 열람비율이 높음을 알 수 있다. 이를테면 〈길림신문〉은 그 「애독」이 11명인데 지식인계층에서 제일 많이 「애독」되는 것으로서 노동자, 농민, 상업계층에 비해 평균 10명 더 많다. 그리고 〈가정신문〉, 〈천지〉, 〈반월담〉, 〈연변일보〉 등도 노동자, 농민, 상업계층의 60세 이상의 열람상황에 비해 그 수가 많을 뿐만 아니라 동일한 지식인계층의 다른 연령층에 비해서도 그 「애독」수가 많음을 알 수 있다. 이는 지식인계층의 60세 이상의 연령층이 정년퇴직후의 '책보는 습관'의 관성에 의한 '고질'도 '고질'이거니와 신문잡지유열람이 만년의 정신문화생활의 기본을 이루고 있음을 알 수 있다.

4. 비지식인계층열람현황분석

1) 조사대상: ① 노동자, 농민, 개체업자(주로 상업종사).
각기 250명, 도합 750명.
② 노동자, 농민, 개체업자 각 계층의 각 연령층은 다음과 같다.
18~29세 사이 50명, 이 가운데 남자 25명, 여자 25명.
30~39세 사이 50명, 이 가운데 남자 25명, 여자 25명.
40~54세 사이 50명, 이 가운데 남자 25명, 여자 25명.
55~59세 사이 50명, 이 가운데 남자 25명, 여자 25명.
60세 이상 50명, 이 가운데 남자 25명, 여자 25명.

2) 조사결과표(「애독」 상황에 비추어)

신문잡지유	애 독			일 반			안 봄		
	인수	퍼센트	차수	인수	퍼센트	차수	인수	퍼센트	차수
연변라지오 텔레비죤신문	132	52.8	1	136	54.4	1	120	48	2
연변일보	84	33.6	4	47	18.8	7	88	35.2	5
길림신문	64	25.6	8	82	32.8	2	14	5.6	19
요녕신문	56	22.4	12	0	0	22	0	0	26
청년생활	100	40	2	52	20.8	5	75	30	6
연변여성	93	37.2	3	48	19.2	6	61	24.4	7
천지	65	26	6	16	6.4	14	35	14	12
장백산	65	26	7	21	8.4	12	42	16.8	9
송화강	60	24	11	10	4	17	22	8.8	15
도라지	50	20	14	15	6	15	37	14.8	11
아리랑	50	20	15	13	5.2	16	35	14	13
은하수	44	17.6	16	31	12.4	9	29	11.6	14
지부생활	44	17.6	17	25	10	11	8	3.2	20
예술세계	40	16	18	0	0	23	7	2.8	21
대중과학	39	15.6	19	32	12.8	8	16	6.4	16
중국조선어문	27	10.8	20	0	0	24	4	1.6	23
반월담	25	10	21	29	11.6	10	51	20.4	8
문학과 예술	24	9.6	22	8	3.2	19	4	1.6	22
중국조선족 교육	23	9.2	23	0	0	25	0	0	27
민족단결	22	8.8	24	0	0	26	1	0.4	25
동북민병	15	6	25	1	0.4	21	3	1.2	24
진달래	14	5.6	26	0	0	27	16	6.4	17
세계문학	2	4.8	27	3	1.2	20	15	6	18

3)분석

위의 도표에서 〈청년생활〉, 〈연변여성〉 등이 비지식인계층에서 「애독」
되는 비례수가 비교적 우세를 차지함을 볼 수 있다. 그것은 이러한 잡지유
가 그 어떤 학술적인 전문보다는 취미성 본위의 대중성을 띠고 있기에
정신적 소일거리 선택으로 신문잡지유를 접하는 이 부류의 사람들에게
「애독」됨은 아주 자연스러운 일이다. 대체적으로 볼 때 이 부류의 「애
독」상황을 보면 농민, 개체업자, 노동자의 순으로 그 비율이 높아 감을
알 수 있다. 이것은 주로 이 부류에 속하는 노동자, 농민, 개체업자 각
자의 직업적 특성에 의해 제약되고 있음을 알 수 있다. 이를테면 노동
자들은 일반적으로 고정된 직업에 생활상 상대적온정성을 갖고 있는 것
으로서 8시간 출근 외에 신문잡지유를 접할 시간적 여유, 마음의 여유
가 주어져 있다. 하여 총체적으로 볼 때 이들의 「애독」상황은 농민이나
개체업자에 비해 비교적 온정하며 상대적으로 「애독」수량이 많다. 「애
독」이 전혀 없는 신문잡지유가 없다. 이에 반해 개체업자, 농민들은 바
로 이 시간적 여유, 마음의 여유가 없기 때문에 신문잡지열람이 뒤떨어
지고 있다. 개체업자의 경우를 놓고 볼 때 이들은 하루시간을 자기 마
음대로 지배하되 쉬는 시간, 돈버는 시간이 따로 없이 '돈벌이'에만 분
망히 보내다보니 이런 신문잡지유를 접할 시간이 없다. 필자가 접한 개
체업자들은 대개 다 '언제 시간이 있어 그런 것을 다 보나'하는 식이다.
이들은 고작 물건을 구입하고 돌아오는 기차 안에서와 같은데서 순전히
소일거리로 이런 신문잡지유를 좀 접할 뿐이다. 그리고 농민의 경우를
놓고 보더라도 이들은 절기에 매인 농사일, 그리고 농한기의 부업 등으
로 이런 신문잡지유를 접할 시간이 그리 없다. 간혹 시간이 있다손 치
더라도 고된 농사일은 이들로 하여금 '책보'는 정신문화생활을 할 흥취
를 자아내지 못하게 하고 있다. 이로부터 우리 연변의 많은 농촌마을마
다 문화도서실이 있기는 하나 그 안의 조선문신문잡지유는 극히 일부의
청년들 사이에서 좀 읽히울 뿐 그것이 많은 독자들을 상실하고 있다.

그러면 아래에 「애독」상황을 통해서 보게 된 이 부류의 열람 특성을

좀 구체적으로 살펴보기로 하자.

첫째, 위의 도표에서 알 수 있다시피 「애독」에서 앞의 5위를 차지하는 신문잡유 가운데서 개체업자가 5부 신문, 농민계층이 4부 신문, 노동자계층이 3부 신문임을 알 수 있다. 여기서 개체업자가 농민, 노동자에 비해 신문애독이 높은 것을 알 수 있다. 좀 더 구체적으로 보면 〈연변일보〉가 노동자계층이 33.6%, 농민계층이 18.8%이지만 개체업자계층에서는 35.2%이며 〈종합참고〉가 노동자계층이 25.6%, 농민계층이 8.4%이지만 개체업자계층에서는 39.2%의 우위를 차지하고 있음을 알 수 있다. 이는 주로 개체업자들이 노동자, 농민에 비해 보다 시사에 민감하며 부단히 새로운 정보를 얻으려는 심리적 특성에 기인된다. 일회성적인 토막토막의 뉴스를 많이 싣는 신문의 특성이 개체업자들의 이런 심리에 응했던 것이다. 〈반월담〉이 노동자계층에서는 10%농민계층에서는 11.6%이지만 개체업자계층에서는 20.4%의 우위도 그간의 사정을 잘 말해주고 있다.

둘째, 문학작품을 주로 싣는 잡지유는 그 열람에 있어서 비교적 신경을 많이 써는 반면에 여운을 남기며 사람들의 마음을 지꿎게 사로잡는다. 상기의 도표에서 우리는 문학작품을 주로 싣는 잡지유 「애독」상 노동자들이 농민, 개체업자보다 우위를 차지하고 있음을 알수 있다. 이를테면 〈천지〉는 노동자가 26%, 농민 6.4%, 개체업자 14%, 〈장백산〉은 노동자 26%, 농민 4%, 개체업자 8.8%이며 〈도라지〉는 노동자 20%, 농민 6%, 개체업자 14.8%이며 〈아리랑〉은 노동자 20%, 농민 52%, 개체업자 14%이다. 문학작품을 주로 싣는 신문잡지유열람에서의 이상과 같은 상황은 대개 위에서 분석한 노동자, 농민, 개체업자 각자의 직업적 특점에 의해 주로 제약되고 있음을 알 수 있다.

셋째, 연령층으로 놓고 볼 때 18~54세 사이에서는 노동자계층이나 농민계층이나 개체업자계층이 그 「애독」상황에서 그리 큰 차이를 나타내지 않고 있다. 그러나 연령상한이 높아지면 높아질수록 그 차이를 점점 나타내고 있는 것은 또한 분명한 것이다. 그리하여 60세 이하의 노인들에게 이르러 「애독」상황을 비길 때 노동자, 농민, 개체업자들은 현저하게 상이한 차이를 보이고 있다. 노동자계층에서는 27종 신문잡지 중에서 〈문학과 예술〉, 〈중국조선어문〉, 〈중국조선족교육〉, 〈예술세계〉, 〈반월담〉 등과 같은 전업성이 강하고 발행된지 얼마 안 되는 몇 잡지를 제외하고는 많게 적게 다 「애독」수가 있으나 농민이나 개체업자는 이와 상반된 상황을 나타내고 있다. 개체업자계층에서는 〈종합참고〉 11명, 〈가정신문〉 7명, 〈생활안내〉 11명, 〈천지〉 2명, 〈장백산〉 7명, 〈연변일보〉 5명, 〈은하수〉 4명, 〈연변텔레비죤신문〉 8명이 「애독」될 뿐 나머지는 다 영으로 나타나고 있다. 이상 상황을 놓고 볼 때 60세 이상 노인들 가운데서 노동자계층이 그래도 신문잡지유열람에서 제일 활약적임을 알 수 있다. 이러한 상황은 노동자, 농민, 개체업자 각 계층의 노인들의 만년의 경제적 생활여건, 마음의 여유, 생활방식추구 등등의 차이에서 기인되고 있음은 아주 명백하다.

5. 종합적인 열람현황분석

1) 종합조사대상: 연길시 중학생, 대학생, 지식인, 비지식인(노동자, 농민, 개체업자 포함) 도합 2000명.

2) 종합조사결과표

신문잡지유	애 독		일 반		안 봄	
	인수	퍼센트	인수	퍼센트	인수	퍼센트
연변라지오 텔레비죤신문	860	43	512	25.6	628	31.4
종합참고	669	33.45	526	26.3	805	40.25
청년생활	668	33.4	525	26.15	809	40.45
생활안내	593	29.65	543	27.15	864	43.2

연변일보	587	29.35	710	35.5	703	35.15
연변여성	534	26.7	596	29.8	870	43.5
반월담	464	23.2	467	23.35	1069	53.45
길림신문	426	21.3	598	29.9	976	48.8
천지	387	19.35	601	30.05	1012	50.6
대중과학	384	19.2	601	30.05	1012	50.6
은하수	342	17.1	539	26.95	1119	55.95
도라지	340	17	532	26.6	1128	56.4
가정신문	335	16.75	279	13.95	1386	69.3
장백산	314	15.7	472	23.6	1214	60.7
송화강	271	13.55	504	25.2	1225	61.25
흑룡강신문	271	13.55	388	19.4	1341	67.05
아리랑	240	12	391	19.55	1369	68.45
문학과 예술	226	11.3	386	19.3	1388	69.4
중국조선족 교육	197	9.85	342	17.1	1461	73.05
중국조선어문	193	9.65	316	15.8	1491	74.5
요녕신문	185	9.25	384	19.2	1431	71.55
지부생활	187	9.35	379	18.95	1434	71.7
진달래	155	7.75	291	14.55	1554	77.7
세계문학	143	7.15	266	13.3	1591	79.55
예술세계	133	6.65	292	14.6	1575	78.75
동북민병	80	54	256	112.8	1664	83.2
민족단결	65	3.25	229	11.45	1706	85.3

3)종합분석

위의 도표에서 확연히 알 수 있는 것은 조사대상절반이상의 사람이 3분의 2의 신문잡지유에 대해 「안봄」에 기울어지고 있음을 알 수 있다. 이는 「애독」과 「안봄」이 반비례됨을 알 수 있다. 이런 상황하에서 「애독」열람상황에 준하여 그 전반적인 열람상황을 보건대 이러한 신문잡지유는 대개 그 내용의 실용성, 친밀도에 의해 「애독」되고 있음을 알 수 있다. 〈연변텔레비죤신문〉이 제일 많이 「애독」되고 있음을 알 수 있다. 〈연변텔레비죤신문〉이 제일 많이 「애독」되고 있는 것은 텔레비의 보급 사용과 아울러 그것이 그만큼 우리 대중 생활과 밀착되어 있기 때문이다. 그리고 〈종합참고〉, 〈생활안내〉 등 신문들도 많이 「애독」되는 것은 그것의 내용이 여하튼 우리 대중들의 생활의 '참고'가 되고 '안내'가 될 만한 것들이라는데 그 1차적 원인이 있지 않나 생각된다. 그리고 또 같은 성질의 신문일지라도 〈연변일보〉, 〈길림신문〉이 많이 「애독」되나 〈흑룡강신문〉, 〈요녕신문〉이 그리 「애독」되지 않는 것은 '연변', '길림'이라는 두 지역을 나타내는 용어가 조사대상들에게 있어서 그만큼 자기와 밀착되어 있는 까닭이 아닌가 생각된다. 잡지유 열람을 놓고 볼 때 〈청년생활〉, 〈연변여성〉같은 것들이 제일 많이 「애독」이라는 규정성적인 말을 달았음에도 불구하고 그 내용이 동서고금의 재미나는 일들을 많이 담아 대중들의 잡지열람의 취미성 본위에 영합함으로써 광범한 보편성을 기할 수 있었기 때문이다. 반면에 〈문학과 예술〉, 〈중국조선어문〉, 〈중국조선족교육〉 등 잡지들이 우리 독자들에게 있어서 「애독」율이 낮은 것은 그 전업성이 강한 내용상 특성 때문에 대중성을 상실해 그만큼 광범한 독자들과 멀어져 있었기 때문이다 것을 설명한다.

***   ***

이상 필자는 조선문신문잡지유가 조선족독자들에게 있어서의 그 열람상황을 조사결과표분석형식으로 알아보았다. 그러나 그것이 어디까지나 상대적이며 편면성을 가지지 않는다고는 단언할 수 없다. 우선, 조사에 응한 대상들을 놓고 볼 때 대개 다 연길시 및 그 부근에 국한된 것으로서 전반 조선족독자들을 대변하지 못함은 너무나 명백하다. 다음, 조사에 응한 독자들을 놓고 보더라도 그것은 수시로 변하며 교류되고 있는 활동체인만큼 그 열람상황도 부단히 변화되고 있는 것은 말할 것도 없다. 그러나 조사결과표분석이 조선문신문잡지유가 조선족독자들에게 있어서의 현시점의 열람상황을 얼마간이라도 말해준다고 할 때 필자는 그것으로 만족하겠다. 왜냐하면 그것은 앞으로의 우리의 한 개 새로운 출발점이 될 수 있기 때문이다.

중국 〈중국조선족문화연구〉 연변대학출판사 1993.

* 본 논문은 임향란 여사와 공동 작성한 것임을 특히 밝혀둔다.

1. 대비분석데이타:

중국조선족[1]측: 조선어판 2000년 1~4기 〈청년생활〉
「혼인상담」에 게재된 113명의 혼인광고.

한국측: 2000년 1월 〈애인구함〉(언어누연발행, 월간미팅정보지) 창간
호에 게재된 104명의 혼인광고

※대비분석의 가능성

두 잡지의 혼인광고 게재자들은 비록 부동한 사회환경 속에서 사는
사람들이라고는 하나 그들에게는 민족동질성이라는 동일한 점이 내재되
어 비교의 소지를 갖추고 있음.

그리고 비교의 과학성을 기하기 위하여 양국의 비슷한 시기 대표적인
혼인광고를 선택하였음을 여기서 밝혀 두는 바이다.

---

1) 이하 조선족으로 약함.

　그리고 조선족측 혼인광고에서 중복되어 나온 데이터는 하나만 선정했음을 밝혀둔다.

2. 대비분석

<도표1 양국의 혼인광고게재 남녀비율>

	남자수	%	녀자수	%	합계
조선족측	77	68.9	36	31	113
한국측	76	73	27	26	103
차이		4		5	

　본 도표에서 양국이 혼인광고게재에서 남자의 수가 여자의 수보다 월등이 많음을 알 수 있다. 조선족측의 남자들 수가 여자들 수의 두 배를 약간 웃돈다면 한국측의 남자들 수는 여자들 수의 세 배에 거의 육박하고 있다. 이것은 일단은 양국 공히 남자들의 외향적인 성격에서 그 원인을 찾으야 될 줄로 안다. 그리고 묘하게도 양국의 남자 대 남자, 여자 대 여자의 비율을 대비해보면 평균 4.5%의 차이를 보이면서 남녀 역전 비율을 나타내고 있다. 즉 조선족측 남자 수가 한국측 남자 수에 비해 4% 떨어지고 있는 반면에 조선족측 여자 수가 한국측 여자 수에 비해 5% 앞서고 있다는 것이다. 이것은 어쩌면 새 중국에서 장기간의 남녀평등, 여성해방의 모토 속에 상대적으로 陰盛陽衰적인 사회분위기 속에서 여성들의 활발한 움직임을 보여주는 반면 한국에서는 근대화를 성공시켰으되 아이니컬하게도 유교적인 부덕(婦德)을 고스란히 간직시켜 그것을 미덕으로 내세운 사회적 분위기 속에 전반적인 여성들의 내성적인 성격 특점을 말해주는 사회적 원인으로 해석할 수 있겠다.

<도표2 양국의 연령그라프>

* A. 조선족측 남자 B. 조선족측 여자 C. 한국측 남자 D. 한국측 여자

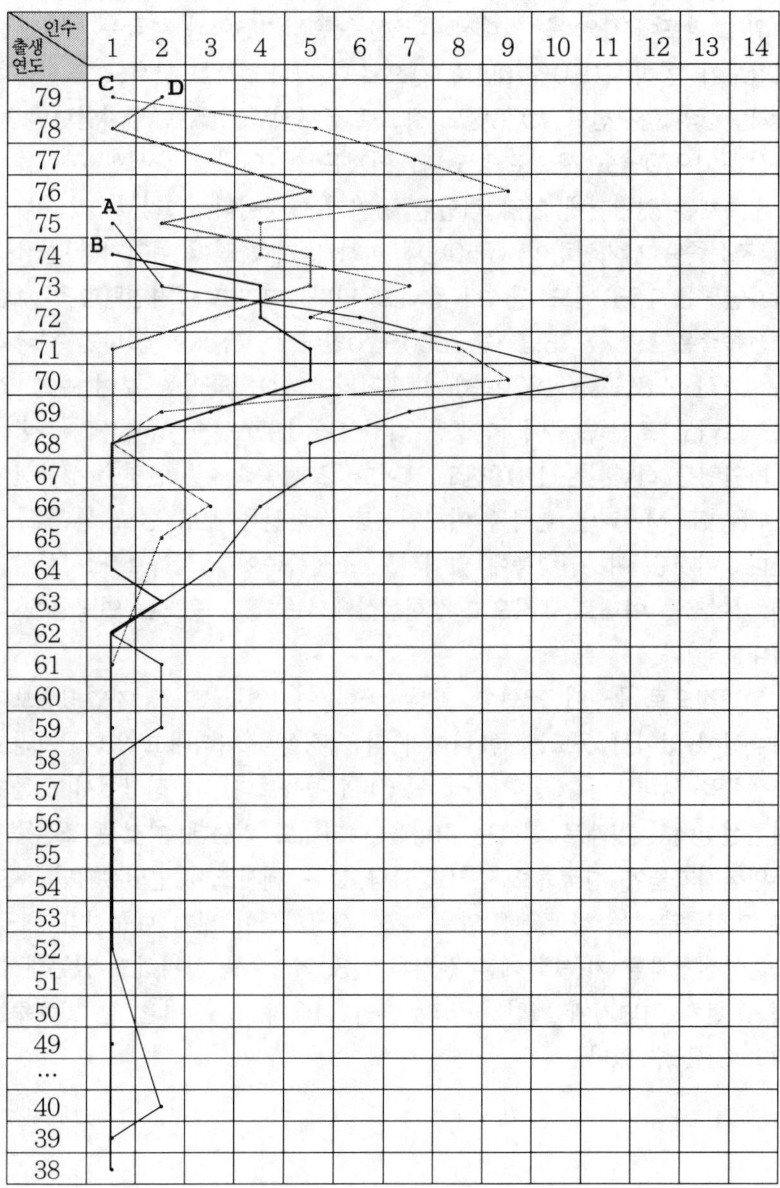

*본 표에서 상한선은 연도가 적은 쪽으로 향하고 하한선은 연도가 많은 쪽으로 향했음을 밝혀둔다.

위 그래프에서 알 수 있다시피 조선족측 남자연령과 한국측 남자연령 밀집도가 공히 1960~70년대 생으로 나타나고 있으면서도 조선족측 남자연령의 하한선이 1976년도 생으로 끝나지만 한국측 남자연령의 하한선은 1979년도 생으로 끝난다. 이것은 이 연대에 출생한 사람들이 초혼, 재혼 연령기에 가장 적합한 편이기 때문이다. 그리고 그 상한선이 조선족측 남자연령이 1950년대 이하로 계속 뻗어 나가지만 한국측 남자연령은 1961년도 생에서 끝나고 만다. 그리고 여자연령층을 보면 조선족측은 1968~73년 즉 1960~70년대에 밀집되어 있다면 한국측은 1971~78년 즉 1970년대에 밀집되어 있는 특징을 보여 주고 있다. 그리고 조선족측 여자연령층 하한선이 1976년도 생이라면 한국측 여자연령층 하한선은 1978년도 생이고, 조선족측 여자연령층 상한선이 1938년도 생이라면 한국측 여자연령층 상한선은 1967년도 생으로 끝난다. 이것은 여자연령층에 있어서도 조선족측이 한국측보다 하한선상에 있어서는 아래로 내려오고 상한선상에서는 훨씬 웃도는 연령층을 나타내고 있다.

전반적으로 볼 때 조선족, 한국 공히 여자연령층이 남자연령층보다 하한선에 있어서 웃도는 즉 나이가 적은 경향을 나타내고 있다. 그리고 조선족측 남녀연령층 공히 한국측 남녀연령층보다 상한선상에서 웃돌고 하한선상에서 아래로 처지는 경향을 나타내고 있는데 이것은 조선족측 혼인신청자들이 한국측보다 10명가량 많은 데서도 기인되겠지만 주로는 조선족측에는 한국측에 없는 재혼 신청자들이 많기 때문이다. 조선족혼인신청자들 가운데 재혼 신청자가 30%좌우를 차지하고 있는데 이것은 현재 격변기에 처한 중국의 혼인 실태의 일 단면을 잘 말해주는 것으로 볼 수 있다.

<도표3 조선족측 학력상황표 3-1>

학력	초중	고중	대학교	석박사	기타
인수 및 %	6 및 5.3	48 및 42.4	24 및 21.2	1 및 0.8	34 및 30

<한국측학력상황표3-2>

학력		고중	대학교	석박사	기타
인수 및 %		17 및 16.5	77 및 74.7	6 및 5.8	3 및 2.8

학력 레벨표시에서 중국과 한국이 약간의 차이는 있다고 하나 위 도표에서 분명한 것은 조선족측에서는 고중졸업자가 26.5%(중등전문학교를 포함할 경우에는 42.4%)로 가장 많은 비율을 차지하고 한국측에서는 대학졸업자가 74.7%로 절대적인 비율을 차지하고 있다. 그리고 석박사(한국의 대학원생)의 경우에는 조선족측이 0.8%를 차지하는 반면에 한국측은 5.8%를 차지한다. 그리고 무학력자가 절대다수를 차지할 기타 항을 보면 조선족측이 30%로서 다른 어느 항보다도 많은 비율을 차지하고 있는 반면 한국측은 2.8%로서 다른 기타 항에 비해 가장 낮은 비율을 나타내고 있다.

이것은 양국의 의무교육의 레벨, 대학교육의 보편화정도 등 상황을 나타내주는데 한국측이 조선족측에 비해 이 면에서 훨씬 앞서는 고학력사회의 특징을 드러내고 있다.

<도표4 조선족측 직업상황표 4-1>

직업	간부(공무원)	교원	회사원	전문기술직	개체업	기타
인수 및 %	9 및 8	4 및 3.5	17 및 15	8 및 7	29 및 25.6	43 및 38

<한국측 직업상황표 4-1>

직업	공무원	교원	회사원	전문기술직	대학원	기타
인수 및 %	5 및 4.8	2 및 1.9	26 및 25	21 및 20	8 및 8	39 및 37.8

위 표에서 보면 조선족측은 개체업이 25.6%로 가장 많은 비율을 차지하고 있는 반면에 한국측은 회사원이 25%로 가장 많은 비율을 차지하고 있다. 이것은 중국에서의 개혁개방 및 잇따른 시장경제의 충격하에 새로운 직업 선택의 궐기를 보여 주며, 한국에서의 근대화의 성공에 따른 가장 보편적인 직업 선택을 보여주고 있다. 그리고 중국에서 두 번째로 많은 직업으로 회사원이 15%로 나타났고 한국에서는 전문기술직이 20%로 나타났는데 이것은 중국의 근대화에 따른 새로운 직업 밀집상황의 한 단면을 나타내고 있고, 한국의 직업의 세분화, 첨단화에 따른 새로운 직업 밀집도를 나타내고 있다. 전문기술직 같은 경우를 볼 때 중국의 전문기술직은 7%로 낮은 편은 아니지만 아직도 의사, 요리사, 기사, 선원 등 전통적인 직업이 많지만 한국의 경우는 컴퓨터관련 프래그레머, 디자이너, 광고프로듀서, 미용사, 인테리어 등 현대 첨단과학기술을 이용하는 직업에 종사하는 사람들이 많다.

그리고 조선족측에서는 간부(한국의 공무원에 해당)가 8%로 한국측에서는 대학원생이 8%로 공히 세 번째 순위 직업 밀집도를 나타내는데 이것은 중국에서 간부직의 포화상태, 한국에서 군복무를 마치고 대학원생까지 오자면 장가시집 갈 나이가 다 되어 버리는 각기 그 나라 나름대로의 구체적 실정을 말해주는 것이라고 볼 수 있다.

<도표5 학력, 경제력에 대한 요구여부>

▶중국측 상황

학 력	초중	고중	대학교	석박사	합계	기타
인수 및 %	18 및 15	35 및 31	29 및 26	2 및 1.6	84 및 74.3	29및 25.6%
경제력	직업	집	고정수입	합계		
인수 및 %	43 및 38	24 및 21	27 및 24	94 및 83		

▶한국측 상황

학 력	중학교	고등학교	대학교	대학원	합계	기타
인수 및 %	0 및 0	8 및 7.7	14 및 13.5	17 및 16.5	39 및 37.8	64 및 62
경제력	직업	집	고정수입	합계		
인수 및 %	9 및 8.7	4 및 3.8	15 및 14	28 및 27		

도표 5에서 알 수 있다시피 학력 요구 면에서 조선족측은 고중(중등 전문학교 포함)이 31%로 가장 높은 비율을 나타냈고 한국측은 조선족 측의 석박사항에 해당하는 대학원이 16.5%로 가장 높은 비율을 나타 내고 있다. 전반적으로 놓고 볼 때 조선족측은 한국측에 비해 보다 낮은 학력요구를 타나내면서도 한국(37.8%)의 2배에 달하는 74.3%라 는 보편적인 학력 요구를 나타내고 있다. 이것은 무엇보다 일차적으로 는 중국이 아직 고학력시대가 아닌 만큼 학력에 대한 요구가 맹목성을 띤 보편적인데 반해 한국은 고학력시대의 도래와 더불어 유명무실보다 는 실제능력 중시의 보편적인 실속적 경향에 기인한다.

그리고 경제력 요구에 있어서 조선족측이 직업에 대한 요구가 38%

로 가장 높은 비율을 나타낸다면 한국측은 고정수입항이 14%로 가장 높은 비율을 나타내고 있다. 여기서 조선족직업에 개체업이 많은 비중을 차지하고 있는데 이것은 일종 새로운 경향을 나타내고 있음을 부언해둔다. 전반적으로 놓고 볼 때 경제력요구에서 조선족측이 한국측에 비해 훨씬 높은 비율을 나타내고 있는 것으로 한국측의 3배가 넘는 83%라는 거의 집념에 가까운 요구를 나타내고 있다. 이것은 현재 경제 중심의 개혁개방의 격변기 상황을 잘 나타내준다고 하겠다. 그리고 자본주의사회인 한국도 경제 중심이기는 중국과 마찬가지이겠지만 경제력요구 면에서 상대적으로 낮은 비율을 나타낸 것은 경제수입과 같은 개인적인 상황에 대하여 잘 문의하지 않는 보편적인 사회심리가 크게 작용한 것이라고 볼 수 있다.

상대방에 대한 요구상황에 있어서 전반적으로 놓고 볼 때 상대적으로 조선족측이 학력·경제력과 같은 상대방의 제2차적 사회적 여건획득여하 즉 물질적 면에 신경을 많이 썼다면 한국측은 본관, 연령, 키, 체중, 체형 더 나아가 혈액형과 같은 상대방의 제1차적 자연적 여건여하에 신경을 많이 쓴 경향을 나타내고 있다. 한국의 경우를 보면 거의 100%에 가까울 정도로 혼인광고게재자들은 본관, 연령, 키, 체중, 체형, 혈액형 같은 자연적 여건에 대해 자기 자신을 소개하는 것은 더 말할 것도 없고 상대방에 대한 요구에 있어서도 구체적으로 이 방면에 대한 요구를 제기한다. 심지어 어떤 여성들은 자아소개를 할 때 마치 미인선발대회에라도 나선 것처럼 자기의 바스트싸이즈, 허리싸이즈 내지는 히프싸이즈까지 자랑스럽게 말한다.

조선족측과 한국측 혼인게재자들은 위의 여러 면에서 많은 상이점을 나타내면서도 공동경향도 나타내고 있다. 가장 눈에 두드러진 것은 양국 공히 전통적인 혼인관을 드러내고 있다. 이를테면 연령, 키 면에 있어서 남자는 여자가 자기보다 적을 것을, 여자는 남자가 자기보다 클 것을 꼭 요구하는 것은 더 말할 것도 없고 남녀결합의 기본패턴에 있어서도 남자는 재간, 여자는 미색(男才女貌)이라는 경향을 나타내고 있다.

모종 의미에서 남자의 재간을 나타내주고 있다고 말할 수 있는 도표 5의 학력·경제력 요구에 있어서 여자가 남자보다 훨씬 많은 비중을 차지하고 키, 체중, 체형과 같은 제1차적 자연여건요구에 있어서 남자가 여자보다 훨씬 많은 비중을 차지하고 있음은 이를 단적으로 말해 주고 있다. 그리고 적지 않은 비중을 차지하고 있는 남자들의 여자들에 대한 유순함, 단정함, 정파다움(正派) 등 성격적, 도덕적 요구로 나타나는 의식무식적인 현처양모(賢妻良母)상의 갈구도 이를 잘 말해주고 있다. 이면에 있어서 조선족측이 한국보다 현대화가 덜 되어서 그런지 보다 강한 경향을 나타낸다.

이상 필자는 주로 근간의 혼인광고자료를 이용한 통계학적 비교분석방법으로 조선족측과 한국측의 혼인관계 방면의 특징들을 나름대로 고찰해 보았다. 그런데 필자가 통계분석에 이용한 자료들은 구경에는 제한된 자료들이고 그 분석에 있어서도 대체적인 경향들에만 신경을 썼지 보다 세밀하고 구체적인 대비분석을 기하지 못한 약점들이 없지 않아 있다. 이에 전문가들의 조언을 바라면서 앞으로 보완하도록 약속해둔다.

2000. 5

* 본 논문은 임향란 여사와 공동 작성한 것임을 특히 밝혀둔다.

【부록1】

● 광복 후 조선현대문학농촌제재소설목록 (1945~83년)

1.벽소설(콩트)

〈두 농장원〉 심원섭 1965년, 〈농업근로자신문〉 1965년 9월 19일

〈덕지영감〉 송수확 1966년, 〈농업근로자신문〉 1966년 1월 30일

〈적고도 많은 것〉 박응준 1966년, 〈농업근로자신문〉 1966년 4월 8일

〈새벽길〉 곽두환 1967년, 〈농업근로자신문〉 1967년, 4월 12일

〈흐름소리〉 김순빈 1971년, 〈청년문학〉 1971년 11호

〈장흥벌의 주인〉 김원선 1973년, 〈청년문학〉 1973년 6호

〈새주인〉 현능교 1974년, 〈근로자〉 1974년 2호

〈불빛〉 공천영 1977년, 〈청년문학〉 1977년 10호

〈물길〉 양철웅 1979년, 〈청년문학〉 1979년 11호

〈풍년가을 날에〉 권현웅 1979년, 〈청년문학〉 1979년 11호

2.단편소설

〈개벽〉 이기영 1946년, 단편소설집 〈개벽〉

〈오월〉 천세봉 1947년, 중편소설 〈흰구름 피는 땅〉

〈선화리〉 윤세중 1947년, 〈조선문학〉 창간호(1947년)

〈산곡〉 황건 1947년, 〈문학예술〉 1948년 4호

〈땅의 서곡〉 천세봉 1948년, 〈문학예술〉 1949년 10호

〈길〉 황건 1948년, 〈농민〉 1948년 12호

〈힘〉 이경로 1948년, 〈농민〉 1949년 1호

〈냉상모〉 전경순 1949년, 〈농민〉 1949년 3호

〈십리벌〉 황건 1949년, 〈농민〉 1949년 7-8호

〈어머니〉 윤세중 1949년, 〈농민소설집〉 1

〈이앙〉 윤시철 1949년, 윤시철단편소설집 〈지질기사〉

〈안골동네〉 윤세중 1949년, 〈문학예술〉 창간호 1949년

〈호랑영감〉 천세봉 1949년, 단편소설집 〈개벽〉

〈공둘풀〉 최명익 1949년, 단편소설집 〈개벽〉

〈조옥희〉 임순득 1951년, 소설집 〈영용한 사람들〉

〈조선의 딸 〉 이북명 1952년, 〈문학예술〉 1952년 10호

〈어머니〉 천세봉 1952년, 중편소설 〈흰구름 피는 땅〉

〈보리마당〉 변희근 1954년, 소설집 〈진실한 사람들 〉

〈출발〉 강형구 1954년, 〈조선문학〉 1954년 10호

〈봄〉 윤시철 1954년, 윤시철단편집 〈지질기사〉

〈애착〉 권정룡 1955년, 〈조선문학〉 1955년 3호

〈아들은 전선에 있다〉 이상현 1955년, 〈조선문학〉 1955년 1호

〈그들은 굴하지 않았다〉 이근영 1955년, 〈조선문학〉 1955년 8호

〈두 부기원〉 이병의 1955년, 〈조선문학〉 1955년 9호

〈소〉 박효준 1955년, 〈조선문학 〉 1956년 3호

〈저수지〉 이호섭 1955년, 〈써클원문예〉 1955년 4호

〈새출발〉 김원세 1955년, 〈입상작품선집〉 1955년

〈제2작업반장〉 박승극 1956년, 〈조선문학〉 1956년 7호

〈봄〉 김영석 1956년, 〈조선문학〉 1956년 7호

〈태봉영감〉 김만선 1956년, 〈조선문학 〉 1956년 12호

〈봄날〉 채규철 1956년, 〈조선문학〉 1956년 12호

〈조합사람들〉 박형진 1956년, 〈청년문학〉 1956년 7호

〈조합의 아들〉 김원세 1956년, 〈청년문학〉 1956년 9호

〈서경락〉 최국명 1956년, 〈청년문학〉 1956년 12호

〈봄보리〉 강형구 1956년, 〈조선문학〉 1957년 5호

〈치복영감의 그 후〉 강립석 1957년, 〈조선문학〉 1957년 4호

〈어느 젊은 부부의 이야기〉 박승극 1957년, 〈조선문학〉 1957년 12호

〈늪가에서〉 조정국 1957년, 〈농민신문〉 1957년 4월 15일, 19일

〈아저씨〉 김영근 1957년 〈조선문학〉 1958년 3월

〈참된 사람들의 문제〉 천세봉 1958년, 〈조선문학〉 1958년 6호

〈두 조합원〉 천세봉 1958년, 〈조선문학〉 1958년 9호

〈옥로봉기슭에서〉 이호경 1958년, 〈청년문학〉 1958년 1호

〈매〉 전세진 1958년, 〈청년문학〉 1958년 3호

〈이 사람들 속에서〉 한창영 1958년, 〈청년문학〉 1958년 7호

〈뽕나무〉 조정국 1958년, 〈문학신문〉 1958년 5월 8일

〈어린 사양공〉 천세봉 1958년, 〈문학신문〉 1958년 7월 31일

〈푸른 언덕〉 최국명 1959년, 〈조선문학〉 1959년 7월

〈양돈공〉 최시형 1959년, 〈조선문학〉 1959년 7호

〈물오리 날아든다〉 최국명 1959년, 〈청년문학〉 1959년 6호

〈한 선동원의 이야기〉 고동온 1959년, 〈청년문학〉 1959년 7호

〈각성〉 한희배 1959년, 〈청년문학〉 1959년 7호

〈시루봉기슭에서〉 이호경 1959년, 〈청년문학〉 1959년 8호

〈새관리위원장〉 천세봉 1959년, 농촌단편소설집 〈푸른 언덕〉

〈수확의 날〉 현덕 1959년, 농촌단편소설집 〈푸른 언덕〉

〈조합원과 작업반장〉 박훈 1959년, 농촌단편소설집 〈푸른 언덕〉

〈길동무들〉 김병훈 1960년, 〈조선문학〉 1960년 8호

〈복희〉 최국명 1960년, 〈조선문학〉 1960년 8호

〈행복〉 유근순 1960년, 〈조선문학〉 1960년 8월

〈전진하는 사람들〉 현덕 1960년, 소설집 〈전진하는 협동벌〉

〈불씨〉 한희삼 1960년, 〈청년문학〉 1960년 5호

〈무궁화〉 최학수 1960년, 〈청년문학〉 1960년 12월

〈새봄에 온 청년〉 천세봉 1960년, 〈해방후 단편소설집〉

〈호남벌로 가는 길〉 박훈 1960년, 소설집 〈전진하는 협동벌〉

〈조합의 아들〉 조정국 1960년, 소설집 〈전진하는 협동벌〉

〈소관리공〉 김규엽 1961년, 〈조선문학〉 1961년 1호

〈착유공〉 한희배 1961년, 〈청년문학〉 1961년 1호

〈옥이〉 천세봉 1961년, 〈청년문학〉 1961년 5호

〈새땅〉 고병삼 1961년, 〈청년문학〉 1961년 9호

〈세사람과 폭풍우〉 임화순 1961년, 〈청년문학〉 1961년 10월

〈분조장〉 이직 1961년, 〈청년문학〉 1961년 12호

〈탈곡장에서〉 한희배 1961년, 근로작품집 〈빛나는 앞길〉

〈평범한 생활 속에〉 원종원 1962년, 〈청년문학〉 1962년 4호

〈그 이튼날〉 김동렬 1962년, 〈청년문학〉 1962년 5호

〈청주동 벌〉 김한윤 1962년, 〈청년문학〉 1962년 7월

〈앞뒤집〉 백철수 1962년, 단편소설집 〈보람찬 나날〉

〈미풍〉 유근순 1962년, 유근순단편소설집 〈지향〉

〈봄눈〉 조정국 1963년, 〈조선문학〉 1963년 1호

〈부림소〉 신형규 1963년, 〈문학신문〉 1963년 7월 2일

〈무성한 뚜깔나무〉 허춘식 1963년, 〈문학신문〉 1963년 5월 10일

〈기쁨〉 강근원 1963년, 〈문학신문〉 1963년 5월 17일

〈싸락눈〉 윤광영 1963년, 〈문학신문〉 1963년 5월 17일

〈산제비〉 허여극 1963년, 〈청년문학〉 1963년 7호

〈어머니의 심정〉 박문렬 1963년, 〈청년문학〉 1963년 7호

〈새봄〉 김영근 1963년, 〈청년문학〉 1963년 7호

〈영북땅〉 이병수 1963년, 〈조선단편집〉 3

〈소생하는 땅〉 유근순 1964년, 〈조선문학〉 1964년 4호

〈밭갈이〉 하정히 1964년, 〈조선문학〉 1964년 8호

〈미루벌의 승리자〉 김소엽 1964년, 〈조선문학〉 1964년 10호

〈산촌의 봄〉 박문렬 1964년, 〈청년문학〉 1964년 1호

〈시내물소리〉 최운 1964년, 〈청년문학〉 1964년 3호

〈새날〉 김한윤 1964년, 〈청년문학〉 1964년 5호

〈농장의 딸〉 윤해웅 1964년, 〈청년문학〉 1964년 6호

〈지향〉 유근순 1964년, 유근순단편소설집 〈지향〉

〈임무〉 하정히 1965년, 〈문학신문〉 1965년 11월 30일

〈전야의 청춘〉 김성국 1966년, 〈문학신문〉 1966년 1월 7일

〈이른 봄〉 김창수 1966년, 〈문학신문〉 1966년 5월 10일

〈귀중한 것〉 박호섭 1966년, 〈문학신문〉 1966년 5월 27일

〈사과꽃 필 무렵〉 최국명 1966년, 〈문학신문〉 1966년 6월 28일

〈보리가을〉 하정히 1966년, 〈문학신문〉 1966년 10월 25일

〈청춘시절〉 김창옥 1966년, 〈조선문학〉 1966년 12월

〈해빛〉 김영순 1966년, 〈청년문학〉 1966년 3호

〈분조장〉 황규윤 1966년, 〈청년문학〉 1966년 6호

〈억센뿌리〉 김문창 1966년, 〈청년문학〉 1966년 6호

〈서동령의 어머니〉 김영근 1966년, 〈조선단편집〉 3

〈선바위골에서〉 한창국 1967년, 〈문학신문〉 1967년 3월 31일

〈폭우 속에서〉 박효준 1967년, 〈문학신문〉 1967년 8월 8일

〈빛나는 아침〉 최국명 1969년, 〈문학신문〉 1967년 12월 8일

〈풍년〉 김문화 1968년, 〈조선문학〉 1968년 5호

〈만동서〉 고병삼 1968년, 〈조선문학〉 1968년 2-3호

〈밤을 모르는 사람들〉 최국명 1968년, 〈조선문학〉 1968년 7호

〈금이〉 김용한 1968년, 〈조선문학〉 1968년 12호

〈주인들〉 이윤영 1968년, 〈문학신문〉 1968년 1월 5일

〈농장의 주인들〉 박경모 1968년, 〈문학신문〉 1968년 3월 15일

〈새벽〉 백철수 1968년, 〈문학신문〉 1968년 3월 26일

〈포화 속의 전야〉 김정남 1968년, 〈청년문학〉 1968년 2-3호

〈나루가에서〉 김익철 1968년, 〈조선단편집〉 1

〈과원의 새아침〉 김창수 1969년, 〈조선문학〉 1969년 3호

〈그의 마음〉 이병로 1969년, 〈조선문학〉 1969년 6호

〈열매는 어떻게 익어야 하는가〉 김종원 1969년, 〈조선문학〉 1969년 11호

〈한 여성에 대한 이야기〉 정병옥 1969년, 〈조선문학〉 1969년 6호

〈설레이는 이삭들〉 이형순 1970년, 〈청년문학〉 1970년 7호

〈해빛 찬란한 아침〉 장봉운 1970년, 〈청년문학〉 1970년 9호

〈우리 분조장〉 김명희 1970년, 신인문학작품집 〈새 일터에서〉

〈고향의 봄〉 황영도 1971년, 〈조선문학〉 1971년 3호

〈봄볕〉 김동렬 1971년, 〈조선문학〉 1971년 4호

〈책임운전수〉 이형순 1971년, 〈조선문학〉 1971년 6호

〈포성이 우는 밤〉 이상룡 1971년, 〈조선문학〉 1971년 7호

〈과원에 꽃필 무렵〉 장수근 1971년, 〈조선문학〉 1971년 10호

〈방목지에서 온 편지〉 최종현 1971년, 〈조선문학〉 1971년 10호

〈발동소리 드 높다〉 이기용 1971년, 〈청년문학〉 1971년 4호

〈대지의 새날〉 양철웅 1971년, 〈청년문학〉 1971년 5호

〈은혜받은 땅〉 윤시철 1972년, 〈조선문학〉 1972년 1호

〈호수가의 새노래〉 김한윤 1972년, 〈조선문학〉 1972년 3호

〈길〉 강학래 1972년, 〈조선문학〉 1972년 11호

〈처녀분조장〉 강순환 1972년, 〈청년문학〉 1972년 7호

〈입장문제〉 최만호 1972년, 〈청년문학〉 1972년 12호

〈노루마당의 새노래〉 정화영 1972년, 신인문학작품집 〈새싹〉

〈한 가정〉 최창섭 1972년, 종합작품집 〈풍년벌〉

〈푸른 과원〉 김용한 1972년, 종합작품집 〈풍년벌〉

〈고향의 봄〉 황영도 1972년, 종합작품집 〈풍년벌〉

〈농장벌의 새봄〉 김성관 1972년, 종합작품집 〈풍년벌〉

〈양봉장의 새주인〉 이광식 1972년, 신인문학작품집 〈새싹〉

〈지경패말〉 이동구 1973년, 〈조선문학〉 1973년 5호

〈길잡이〉 박경빈 1973년, 〈조선문학〉 1973년 11호

〈메아리〉 박찬은 1973년, 〈청년문학〉 1973년 3호

〈해뜰 무렵〉 원봉찬 1973년, 〈청년문학〉 1973년 9호

〈꽃피는 봄〉 최종현 1974년, 〈조선문학〉 1974년 1호

〈자라는 싹〉 조태호 1974년, 〈조선문학〉 1974년 2호

〈농장의 아침〉 박사영 1974년, 〈조선문학〉 1974년 2호

〈어느한 산촌에서〉 김성국 1974년, 〈조선문학 〉 1974년 2호

〈아버지의 딸〉 전정선 1974년, 〈조선문학 〉 1974년 4호

〈마지막 출장길〉 이재성 1974년, 〈조선문학〉 1974년 10호
〈개꼬리 피기전에〉 박찬은 1974년, 〈조선문학〉 1974년 11-12호
〈선구자〉 조의철 1974년, 〈청년문학〉 1974년 2호
〈새로온 관리공〉 공천영 1974년, 〈청년문학〉 1974년 2호
〈별무리 흐르는 밤〉 김명희 1974년, 〈청년문학〉 1974년 4호
〈변함없는 열정〉 배기수 1974년, 〈청년문학〉 1974년 7호
〈새싹〉 안경환 1974년, 〈청년문학〉 1974년 7호
〈논두렁〉 김호석 1974년, 〈청년문학〉 1974년 9호
〈첫이랑〉 조의철 1974년, 〈청년문학〉 1974년 12호
〈꽃피는 땅〉 허인수 1974년, 〈청년문학〉 1974년 12호
〈찔레꽃 필 무렵〉 임종엽 1974년, 단편소설집 〈젊은 세대〉
〈한 농민에 대한 이야기〉 김영근 1974년, 단편소설집 〈젊은 세대〉
〈첫이랑〉 최국명 1975년, 〈조선문학〉 1975년 12호
〈새세대〉 김원선 1975년, 〈청년문학〉 1975년 1호
〈금씨앗〉 인숭 1975년, 〈청년문학〉 1975년 3호
〈큰 이삭〉 문성보 1975년, 〈청년문학〉 1975년 12호
〈들판의 아침〉 강순환 1975년, 〈청년문학〉 1975년 12호
〈샘소강 기슭〉 박정범 1975년, 〈천리마〉 1975년 5호
〈농장벌의 새봄〉 김성관 1975년, 종합작품집 〈영원한 불빛〉
〈들바람〉 이태렬 1976년, 〈청년문학〉 1976년 2호
〈연두벌의 작업반장〉 김명진 1976년, 〈청년문학〉 1976년 3호
〈옥임의 하루〉 이동호 1976년, 〈청년문학〉 1976년 11-12호
〈푸른 들 〉 조재홍 1976년, 작품집 〈첫걸음〉
〈버들골의 새아침〉 이광식 1976년, 작품집 〈첫걸음〉
〈바라시는 마음〉 최상수 1976년, 〈조선단편집〉 1
〈생활의 흐름〉 이형순 1977년, 〈조선문학〉 1977년 3호
〈산촌의 아침〉 노정범 1977년, 〈조선문학〉 1977년 3호
〈새로운 조리공〉 이광식 1977년, 〈조선문학〉 1977년 9호

〈물보라 꽃보라〉 문상철 1977년, 〈청년문학〉 1977년 8호

〈바위산의 진달래〉 이동호 1977년, 〈청년문학〉 1977년 11호

〈결실〉 송경린 1977년, 〈청년문학〉 1977년 11호

〈분조장과 작업반장〉 양철웅 1977년, 전국군중문학예술현상응모
 당선작품집 〈대오는 전진한다〉

〈새과업〉 김호석 1977년, 군중문학작품집 〈붉은 노을 비껴온다〉

〈혁명전위의 밤〉 최홍식 1977년, 〈천리마〉 1977년 3월

〈지경길〉 박사영 1978년, 〈조선문학〉 1978년 3호

〈첫번째 보고〉 박사영 1978년, 〈조선문학〉 1978년 5호

〈가을바람〉 엄상형 1978년, 〈청년문학〉 1978년 1호

〈부들이〉 이빈 1978년, 〈청년문학〉 1978년 2호

〈첫날〉 이처봉 1978년, 〈청년문학〉 1978년 2호

〈봄맞이〉 전홍식 1978년, 〈청년문학〉 1978년 4호

〈사랑의 분수〉 김영길 1978년, 단편소설집 〈지름길〉

〈가꾸는 마음〉 김봉식 1979년, 〈조선문학〉 1979년 8호

〈농장벌의 아침노을〉 이규춘 1979년, 〈청년문학〉 1979년 3호

〈봄꽃〉 양의선 1979년, 〈청년문학〉 1979년 6호

〈부부뜨락뜨르운전수〉 봉희종 1979년, 〈청년문학〉 1979년 11호

〈새로 생긴 농장벌〉 장봉순 1979년, 〈청년문학〉 1979년 7호

〈영각소리〉 윤원삼 1979년, 〈천리마〉 1979년 10호

〈기러기떼 나는 들에서〉 천태식 1980년, 〈청년문학〉 1980년 3호

〈유동벌처녀〉 문성보 1980년, 〈청년문학〉 1980년 1호

〈시작과 끝에 대한 이야기〉 강순환 1980년, 〈청년문학〉 1980년 2호

〈산촌의 새봄〉 김명희 1980년, 〈조선문학〉 1980년 7호

〈두 노인〉 김영근 1980년, 〈조선문학〉 1980년 8호

〈밤길〉 박사영 1981년, 〈조선문학〉 1981년 2호

〈고향땅〉 윤원삼 1981년, 〈조선문학〉 1981년 3호

〈믿음〉 박호섭 1981년, 〈조선문학〉 1981년 7호

〈그는 우리 마을에 산다〉 조광일 1981년, 〈청년문학〉 1981년 7호
〈창성올케〉 김갑봉 1981년, 〈청년문학〉 1981년 10호
〈벼꽃〉 문성보 1981년, 〈청년문학〉 1981년 12호
〈그와 나 〉 박호섭 1981년, 〈천리마〉 1981년 8호
〈좋은 아침〉 김철진 1981년, 〈천리마〉 1981년 12호
〈해솟는 과원〉 김명익 1981년, 군중문학작품집 〈빛나는 초소〉
〈봄빛〉 백철수 1982년, 〈조선문학〉 1982년 1호
〈모닥불〉 노정범 1982년, 〈조선문학〉 1982년 7호
〈첫기쁨〉 김응호 1982년, 〈조선문학〉 1982년 9호
〈꽃필 무렵〉 김영길 1982년, 〈조선문학〉 1982년 9호
〈가꾸는 마음〉 김명희 1982년, 〈조선문학〉 10호
〈맑은 물소리〉 송경린 1982년, 〈청년문학〉 1982년 1호
〈달맞이 꽃〉 김호석 1982년, 〈청년문학〉 1982년 2-3호
〈봄바람〉 이현덕 1982년, 〈청년문학〉 1982년 5-6호
〈과원의 봄빛〉 황청일 1982년, 〈청년문학〉 1982년 10호
〈산촌의 메아리〉 렴중평 1982년, 〈청년문학〉 1982년 11호
〈농민 박길호〉 차승철 1983년, 〈조선문학〉 1983년 3호
〈백양나무 숲〉 박경빈 1983년, 〈조선문학 〉 1983년 6호
〈이서기장〉 김진성 1983년, 〈조선문학〉 1983년 7호
〈첫사업〉 이형태 1983년, 〈청년문학〉 1983년 6호
〈누이에게 보내는 편지〉 황청일 1983년, 〈청년문학〉 1983년 8호
〈그 눈빛 앞에서〉 장운하 1983년, 〈청년문학〉 1983년 12호
〈샘물길〉 문성보 1983년, 〈천리마〉 1983년 5호

3. 중편소설

〈싸우는 마을 사람들〉 천세봉 1953년
〈흰구름 피는 땅〉 천세봉 1953년
〈강안마을〉 이기영 1954년, 〈조선문학〉 1954년 7, 8호

〈첫수확〉 이근영 1957년
〈새벽길〉 황건 1960년
〈봄소나기〉 김병훈 1964년
〈꽃피는 대지〉 최재석 1974년
〈해빛 찬란한 들〉 최국명 1975년
〈사랑의 샘〉 김용한 1975년
〈깊은 산속에서〉 김문창 1979년

4. 장편소설

〈땅〉 제1부 이기영 1948-1949년
〈개마고원〉 황건 1956년
〈향토〉 윤시철 1954-1958년
〈석개울의 새봄〉 천세봉 1958년
〈땅〉 제2부 이기영 1960년
〈대하는 흐른다〉 천세봉 1962년
〈새봄〉 김규엽 1978년
〈우리 마을〉 백철수 1978년
〈생명수〉 변희근 1978년
〈금천강〉 김영근 1978년
〈축원〉 천세봉 1980년
〈대지의 아침〉 고병삼 1983년

【부록2】

1. 중국조선족 1949~89연간 소설작품 연도별 통계

연도	종류				합계
	단편(콩트포함)	중편	장편	중·단편소설집(종합작품집포함)	
49	9				9
50	11				11
51	6				6
52					
53	14			2	16
54	25		1	1	27
55	31				31
56	25				25
57	27	3		1	31
58	62				62
59	33			2	35
60	17				17
61	8				8
62	20		1	1	22
63	29				29
64	22			1	23
65	33				33
66	9				9
67					
68					
69					
70					
71	3			1	4
72	13			3	16
73	9				9
74	30				30
75	41			2	43
76	22			1	23
77	31	1			32

78	60			2	62
79	78		1	3	82
80	136	3		3	144
81	185	4	2	1	192
82	254	3	1	1	259
83	334	4	1	4	343
84	355	9	3	3	370
85	349	17	1	4	372
86	354	21	6	2	395
87	425	21	1	7	454
88	371	21	2	6	412
89	318	17	2	3	340
합계	3749	124	22	54	3947

2. 중국조선족 1949~89년간 소설작품 그래프식 일람

	49	50	51	52	53	54	55	56	57	58	59	60	61	62	63
400															
350															
300															
290															
280															
270															
260															
250															
240															
230															
220															
210															
200															
190															
180															
170															
160															
150															
140															
130															
120															
110															
100															
90															
80															
70											62					
60															
50															
40								31		31		35			
30							27		25						22	29
20		11				16							17		
10	9		6											8	
작품수 / 년도	49	50	51	52	53	54	55	56	57	58	59	60	61	62	63

	64	65	66	67	68	69	70	71	72	73	74	75	76	77	78	79
400																
350																
300																
290																
280																
270																
260																
250																
240																
230																
220																
210																
200																
190																
180																
170																
160																
150																
140																
130																
120																
110																
100																
90															82	
80																
70														62		
60																
50												43				
40		33												32		
30	23										30		23			
20								16								
10			9				4		9							
작품수 / 년도	64	65	66	67	68	69	70	71	72	73	74	75	76	77	78	79

작품수＼년도	80	81	82	83	84	85	86	87	88	89	
600											
550											
500								454			
450									412		
400					370	372	395				
350				343						340	
300											
290											
280											
270											
260			259								
250											
240											
230											
220											
210											
200		192									
190											
180											
170											
160											
150	144										
140											
130											
120											
110											
100											
90											
80											
70											
60											
50											
40											
30											
20											
10											

*본 통계는 1992년 10월 30일 徐日權·姜蓮淑·蘇在英·曺圭益이 펴낸 〈중국 조선족 문학논저·작품목록집〉(숭실대학교 출판부)에 근거한 것임.

저 자 소 개

▪우 상 열

· 한국정신문화연구원 대학원 졸업(문학박사)   · 현재 연변대학 조문학부 교수

배달학 散步

◉ 인쇄 2002년 09월 20일 ◉ 발행 2002년 09월 30일 ◉ 지은이 우 상 열 ◉ 펴낸이 이 대 현

◉ 영업 안 현 진 ◉ 편집 이 은 희·조 유 미 ◉ 펴낸곳 도서출판 역락 / 서울 성동구 성수2가

3동 277-17 성수아카데미타워 422호 (우133-123) ◉ Tel 대표 3409-2058 ◉ 편집부 3409-2060

◉ FAX 3409-2059 ◉ E-mai yk3888@kornet.net / youkrack@hanmail.net ◉ 등록 1999년 4월 19일

◉ 등록번호 제2-2803호 ◉ 정가 18.000 ◉ ISBN 89-5556-157-1-93710 ◉ ⓒ역락출판사, 2002

 ＊잘못된 책은 교환해 드립니다.